UTB 2647

W0084416

Eine Arbeitsgemeinschaft der Verlage

Beltz Verlag Weinheim · Basel
Böhlau Verlag Köln · Weimar · Wien
Wilhelm Fink Verlag München
A. Francke Verlag Tübingen und Basel
Haupt Verlag Bern · Stuttgart · Wien
Lucius & Lucius Verlagsgesellschaft Stuttgart
Mohr Siebeck Tübingen
C. F. Müller Verlag Heidelberg
Ernst Reinhardt Verlag München und Basel
Ferdinand Schöningh Verlag Paderborn · München · Wien · Zürich
Eugen Ulmer Verlag Stuttgart
UVK Verlagsgesellschaft Konstanz
Vandenhoeck & Ruprecht Göttingen
Verlag Recht und Wirtschaft Frankfurt am Main
VS Verlag für Sozialwissenschaften Wiesbaden
WUV Facultas Wien

Max Josef Suda

Ethik

Ein Überblick über die Theorien
vom richtigen Leben

Böhlau Verlag Wien · Köln · Weimar

Gedruckt mit der Unterstützung durch das
Bundesministerium für Bildung, Wissenschaft und Kultur

Bibliografische Information Der Deutschen Bibliothek:

Die Deutsche Bibliothek verzeichnet diese Publikation in der Deutschen
Nationalbibliografie;
detaillierte bibliografische Daten sind im Internet über http://dnb.ddb.de abrufbar.

ISBN 3-8252-2647-6 (UTB)
ISBN 3-205-77334-9 (Böhlau)

© 2005 by Böhlau Verlag Ges. m. b. H. & Co. KG, Wien · Köln · Weimar
http://www.boehlau.at
http://www.boehlau.de

Gedruckt auf umweltfreundlichem, chlor- und säurefreiem Papier

Druck: Ebner & Spiegel, D-89075 Ulm

Printed in Germany

Inhaltsverzeichnis

Vorwort

Dieses Buch ist aus Vorlesungen zur Einführung in die Ethik entstanden, die ich an der Evangelisch-Theologischen Fakultät der Universität Wien abgehalten habe. Der theologische Hintergrund, insbesondere der Hintergrund der evangelischen Theologie, der auch bisweilen zum Vordergrund wird, ist nicht zu leugnen; jedoch bemühe ich mich, unter Einbeziehung der philosophischen Ethik, ein möglichst breites Panorama des ethischen Diskurses zu entwerfen, wie er in der westlichen Welt geübt worden ist. Ich stütze mich dabei auf die folgenden Tatsachen: dass Ethik als Wissenschaft von einem Philosophen, Aristoteles, begründet, von der christlichen Religion stark beeinflusst wurde, sich aber im Verlauf der Moderne in eine Pluralität von Theorien und deren Verwirklichungen aufgespalten hat. Diese Pluralität akzeptiere ich, versuche sie jedoch nicht als zusammenhangsloses Nebeneinander, sondern vielmehr als pluralistisch-dialektischen Zusammenhang zu begreifen.

Die einzelnen ethischen Theorien werden nicht umfassend – was in diesem Rahmen unmöglich ist –, sondern am Beispiel ihrer wichtigsten Vertreter dargestellt. Hierbei mag wohl manchmal meine persönliche Präferenz eine Rolle gespielt haben.

Die Übersetzungen fremdsprachiger Texte stammen, so nicht anders angegeben, von mir. Englische Texte sind unter der Annahme, Englisch sei unsere „lingua franca" nicht übersetzt.

Zu danken habe ich meinen Studenten und Studentinnen, die durch Fragen und kritische Präsenz meine Darstellung angeregt haben, Frau Dr. Eva Reinhold-Weisz im Böhlau Verlag für das Interesse an diesem Buch und nicht zum wenigsten meiner Frau, Ursula, für so manche Diskussionen und ihre bereitwillige Hilfe beim Lesen der Korrekturen.

Wien, am 1.Jänner 2005   Max Josef Suda

Bibliographie

(Spezialliteratur in den folgenden Kapiteln)

Paul ALTHAUS: Die Ethik Martin Luthers, Gütersloh 1965

Svend ANDERSEN: Einführung in die Ethik, Berlin 2000

Arno ANZENBACHER: Einführung in die Ethik, 2. Aufl., Düsseldorf 2002

Karl-Otto APEL: Diskurs und Verantwortung, 2. Aufl., Frankfurt a. M. 1992

DERS.: Das Apriori der Kommunikationsgemeinschaft und die Grundlagen der Ethik, in: ders.: Transformationen der Philosophie, Bd. 2, 2. Aufl., Frankfurt a. M. 1981, S. 358–435

ARISTOTELES: Ethica Nicomacheia (griech.), Oxford 1970

DERS.: Nikomachische Ethik, ed. G. Bien, 3. Aufl., Hamburg 1972

Zygmunt BAUMANN: Postmoderne Ethik, Hamburg 1995

Oswald BAYER: Freiheit als Antwort. Zur theologischen Ethik, Tübingen 1995

DERS.: Zugesagte Freiheit. Zur Grundlegung theologischer Ethik, Gütersloh 1980

Dieter BIRNBACHER: Analytische Einführung in die Ethik, Berlin 2003

Dietrich BONHOEFFER: Ethik, ed. E. Bethge, 10. Aufl., München 1984

Karl H. BRODBECK: Ethik und Moral. Eine kritische Einführung, Würzburg 2003

Helmut BURKHARDT: Einführung in die Ethik, Gießen 1996

Marcus T. CICERO: De officiis, ed. M. Winterbottom, Oxford 1994

DERS.: De officiis/Vom pflichtgemäßen Handeln. lat./deutsch, ed. H. Gunermann, Stuttgart 1976

Hermann DEUSER: Die zehn Gebote. Kleine Einführung in die theologische Ethik, Stuttgart 2002

Gerhard EBELING: Luthers Kampf gegen die Moralisierung des Christlichen, in: Reformatio 32 (1983), S. 447–456

EINFÜHRUNG in die utilitaristische Ethik, ed. O. Höffe, 3. Aufl., Tübingen 2003

Werner ELERT: Das christliche Ethos. Grundlinien der lutherischen Ethik, 2. Aufl., Hamburg 1961

Peter ERNST: Beruf als Verantwortung – Ausbildung zur Verantwortung, Frankfurt a. M. [u. a.] 1987

Evangelische ETHIK. Diskussionsbeiträge zu ihrer Grundlegung und ihren Aufgaben, ed. H. G. Ulrich, München 1990

ETHIK der Religionen. Lehre und Leben, ed. M. Klöcker/U. Tworuschka, 4 Bde., München/Göttingen 1984 ff.

ETHIK der Weltreligionen, ed. C. H. Ratschow, Stuttgart 1980

Peter FISCHER: Einführung in die Ethik, München 2003

Johannes FISCHER: Theologische Ethik, Stuttgart [u. a.] 2002

Christofer FREY: Die Ethik des Protestantismus von der Reformation bis zur Gegenwart, Gütersloh 1989

DERS.: Theologische Ethik, Neukirchen-Vluyn 1990

Franz FURGER: Einführung in die Moraltheologie, 2. Aufl., Darmstadt 1997

GESETZ und Evangelium, ed. Ernst Kindler/Klaus Haendler, Darmstadt 1968

Helmut GOLLWITZER: Luthers Ethik, in: R. Italiaander: Moral – wozu?, München 1972, S. 114–139

Jürgen HABERMAS: Erläuterungen zur Diskursethik, 2. Aufl., Frankfurt a. M. 1992

DERS.: Moralbewusstsein und kommunikatives Handeln, 7. Aufl., Frankfurt 1999

HANDBUCH der christlichen Ethik, 3 Bde., Freiburg i. Br. etc. 1978–1982

Georg W. F. HEGEL: Grundlinien der Philosophie des Rechts, ed. J. Hoffmeister, Hamburg 1995

Thomas HOERSCHELMANN: Theologische Ethik, Stuttgart [u. a.] 1996

Martin HONECKER: Einführung in die Theologische Ethik, Berlin 1990

DERS.: Grundriß der Sozialethik, Berlin 1995

David HUME: Untersuchungen über die Prinzipien der Moral, übers. v. C. Winckler, Hamburg 1972

Hans Jonas: Das Prinzip Verantwortung. Versuch einer Ethik für die technologische Zivilisation, Frankfurt 1979 und Neuauflagen

Eberhard Jüngel: Zur Freiheit eines Christenmenschen. Eine Erinnerung an Luthers Schrift, 2. Aufl., München 1981

Immanuel Kant: Grundlegung zur Metaphysik der Sitten, ed. B. Kraft, Hamburg 1999

Ders.: Kritik der praktischen Vernunft, in: ders.: Werke, ed. Weischedel, Bd. 6, S. 103–302

Ders.: Die Metaphysik der Sitten, in: ders.: Werke, ed. Weischedel, Bd. 7, S. 303–634

Ulrich H. J. Körtner: Evangelische Sozialethik, Göttingen 1999

Ders.: Freiheit und Verantwortung. Studien zur Grundlegung theologischer Ethik, Freiburg/Schweiz [u. a.] 2001

Wilhelm Korff: Theologische Ethik, Freiburg/Wien [u. a.] 1975

Hans Krämer: Integrative Ethik, Frankfurt a. M., 1992

Hans Küng: Projekt Weltethos, München 1990

Dietz Lange: Ethik in evangelischer Perspektive, 2. Aufl., Göttingen 2002

Knud E. Løgstrup: Norm und Spontaneität, Tübingen 1989

Alasdair McIntyre: Geschichte der Ethik im Überblick, Weinheim 2001

Philipp Melanchthon: Philosophiae moralis epitomes libri duo (1546) [Melanchthons Werke, III. Bd., ed. R. Nürnberger, Gütersloh 1961, S. 149–310]

George E. Moore: Principia Ethica (1903), Cambridge 1994

Wolfgang E. Müller: Evangelische Ethik, Darmstadt 2001

Thomas Nisters: Kants kategorischer Imperativ als Leitfaden humaner Praxis, Freiburg i. Br. [u. a.] 1989

Eckart Otto: Theologische Ethik des Alten Testaments, Stuttgart 1994

Wolfhart Pannenberg: Grundlagen der Ethik. Philosophisch-theologische Perspektiven, 2. Aufl., Göttingen 2003

Herlinde Pauer-Studer: Einführung in die Ethik, Wien 2003

Annemarie Pieper: Einführung in die Ethik, 5. Aufl., Tübingen 2003

Michael Quante: Einführung in die allgemeine Ethik, Darmstadt 2003

Trutz Rendtorff: Ethik, 2 Bde., 2. Aufl., Stuttgart 1990/1991

REICH Gottes und Welt. Die Lehre Luthers von den zwei Reichen, ed. Heinz-Horst Schrey, Darmstadt 1969

Jan ROHLS: Geschichte der Ethik, 2. Aufl., Tübingen 1999

Max SCHELER: Der Formalismus in der Ethik und die materiale Wertethik, 5. Aufl., Bern 1966 (= DERS.: Ges. Werke, Bd. 2)

Rudolf SCHNACKENBURG: Die sittliche Botschaft des Neuen Testaments, 2 Bde., Freiburg i. Br. 1986/ 88

Heinz-Horst SCHREY: Einführung in die Ethik, Darmstadt 1972

Walter SCHULZ: Grundprobleme der Ethik, Tübingen 1991

Gerhard SCHWEPPENHÄUSER: Grundbegriffe der Ethik zur Einführung, Hamburg 2003

Geoffrey SCARRE: Utilitarianism, London 1996

Konrad STOCK: Grundlegung der protestantischen Tugendlehre, Gütersloh 1995

Wolfgang TRILLHAAS: Ethik, 3. Aufl., Berlin 1970

Ernst TROELTSCH: Die Soziallehren der christlichen Kirchen und Gruppen <1911>, Tübingen 1922, 2. Neudruck Aalen 1965

Ernst TUGENDHAT: Vorlesungen über Ethik, Frankfurt a. M. 1993

Der klassische UTILITARISMUS, ed. Ulrich Gähde, Berlin 1992

Berthold WALD: Person und Handlung bei Martin Luther, Weilheim 1993

Max WEBER: Politik als Beruf (1919), in: ders.: Gesamtausgabe, ed. W. J. Mommsen/W. Schluchter, Abt. I, Bd. 17, Tübingen 1992, S. 157–252

DERS.: Die protestantische Ethik, ed. J. Winckelmann, 1. Bd., 7. Aufl., Gütersloh 1984, 2. Bd. (Kritiken und Antikritiken), 4. Aufl., Gütersloh 1982

Wilhelm WEISCHEDEL: Skeptische Ethik, Frankfurt 1976 und Neuauflagen

Truls WYLLER: Geschichte der Ethik, Paderborn 2002

Zur ZWEI-REICHE-LEHRE Luthers, ed. G. Sauter, München 1973

Kapitel 0

Einleitung

Eine Begriffsdefinition von Ethik

Von einer Begriffsdefinition sollte man nicht zu viel erwarten, denn eine definitive Festlegung darauf, was Ethik ist, schon am Anfang dieses Buches könnte die folgende Diskussion einschränken. Was Ethik ist, muss sich aus der Gesamtdarstellung ergeben. Darum gebe ich hier nur eine ganz vorläufige Begriffsbestimmung; für diese können wir uns an der etymologischen Bedeutung von „Ethik" orientieren. Am kürzesten kann man definieren, dass „Ethik" *ta ethika* = das Ethische bedeutet. Aber was heißt das? „Ethik" weist auf das griechische Adjektiv *ethikos, -e, -on* zurück und könnte auch als Abkürzung der Wortverbindung *ethike episteme* bzw. *ethike theoria* = ethische Wissenschaft aufgefasst werden.

Im Griechischen gibt es zwei Varianten des Wortes Ethos: *ethos* mit dem Buchstaben Epsilon heißt soviel wie „Wohnstätte, Gewohnheit, Sitte"; mit dem Buchstaben Eta bedeutet das Wort fast dasselbe, legt aber die Betonung auf „Sitte, Sittlichkeit und Charakter". Die *ethike episteme* oder *ta ethika* (beide Male mit eta) reflektieren somit darüber, was das Ethos ist bzw. wie und warum denn eine bestimmte Sitte entsteht und besteht. Ethik ist also primär nicht selbst Sitte oder ein bestimmtes Verhalten, sondern die *Reflexion* darüber, obwohl sekundär „Ethik" dann doch wieder im Sinne von „Sittlichkeit" gebraucht wird und man z. B. von einem „ethischen" bzw. „unethischen" Menschen, Verhalten etc. spricht und dabei nicht mehr die Reflexion, sondern die Qualität von Handlungen und Einstellungen meint.

Die Frage nach „der" Ethik

Es gibt verschiedene Möglichkeiten, sich einen Überblick über die Ethik zu verschaffen, die alle ihre Probleme haben. Aber alle Einführungen in die

Ethik zeigen auf, dass es mehrere Theorien, Systeme oder „Ansätze" gibt,
die einander überschneiden, ignorieren, kritisieren oder auch einander widersprechen, über die man aber informieren und denen man gerecht werden muss.

Ich möchte hier von vornherein mit dem Irrglauben aufräumen, es gebe
die Ethik bzw. *das* System der Ethik. Aus diesem Grund dient die gegenwärtige Darstellung dazu, mehrere verschiedene Systeme der Ethik (und
zwar nicht in extenso, sondern bloß im Ansatz) vorzustellen.

Ich werde dabei eine Reihe von ethischen Begriffen erklären, die verschiedenen ethischen Systemen zugehören und den Standpunkt vertreten,
dass alle diese Systeme das Recht haben, nebeneinander zu stehen und in
gleicher Weise gewürdigt zu werden.

Wie aber, kann man fragen, sollen sich die verschiedenen ethischen Systeme zueinander verhalten, wenn sie nebeneinander stehen? – Hierauf sind
zweierlei Antworten möglich:

1. Die einzelnen Systeme sind für verschiedene ethische Fragestellungen
zuständig. Die Tugendethik z. B. beantwortet andere Fragen als die Wertethik, die Güterethik andere als die Verantwortungsethik usw. Die Ethi-
ker/innen müssen somit in jeder Problemsituation, die sie bearbeiten, zuallererst fragen, nach welchem ethischen Ansatz sie vorgehen wollen.

2. Die verschiedenen ethischen Systeme können in ein sinnvolles Verhältnis zueinander gebracht werden. Ich werde deshalb ein systematisches
Miteinander und Ineinander der vorzustellenden ethischen Ansätze behaupten und dabei einen pluralistisch-dialektischen Zusammenhang der
Systeme zu entwickeln versuchen. In der dialektischen Komponente meiner Darstellung greife ich auf das Denken von G. W. F. Hegels (1770–
1831) zurück, der selber Grundlagen zu einem ethische System (enthalten
in seinen „Grundlinien der Philosophie des Rechts" von 1821) entworfen
hat.[1] Ich versuche dabei, mich an dem einen oder anderen Gedankengang
aus Hegels „Phänomenologie des Geistes" von 1807 und an seiner Wissen-

---

1   Eine „Ethik" hat dieser Philosoph nicht verfasst. Vittorio Hösle bezeichnet es deshalb mit
    Recht als „Desiderat … innerhalb des Hegelschen Systems eine positive Ethik zu ent-
    wickeln". (Vittorio Hösle: Hegels System, Darmstadt/Hamburg 1998, S. 511)

schaft der Logik (in mehreren Teilen erschienen 1812/1813, 1816, 1832) zu orientieren.

Der systematische Zusammenhang der ethischen Ansätze und Systeme ist u. a. wesentlich durch ihre Stellung in der Geschichte bestimmt, da die Ethiker stets auf die ihnen vorangegangenen Systeme reagieren. Dies hat Hegel berücksichtigt. Noch deutlicher hat der Kirchenhistoriker Ferdinand Christian Baur (1792–1860) einen systematisch-historischen Zusammenhang (nämlich von dogmatischen Systemen) erkannt, dessen Methode der Darstellung im „Lehrbuch der Dogmengeschichte" (1847, 3. Aufl. 1867, Nachruck 1968) mich ebenfalls beeinflusst hat.

Ein erster Überblick über die Theorien

Nun werde ich im Sinne einer Inhaltsbeschreibung einen ersten Überblick über jene Theorien bzw. Ansätze geben, die dann im Laufe der weiteren Darstellung ausführlicher durchgegangen werden sollen:

1. Die Gesetzesethik:

Nicht nur Theolog(inn)en liegt es besonders nahe, bei dem Stichwort Ethik an das *Gesetz* im Alten und Neuen Testament zu denken. Die Begründung der Ethik auf Gesetze ist der älteste und am häufigsten beschrittene Zugang zur Ethik. Für sein Alter spricht u. a., dass in ihm Jurisprudenz und Ethik noch nicht getrennt sind. Was die Rechtsgelehrten für gut erachten, ist es auch für die Ethiker, und umgekehrt. Vor den Gesetzen des Alten Testaments – in der 1. Hälfte des 2. Jahrtausends v. Chr. – entstanden in Mesopotamien der Kodex Esnunna und der Kodex Hammurapi, nach dem Alten Testament der Koran mit seinen vielen ethischen Gesetzen. Weiters gibt es die geschriebenen und ungeschriebenen Regeln, die man von klein auf lernt, und die daher jene Sittlichkeit bilden, ohne die es kein Zusammenleben gibt, und auf denen auch die staatliche Gesetzgebung aufruht, eine Sittlichkeit, die im modernen politischen Leben eher noch wichtiger als früher geworden ist: In der Beachtung und Betrachtung geltender Gesetze kann man sich – mindestens in einem ersten Schritt – ethisch orientieren.

Neben den *positiven* (d. h. explizit gemachten und niedergeschriebenen) Gesetzen hat sich die Ethik immer auch mit den selbstverständlichen Gesetzen befasst, die mit dem Menschsein gegeben (also überindividuell und überstaatlich) sind, und die man bei einigem Bemühen mit der eigenen Vernunft erkennt: Es handelt sich um die Regeln des *Naturrechts*. Das antike Naturrecht wurde von den Stoikern systematisch diskutiert, es fand sogar Eingang in das Neue Testament (Röm. 2!) und in die ethische Theoriebildung der patristischen und scholastischen Systeme. In der Neuzeit bildet das Naturrecht die Wurzel (oder mindestens eine der Wurzeln) der *Menschenrechte*.

Alle diese Formen von Gesetzesethik haben das Große an sich, dass sie sich auf etwas Überindividuelles, Nicht-Subjektives gründen: auf Gott, das Göttliche, die Natur, oder auch nur jene Sitten und Verhaltensnormen, die aus dem Dunkel des Es und des Man auftauchen, und ohne die wir Menschen ins Bodenlose zu stürzen drohen. Aus den fraglos akzeptierten Quellen der Gesetzgebung hat sich ethisches Denken immer wieder gespeist.

Aber man hat die gesetzlichen Begründung der Ethik auch immer wieder kritisiert. Wir kennen die Gesetzeskritik des Paulus in Galater- und Römerbrief. Ich werde zeigen, wie das Evangelium, das Paulus, Augustinus und Luther dem Gesetz entgegenhalten, zu einem eigenen Ansatz, der Berufsethik, führt. Aus der chinesischen Philosophie ist Laotse (etwa im 6. vorchristliche Jh.) als Gesetzeskritiker zu nennen, und Cicero (106–43 v. Chr.) [De officiis I, 10, 33] führt einen schon in der Antike gängigen Satz der Gesetzeskritik an: „Summum ius summa iniuria." (Das höchste Recht ist das höchste Unrecht.) Dieser Satz will sagen, dass die strenge Anwendung von Gesetzen Unheil bewirken könne. Eine solche Kritik kann offensichtlich nur von einem übergeordneten ethischen Standpunkt her erfolgen. Deshalb ist des öfteren der Gedanke vertreten worden, dass zuerst eine ethische Grundlage vorhanden sein müsse, damit Gesetze erlassen werden können, und nicht umgekehrt.

Eine weitere Kritik der Gesetzesethik lautet, dass der gesetzliche Typ von Ethik bedrückend auf die Menschen wirkt. Gutes Handeln erfolge von einem gesetzlichen Prinzip her immer nur unter (äußerem oder innerem) Zwang. So würde der Mensch nur dann gut handeln, wenn er tut, was er nicht will. Das Gesetz ist demgemäß also etwas Negatives. Dieses Urteil wird durch die Beobachtung bestätigt, dass der berühmteste Gesetzeskatalog, die Zehn Gebote, vorwiegend aus *Verboten* besteht. Einzig das Elterngebot ist positiv. Versteht man nämlich das formal positive Sabbatgebot richtig, dass man nämlich am Sabbat *nichts* tun soll, dann ist auch dieses Gebot ein Verbot. Gesetzesethik könnte als pures System der Einschränkung verstanden werden. Aber sind Menschen durch Verbote überhaupt auf positive Ziele hin motivierbar?

Ganz anders werden wir zum guten Handeln motiviert bzw. werden überhaupt motiviert, wenn wir unser Leben als ein Streben nach Gütern ausrichten können.

2. Die Güterethik:

Es ist oft gesagt worden, dass wir in allen unseren Handlungen nach einem Guten streben, sei es, dass wir persönliche Vorteile erreichen wollen, sei es, dass wir das Angestrebte als moralisch gut ansehen; kurz: Wir suchen ein gutes Leben (griech. *eu zen*, lat. *bene vivere*) zu leben, sowohl im Sinne des persönlichen Wohlergehens als auch im Sinne des verständnisvollen Zusammenlebens mit unseren Mitmenschen. Darauf beruft sich der Standpunkt der Güterethik. Güter sind genauso überindividuell bzw. objektiv wie das Gesetz. Gesundheit z. B. und ein langes Leben sind Güter für alle Menschen, ja alle Lebewesen. Und sogar Besitztümer, obwohl sie ungleich verteilt sind und sie der eine oder andere verachten mag – sie können nur verachtet werden, weil sie für alle Menschen einen Wert darstellen, gleichgültig ob sie nun angestrebt, erworben oder verachtet werden. (Der objektive Wert von Gütern wird seit der Antike in Geld ausgedrückt.)

Immanuel Kant hat den Ansatz der Güterethik schlecht zu machen versucht und ihn unter dem Titel „Eudämonismus" (von griech. *eudaimonia*, Glück – eigtl. einen „guten Dämon" haben) zurückgewiesen. Von seinem Ansatz der Pflichtenethik aus hat er gemeint, mit dem Motiv des Glücks komme etwas Unethisches fälschlicherweise zur Ehre, Ziel unseres Handelns zu sein. Ich werde in dem Kapitel „Pflichtenethik" die Argumente Kants würdigen, kann vorläufig aber nur konstatieren, dass sich vor wie nach Kant die Menschheit nicht davon abhalten lässt, nach Gütern zu streben.

Aber auch abgesehen von Kant und seiner Kritik, liegt bereits etwas an der Güterethik zu Kritisierendes darin, dass sie im Widerspruch zur Gesetzesethik steht und dieser gegenüber negativ ist, nicht in dem Sinne, dass sie sie ablehnt, sondern dass sie sie für ethisch irrelevant hält. Das Negative an der Güterethik im Vergleich zur Gesetzesethik bemerken wir z. B., wenn wir beobachten, wie jene, die nach Gütern streben, so lange nicht auf das Gesetz achten, als es sie nicht einschränkt oder mit Strafen bedroht. Wie ehrwürdig oder weithin geltend das Gesetz auch sein mag, auf der Jagd nach meinem Gut vernachlässige ich es. Aber kann eine solche Jagd Grundlage von Ethik sein? Und: Ist nicht ein gesetzlicher Rahmen von Ethik unabdingbar und sogar als negativer Hintergrund an der Güterethik präsent? Wird also die Güterethik das Gesetz nicht los, ja ist sie gar ohne Einschränkung durch das Gesetz keine Ethik?

Weitere Probleme der Güterethik zeigen sich, wenn wir fragen: Welche Güter sind anzustreben? Grob gesprochen treten drei Formen der Güterethik auf:

a) Der Hedonismus (von griech. *hedone* = Lust), der die anzustrebenden Güter des Lebens in den Genuss von Lust setzt. Es ist klar, dass wir nicht in die griechische Antike zurückzugehen brauchen, um Beispiele für die Lebendigkeit dieses Ansatzes aufzutreiben.

b) Die Auffassung, dass zum guten Leben (griech. *eu zen*, lat. *bene vivere*) sowohl äußere Glücksgüter als auch moralische Rechtschaffenheit gehören.

c) Die Auffassung, die das Gut oder die Güter in etwas Idealem, Geistigem bzw. Göttlichem findet. Interessanterweise argumentierten nämlich auch Ethiker, die ganz unsinnige Ziele des ethischen Handelns angeben, eudaimonistisch: Aristoteles (384–322 v. Chr.), der die größte Lust im philosophischen Leben *(bios theoretikos)* sah, und Augustinus (354–430), der sich für strengste Askese entschied und argumentierte, Glück sei nur im Leben mit Gott zu finden,[2] das im Diesseits in der Nachfolge Christi

---

2 Dies ist unter neuprotestantischen Vorzeichen letztlich auch wieder die in der ethischen Konnotation von *Reich Gottes* liegende Ansicht von Friedrich Schleiermacher. Siehe Christofer Frey, 1989, S. 132 ff., bes. S. 141.

und im Jenseits in der *visio beatifica* bestehe. Daher sei Gott als das höchste Gut *(summum bonum)* anzustreben.

Der erwähnte Punkt „b" umgreift in gewisser Weise Motive der Güterethik und der Gesetzesethik, weil er das moralisch Richtige als Gut versteht, und das moralisch gute Leben als Glücklichsein. Noch bestimmter vermittelt ein jetzt zu nennender dritter Ansatz die beiden bisherigen Ethiken, die Tugendethik.

3. Die Tugendethik:

Im Sinne des „guten Lebens" *(eu zen, bene vivere)* überbietet die Tugendethik beide bisher erwähnten Ansätze, negiert sie, fasst sie aber auch zusammen: Eine rein positive Motivation (soz. eine Verlockung zum richtigen Leben) sei zu wenig ethisch: Entweder habe sie bloß Egoismus – das gute Leben auf Kosten anderer – zum Ergebnis, oder sie sei zu schwach (im Blick auf das unsichere jenseitige Leben). Die Güterethik komme in Wahrheit auch gar nicht ohne gesetzliche Motivation aus; sei es, dass eine herrschende Gesellschaftsordnung die Rücksicht auf die Mitmenschen erzwinge, sei es, dass die christliche Motivation durch das Reich Gottes das biblische Gesetz von vornherein impliziere. – Ab dem Ansatz „Güterethik" sind alle folgenden Ansätze im Sinne Hegels „Negationen von Negationen". Aber trotz einer solchen komplizierten systematischen Überlegung lässt sich ganz Einfaches von der Tugendethik sagen:

Sie zielt auf eine tätige Form des Lebens, in der sowohl die Gruppe als auch die Einzelnen darauf achten, dass vorhandene Tugenden (= „Tüchtigkeiten") gepflegt, ausgebildet und verstärkt werden. Tugendethik ist etwas Positives und schließt somit an die Güterethik an: Die Tugenden sind soz. jene Güter, die in den einzelnen Menschen stecken. Sie sind in ihnen objektiv vorhanden, müssen aber entwickelt werden. Dass sie gepflegt, ausgebildet und verstärkt werden sollen, ist das Gesetzliche an der Tugendethik. Ebenso wie die Menschen Gesetze einhalten sollen, so sollen sie auch tugendhaft sein. Welche Tugenden man jedoch braucht, dies hängt von den geschichtlichen Umständen ab (in kriegerischen Gesellschaften und Zeiten wird z. B. die Tugend der Tapferkeit [griech. *arete*, lat. *fortitudo*] besonders viel gelten).

Aber abgesehen von kriegerischen Tugenden – auch heute und wahrscheinlich zu allen Zeiten wird der tugendethische Ansatz sowohl an sich als auch im Widerspruch gegen andere Verhaltensweisen theoretisch und praktisch geschätzt. So las ich einmal von einer Befragung, in der die „Tugenden" von Lebenspartnern erhoben wurden. Manches scheint zwar heute eine Tugend zu sein, die es früher nicht war (z. B. sexuelle Versiertheit), andere Tugenden aber, wie z. B. Verlässlichkeit, sind damals wie heute gefragt.

Das Hauptproblem der Tugendethik aber ist, welche Tugenden es gibt, ob beliebig viele, und welches die wichtigsten Tugenden sind. Oftmals wurden (so im Neuen Testament) Tugend- und Lasterkataloge aufgestellt; in der Antike bildete sich das Schema der *vier* sog. *philosophischen* Tugenden heraus: iustitia, prudentia, fortitudo, temperantia (Gerechtigkeit, Klugheit, Tapferkeit, Mäßigung). Dieses Schema wurde im Mittelalter durch die sog. drei *theologischen Tugenden*, Glaube, Hoffnung, Liebe (aus 1. Kor. 13), ergänzt. Ein weiteres (schon von Platon diskutiertes) Problem der Tugendethik ist, ob Tugend lehrbar sei. Wir können uns denken, dass sich dieses Problem nicht zuletzt anhand der „theologischen Tugenden" stellt. Ist z. B. die Tugend des Glaubens lehrbar? – Wäre sie es nämlich nicht, dann führte das in die Misslichkeit, Bücher wie die „Glaubenslehre" von Schleiermacher nicht mehr ernst nehmen zu können. Bekanntlich wurde die Lehrbarkeit der Tugend iustitia/ Gerechtigkeit von Luther und den anderen Reformatoren mit großer Vehemenz bekämpft.

Die drei bisher genannten Ansätze bilden einen dialektischen Dreischritt: Die Gesetzesethik beruhte ausschließlich auf Forderungen, die Güterethik auf Gaben, die Tugendethik aber auf den angeborenen Tüchtigkeiten, ein Ansatz, der die beiden vorher genannten Ansätze hinter sich lässt, wobei aber Tugenden bei genauerer Betrachtung wie Gaben und Forderungen zugleich aufgefasst werden können. (Ähnliches wird sich, mutatis mutandis, in den zwei weiteren Dreiergruppen wiederholen.)

4. Die Berufsethik:

Mit Berufsethik, die ich in dieser Darstellung hauptsächlich am Berufsbegriff Martin Luthers entfalten werde, stehen wir auf dem Boden der Neuzeit. Gesetzes-, Güter- und Tugendethik entstanden in der Antike, sind aber bis heute relevant, während die folgenden Ansätze erst in der Neuzeit zu gelten begannen. Die Unterscheidung ist aber nicht nur zeitlich, sondern auch inhaltlich zu bestimmen: Waren die Orientierungsbegriffe von Gesetzes-, Güter- und Tugendethik nämlich objektive Gegebenheiten, so tritt mit der Berufsethik und allen weiteren Ansätzen das menschliche Subjekt in den Mittelpunkt der Ethik. Das Ethische wird nicht mehr von äußeren, sondern von inneren Notwendigkeiten her bedacht. Die in der Neuzeit beginnende Reformation ist hierfür ein wichtiger Einschnitt. Dabei steht die Berufsethik am Übergang von alteuropäischen zu modernen ethischen Prinzipien: Der Beruf bejaht die Gesetze, er ist ein Gut, und in ihm werden Tugenden verwirklicht; aber es sind die Berufenen, die die Gesetze bejahen, die Güter erkennen und die Tugenden verwirklichen. Wenn jemand berufen wird, geht der Ruf von Gott und/oder der menschlichen Gemeinschaft aus, der Berufene muss aber seine Berufung ergreifen, und er ergreift sie, um seine Identität zu verwirklichen.

Den Übergang zur Neuzeit, den der berufsethische Ansatz darstellt, sieht man auch an Folgendem: Der schon bei Luther gegenwärtige doppelte Sinn von *Beruf,* nämlich Berufung durch Gott und weltliche Profession, deutet an, dass aus dem Handeln Gottes (seinem Schöpfungs- und Erhaltungshandeln an der Welt und seinem Erlösungshandeln, der Rechtfertigung) Aufgaben für uns Menschen in der Welt erwachsen, denen wir volens, aber auch nolens, nachgehen. Wirklicher Beruf *(vocatio)* ist nach Luther freilich nur jenes Tun, das wir im Vertrauen auf Gottes väterliche Güte übernehmen, und dessen Sinnhaftigkeit wir im Glauben bejahen. Genau dieser Glaube hat aber ein Janusgesicht. Schon Luther sagt einmal, der Glaube sei ein Werk des Menschen,[3] ein anderes Mal aber Werk Gottes.[4] – In der

---

3 „Das erste und hochste, aller edlist gut werck ist der glaube in Christum, wie er saget Johan. VI. da die Juden yn fragten ‚was sollen wir thun, das wir gut gotlich werck thun?‘ antwortet er ‚das ist das gotlich gut werck, das yr in den glaubt, den er gesandt hat‘.“ (Martin LUTHER: Von den guten Werken, in: ders.: WA 6, S. 204, 25–28)

4 „Glaube ist ein Göttlich werck in vns/ das vns wandelt vnd new gebirt aus Gott/ Joha. j. Vnd tödtet den alten Adam/ machet vns gantz ander Menschen von hertzen/ mut/ sinn/ vnd allen krefften/ vnd bringet den heiligen Geist mit sich.“ (Martin LUTHER in der Vorrede zur Übersetzung des Römerbriefs, in: Biblia: Das ist: Die gantze Heilige Schrifft (Die

Folge hat sich freilich sowohl im Christentum als auch außerhalb die erste
Ansicht durchgesetzt, dass nämlich der Glaube eine subjektive (manche
denken sogar: subjektiv-willkürliche) Entscheidung sei. Dementsprechend
hat sich auch die Berufsauffassung in die Richtung entwickelt, dass der/ die
Einzelne eine „Berufswahl" zu treffen habe. Der gleicherweise mögliche Gedanke, dass Gott die Einzelnen für bestimmte Berufe auswählt, tritt all-
mählich in den Hintergrund.

So positiv die Berufsethik auch immer aufzufassen sein mag, systematisch ist sie eine Position als Negation der gesamten alteuropäischen Ethik.
Dies kommt mehr als deutlich in der Kritik Luthers insbesondere an Ge-
setzes- und Tugendethik zum Ausdruck. Gegen jegliche Gesetzesethik (sowohl des Alten Testaments als auch jene, die sich auf die Gesetzlichkeit der
mittelalterlichen Kirche gründet) argumentiert er, dass nie jemand das Gesetz ganz und mit frohem Herzen erfülle und daher nicht gerecht sei. Und
nicht nur gegen die Gesetzes-, nein, auch gegen die Tugendethik rennt Luther an, und zwar deshalb, weil sie behauptet, der Mensch könne durch
Einübung in den Tugenden gut werden. Hiergegen sagt Luther mit Jesus:
„Jeder gute Baum bringt gute Früchte; aber ein fauler Baum bringt
schlechte Früchte" (Matth. 7, 17). Daher Luther: Erst müsse der Mensch
gut gemacht – „gerechtfertigt" – werden, dann könne er gut sein und Gutes
tun. Das Gutwerden folgt aus der Einwirkung des Evangeliums. In ihm
hören die Menschen den rechtfertigenden Spruch des gnädigen Gottes,
aber auch seinen Ruf zur *cooperatio* (Mitarbeit) mit ihm. Somit ist der Beruf die Aktion Gottes, durch die der Mensch in gute Aktionen eingewiesen
wird.

5. Die utilitaristische Ethik:

Einerseits ist der utilitaristische Ansatz (von *utile,* lat.: das Nützliche) nicht
weit von Luther entfernt, da Luther des Öfteren sagt, wir hätten in unserem Beruf von Gott den Auftrag, unseren Nächsten zu *nützen,* andererseits
ist er meilenweit von der reformatorischen Position entfernt. Im Utilitaris-

Bibel in der deutschen Übersetzung Martin Luthers, Wittenberg 1545), faksimilierte Ausgabe, Stuttgart 1983, S. CCCXXXXII^r)

mus wird nämlich nicht nach dem Evangelium, nicht nach der Berufung durch Gott gefragt, sondern bloß nach dem Nutzen von Handlungen. Hieran können wir auch eine die Moderne begleitende Tendenz bemerken: die allmähliche Emanzipation der Ethik von Religion und Glauben.

Im gegenwärtigen Aufriss steht die utilitaristische Ethik in einem dialektischen Dreischritt an zweiter Stelle. Sie ist also eine Art Güterethik bzw. der Güterethik vergleichbar; und in der Tat beurteilt sie menschliche Handlungen an einem angestrebten Nutzen, der durchaus als Gut bezeichnet werden kann. Dabei „negiert" sie (durch Übergehen) alles Gesetzliche der Ethik, sei es die Motivation durch Gebot und Verbot, sei es der Auftrag, den Menschen durch göttlichen oder weltlichen Beruf übernehmen.

Aber ist der Utilitarismus etwas Neues? David Hume (1711–1776), wichtigster Vertreter des neuzeitlichen philosophischen Empirismus, hat den Grund zum ethischen Utilitarismus gelegt, auf den dann Jeremy Bentham (1748–1832) und John Stuart Mill (1806–1873) ihr System des Utilitarismus aufbauen sollten. Hume geht aber von Fragen aus, die schon die antike Ethikdiskussion bewegten, etwa von der Überlegung, ob nicht die Frage nach der Nützlichkeit von Handlungen (vielleicht auch nur insgeheim) alle ethischen Überlegungen begleite. Cicero (106–43 v. Chr.) beispielsweise unterschied in „De officiis" zwischen dem utile (Nützlichen), das um einer anderen Sache willen, und dem honestum (Ehrenhaften, „Ehrlichen"), das um seiner selbst willen getan wird. Das honestum, sprich: die Tugenden und Pflichten, sind das Höhere, wenn auch das Nützliche durchaus ein Wert bleibt. – Nun kann man aber die Fragerichtung umkehren und nicht nur fragen, was nützlich, sondern ob eine ethische Handlung denn *nutzlos* sein dürfe. Folglich wird das honestum, das Handeln aus Tugend bzw. Pflicht mindestens *auch* nützlich sein müssen, und somit ist die Kategorie des utile als die umfassendere etabliert. Die utilitaristische Ethik bekommt eine bedeutende Dimension, wenn (wie bei John Stuart Mill [1806–1873]) nicht bloß vom Nutzen des Einzelnen, sondern vom Nutzen größerer Gruppen bzw. der Menschheit die Rede ist. Denn jede/r kann zum Nutzen des Nächsten agieren und nicht nur zu seinem eigenen. Damit ordnet sich die utilitaristische Ethik in das subjektivistische Ethikverständnis der Neuzeit ein: Die ethische Reflexion kreist um den Menschen, der entweder als Einzel-, Gruppen- oder Gattungssubjekt ins Spiel gebracht wird. Dies ist uns heute so selbstverständlich geworden, dass wir geneigt sind zu fragen: Um wen oder was soll Ethik denn sonst kreisen? Wir können uns nur mit Mühe vorstellen, dass Gott oder die Natur Subjekte der Ethik wären.

Die utilitaristische Ethik spricht aus, dass wir Menschen ganz handfeste Zwecke und Interessen haben, und reflektiert dies. Hält sich jemand nur an Tugenden, Normen und Pflichten, bedeutet das noch lange nicht, dass er seinen Nutzen vergisst; vielleicht verfolgt er ihn sogar unter dem Deckmantel höherer Ziele. Sehen wir die Demokratie als Lebensform, die verschiedenerlei Interessen zur Kenntnis nimmt, gegeneinander abwägt und im Zusammenleben miteinander koordiniert, dann ist der Utilitarismus etwas höchst Praktisches und (im Sinne der „praktischen Philosophie") etwas Ethisches. Man wird sich darüber im Klaren sein müssen, dass das Ethos moderner Demokratie (z. B. das Ethos des demokratischen Umgangs miteinander in Institutionen, der Ausgleich von Interessen) aus der Wurzel des Utilitarismus entspringt. Die moderne Demokratie stammt aus England und den USA, und dort hat auch die utilitaristische Ethik bis heute mehr Vertreter als bei uns.

6. Die Pflichtenethik:

Die Pflichtenethik steht – ähnlich der Tugendethik oben – an dritter Stelle eines Dreischrittes, und in ihrer Entstehungsgeschichte hat sie sehr viel mit der Tugendethik zu tun. Sie verbindet sich am meisten mit dem Namen Immanuel Kants (1724–1804), dessen ethisches Hauptwerk „Kritik der praktischen Vernunft" (1788) von größtem Einfluss auf die ethischen Diskussionen des 19. und 20. Jahrhunderts war, und von dem sich die weiter unten zu nennenden ethischen Systeme kritisch abgrenzen wollten.

So sehr aber die Pflichtenethik an die praktisch-ethische Philosophie Kants denken lässt, hat sie ihren Ursprung doch in der Antike. Cicero (106–43 v. Chr.) schrieb ein Werk „De officiis" („Von den Pflichten"), das von dem stoischen Ethiker Panaitios (ca. 180–100 v. Chr.) inspiriert ist, und die älteste bekannte christliche Ethik, nämlich diejenige des Kirchenvaters Ambrosius, trägt den Titel „De officiis [ministrorum]". Das Eigentümliche der Pflichtenethik hat sich allerdings zwischen Antike und Neuzeit stark gewandelt: In der Antike ist „Pflicht" eine Ermäßigung von „Tugend". Wenn jemand schon der Tugend (griech. *arete*) nicht genügen könne, solle er wenigstens das Pflichtgemäße (griech. *to kathekon*, wörtlich: das „Geziemende") tun. Und Cicero handelt in „De officiis" dann doch wieder die Tugendlehre in ihrer ganzen Breite ab.

Wenn nun die Leitlinie der Ethik Pflicht heißt, dann orientiert sich der ethisch Reflektierende an einem Sollen. Nach Kant beantwortet die Ethik die Grundfrage „Was soll ich tun?". Hinter dieser Frage aber verbirgt sich das Freiheitsproblems, denn: Um die Frage „Was soll ich tun?" überhaupt sinnvoll stellen zu können, muss das Freiheitsproblem bereits im Sinne des selbstverständlichen Bestehens von Freiheit entschieden sein. Ich könnte mich ja gar nicht „Was soll ich tun?" fragen, gäbe es nicht die Freiheit, dies oder jenes – oder nichts – zu tun. In unserer Frage ist nur mehr von dem Was des Tuns die Rede, dass ich etwas tun kann, ist bereits entschieden. Deshalb diskutiert und begründet Kant den Freiheitsbegriff in der „Kritik der reinen Vernunft", schon bevor er in der „Kritik der praktischen Vernunft" seine Ethik entwirft. Aus der Freiheit folgt bei Kant der Ansatz der Pflichtenethik, in dem die Frage „Was soll ich tun?" so beantwortet wird, dass ich in vernünftigen Überlegungen meine Pflichten in Übereinstimmung mit dem allgemeinen Sittengesetz ausfindig machen soll.

Ich beantworte die ethische Grundfrage, *ich* bestimme meine Pflichten: Kants Ansatz hat mit der Moderne und mit der von Kant ausgearbeiteten Subjektbezogenheit (der Philosophie im Allgemeinen und) der Ethik im Besonderen zu tun. Das bedeutet: Bei Kant wird die ethische Selbstbestimmung wichtig: Wir als handelnde Subjekte geben uns für unser Handeln die Regeln selber – zwar in Übereinstimmung mit dem für alle Menschen geltenden Sittengesetz, aber dieses Sittengesetz ist Gesetz des Subjekts Menschheit und nicht Gottes, der Natur im Allgemeinen oder der Natur des Menschen.

In der ethischen Selbstbestimmung liegt der Widerspruch zwischen Kant und der antiken Pflichtenethik (die er gekannt hat und auf die er sich manchmal beruft). Da der Ort der Selbstgesetzgebung in der modernen Pflichtenethik das Gewissen ist und dieses sich vor allem in der Gesinnung

manifestiert, sind *Pflichten-, Gewissens- und/oder Gesinnungsethik* Namen
für ein und dieselbe Sache.

7. Die Verantwortungsethik:

Mit der Verantwortungsethik treten wir in das 20. Jahrhundert ein. Die
ethische Diskussion dieses Jahrhunderts baut auf allen früheren Entwürfen
zur Ethik auf, und zwar im Hegel'schen Sinn von Vermittlung, und Vermittlung bedeutet bei Hegel „Negation der Negation", da die früheren Systeme und Ansätze nicht verworfen, schon gar nicht vergessen, sondern
durch Kritik überwunden sind, das Überwundene so aber auch von neuem
zur Geltung gebracht wird. Die neuen Ansätze bauen auf dem Überwun-
denen auf und sind ohne das Überwundene nicht zu denken. Ja sogar wenn
alte Entwürfe aufs Neue aufgegriffen werden, wie z. B. die Tugendethik,[5]
bildet die erneute Vertretung des Alten eine Negation der Negation, wie
verständlich wird, wenn wir bedenken, dass der neue Vertreter die in der
Zwischenzeit vorgetragenen Distanzierungen zurückweisen muss.

Den Gesichtspunkt der Verantwortung hat der Soziologe Max Weber
(1864–1920), und zwar in seiner Arbeit „Politik als Beruf" (1919), als Erster in die neuere ethische Diskussion eingebracht. Er reagiert damit auf die
Ethik Kants. Überhaupt ist im gesamten 20. Jahrhundert eine Auseinandersetzung mit Kant zu beobachten.

Max Weber bemühte sich, angesichts der seit Kant herrschenden *Gewis-
sens- oder Pflichtenethik* darauf hinzuweisen, dass jemand bei seinem Tun ein
gutes Gewissen haben könne, obwohl vielleicht horrende Folgen aus diesem Tun hervorgehen. Weber vertrat deshalb die ethische Maxime, bei jedem Handeln vor allem die Folgen abzuschätzen und den Finger der Ethik
auf die Verantwortbarkeit von Folgen zu legen. Es ist klar, dass damit ein
starkes Moment der Unexaktheit in die ethische Reflexion kommt, denn
die Folgen meines Handelns sind noch nicht da, sie hängen von vielerlei ab,
das ich *nur* oder vielleicht *nicht einmal* abschätzen kann.

Während Max Weber als Forum der Verantwortung an politische Gremien oder auch die politisch interessierte Öffentlichkeit dachte, verstand

---

5   Siehe z. B. Alasdair McIntyre: Der Verlust der Tugend, Frankfurt a. M. 1992.

der theologische Ethiker Dietrich Bonhoeffer (1906–1945) seine und der Christen Verantwortung als Befragtsein von Gott und Sich-verantworten-Müssen vor Gott. Durch Bonhoeffer gewann die Verantwortungsethik eine theologische Dimension (man wird sogar sagen müssen, dass sie diese Dimension *zurück*gewann). Da sich Bonhoeffer aber aus seiner Verantwortung heraus zum Widerstand im Dritten Reich entschloss, verbindet seine Ethik theologische und politische Verantwortlichkeit.

Gegen Ende des 20. Jahrhunderts erreichte der Ansatz der Verantwortungsethik durch „Das Prinzip Verantwortung" von Hans Jonas (1903–1993) [siehe Literaturliste] große Aktualität. Jonas bezieht Verantwortung hauptsächlich auf die Folgen der Ökonomie für die Ökologie des Planeten Erde und das Fortbestehen der Menschheit. Die Schwierigkeiten der Verantwortungsethik bei H. Jonas liegen darin, dass hier eine neue, aber schwer greifbare Instanz der Verantwortung genannt wird: Sollen wir uns nämlich nach Bonhoeffer vor Gott und nach Weber vor politischen Instanzen verantworten, so sind das nach Hans Jonas die *kommenden Generationen*, denen wir das Ökosystem der Erde nicht in ge- oder zerstörtem Zustand zurücklassen sollen. Da die kommenden Generationen uns noch nicht zur Verantwortung ziehen können, steht H. Jonas in Gefahr, sich in wiederholten Mahnungen und Appellen zu erschöpfen.

8. Die Wertethik:

Das System der Wertethik ist ein Kind der späten Neuzeit. Ähnlich wie die Verantwortungsethik wendet es sich gegen Kant, vor allem gegen den Formalismus der kantischen Pflichtenethik (denn Kant wollte seinen *kategorischen Imperativ* bloß als oberstes formales Prinzip verstanden wissen), den sie als negativ auffasst und ihm ein „materiales" Prinzip (im Sinne von Inhaltsbestimmtheit) entgegensetzt. (Siehe den Buchtitel „Der Formalismus in der Ethik und die materiale Wertethik" von Max Scheler [1874–1928]).

Einen solchen Formalismusvorwurf kann man aus wertethischer Sicht genauso an die Adresse der Verantwortungsethik richten (wenngleich mir ein solcher Vorwurf in der Literatur noch nicht begegnet ist): Verantwortung vor Gott, einem politischen Gremium oder der kommenden Generation sagt ja nichts über den Gegenstand der Verantwortung aus.

Die Wertethik beantwortet die kantische Frage „Was soll ich tun?" in etwa folgendermaßen: Du sollst dich an (ökonomischen, ästhetischen, geistigen) Werten orientieren. Die Wertethik ist zwar, wie gesagt, ein Ansatz, der in Reaktion auf die Ethik *I. Kants* gebildet wurde, wahrscheinlich aber (wie so mancher moderner Ansatz) implizit schon viel länger von Bedeutung. Z. B. muss die Nähe der Wertethik zur Güterethik sofort auffallen; der Unterschied liegt aber darin, dass Güter in Natur und Kultur auf*gefunden*, Werte hingegen von uns *gesetzt* werden. Weiters ergibt sich eine Nähe zum Utilitarismus – besonders im grundlegenden Wert, dem ökonomischen.

Bis heute deklarieren sich so manche Disputanten ethischer Fragen direkt oder indirekt als Anhänger der Wertethik, ja für einige unter ihnen scheint die Orientierung am Werthaften das Ethische schlechthin zu sein. – In der Politik wurde und wird eine Debatte um Grund*werte* geführt, die zur Formulierung von Grundrechten, Grundgesetzen und Menschenrechten dienen. Schon allein daran sieht man die Bedeutung dieses Ansatzes. Weiters aber ist zu beachten, dass die Wertethik in allen Lebensbereichen Werte aufspürt. Diese Werte können aber gar nicht leicht unter einen Hut gebracht werden. Das Problem der Pluralität von Werten (ähnlich wie die Pluralität von Gütern in der Güterethik) bildet ein wesentliches Problem der Wertethik. So ist nicht zu leugnen, dass Grundwerte wie *Leben*, materielle *Sicherheit* etc. sich von den politischen Werten wie *Freiheit oder politische Mitbestimmung* ganz grundsätzlich unterscheiden, und diese wieder von ästhetischen Werten wie dem *Kunstschönen* oder intellektuellen Werten wie *Erkenntnis und Wahrheit*. Ist der gemeinsame Nenner aller Werte vielleicht der Geld- oder Marktwert? – Ein Verdacht, den schon der Romancier und Sozialkritiker H. de Balzac ausgesprochen hat.

Die Wertethiker sind bestrebt, wie ich darstellen werde, alle Werte im Rahmen einer Hierarchie anzuordnen.

9. Die Diskursethik:

Diese Form der Ethik ist ein Ansatz, der wiederum ausdrücklich eine Erweiterung des Ansatzes von *I. Kant* sein will. Karl-Otto Apel und Jürgen Habermas sind als wichtige Vertreter zu nennen. Im Unterschied zu Kant aber verlassen sich diese Autoren nun nicht auf die ethische Reflexion des Einzelnen, der allein im Gegenüber zu seiner Vernunft seine Pflicht in Freiheit bestimmt, sondern auf die Gemeinschaft jener Leute (wobei Habermas nicht zuletzt Wissenschaftler im Blick hat), die eine ethische Frage bedenken und lösen wollen.

Vor dem Finden des ethisch Vernünftigen und Richtigen, i. e. vor dem Aufstellen praktischer Regeln, steht nach Habermas der ethische Diskurs, der zu einem *Konsens* führen muss, wenn die ethische Reflexion einen praktischen Erfolg haben soll. Hiermit bringt Habermas das demokratische Moment aus der utilitaristischen Ethik zur Geltung. Er anerkennt, dass die Teilnehmer des ethischen Diskurses legitimerweise ihre Interessen vertreten, will Entscheidungen jedoch nicht auf Mehrheitsverhältnisse gründen, sondern auf eine Übereinstimmung der Diskursteilnehmer, die aus Argumenten und deren Überzeugungskraft (nicht aber aus Unterwerfung oder billigem Nachgeben) erwachsen soll. Hinter der Diskursethik steht eine menschenrechtliche Würdigung aller Mitglieder der Gesellschaft.

10. Die Situationsethik:

Die Situationsethik bildet in der vorliegenden Darstellung den Abschluss und eine Art von Zusammenfassung. Damit will ich diese Ethik aber nicht als Gipfel ethischen Denkens, als Theorie der Theorien oder gar als System von Systemen vorstellen. Sie spiegelt vielmehr einerseits die Einfachheit („Primitivität") der ethischen Anforderung wider, da uns jede Situation von neuem vor die Aufgabe stellt, richtig auf sie zu reagieren, führt andererseits aber auch in die größte Allgemeinheit, da ja jeder/jede Handelnde unter den vielen Millionen Menschen ein einzelnes Ich ist, das sich zum Handeln entscheiden muss und dieses Handeln zu verantworten hat. Deshalb muss es in der Situationsethik nicht nur um die ethische Reflexion des Individuums und die Reflexion *auf* das Individuum gehen, wie der Ursprung der Situationsethik im Existentialismus nahe legen könnte, denn ethische Subjekte sind nicht unbedingt Einzelindividuen, sondern ebenso Gruppen, Institutionen und/oder Staaten, die durch gemeinsame Willensbildung und durch Beauftragung von Repräsentanten ethische Verantwortung übernehmen. Daher finden sich nicht nur Individuen in Situationen vor, die ihr

Handeln erforderlich machen. Auch geschichtliche, politische und soziale Situationen und das Handeln darin können und müssen dem situations-ethischen Nachdenken unterworfen werden.

Kapitel 1

Gesetzesethik[6]

Man wird kaum einen Begriff finden, der so viel mit Ethik zu tun hat und sich im Ethik-Diskurs so wenig vermeiden lässt wie der Begriff des Gesetzes. In meiner Darstellung bildet die Gesetzesethik das erste Kapitel einer Triade (Gesetzes-, Güter-, Tugendethik), mit der die antike Ethiktheorie beschrieben werden soll. Diese drei Theorien stellen einander in Frage, heben

6 Paul ALTHAUS: Gebot und Gesetz, Gütersloh 1952 – Karl BARTH: Evangelium und Gesetz (1935) in: GESETZ und Evangelium. Beiträge zur gegenwärtigen theologischen Diskussion, ed. E. Kinder & K. Haendler, Darmstadt 1968, S. 1–29 – Knut BERNER: Gesetz im Diskurs, Neukirchen-Vluyn 1997 – Franz BÖCKLE: Gesetz und Gewissen, 2. Aufl., Stuttgart 1966 – Klaus BOCKMÜHL: Gesetz und Geist, Gießen o. J. – Emil BRUNNER: Das Gebot und die Ordnungen. Entwurf einer protestantisch-theologischen Ethik, 4. Aufl., Tübingen 1939 – Werner ELERT: Zwischen Gnade und Ungnade. Abwandlungen des Themas Gesetz und Evangelium, München 1948 – Johannes HECKEL: Lex charitatis. Eine juristische Untersuchung über das Recht in der Theologie Luthers, München/Köln 1953/1973 (1. Aufl./2. Aufl.) – „ICH bin der Herr, dein Gott" – Das erste Gebot in säkularisierter Zeit, ed. J. Heubach, Erlangen 1995 – Wilfried JOEST: Gesetz und Freiheit, 4. Aufl., Göttingen 1968 – Ulrich KÜHN: Via caritatis. Theologie des Gesetzes bei Thomas von Aquin, Berlin 1964 – Uwe KÜHNEWEG: Das neue Gesetz, Marburg 1993 – Knud E. LØGSTRUP: Die ethische Forderung, 2. Aufl., Tübingen 1968 – Karl RAHNER: Das „Gebot" der Liebe unter anderen Geboten, in: DERS.: Schriften zur Theologie V, Einsiedeln/Zürich/Köln 1962, S. 494–517 – Josef RATZINGER: Über die christliche Brüderlichkeit, München 1960 – Antti RAUNIO: Die Goldene Regel als Gesetz der göttlichen Natur. Das natürliche Gesetz und das göttliche Gesetz in Luthers Theologie 1522–1523, in: LUTHER und Theosis, ed. J. Heubach, Erlangen 1990, S. 163–186 – Manfred RIEDEL: Norm und Werturteil. Grundprobleme der Ethik, Stuttgart 1979 – Reinhard SCHINZER: Ethik ohne Gesetz: christlich urteilen und handeln, Göttingen 1986 – Jürgen M. SCHIPPER: Gesetz. Aporie einer Kategorie Luthers, Diss. Göttingen 1976 – Rudolf SMEND & U. LUZ: Gesetz, Stuttgart 1981 – Herbert SPIEGELBERG: Gesetz und Sittengesetz, Zürich (u. a.) 1935 – Max J. SUDA: Die Ethik des Gesetzes bei Luther, in: VIELSEITIGKEIT des Alten Testaments. FS für Georg Sauer zum 70. Geb., Hrsg. James A. Loader/Hans-V. Kieweler, Frankfurt a. M. 1999, S. 345–356

einander auf und ergänzen einander. Es gibt gute Gründe, die ich weiter unten nennen werde, mit dem ethischen System „Gesetz" zu beginnen. Das
heißt aber nicht, dass die Gesetzesethik tatsächlich früher da war als die beiden anderen Ansätze/Systeme. Wer wollte behaupten, dass sich Menschen
nicht schon sehr früh an der Erreichung von Gütern orientiert haben, wenn
sie ethische Überlegungen anstellten? Ähnliches gilt für die Tugendethik. Die
Triade Gesetzes-, Güter-, Tugendethik ist also gewissermaßen als Einheit der
antiken Ethik zu sehen, die außerdem bis in unsere Tage Folgen zeitigt …
Sehr wohl behaupten möchte ich hingegen, dass die ab dem 4. Kapitel abzu-
handelnde Triade (Berufs-, Nützlichkeits- und Pflichtenethik) – abgesehen
von zu besprechenden Vorformen – erst für die Neuzeit bestimmend wird.

Der Begriff „Gesetzesethik" will sagen, dass sich eine Ethik am Gesetz
orientiert. An welchem? Eine wichtige Alternative entsteht dadurch, dass
erstens ein solches Gesetz entweder vorgegeben sein kann, oder aber *zweitens* im Laufe der ethischen Reflexionen allererst aufgestellt wird.

Im ersten Fall verzweigen sich die Überlegungen, je nach dem Ort und
der Zeit, in denen der Ethiker lebt und denkt. In der europäischen Kultur
orientieren wir uns vor allem am biblischen Gesetz, d. h. an dem durch die
Kritik des Neuen Testaments hindurchgegangenen Gesetz des Alten Testaments, der Thora der hebräischen Bibel. Dieses alttestamentliche Gesetz
blieb aber neben den gesetzlichen Aussagen des Neuen Testaments in gewisser Weise für sich bestehen, wobei die Moralgebote (zusammengefasst
als Moralgesetz, lat. *lex moralis*) vom Christentum aufgenommen, das Straf-
und Zeremonialgesetz *(lex iudicialis, lex ceremonialis)* aber für überholt erklärt wurden.[7] Aus dem biblischen Moralgesetz rückten sodann wieder die
Zehn Gebote als seine Zusammenfassung in den Mittelpunkt ethischer
Überlegung und Belehrung. – Weiters aber ist eine Gesetzesethik auf dem
Boden Europas ohne das römische Recht und später ohne die Gesetzgebung der einzelnen Staaten, ohne die Grund- und Menschenrechte und seit
neuestem ohne das überstaatliche europäische Recht undenkbar.

---

7   Die mittelalterliche Theologie und auch die Reformatoren unterscheiden im Alten Testa-
    ment zwischen *lex moralis, lex iudicialis* und *lex ceremonialis.* Nur die *lex moralis* habe im
    Christentum weiterhin Gültigkeit. *Lex iudicialis* und *lex ceremonialis* seien abgeschafft.

Im zweiten Fall will die Gesetzesethik die gesetzliche Orientierung eigenständig erarbeiten, dadurch ihre Unabhängigkeit von vorgegebenen Gesetzen aufzeigen, ja sich sogar als moralische Instanz etablieren, auf die sich die politische Gesetzgebung dann zu berufen habe. Woher aber nimmt sie ihre Prinzipien? Undenkbar ist, dass sie ganz von vorne anfängt (nämlich mit nichts, denn aus nichts wird nichts); und auch wenn sie dies vorgibt, wird sie a) einen immer irgendwie „gesetzlich" geordneten Zustand voraussetzen, in dem sie sich befindet, und b) wird sie mindestens vom Reflektierenden, der sich in diesem Falle selber Gesetz ist oder internalisierte Gesetze in sich vorfindet, ausgehen. Die Möglichkeit „b" wurde insbesondere vom Naturrecht benützt, das in der Tradition der Stoa solche Prinzipien aufgreift, die der Natur des Menschen, ja sogar der außermenschlichen Natur innewohnen. Damit ist freilich auch wieder von Voraussetzungen der Ethik, obzwar nicht *äußerlichen*, sondern *innerlichen*, die Rede. Auch I. Kant, der den kategorischen Imperativ auf die Vernunft des Menschen gründet, beruft sich damit auf ein „gesetzliches" Prinzip (Kant spricht denn auch vom „moralischen Gesetz in mir")[8]. Damit will ich freilich nicht in die Richtung argumentieren, dass jede Gesetzesethik bloß von vorgegebenen Gesetzen abhängig sei. Denn:

Auch im ersten Fall, der Orientierung an vorgegebenen Gesetzen, hätte Gesetzes*ethik* keinen Sinn, würde sie nur die vorgegebenen Gesetze wiederholen, bekräftigen und/oder verbreiten; dazu genügten die öffentlichen Institutionen. Sondern sie muss die Gesetze vergleichen, werten, kurz: beurteilen; und dieses Beurteilen führt dann, wie im zweiten Fall, zu einer *ethischen* Orientierung an Gesetzen, die etwas anderes ist als eine politische, pädagogische etc. Orientierung.

Gesetzesethik wird also sowohl Gesetze aus den vorliegenden Gegebenheiten aufnehmen als auch innerhalb ihres eigenen Diskurses herausbilden.

Bei längerer Vertiefung in die Gesetzesethik erhält man den Eindruck, dass ethische Reflexion stets auf etwas (in der einen oder anderen Art) „Gesetzliches" hinsteuere, wenn sie nicht sinnlos sein will. Dieses Gesetzliche kann „Regel", „Leitlinie", „Ergebnis der Reflexion" oder dergleichen hei-

---

8 Immanuel KANT: Kritik der praktischen Vernunft, A 289

ßen; auch das Ergebnis, dass die ethische Reflexion keine Regeln aufstellen
wolle, und dass beispielsweise „Freiheit" das einzige Ergebnis der Reflexion
sei, ist als gesichertes Ergebnis Gesetz im Sinne von „etwas Gesetztem".

Andererseits ist gegen die These, dass Ethik immer auf Gesetze hinaus-
laufe, aus evangelisch-theologischer Sicht zu sagen, dass es zwischen Gesetz
und Freiheit bzw. zwischen Gesetz und Evangelium zu einer Dialektik des
Widersprechens und der wechselseitigen Aufhebung kommt, die die Behauptung einer durchgehenden Gesetzlichkeit der Ethik nicht vertretbar erscheinen lässt. Denn das biblische Gesetz selber, aufs dichteste konzentriert
im Liebesgebot, wird Liebe, hebt also durch sich als Gesetz das Gesetz auf,
und die Liebe wird frei zum Tun dessen, was sie will, wie Augustinus formulierte: „Semel ergo breve praeceptum tibi praecipitur: dilige, et quod vis
fac."[9]

Die Ethik der Religionen und die Religionskritik

Mag religiöse und im Besondern biblische Gesetzlichkeit gar nicht so sehr
in die Moderne passen: Es kann nicht bezweifelt werden, dass in allen Kulturen Moral und Ethik anfänglich innerhalb der Religionen überliefert und
diskutiert wurden.[10] Sollte es Ethik vor ihrer Überlieferung durch die Religionen gegeben haben, so kann dies heute nicht mehr erkannt werden.

---

9 AUGUSTINUS: In Iohannis epistulam ad Parthos tractatus VII, 8 („Einmal wird dir daher
   ein kurzes Gebot geboten: Liebe, und was du willst, tu.")
10 Wolfgang BOHN: Die Psychologie und Ethik des Buddhismus. München/Wiesbaden
   1921 – HINDU ETHICS, ed. H. G. Coward, K. K. Young., J. Lipner, New York 1988 –
   ETHIK in nichtchristlichen Kulturen, ed. P. Antes, Stuttgart 1984 – Ethik der Religionen.
   Lehre und Leben, ed. M. Klöcker/U. Tworuschka, 4 Bde., München/ Göttingen 1984 ff.
   – ETHIK der Weltreligionen. Ein Handbuch. Primitive, Hinduismus, Buddhismus, Islam,
   ed. C. H. Ratschow, Stuttgart 1980 – „Vor Gott sind alle gleich". Soziale Gleichheit, so-
   ziale Ungleichheit und die Religionen, ed. G. Kehrer, Düsseldorf 1983 – Robert F. HAR-
   PER: The Code of Hammurabi, King of Babylonia, Chicago 1904 (Neuaufl. 2000) –
   Hellmuth HECKER: Die Ethik des Buddha, 1961 – Robert R. MARETT: Glaube, Hoffnung und Liebe in der primitiven Religion. Eine Urgeschichte der Moral, Stuttgart 1936

Sobald der Mensch im Licht der Geschichte auftaucht, finden wir ihn in Lebensformen, die sowohl Gesetze als auch Religionen kennen. Was kann vorher gewesen sein? Wir können es nicht sagen, denn dazu müssten wir wissen, was sich im evolutionären Tier-Mensch-Übergangsfeld abgespielt hat … Vergleicht man die Situation von Tieren und Menschen, dann lässt sich an Tieren eine gesetzliche Bestimmtheit durch Triebe feststellen, die wir in ähnlicher Weise auch an uns Menschen finden, und die wahrscheinlich schon die Urmenschen konstatiert haben. Ja es scheint, dass Gesetzlichkeit anfänglich überhaupt als Einheit von kosmischen, natürlichen, sittlichen, politischen und rituellen Gesetzen bewusst wurde.

H. v. Glasenapp: „Die Anschauung, daß in der Welt bestimmte Gesetze wirksam sind, findet sich schon bei Primitiven; denn die Annahme einer gesetzmäßigen Verknüpfung von Ursachen und Wirkungen ist die instinktmäßig empfundene Voraussetzung aller magischen Handlungen und Tabu-Regeln. Konkretere Gestalt gewinnt die Vorstellung von einem Natur und Sitte lenkenden Welt-Gesetz bei Indern und Chinesen (ind. *rita, dharma*; chines. *tao*). Die Buddhisten und Jainas, die Konfuzianer und Taoisten sehen in diesem ein der Welt seit jeher immanentes ewiges Prinzip, das keinen Ursprung und kein Ende hat. Demgegenüber führen andere Religionen alle Gesetze auf einen oder mehrere »Urheber« zurück. Die Anschauung, daß ein höchstes Wesen der Welt ihre Ordnungen gab, findet sich schon bei manchen Primitiven. In den verschiedenen monotheistischen Religionen wird dem ewigen Weltenherrn Schöpfung und Einrichtung des Alls, die Verkündung sittlicher Normen, rechtlicher und sozialer Vorschriften und die Einsetzung bestimmter Riten zugeschrieben; zugleich wacht er als strenger Richter über die Einhaltung der von ihm erlassenen Gesetze."[11]

– Volker NIENHAUS/H. VÖCKING: Zakat: Das islamische Steuerwesen, 1982 – William M. F. PETRIE: Religion and Consciousness in Ancient Egypt, 1898 – Carl H. RATSCHOW: Die Religionen, Gütersloh 1979 – D. C. VIJAYAVARDHANA: Dharma-Vijaya (Triumph of Righteousness) or "The revolt in the temple", Colombo 1953 – William M. WATT: Islam and the Integration of Society, London 1961

11 Helmuth v. GLASENAPP: Art. Gesetz, I. Religionsgeschichtlich, S. 3 f. (Digitale Bibliothek Band 12: Religion in Geschichte und Gegenwart, S. 11407 f. [vgl. RGG, Bd. 2, S. 1512] [c] J. C. B. Mohr [Paul Siebeck])

– Von Glasenapp spricht hier von einem „ewigen Prinzip" und „ewigen Weltherrn", von dem die Gesetze ausgingen; andererseits würden sie diesen ewigen Ursprüngen auch nur „zugeschrieben".

Carl Heinz Ratschow wiederum legt die Betonung von vornherein auf die menschliche Seite, wenn er die Entstehung von Normensystemen reflektiert: „Aus der gemeinsamen Verehrung der Götter wachsen spezifisch geprägte Gemeinschaften – Clans, Sippenverbände, Klöster, Bruderschaften, Kirchen und Sekten – die ihre Dekaloge brauchen und die ihre Normensysteme errichten müssen als unter Menschen unerläßliche Reglementierung gemeinsamen In-der-Welt-Seins auf dem Hintergrunde des Hervortretens der Götter."[12] Die göttliche Seite der Normensysteme sei somit bloß als „Hintergrund" vorhanden.

Offenbarung oder menschliche Erfindung des Gesetzes?

Bei Eckart Otto freilich lesen wir, dass – mindestens für den Bereich der alttestamentlichen Religion – eine „Alternative" gelte: „Die Theologie ist vor die Alternative eines Ansatzes bei der religiösen Erfahrung des Menschen oder bei dem sich offenbarenden Gott gestellt, und stets sind die theologischen Entwürfe kritisch auf den alternativen Ansatz bezogen."[13]

Diese Alternative bedeutet: Entweder finden wir den Ursprung der ethischen Gesetze im außermenschlichen oder im menschlichen Bereich. Diese Alternative wird und muss die Gesetzesethik begleiten. Dasselbe Problem stellt sich übrigens in Bezug auf die Naturgesetze: So sehr diese auch von der außermenschlichen Natur hergenommen sein mögen, die Alternative, dass sie erst der Mensch aufgestellt habe, ist ernsthaft zu bedenken, denn nirgendwo im Weltall steht ein Naturgesetz geschrieben, und den vom Menschen geschriebenen Naturgesetzen „gehorcht" die Natur nur mit – manchmal größeren, manchmal geringen – Abweichungen. Dieses Problem wird uns hier freilich nur im Hinblick auf ethische Gesetze zu beschäftigen haben.

---

12 Carl H. Ratschow: Die Religionen, Gütersloh 1979, S. 125
13 Eckhart Otto: Theologische Ethik des Alten Testaments, Stuttgart 1994, S. 12

Auf der einen Seite der Alternative stehen die biblischen Aussagen wie in Stein gemeißelt: „Und Gott redete alle diese Worte:" (Ex. 20, 1 – es folgen die Zehn Gebote.) Ein vormodernes Geschichtsverständnis, das von der Antike bis in die frühe Neuzeit hinein herrschte (also auch in der Reformation, in der protestantischen Orthodoxie und in der Gegenreformation), ging von der unproblematischen Tatsächlichkeit der berichteten Gesetzgebung Gottes auf dem Berge Sinai aus. Dagegen prüft das moderne historisch-kritische Geschichtsverständnis die Wahrscheinlichkeiten, etwa: ob die Zehn Gebote überhaupt auf dem Sinai gegeben worden sein können,[14] untersucht den Zusammenhang der Sinai-Gesetzgebung mit der übrigen altorientalischen Gesetzgebung etc. etc.

Dass in den Religionen ein außermenschlicher Ursprung von ethischen Gesetzen behauptet wird, hat die Kritik der aufgeklärten Moderne herausgefordert, die sich folglich bemühte, die in den Religionen geltenden Gesetze als Erfahrungen und Erfindungen von Menschen darzustellen, und wenn überhaupt als Erfahrungen, dann als solche, die die erfahrenden Menschen zu verantworten hätten, die also Rückschlüsse auf die Konstitutionsbedingungen des menschlichen Subjekts, nicht aber auf Gott erlaubten.

Nun ist es aber möglich, die genannte Alternative, auch und gerade unter den Voraussetzungen des Denkens der Moderne, von zwei Seiten her zu überwinden.

a) *Einmal* von der Seite der *Offenbarung Gottes.* Offenbarung kann man als etwas von außen auf den Menschen Zukommendes verstehen. So hat etwa der idealistische Philosoph Johann Gottlieb Fichte in seiner Erstlingsschrift „Versuch einer Kritik aller Offenbarung" von 1792 die Offenbarung als eine äußerliche Gegebenheit durch Gott gesehen: „Der Begriff einer Offenbarung ist nemlich ein Begriff von einer Erscheinung in der Sinnenwelt, welche der Qualität nach unmittelbar durch göttliche Causalität bewirkt seyn soll."[15]

14　Z. B. ist das Gebot „Du sollst nicht begehren deines Nächsten Haus" (Ex. 20, 17) mit hoher Wahrscheinlichkeit nicht auf dem Sinai entstanden, da dort und damals das Volk nicht in Häusern wohnte.

15　Johann G. Fichte: Versuch einer Kritik aller Offenbarung, S. 206. Digitale Bibliothek

Demgegenüber versteht sein jüngerer Zeitgenosse G. W. F. Hegel die Offenbarung als jene Einsicht, welche sich im und durch das Bewusstsein des
Menschen etabliert. Hegel charakterisiert insbesondere die christliche Religion als eine solche, in der die Offenbarung zum Offenbar*sein* Gottes im
Menschen wurde: „In dieser Religion ist deßwegen das göttliche Wesen ge-
offenbart. Sein Offenbarseyn besteht offenbar darin, daß gewußt wird, was
es ist. Es wird aber gewußt, eben indem es als Geist gewußt wird, als Wesen, das wesentlich Selbstbewußtseyn ist. – Dem *Bewußtseyn* ist in seinem
Gegenstand dann etwas geheim, wenn er ein Anderes oder Fremdes für es
ist, und wenn es ihn nicht als sich selbst weiß. Diß Geheimseyn hört auf,
indem das absolute Wesen als Geist Gegenstand des Bewußtseyns ist; denn
so ist er als Selbst in seinem Verhältnisse zu ihm; d. h. dieses weiß unmittelbar sich darin, oder es ist sich in ihm offenbar."[16] – Man kann an diesen
Text mit der Frage herangehen, was bzw. wer denn Priorität habe, der sich
offenbarende Gott oder das menschliche Selbstbewusstsein, und wird dann
von einem dialektischen Ineinander sprechen müssen: Gott offenbart sich
als Selbstbewusstsein, dem Selbstbewusstsein aber ist in seinem unauflöslichen Verhältnis zu sich selbst Gott offenbar.

Dass Hegel Offenbarung als Offenbarsein nicht von der israelitischen
Religion, sondern vom Christentum her deutet, soll uns nicht hindern, diesen Begriff innerhalb der Gesetzesethik zu verwenden, denn die Zehn Gebotes des Alten Testaments blieben nicht nur weiterhin im Christentum
gültig, sondern eine Reihe von weiteren ethischen Gesetzen und Gesetzes-
auslegungen stammen von Christus und den Aposteln.

Verstehen wir nun die offenbarten Gesetzesgebote als solche, die uns in
unserem Bewusstsein *offenbar sind*, dann kann die Gültigkeit von ethischen
Gesetzen nicht mehr an der Alternative von Gott/vom Menschen, von
außen/von innen hängen. Vielmehr liegt der göttliche und ewige Charakter von Gesetzen gerade in ihrer uns offenbar seienden Gültigkeit!

Band 2: Philosophie, S. 32284 (vgl. Johann Gottlieb Fichtes sämmtliche Werke, heraus-
gegeben von I. H. Fichte, Band 1–8, Berlin: 1845/1846, Bd. 5, S. 140)

16 Georg W. F. Hegel: Ges. Werke, Hamburg 1980, Bd. 9 (Phänomenologie des Geistes),
S. 405

b) Die genannte Alternative lässt sich aber auch ausgehend von der These, ethische Gesetze seien menschliche Erfindungen, überwinden.

Nehmen wir z. B. an, jemand behaupte, Gesetze kämen durch reine Willkür – etwa eines Tyrannen – zustande. Es lässt sich nicht leugnen, dass Willkürgesetzgebung in der Geschichte der Menschheit immer wieder eine Rolle gespielt hat. Sind solche aus Willkür erflossenen und möglicherweise ungerechten Gesetze aber zu akzeptieren? Auf jeden Fall werden Menschen inner- und außerhalb des Geltungsbereiches der Gesetze darüber nachdenken, ob diese Gesetze gerecht sind. Das Denken wird schon allein dadurch in Gang gesetzt, dass die Tyrannisierten unter den Gesetzen leiden. – Ungerechte Gesetze können höchstens dann eine Zeit lang gelten, wenn sie mit Gewalt etabliert und ihre Anwendung erzwungen wird. Aber in der Zeit ihrer Geltung werden sie insgeheim oder offen als willkürlich und ungerecht angeprangert werden. Ethik ist ja, wie man immer wieder betonen muss, Reflexion, in unserem Fall die Reflexion auf Gerechtigkeit oder Ungerechtigkeit der Willkürgesetze. Die Reflexion beinhaltet die Aufgabe, sie zu beurteilen.

Eine derartige Reflexion über die Gerechtigkeit hat Platon im 1. Buch seiner *Politeia* („Der Staat") in die Wege geleitet und in den folgenden Büchern an der Aufgabe der Gesetzgebung für eine Polis durchgeführt. Die Diskussion zwischen Sokrates und dem Sophisten Thrasymachos im 1. Buch läuft auf das Ergebnis hinaus, dass kein Zusammenleben, keine Gemeinschaft Bestand haben können, wenn die Mitglieder dieser Gemeinschaft einander unrecht tun. Es kommt zu folgendem Wortwechsel: „Glaubst du, daß, wenn eine Stadt oder ein Heer oder auch Räuber und Diebe oder irgend anderes Volk gemeinschaftlich etwas ungerechterweise angreift, solche irgend etwas werden ausrichten können, wenn sie sich untereinander Unrecht tun? – Wohl gewiß nicht, sagte er. – Wie aber, wenn sie sich nicht Unrecht tun? Dann wohl eher? – Freilich. – Denn die Ungerechtigkeit *(adikia)*, o Thrasymachos, verursacht ihnen Zwietracht und Haß und Streit untereinander; die Gerechtigkeit *(dikaiosyne)* aber Eintracht und Freundschaft."[17] – Auch die Ungerechten müssen, so geht die

---

17 PLATON: Politeia 351 c–d (Übersetzung nach F. Schleiermacher, in: Platon, Sämtliche Werke, Bd. 3, Hamburg 1958 [und Neuauflagen], S. 93)

Argumentation weiter, wenigstens untereinander eine Art von Gerechtigkeit einhalten, um als Gruppe bestehen und gemeinschaftlich handeln zu
können.[18]

Die umfangreiche philosophische Erforschung der Gerechtigkeit durch
Platon in der *Politeia* zeigt, dass sich die Menschen in ihrer Suche nach der
Gerechtigkeit an einer außerhalb der Willkür zu findenden Begrifflichkeit
orientieren. Sie (und Platon) fragen, was denn die Gerechtigkeit an sich sei,
mit der die gerecht sein sollenden Gesetze übereinzustimmen hätten. Die
Antwort gibt Platon in seiner berühmten „Ideenlehre". An einer Stelle im
6. Buch der Politeia beruft sich Platon auf die Idee des Guten, durch die die
Gerechtigkeit erst zur Gerechtigkeit wird: „Denn daß die Idee des Guten
(agathou idea) die größte Einsicht *(megiston mathema)* ist, hast du schon
vielfältig gehört, als durch welche erst das Gerechte *(dikaia)* und alles, was
sonst Gebrauch von ihr macht, nützlich und heilsam wird."[19]

Die Ideen sind bei Platon nicht, was man heute darunter zu verstehen
geneigt ist, originelle Einfälle kreativer Individuen, sondern der Empirie
entzogene Maßstäbe, an denen das Empirische seinerseits gemessen werden
kann. Wo aber wissen wir von den Ideen, wenn nicht aus der Empirie? Sind
sie gar Utopien, haben also keinen Topos (Ort), sondern bloß einen Nicht-
Ort *(ou topos)*? – Einerseits bezieht Platon seine Ideenlehre manchmal auf
die Götterwelt der (altgriechischen) Mythologie/Theologie, andererseits
aber siedelt er die Ideen sogar über den Göttern, nämlich an „überhimmlischem Ort" *(hyperouranios topos)* an.[20]

Auf die Alternative „menschlicher oder außermenschlicher Ursprung der
ethischen Gesetze" bezogen, ergibt sich, dass der Mensch, will er gerechte
Gesetze aufstellen, auf etwas Absolutes zurückgreifen muss, das ihm bewusst wird, wenn er unter schlechten Gesetzen leidet und diese verbessern
will. Freilich, *er*greifen und in das menschliche Leben zerren, sodass alle Gesetze endgültig gut würden, kann er das Absolute nicht, sondern nur gedanklich *be*greifen. Die Alternative ist insofern überwunden, als sie keine

---

18 A.a.O., 352 c
19 A.a.O., 505 a
20 PLATON: Phaidros, 247 c

Alternative mehr ist. Denn menschliche Gesetzgebung ohne das Begreifen der Gerechtigkeit führt zur Ungesetzlichkeit, und umgekehrt würde die Annahme einer absoluten Gerechtigkeit im Sinne von Unbezogenheit auf die Gesetzgebung in der Empirie als schlechte Ab-solutheit (= Losgelöstheit von der Empirie) nur die Nichtigkeit einer solchen Idee aussagen.

Das Gesetz und das Gewissen in der Bibel

Vor allem das Alte Testament enthält umfangreiche Gesetzeskorpora,[21] die im alten Israel und im Judentum über die Jahrhunderte hinweg die Grundlage für juristische Entscheidungen bildeten und auch im Christentum – mindestens als „lex moralis" – Geltung hatten und haben bzw. größten Einfluss auf Gesetzgebung und Ethik nahmen und nehmen. Hierbei beanspruchen die Zehn Gebote den vordersten Platz.

Es ist aber auch zu bedenken, dass andere Religionen vergleichbare Zusammenstellungen von grundlegenden Geboten kennen.[22]

Weiters kennt das Neue Testament gesetzliche Abschnitte: Die Bekräftigungen und Verschärfungen des alttestamentlichen Gesetzes durch Jesus und die ermahnenden Abschlüsse der paulinischen Briefe. Und insofern das Neue Testament einen neuen, *evangelischen* Standpunkt gegenüber dem Alten Testament gewinnt – so sagt vor allem Paulus im Galater- und Römerbrief –, geschieht dies wiederum in Fühlungnahme mit dem Gesetz, nun allerdings in einer kritischen Diskussion des alttestamentlichen Gesetzes,

---

21 Waldemar JANZEN: Old Testament Ethics, Louisville, Ken., 1994 – Eckart OTTO: Theologische Ethik des Alten Testaments, Stuttgart 1994 – Hendrik van OYEN: Ethik des Alten Testaments, 1967 – Werner H. SCHMIDT: Die Zehn Gebote im Rahmen alttestamentlicher Ethik, Darmstadt 1993

22 Z. B. im Buddhismus: 1. Nicht-Töten (bezogen auf alle Lebewesen), 2. Nicht-Stehlen, 3. Vermeiden von Unzucht (bedeutet für die Asketen geschlechtliche Enthaltsamkeit, für die Laien Vermeidung von Ehebruch), 4. Reden der Wahrheit, 5. Enthaltung von Rauschgetränken (nach Friedrich HEILER: Die Indischen Religionen, in: DERS. [Hrsg.]: Die Religionen der Menschheit, Stuttgart 1959, S. 271 ff.) [Für Asketen bestehen noch weitere Gebote und Verbote.] – Siehe auch: Hans KÜNG: Projekt Weltethos, München 1990

die dieses Gesetz überbieten, nicht jedoch abschaffen will. Neben dem alttestamentlichen Gesetzesdenken greift auch das spätantike philosophische (vor allem stoische) Gesetzesdenken mit seiner Auffassung, der Mensch könne „von Natur" aus das Gute erfassen, in die neutestamentliche Diskussion ein, wobei der *Begriff des Gewissens* entsteht.

Das Gewissen ist ein Ergebnis der Überwindung jener oben diskutierten Alternative: „Entweder finden wir den Ursprung der ethischen Gesetze im außermenschlichen oder im menschlichen Bereich." Paulus gibt im Römerbrief die Antwort: in beiden Bereichen. Die Juden haben zwar das von Gott offenbarte Gesetz, aber die Heiden haben dasselbe Gesetz in anderer Form: „Denn wenn Heiden, die das Gesetz nicht haben, doch von Natur tun, was das Gesetz fordert, so sind sie, obwohl sie das Gesetz nicht haben, sich selbst Gesetz. Sie beweisen damit, dass in ihr Herz geschrieben ist, was das Gesetz fordert, zumal ihr Gewissen es ihnen bezeugt, dazu auch die Gedanken, die einander anklagen oder auch entschuldigen" (Röm. 2, 14 f.). – Das Gewissensgesetz umfasst mehr Menschen als das offenbarte, da es viel mehr Heiden als Juden gibt.

Das Gewissen beantwortet die Frage, wie denn das Gesetz bzw. die *Gesetze* einen ethischen Diskurs im Sinne der Reflexion des Ethos begründen können. Die Antwort lautet, kurz gefasst, dass Gesetzgebung, insofern sie in Worten menschlicher Sprache besteht, durch menschliche Reflexion hindurchgehen muss. Sogar die von Gott offenbarten Gesetze gehen durch die menschliche Reflexion hindurch und werden genauso durch menschliche Zustimmung in Geltung gesetzt wie durch die göttliche Promulgation. Deshalb lesen wir anlässlich der Gesetzgebung am Berg Sinai: „Und alles Volk antwortete einmütig und sprach: Alles, was der HERR geredet hat, wollen wir tun" (Ex. 19, 8).

Die moralischen Gesetze der Bibel sind das festgeschriebene Ergebnis der ethischen Reflexion, wobei diese Reflexion nach dem Willen Gottes, bzw. nach dem Guten und Rechten an sich fragt, soz. absolute Reflexion ist. Diese Reflexion ist am und im Gewissen präsent.

Am Gewissensbegriff kann man auch das Problem diskutieren, wie denn *Gott* die Gesetze gegeben habe. Darin liegt ja wohl das Wichtige an der ethischen Botschaft der Bibel, dass die menschliche Ethik in Gott begründet ist. Wie aber lässt sich das denken? Und um Denken muss es in der Ethik als Reflexion über das menschliche Verhalten gehen.

Würden wir die Begründung der Ethik in Gott nicht denken können, dürfte die biblische Ethik keine Allgemeingültigkeit beanspruchen. Sie wäre dann bestenfalls ein Gruppen-Ethos (die Gewohnheit einer Gruppe); dieses wäre das Ethos der Juden und/oder Christen, möglicherweise auch der Muslime, insofern sie sich auf die Bibel berufen, ein Ethos, das aber nur so lange hält, als die diesem Ethos Zustimmenden an Gott glauben. Ein solches Ethos hat nicht notwendig zur Folge, dass man reflektiert über seinen Glauben und das dazugehörige Ethos Auskunft gibt. Dies tut aber die Ethik. Zweifellos muss sich jede Ethik auch auf ein Ethos beziehen (wenn sie es reflektiert, begründet, kritisiert, verändert oder bejaht), aber sie ist nicht mit dem Ethos identisch.

Im Gewissen werden wir uns unserer ethischen Urteile *gewiss*. Wir erkennen die absolute Gültigkeit der ethischen Gebote; im Gewissen können wir aber auch über viele Kult- und Strafgesetze kritisch urteilen.

Zwar hat die hebräische Bibel kein Wort für „Gewissen"[23], wir finden die Sache des Gewissens aber in anderer Weise ausgedrückt. Z. B.: „Lass ab vom Bösen und tu Gutes" (Ps. 34, 15).[24] Wenn Menschen so angeredet werden, dann setzt das voraus, dass sie über Gut und Böse Bescheid wissen. Dieses Bescheidwissen konstatiert die Hebräische Bibel als Ergebnis des Heranwachsens und Lernens bei Kindern.[25] Am Ende eines solchen Lernprozesses steht eine Einsicht, die der Mensch in seinem ganzen bewussten Leben als Erwachsener nicht mehr „loswird": ein Wissen über Gut und Böse, das auch vom diesbezüglichen Wissen Gottes selber nicht übertroffen wird: „Und Gott der HERR sprach: Siehe der Mensch ist geworden wie unsereiner und weiß, was gut und böse ist" (Gen 3, 22). – Diese Worte stehen am Ende der Sündenfallgeschichte. Warum? Vor dem Sündenfall hat

---

23 Aber auch die Philosophen Sokrates, Platon und Aristoteles kennen den Begriff des *Gewissens* noch nicht.

24 Ähnlich: Ps. 37, 27; 1. Petr. 3, 11

25 „Butter und Honig wird er essen, bis er weiß, Böses zu verwerfen und Gutes zu erwählen. Denn ehe der Knabe lernt Böses verwerfen und Gutes erwählen …" (Jes. 7, 15 f.)

Gott festgesetzt, was das Rechte ist, nach dem Sündenfall leistet der Mensch selber diese Festsetzung – und tut es in gleicher Weise. Es ist leichter, das Wissen von Gut und Böse in kindlichem Vertrauen von den Eltern, übergeordneten Instanzen oder eben von Gott zu übernehmen, als selber die Verantwortung für dieses Wissen zu tragen. Aber sobald wir selbständig werden und dieses Wissen – sogar in derselben Weise wie Gott – besitzen, können wir uns in unseren Entscheidungen über Gut und Böse auf niemand anderen mehr ausreden als auf uns selbst.

Unser Wissen über Gut und Böse wird zu einer Letztinstanz, dem Gewissen,[26] mit dem wir wissend alle unsere Handlungen begleiten (die Vorsilbe ge- ist dabei entweder Übersetzung von griech. *syn*- bzw. lat. *con*- oder aber die Bezeichnung des Perfektischen wie in ge-wusst).

Paulus zeigt im 2. Kapitel des Römerbriefes, Vers 14–15, wie bereits zitiert, dass das Gewissen bei den Heiden exakt dieselbe Funktion hat wie das Gesetz bei den Juden, dass wir Menschen somit auch ohne Sinaigesetzgebung „uns selbst Gesetz" sind.

Philosophisch kann das, wie folgt, formuliert werden: „Das *Gewissen* drückt die absolute Berechtigung des subjektiven Selbstbewußtseins aus, nämlich *in sich* und *aus sich* selbst zu wissen, was Recht und Pflicht ist, und nichts anzuerkennen, als was es so als das Gute weiß, zugleich in der Behauptung, daß, was es so weiß, in *Wahrheit* Recht und Pflicht ist."[27] – Von der Bedeutung des Gewissen als einer Letztinstanz ausgehend, ist die Theologie des 19. Jahrhunderts zur Auffassung des Gewissens als „Sein Gottes in

---

26 „Gewissen, mhd. *gewizzen*, ahd. *giwizzanî*, zuerst bei Notker als Lehnübersetzung von lat. *conscientia*, das seinerseits gr. syneídêsis ‚Gewissen' und ‚Bewußtsein' (zuerst bei Demokrit) wiedergibt." (Wörterbuch der philosophischen Begriffe, ed. J. Hoffmeister, 2. Aufl., Hamburg 1955, S. 270)

27 Georg W. F. Hegel: Grundlinien der Philosophie des Rechts, a.a.O., § 137, Anm. (Ich möchte freilich nicht unterschlagen, dass diese Formulierung Hegels nur ein Zwischenstadium seiner ethischen Reflexion darstellt. In ähnlicher Weise, wie Hegel ein Kritiker der kantischen Moralphilosophie ist, ist er auch ein Kritiker einer Gewissensethik. Das Gewissen „drückt ‚zwar' die absolute Berechtigung des subjektiven Selbstbewußtseins aus", aber Hegel lässt gerade die hierin liegende Subjektivität in seinen weiteren Erörterungen hinter sich.)

uns" gelangt.[28] So gut und hilfreich eine solche Auffassung ist, sie könnte insinuieren, dass nicht nur die Gesetzgebung, sondern sogar das Sein Gottes Erfindungen des Menschen sind. Deshalb müsste sie in etwa folgendermaßen umformuliert werden: das „Außer-uns-Sein Gottes in uns" bzw. das „In-uns-Sein Gottes außer uns".

Die zehn Gebote[29]

Das erste Gebot:
Geht man von der Auffassung des Gewissens als des „Seins Gottes in uns" aus, stellt sich innerhalb des Gewissens erneut eine Konkurrenz zwischen Gott und Mensch ein, d. h. zwischen der biblisch-religiösen und jener Deutung des Gewissens, die besagt, dass alle Gesetze im menschlichen Selbstbewusstsein gründen. Diese Konkurrenzfrage wird am ersten Gebot beson-

---

28 „Die protestantische Theologie des 19. Jh.s hat das Gewissensproblem vielfach erörtert. Schleiermacher unterscheidet ein individuelles, irrtumsfähiges Gewissen von dem Gewissen als Wirksamkeit des Gemeingeistes, als dessen Organismus die Kirche mit der ‚christlichen Sitte' die Norm des Gewissens ist, das als ‚Sein Gottes in uns' beurteilt wird." (Ernst WOLF: Art. Gewissen, S. 12. Digitale Bibliothek Band 12: Religion in Geschichte und Gegenwart, S. 11538 [vgl. RGG, Bd. 2, S. 1554]) – Ich behaupte nicht, dass dies die einzig mögliche bzw. richtige Auffassung von Gewissen wäre. Auch die Auffassung, das Gewissen sei das verinnerlichte gesellschaftliche Ethos (die geltende Sitte), es repräsentiere – gemäß der Freud'schen Terminologie – die psychische Instanz „Überich", ist sehr bedenkenswert, aber eben auch nur ein Diskussionsbeitrag unter anderen.

29 Ich zitiere die Formulierungen des Dekalogs nach Ex. 20, weil er die in den Kirchen akzeptierte Form der Zehn Gebote ist. Von der alttestamentlichen Exegese her sind selbstverständlich jene Forschungsergebnisse zu berücksichtigen, die auf eine Priorität der Fassung von Deuter. 5 hinweisen. (Siehe Echart OTTO, Theologische Ethik des Alten Testaments, Stuttgart 1994, S. 209 ff.) – Die deuteronomistische Dekalogform ist möglicherweise älter; sie „ist ursprünglich nicht an der Zehnzahl … orientiert, sondern hat eine eigene, auf das Sabbatgebot als Zentrum ausgerichtete Struktur" (a.a.O., S. 215). – Zur Geschichte der Dekalogforschung vgl. Frank L. HOSSFELD: Art. Dekalog I. Altes Testament, in: LThK³ III, 62–64; Eckart OTTO: Alte und neue Perspektiven in der Dekalogforschung, in: DERS.: Kontinuum und Proprium. Studien zur Sozial- und Rechtsgeschichte des Alten Orients und des Alten Testaments, Wiesbaden 1996, S. 285–292

ders dringend, da es ja nicht zwischenmenschliche Verhaltensweisen, sondern das Verhalten des Menschen zu Gott regelt: „Ich bin der HERR, dein
Gott … Du sollst keine anderen Götter haben neben mir" (Ex. 20, 2f.).

Freilich, eine scharfe Konkurrenz zwischen göttlicher Gesetzgebung und
menschlicher Gewissensgesetzgebung gibt es in Wahrheit nur, wenn man
die menschliche Seite durch eine atheistische oder agnostische Grundhal-
tung definiert. Selbst das Wort *Konkurrenz* spricht ja nicht von einem
Außer- oder Gegeneinander, sondern von einem Zusammen- bzw. Miteinander („-Laufen"), was auch in der griechischen und lateinischen Bezeichnung von Gewissen zum Ausdruck kommt.[30] – Darum allerdings, dass sich
im Gewissen zwei Seiten zu einer einheitlichen Gesetzgebung verbinden,
bzw. einander widersprechend ein und dieselbe Sache überlegen, wird niemand herumkommen. Darin besteht ja das Gewissen. „Gewissen" ist im
Französischen und Englischen dasselbe wie Selbstbewusstsein *(conscience).*
Im Gewissen stehe ich mir gegenüber und bin mit mir zusammen. Da
mein Ich und mein Selbst aber nur so auseinander gehalten werden können, dass sie zugleich miteinander sind, kann das Gegenüber des Ichs im
Gewissen sowohl als Gott, als Mitmensch oder als Selbst gedacht werden.
Nach Jesus ist der Kern des Gesetzes das Doppelgebot der Liebe, Gott zu
lieben und den Nächsten, wie sich selbst (Mark. 12, 30 f. u. Par.). Gott,
Mitmensch und Selbst sind hier als das Gegenüber genannt, *mit* dem, nicht
gegen das ich meine Gewissensentscheidung treffe.

Und auch die Formulierung des ersten Gebotes spricht von einem Mit-
einander-Sein, sogar von einem gegenseitigen Besitzverhältnis. Der einlei-
tende Satz beginnt sogar mit dem Besitz des Menschen an Gott: Jahwe
gehört dem Volk Israel und dem angesprochenen Menschen. Der HERR ist
dein Gott, und wenn ich das erste Gebot höre: *mein* Gott. Jesus formuliert
dasselbe Besitzverhältnis, wenn er das „Vaterunser" eben mit dem Ausdruck
eines solchen Besitzverhältnisses beginnen lässt, dass nämlich Gott *unser* Vater ist.

Deshalb hat Luther in seinen Auslegungen des ersten Gebots das Mit-
einander-Sein von Gott und Mensch hervorgehoben: „Ein Gott heißet das,

---

30 Griech. *syneidesis,* lat. *conscientia*

dazu man sich versehen soll alles Guten und Zuflucht haben in allen Nöten. Also daß ein Gott haben nichts anders ist, denn ihm von Herzen
trauen und Gläuben, wie ich oft gesagt habe, daß alleine das Trauen und
Gläuben des Herzens machet beide Gott und Abegott."[31] – Die Formulierung, dass „das Trauen und Gläuben des Herzens" Gott und Abgott *macht*,
wurde mit Recht als eine neuzeitliche, ja gänzlich neue Zugangsweise zur
Gotteslehre gesehen. Selbstverständlich wollte Luther nicht sagen, dass der
Mensch Gott erschafft, sondern dass er mit seinem Glauben entweder dem
richtigen oder aber dem falschen Gott anhängt: „Ist der Glaube und Vertrauen recht, so ist auch Dein Gott recht, und wiederümb, wo das Vertrauen falsch und unrecht ist, da ist auch der rechte Gott nicht. Denn die
zwei gehören zuhaufe, Glaube und Gott."[32] Das bedeutet aber, dass wir auf
jeden Fall einen Gott haben, weil wir an irgendetwas oder irgendjemanden
unser „Trauen und Gläuben" hängen, und sei es auch an den übelsten
Nicht-Gott. Als einen solchen Nicht-Gott (Luther: „Abegott"/„Abgott")
hat Luther das Geld angesehen: „Es ist mancher, der meinet, er habe Gott
und alles gnug, wenn er Geld und Gut hat, verläßt sich und brüstet sich
drauf so steif und sicher, daß er auf niemand nichts gibt. Siehe, dieser hat
auch einen Gott, der heißet Mammon, das ist Geld und Gut, darauf er alle
sein Herz setzet, welchs auch der allergemeinest Abgott ist auf Erden."[33]

Das Besitzverhältnis des Menschen an Gott hat Luther so beschrieben,
dass alle unsere Güter von Gott kommen, ja Gott selber unser wesentliches
Gut ist, indem er von Gott her formuliert: „Siehe zu und lasse mich alleine
Deinen Gott sein und suche je keinen andern; das ist, was Dir manglet an
Gutem, des versiehe Dich zu mir und suche es bei mir …"[34]

Werner H. Schmidt fasst die Bedeutung des ersten Gebots aus exegeti-
scher Sicht in drei Punkten zusammen:

---

31 Die BEKENNTNISSCHRIFTEN der evangelisch-lutherischen Kirche, 10. Aufl., Göttingen
   1986, S. 560
32 Ebd.
33 A.a.O., S. 561
34 Ebd.

„a) Die Ausschließlichkeit des Glaubens hat zunächst *mythenkritische* Bedeutung."[35] Dies ist zunächst von der Kritik an den anderen altorientalischen Religionen zu verstehen, kann aber auch auf die Bibel selber, vor allem aber auf die jeweilige Gegenwart angewendet werden. Mythen im
Sinne von Erzählungen sollen wir gebrauchen; jedoch genügt es nicht, sich
auf bloße Erzählungen zurückzuziehen und dabei auf konsistente Begriffe
von Gott und Offenbarung zu verzichten. – Zu allen Zeiten taucht die Versuchung auf und verfallen ihr die Zeitgenossen, nicht den einen Gott „alleine" ihren „Gott sein zu lassen", sondern Götzen zu erwählen und ihnen
göttlichen Rang zuzumessen. Luther hat, wie zitiert, das *Geld* als den obers-
ten einer Reihe von Götzen identifiziert, und seiner Beobachtung ist bis
heute nichts hinzuzufügen.

„b) … empfängt der Mensch *Gut und Böse* aus derselben Hand, begegnet in Zorn und Gnade demselben Gott: ,Das Gute nehmen wir von Gott,
und das Böse sollten wir nicht annehmen.' (Hiob 2, 10)"[36] – Hier stehen
wir vor dem großen Lebensproblem eines jeden Menschen: sein ihm be-
gegnendes Schicksal, auch wenn es Übles umfasst, anzunehmen; und es gibt
wohl niemanden, dem nicht zur Genüge Übles begegnete. Mit Bedacht
habe ich jetzt das Wort „Übles" statt „Böses" verwendet. Ich plädiere dafür,
in Hiob 2, 10 hebr. *hara'* (entgegen Luthers Übersetzung) mit „das Übel"
wiederzugeben. – Ich meine nämlich, wir sollten mit dem Philosophen G.
W. Leibniz zwischen dem moralischen, dem physischen und dem metaphysischen Übel unterscheiden: Das *moralische Übel* ist das Böse, das Menschen in Verkehrung der (guten) Sitte (lat. *mos*) bzw. in Ausübung schlech-
ter Sitten vollbringen. Das *metaphysische Übel* ist mit der Endlichkeit der
Welt gegeben, es liegt darin, dass sie als Schöpfung aus dem Nichts zwei
Enden, nämlich einen Anfang und ein Ende, hat und daher das Ende mit
dem Anfang bereits mitgesetzt ist. Nichts Geschaffenes ist unendlich. Das
physische Übel schließlich ist die Folge des metaphysischen Übels, dass nämlich alles Geschaffene nicht nur überhaupt endlich ist, sondern in der Tat

---

35 Werner H. Schmidt: Die Zehn Gebote im Rahmen alttestamentlicher Ethik, Darmstadt
   1993, S. 54
36 A.a.O., S. 55 f.

auch *endet*. Das konkrete Enden schließt Alter, Hinfälligkeit, Krankheit und Tod mit ein.

Unterscheiden wir so, dann nehmen wir die Übel von Gott entgegen, auch jene – das ist schwer genug –, die uns von Menschenhand zugefügt werden, nicht aber die moralische Bosheit der Menschen. Damit gibt es die Möglichkeit, ja Notwendigkeit, gegen die moralischen Übel anzukämpfen. – Freilich stellt sich dann die Frage, wieso Menschen überhaupt die Fähigkeit haben, Böses zu begehen. Die alte theologische Antwort (die wir auch bei Melanchthon und der protestantischen Orthodoxie finden), dass Gott an diesem Bösen nicht schuld sei, weil er die bösen Taten nicht bewirkt, sondern bloß *zugelassen* habe, löst das Problem nicht, sondern verschiebt es, weil wir eben dann fragen müssen: *Warum lässt Gott das zu?* Ich denke, dass es hierauf keine Antwort gibt, sondern dass wir uns mit Luther einerseits an den offenbaren Gott halten, dass wir daneben aber Gott als *verborgenen* akzeptieren müssen.

„c) ... Trotz harter Verluste vermag so der Glaube an diesen einen Gott unter völlig veränderten Bedingungen durchzuhalten oder eine neue Gestalt zu gewinnen. Schon der Exilsprophet Deuterojesaja erhofft von den Völkern: ‚daß sie erkennen vom Aufgang der Sonne und von ihrem Untergang, daß keiner ist außer mir. Ich bin Jahwe und keiner sonst.‘ In dieser Hoffnung überschreitet das Alte Testament die Eingrenzung des Gottesverhältnisses auf das eine Volk.“[37] – Ich habe oben das erste Gebot in verkürzter Form zitiert. Ausführlich lautet es: „Ich bin der HERR, dein Gott, der dich aus Ägyptenland, aus der Knechtschaft, geführt habe. Du sollst keine anderen Götter haben neben mir“ (Ex. 20, 2 f.). Das erste Gebot gilt ursprünglich nur für Israel. Die Übernahme dieses und anderer Gebote in das Christentum hatte weitreichende Konsequenzen für unsere Kultur, die lange vor der Moderne und der Entstehung der gegenwärtig bestehenden Nationalstaaten grundgelegt wurde.

Hier ist aber nochmals zu betonen, dass das Christentum vom Judentum zwar die Zehn Gebote, nicht aber das Straf- und Ritualgesetz aus dem Alten Testament übernahm. (Man unterschied im Christentum, wie bereits er-

---

37 A.a.O., S. 57

wähnt, innerhalb des Alten Testaments schon früh zwischen der *lex moralis* – die man übernahm – und der *lex ceremonialis* und *lex iudicialis*, deren Geltung man auf das Volk Israel beschränkte.) Die *lex moralis* gilt deshalb weiterhin, so argumentiert der Reformator Philipp Melanchthon, dabei durchaus in der Tradition bleibend, weil sie mit dem natürlichen Gesetz *(lex naturae)* übereinstimme. So schreibt Melanchthon zum ersten Gebot: „Prima lex naturae reipsa est agnoscere, quod unus sit Deus, mens aeterna, sapiens, iusta, bona, conditrix rerum, benefaciens iustis et puniens iniustos, a qua ortum est in nobis discrimen honestorum et turpium, et quod ei iuxta hoc discrimen obediendum sit quodque hic Deus sit invocandus et expectanda ab eo bona."[38] Die Erkenntnis des einen Gottes nach der *lex naturae* beschreibt Melanchthon mithilfe des kosmologischen Gottesbeweises.[39]

Das zweite Gebot:

„Du sollst dir kein Bildnis noch irgendein Gleichnis machen, weder von dem, was oben im Himmel, noch von dem, was unten auf Erden, noch von dem, was im Wasser unter der Erde ist: Bete sie nicht an und diene ihnen nicht" (Ex. 20, 4 f.). – Das Verbot, Bilder (Statuen) von Göttern bzw. von dem einen Gott anzubeten, ist uns ganz selbstverständlich geworden, aber im alten Orient war das Gegenteil der Fall. Berücksichtigen wir jedoch Luthers Hinweis, dass das Geld der bekannteste Götze ist, dann dämmert uns, dass es auch zu unseren Zeiten Anbetung des Werkes unserer Hände, d. h. des von uns geschaffenen Reichtums, gibt.

Das Bilderverbot war bekanntlich im Christentum sehr umstritten. Es wurde schon in der christlichen Antike keineswegs so streng wie im Juden-

---

38 Philipp MELANCHTHON: Werke, ed. R. Stupperich, Bd. II/1, Gütersloh, 2. Aufl., 1978, S. 348, 24 ff. („Das erste Naturgesetz besteht an sich darin anzuerkennen, dass ein Gott ist, ein ewiger, weiser, gerechter und guter Geist, der Schöpfer der Dinge, der den Gerechten Gutes tut und die Ungerechten bestraft, durch den in uns der Unterschied zwischen dem Ehrenhaften und Schändlichen entstanden ist, und dass man ihm gemäß diesem Unterschied gehorchen muss, und dass dieser Gott anzurufen und von ihm Gutes zu erhoffen ist.")

39 Der erste, zweite und siebente der von Melanchthon angeführten Gottesbeweise sind Formen des kosmologischen Beweises: a.a.O., S. 247–250

tum befolgt, wurde im Zeitalter der Auseinandersetzung mit dem bilderlo-
sen Islam besonders aktuell, auf dem 7. ökumenischen Konzil von 787 aber
zugunsten der Bilderverehrung hintangesetzt.[40] Auch die Reformation
kennt einen Bilderstreit, nach dem die Reformierten sich an das Bilderverbot hielten, die Lutheraner aber nicht. Luther streicht daher (mit der katholischen Kirche) das Bilderverbot aus dem Dekalog. Also ändert sich die
Nummerierung der folgenden Gebote!

Aus diesem Grunde muss hier vor allem Calvin zu Worte kommen;
Calvin schließt sich freilich an den von Luther regelmäßig vorgetragenen
Gedanken an, dass nämlich das zweite Gebot eine Weiterführung des ersten sei: « Comme il s'est declaré au prochain commandement estre le seul
Dieu oultre lequel il n'en fault point avoir ne imaginer d'autre, ainsi il
démonstre plus clairement quel il est et comment il doibt estre honoré, à
fin que nous ne forgions nulle cogitation charnelle de luy. »[41] Calvin setzt
dann in seiner Erklärung fort: « Toutesfois le commandement ha deux par-
ties. La première reprime nostre temerité, à ce que nous ne présumons d'as-
subjectir Dieu, qui est incompréhensible, à nostre sens, ou de le representer
par aucune image. La seconde partie deffend d'adorer aucunes images par
manière de religion. »[42]

Als „zweiten Teil" des Gebotes bringt Calvin zur Geltung, was wohl der
Sinn des Gebotes insgesamt ist.[43] – Aber was hat es mit dem „ersten Teil",

---

40 Das 7. Ökumenische Konzil in Nicäa entschied, dass die *timetike proskynesis* (verehrende
Huldigung) von Bildern erlaubt, die *alethine latreia* (wahrer Kult) jedoch Gott vorbehalten sei.

41 Ich zitiere aus der Fassung der „Institutio" von 1539 in der französischen Ausgabe Calvins aus dem Jahre 1541: Jean CALVIN: Institution de la Religion Chrestienne, ed. J. Pannier, Bd. 1, Paris 1961, S. 219 („Ebenso wie er sich im vorausgehenden Gebot als den einzigen Gott genannt hat, außer dem man sich keinesfalls einen anderen vorstellen darf, so
zeigt er ‚nun' genauer, wer er ist und wie er geehrt werden soll, damit wir uns keinen
fleischlichen Gedanken von ihm bilden.")

42 A.a.O., S. 220 („Jedenfalls hat das Gebot zwei Teile. Der erste unterdrückt unsere Verwe-
genheit, damit wir uns nicht vermessen, Gott, der unbegreiflich ist, unseren Sinnen zu
unterwerfen oder ihn durch irgendein Bild darzustellen. Der zweite Teil verbietet, ir-
gendwelche Bilder religiös zu verehren.")

43 „Das im Dekalog verwendete Wort für ‚Bild' *(psl)* bezeichnet im Alten Testament nie eine

„Gott ... [nicht] unseren Sinnen zu unterwerfen", auf sich? Interpretiert Calvin hier richtig? – Die moderne Exegese ist skeptisch: Werner H. Schmidt: „... hat man vielfach die Meinung vertreten, das zweite Gebot hebe das Gottesverhältnis auf eine höhere Stufe, die geistige Verehrung Gottes ersetze die sinnliche. Aber diese Unterscheidung geistig – leiblich ist nicht alttestamentlich ..."[44] – Aber das sagt Calvin ausdrücklich, i. e., dass wir Gott *spirituell* verstehen müssen.[45] So z. B. unter Bezugnahme auf den Propheten Jesaia:[46] « Iésaÿe aussi use souvent de cest argument: que c'est deshonorer la majesté de Dieu, si on le veult representer par matière corporelle, ou image visible, ou insensible, luy qui est spirirituel, invisible, et qui donne mouvement à toutes creatures. »[47]

Hat hier Calvin Recht oder die moderne Exegese? Die moderne historisch-kritische Exegese ist nicht absolut zu setzen! Der Exeget Calvin ist zu hören. – Aber auch die moderne Exegese kann sich dem Anliegen Calvins nicht verschließen. E. Otto nimmt einen Standpunkt ähnlich wie Calvin ein, wenn er schreibt: „JHWH ist als der Eine konsequent transzendenter Gott."[48] Und auch Werner H. Schmidt schreibt: „Das Gebot will also einem Mißverstehen Gottes wehren und läßt darum nach dem rechten Verständnis Gottes fragen."[49] Genau darum geht es aber beim Gebrauch der Wörter „geistig" und „spirituell": um das „rechte Verständnis Gottes".

Zuerst muss man festhalten, dass die Kritik an der „geistigen Verehrung Gottes" von Seiten der historisch-kritischen Theologie eher aus dem mo-

---

profane Darstellung, sondern stets ein Kultbild." (Werner H. Schmidt: Die Zehn Gebote im Rahmen alttestamentlicher Ethik, Darmstadt 1993, S. 59) – Der Sinn des Verbotes liegt also in der Ablehnung der *kultischen Verehrung* von Bildern.

44 A.a. O., S. 70

45 Calvin: a.a.O., S. 220 ff.

46 Die Stellen im *Deuterojesaia*, nämlich Jes. 40, 18; 41, 29; 45, 6 und 46, 7 werden hauptsächlich gemeint sein.

47 Calvin: a.a.O., S. 220 („Auch Jesaia gebraucht häufig dieses Argument: dass es die Majestät Gottes entehren heißt, wenn man ihn durch körperliche Gegenstände, sichtbare bzw. empfindungslose Bilder darstellen will, er, der geistig, unsichtbar ist und der allen Geschöpfen Bewegung gibt.")

48 Eckart Otto: Theologische Ethik des Alten Testaments, a.a.O., S. 216

49 Werner H. Schmidt: a.a.O., S. 59

dernen Weltbilds dieser Theologie herkommt als aus dem Weltbild des alten Israels. Calvins Geist-Begriff ist hingegen aus dem von der Bibel eingeschärften Gegenüber von Schöpfer und Geschöpf gewonnen. Im letzten Calvin-Zitat haben wir ja ausdrücklich gelesen, dass Gott als Gegenüber zur körperlichen Kreatur spirituell ist. Wenn wir nicht Götterstatuen anbeten sollen, auch nicht eine Statue des einzigen Gottes, wir ihn aber zweifellos anbeten sollen, dann können wir ihn nur dort anbeten, wo er uns begegnet, nämlich im Geist. Hier darf man Joh. 4, 24 zitieren, ein Wort, das die Konsequenzen aus dem Bilderverbot zieht: „Gott ist Geist, und die ihn anbeten, müssen ihn im Geist und in der Wahrheit anbeten."

Von seiner Exegese und Theologie her kann Calvin sagen, dass es spirituelle Gotteserkenntnis bei uns Menschen gibt, und er schreibt unter der Annahme, dass sie vom zweiten Gebot vorausgesetzt wird: « Certes tous ydolâtres, tant Juifz comme Payens, ont eu la phantasie que nous avons dicte: c'est, que n'estans point contens d'une cognoissance spirituelle de Dieu, ont pensé qu'ils en auroient une plus certaine en faisant des simulacres. »[50] – In der Auslegung des Bilderverbotes stellt Calvin also die Gotteserkenntnis durch selbst gemachte Bilder der wahren Gotteserkenntnis, die er die geistige nennt, entgegen. Dabei weitet Calvin das Bilderverbot von Skulpturen und sichtbaren Bildern auf das Vorstellen und das „fleischliche" Denken *(cogitation charnelle)* über Gott aus.

Das dritte (zweite) Gebot:

„Du sollst den Namen des HERRN, deines Gottes, nicht missbrauchen; denn der HERR wird den nicht ungestraft lassen, der seinen Namen missbraucht" (Ex. 20, 7). Luther, der übersetzt: „Du sollt Gottes Namen nicht vergeblich führen,"[51] interpretiert: „Darümb ist soviel gepoten, daß man Gottes Namen nicht fälschlich anzihe oder in Mund nehme, da das Herz

---

50 CALVIN: a.a.O., S. 224 („Sicherlich haben alle Götzendiener, die Juden wie die Heiden, die Vorstellung gehabt, die wir genannt haben: Nämlich, nicht zufrieden mit einer geistigen Erkenntnis Gottes, dachten sie, sie würden durch das Verfertigen von Bildern eine gewissere haben.")

51 Die Bekenntnisschriften der evangelisch-lutherischen Kirche, 10. Aufl., Göttingen 1986, S. 572

wohl anders weiß oder je anders wissen soll als unter den, die fur Gericht schweren und ein Teil dem andern leuget."[52] Der wichtigste Fall dieses Gebotes ist für Luther also der (öffentliche oder private) falsche Eid, in einem weiteren Sinn auch jede falsche, i. e. lügenhafte Berufung auf Gott. Deshalb fallen für Luther auch „falsche Prediger" unter dieses Gebot bzw. Verbot, die „ihren Lügentand fur Gottes Wort ausgeben"[53].

Anschließend folgt bei Luther aber eine Wendung ins Positive: „Daneben mußt Du auch wissen, wie man des Namens recht brauche. Denn neben dem Wort, als er sagt: ‚Du sollt Gottes Namen nicht vergeblich brauchen', gibt er gleichwohl zu verstehen, daß man sein wohl brauchen solle. Denn er ist uns eben darümb offenbaret und gegeben, daß er im Brauch und Nutz soll stehen ... als nämlich, so man recht schweret, wo es not ist und gefodert wird, also auch, wenn man recht lehret, item wenn man den Namen anrufet in Nöten, lobt und dankt im Guten etc. Welchs alles zuhauf gefasset und gepoten ist in dem Spruch Psalm. 50. ‹15›: ‚Rufe mich an zur Zeit der Not, so will ich dich erretten, so sollt du mich preisen.'"[54]

Was ist mit dem Namen Gottes gemeint? Luther erläutert dies in der Auslegung des 2. Gebotes nirgends. In erster Linie wird Luther unter dem „Namen" Gottes zweifellos den hebräischen Gottesnamen *Jahwe* verstanden haben, der bekanntlich im Judentum ab einer bestimmten Zeit nicht mehr ausgesprochen, sondern durch *Adonai*[55], Herr, ersetzt wurde. Luther und die Lutherbibel folgen dieser Gewohnheit, übersetzen *Jahwe* mit *Herr*. Damit man erkennt, wann der Gottesname im hebräischen Texte vorkommt, schreiben sie das für *Jahwe* stehende Wort HERR mit Großbuchstaben bzw. Kapitälchen.[56] Somit wäre HERR der anzurufende Name. Auch

---

52 Ebd.

53 A.a.O., S. 573

54 A.a.O., S. 576

55 Die Form *adonai* von *adon*, Herr, zeigt ein „erstarrtes Suffix" der 1. Person singular in Pausa (siehe: Hebräisches und aramäisches Lexikon zum Alten Testament, 3. Aufl., S. 12).

56 Bei CALVIN (a.a.O., S. 214) finden wir in der Übersetzung des 1. Gebotes die Wiedergabe des Gottesnamens mit „l'Èternel" („der Ewige"). Aber auch „Seigneur" („Herr") wird von Calvin verwendet.

den Namen Jesu im Gebet anzurufen, liegt mit Luther nahe.[57] Der „Name"
Gottes kann aber auch ganz einfach „Gott" sein. „Gott" ist in den neuzeitlichen Sprachen schon seit langem sowohl Begriff als auch Name: Begriff
ist das Wort „Gott", weil man Gott als einzelnen aus einer Mehrzahl von
Göttern denken kann (dies ist ein Rückbezug auf den Polytheimus, der nie
ganz verschwinden wird), das Wort „Gott" ist aber auch Name, weil im
Monotheismus nur ein einziger Gott genannt wird; im Deutschen erkennen wir die Namenswerdung des Wortes „Gott" daran, dass der Artikel
(„der Gott") weggefallen ist.

Wie der Glaube die positive Seite des *ersten* Verbots/Gebots ist, so das
Gebet die positive Seite des *zweiten* Verbots/Gebots. Luther konnte bei Gelegenheit sogar Glauben und Gebet identifizieren: „Was ist der Glaube anders als eitel Gebet? Denn er versieht sich göttlicher Gnaden ohne Unter-
laß."[58] Interessant ist, dass Luther stets das *Bittgebet* als das rechte Führen
des Namens Gottes vorstellt: Wenn wir Gott bitten und Gnaden (im Plu-
ral!) von ihm bekommen, bedienen wir uns seines Namens richtig.

In der Auslegung des 3. Gebots hat die moderne Exegese manche historische Information und Ergänzung, aber keine grundsätzliche Korrektur der
reformatorischen Auffassung anzubringen: „Der Name gewährt, was das
zweite Gebot für das Bild ausdrücklich verneint: Zugang zu Gott."[59]

Das vierte (dritte) Gebot:

„Gedenke des Sabbattages, dass du ihn heiligest. Sechs Tage sollst du arbeiten und alle deine Werke tun. Aber am siebenten Tage ist der Sabbat des
HERRN, deines Gottes, da sollst du keine Arbeit tun, auch nicht dein Sohn,
deine Tochter, dein Knecht, deine Magd, dein Vieh, auch nicht dein
Fremdling, der in deiner Stadt lebt" (Ex. 20, 8–10). – Die Einteilung des

---

57 In der zweiten Strophe des Liedes „Ein feste Burg" dichtet Luther: „Er heißt Jesus Christ,
   der Herr Zebaoth, und ist kein andrer Gott …"
58 LUTHER: W. A. (= Kritische Gesamtausgabe, Weimar 1883 ff.), Bd. 45, S. 681 (zit. nach
   Horst BEINTKER: Art. Gebet, S. 63. [Digitale Bibliothek, Band 12: Religion in Geschichte
   und Gegenwart, S. 10506 – vgl. RGG, Bd. 2, S. 1230])
59 Werner H. SCHMIDT: a.a.O., S. 78

Jahres in Wochen und die Hervorhebung eines Tages der Woche als Ruhetag hat ihren Siegeszug um die ganze Welt angetreten. – Eckart Otto
streicht die soziale Bedeutung dieses Gebotes heraus, denn es „unterstellt
durch die Aussonderung des siebenten Tages für JHWH die menschliche
Arbeitskraft und mit ihr die Erträge der Bearbeitung der Natur der Herrschaft Gottes"[60].

Diese auf die altisraelitische Gesellschaft bezogene Bedeutung wurde von
Luther anerkannt, aber im Sinne einer christlichen Übernahme umgedeu-
tet. Schon die Übersetzung Luthers ist eine Umdeutung: „Du sollt den Feiertag heiligen."[61] Nicht nur die Formulierung dieses Gebotes im Großen
Katechismus weicht von Luthers eigener Übersetzung des Gebotes im Alten Testament ab (Ex. 20, 8[62] und Deut. 5, 12[63]), Luther schafft durch die
folgenden Worte auch eine inhaltliche Distanz zum Alten Testament: „Feiertag haben wir genennet nach dem ebräischen Wörtlin Sabbath, welches
eigentlich heißet feiren, das ist müßig stehen von der Erbeit ... Und dieser
äußerlichen Feier nach ist dies Gebot alleine den Jüden gestellet, daß sie
sollten von groben Werken still stehen und rugen, auf daß sich beide
Mensch und Viech wieder erholeten und nicht von steter Erbeit geschwächt
würden."[64]

Wie hier, so hat Luther des öfteren betont, dass das Gesetz des Alten Testaments auf die Juden eingeschränkt sei, so in dem Ausspruch: „Darümb
laß man Mose der Juden Sachsenspiegel sein und uns Heiden unverworren
‚unbelästigt' damit ..."[65] Außerdem schreibt Luther 1538 eine Schrift „Wi-

---

60 Eckart Otto: Theologische Ethik des Alten Testaments, a.a.O., S. 215
61 Die Bekenntnisschriften der evangelisch-lutherischen Kirche, 10. Aufl., Göttingen 1986,
   S. 580
62 „Gedencke des Sabbaths tags / das du jn heiligest." (Biblia: Das ist: Die gantze Heilige
   Schrifft [Luthers Bibelübersetzung], Wittenberg 1545, Nachdruck, Stuttgart 1983,
   S. XLII^v)
63 „Den Sabbathtag soltu halten / das du jn heiligest." (a.a.O., S. XCIX^v)
64 Die Bekenntnisschriften etc., a.a.O., S. 580
65 W. A. 18, S. 81, zitiert nach: Die Bekenntnisschriften etc., a.a.O., S. 581, Anm. 2. –
   Der Sachsenspiegel „ist ... die bedeutendste Rechtsquelle des deutschen Mittelalters, eine
   tief durchdachte, glänzend formulierte Abspiegelung des ostfälischen Rechts z. Z. Fried-

der die Sabbather". Die Sabbather sind eine Bewegung unter den Täufern, die sich die Einhaltung des Sabbats zum Ziel gesetzt hat.[66]

Zwar räumt Luther ein, dass das Ruhen von der Arbeit, also der ursprüngliche Sinn des Sabbats, nicht nur notwendig, sondern auch von Gott gewollt ist; der Endzweck des Gebotes liege jedoch woanders: „Gott … fordert für den gemeinen Haufen, Knecht und Mägde, so die ganze Wochen ihrer Erbeit und Gewerbe gewartet, daß sie sich auch einen Tag einziehen, zu rugen und erquicken. Darnach allermeist darümb, daß man an solchem Rugetage (weil man sonst nicht dazu kommen kann) Raum und Zeit nehme, Gottesdiensts zu warten, also daß man zuhaufe komme, Gottes Wort zu hören und zu handeln, darnach Gott loben, singen und beten."[67]

Freilich ist die Entwicklung vom Ruhetag zum Feiertag bereits eine inneralttestamentliche Bewegung. Die Einhaltung des Sabbats wurde nachexilisch sogar zu einem Bekenntnis: „Der Sabbat gilt nun – wie die Feste – als eine Zeit, die auf Gott bezogen und ihm gewidmet ist … Außerdem eröffnet die allgemeine Formulierung ‚Denke an‘ bzw. ‚Halte den Sabbat‘ die Möglichkeit, den Ruhetag gottesdienstlich zu begehen, so zu ‚heiligen‘."[68]

Auf seinem Weg der Umdeutung geht Luther freilich noch einen Schritt weiter und konzentriert sich ganz auf das Wort Gottes: „Und zwar wir Christen sollen immerdar solchen Feiertag halten, eitel heilig ding treiben, das ist täglich mit Gottes Wort ümbgehen, im Herzen und Mund ümbtragen."[69] Luther wird nicht müde zu betonen: Der bestimmte Wochentag,

richs II. Verfasser ist der von 1209–33 urkundlich erwähnte Ritter und Schöffe Eike von Repchow." (Karl A. Eckhardt: Art. Sachsenspiegel, in: Digitale Bibliothek, Band 12: Religion in Geschichte und Gegenwart, S. 28663 – vgl. RGG, Bd. 5, S. 1276)

66 „Die Frage nach der Bedeutung des AT und der 10 Gebote führte schon in der Reformationszeit eine kleinere Gruppe von Täufern unter Oswald Glait, erstmals um 1528 in Schlesien, zur Einhaltung des Sabbats." (Oswald Eggenberger: Art. Sabbatarier, S. 1. Digitale Bibliothek, Band 12: Religion in Geschichte und Gegenwart, S. 28615 – vgl. RGG, Bd. 5, S. 1261)

67 Die Bekenntnisschriften etc., a.a.O., S. 581

68 Werner H. Schmidt: a.a.O., S. 91

69 Die Bekenntnisschriften etc., a.a.O., S. 582

Feiern, Ruhen, heilige Kleider und Gebräuche – alles tritt zurück hinter das
Wort Gottes: „Welche Stund man nu Gottes Wort handlet, prediget, höret,
lieset oder bedenket, so wird dadurch Person, Tag und Werk geheiligt, nicht
des äußerlichen Werks halben, sondern des Worts halben, so uns alle zu
Heiligen machet."[70]

Das fünfte (vierte) Gebot:
„Du sollst deinen Vater und deine Mutter ehren, auf dass du lange lebest in
dem Lande, das dir der HERR, dein Gott, geben wird" (Ex. 20, 12). Luther
übersetzt im Großen Katechismus: „Du sollt Dein Vater und Mutter ehren"[71], lässt also – aus Gründen der Verallgemeinerung dieses Gebots – den
Bezug auf das Land (Kanaan) weg.

Das Elterngebot hat bei Luther ein enormes ethisches Gewicht. – *Ehren*
ist nach Luther etwas Höheres als lieben: „Denn es ist ein viel höher ding
ehren denn lieben, als das nicht alleine die Liebe begreift, sondern auch eine
Zucht, Demut und Scheue als gegen eine Majestät allda verporgen ..."[72]
„Majestät" gewinnen die Eltern bei Luther deshalb, weil sie Gott nahe stehen. Albrecht Peters: „Wir haben uns die Eltern nicht erwählt, sie sind uns
vorgegeben; wir können ihnen deshalb auch niemals entfliehen. Luther erblickt dahinter Gottes Schöpferwalten."[73] Durch die Eltern werden die
Kinder „geschaffen". Deshalb verlangt Luther, „daß man dem jungen Volk
einbilde, ihre Eltern an Gottes Statt für Augen zu halten ..."[74]

Luther leitet die Hoheit der Eltern zusätzlich von der Tatsache ab, dass
das vierte Gebot im Katalog der Zehn Gebote gleich nach den Geboten zu
stehen kommt, die Gott betreffen, also am Beginn der „zweiten Tafel", die
die sozialen Verhältnisse regelt. Im Elternamt spiegelt sich die Elternschaft,
besser *Vaterschaft*, Gottes wider. Die Eltern partizipieren daher in abge-

---

70 A.a.O., S. 583
71 A.a.O., S. 587
72 Ebd.
73 Albrecht PETERS: Kommentar zu Luthers Katechismen, Bd. 1, Göttingen 1990, S. 190
74 Die Bekenntnisschriften der evangelisch-lutherischen Kirche, 10. Aufl., Göttingen 1986,
    S. 587

schatteter Weise an der Ehre und Würde Gottes. Das Eltern-Kind-Verhält-
nis ist somit das wichtigste menschliche Verhältnis.

Leider hat Luther damit die Intention des Gebotes verändert. Werner H.
Schmidt: „So besteht bei diesem Gebot wohl der einschneidendste Unterschied zwischen M. Luthers – ihm durch die antike und mittelalterliche
Tradition allerdings vorgegebene, insofern naheliegende – Deutung und der
alttestamentlichen Intention. Indem er als Adressaten seiner Katechismen
neben dem Prediger den ‚Hausvater‘ … im Sinn hat und darüber hinaus elterliche Funktionen auf die Obrigkeit überträgt … bekommt das Gebot zu
stark oder gar zu einseitig die Aufgabe, den Gehorsam einzuschärfen.“[75]
Einschärfung von Gehorsam ist wohl auch dem Alten Testament nicht
fremd, jedoch im Elterngebot nicht beabsichtigt. – „Demgegenüber will das
Dekaloggebot nicht Kinder zum Gehorsam gegenüber den Eltern ermah-
nen, sondern die alt werdenden oder gewordenen Eltern … schützen.“[76]

Der Imperativ dieses Gebotes, die Eltern zu ehren (hebr. *kbd*), bedeutet
nach W. H. Schmidt, den Eltern Würde beilegen, sie respektieren und
schließt ihre Versorgung mit ein.[77] – Wenn auch in den westlichen Indus-
trieländern die Versorgung der Eltern durch die Kinder einer öffentlichen
Altersversorgung Platz gemacht hat, so ist deswegen ein solches Gebot weder in diesen Ländern, und schon gar nicht in den Entwicklungsländern,
obsolet.

Das sechste (fünfte) Gebot:

„Du sollst nicht töten" (Ex. 20, 13). – Kaum ein Gebot/Verbot erweist sich
als so notwendig wie dieses. Die Beseitigung unserer Mitmenschen scheint
eine der größten Versuchungen zu sein. Mit Lust betrachten wir fast täglich
Fernsehfilme, in denen Mord und Totschlag vorkommen. Und wenn wir
auch keine Morde planen, stellen wir uns doch in der Phantasie vor, wie angenehm es wäre, dieser oder jener Gegner, dieser oder jener Konkurrent,
würde verschwinden. – Die Verhaltensforschung macht uns darauf auf-

---

75 Werner H. Schmidt, a.a.O., S. 98 f.
76 A.a.O., S. 99
77 A.a.O., S. 102

merksam, dass der Mensch jene Spezies ist, in der die Tötungshemmung
gegenüber seinen Artgenossen nicht mehr existiert ...

Die Exegese schränkt den Geltungsbereich des Tötungsverbotes ein: „...
es zielt nicht auf: a) die Ächtung des Krieges, den Pazifismus überhaupt, b)
die Abschaffung der Todesstrafe, c) das Verbot der Tiertötung, den Vegeta-
rismus."[78] – Bei aller Berücksichtigung der Tatsache, dass Kriege unter bestimmten Bedingungen notwendig sind, kann man sich aber auch des Ein-
drucks nicht erwehren, dass die „Furie" des Krieges immer wieder der
individuellen und/oder kollektiven Mordlust eine Bahn bricht, die sehr
wohl unter dieses Gebot fällt.

Luther wendet in seiner Auslegung den Verbotscharakter des Gebotes
bald ins Positive und sagt, dass dieses Gebot vom Zusammenleben handle,
nämlich: „... wie wir unternander leben sollen, ein iglicher für sich selbs gegen seinem Nähesten"[79], mit dem Kleinen Katechismus gesagt: „... ihm
‚dem Nächsten' helfen und fodern in allen Leibesnöten."[80] Aber im Großen
Katechismus fährt Luther gleich fort: „Darümb ist in diesem Gepot nicht
eingezogen ‹einbegriffen› Gott und die Oberkeit noch die Macht genommen, so sie haben zu töten."[81] Dies läuft auf ähnliche Einschränkungen
hinaus, wie sie W. H. Schmidt referiert.

Calvin wendet ebenso wie Luther das Verbot in ein Gebot um und er hat
dafür eine eigentümliche Begründung: «La fin est: d'autant que Dieu a con-
joinct en unité tout le genre humain, que le salut et la conservation de tous
doibt estre en recommandation à chascun.»[82] Diese Begründung lässt sich
sowohl bibeltheologisch (Schaffung der gesamten Menschheit in Adam =
Mensch) als auch naturrechtlich verstehen: Die Erhaltung des einzelnen Le-
bewesens ergibt sich *von Natur* aus der „conservation de tous", denn dies

---

78 A.a.O., S. 107
79 Die Bekenntnisschriften der evangelisch-lutherischen Kirche, 10. Aufl., Göttingen 1986,
   S. 605 f.
80 A.a.O., S. 508
81 A.a.O., S. 606
82 Jean CALVIN: Institution de la Religion Chrestienne, ed. J. Pannier, Bd. 1, Paris 1961, S.
   254 („Das ist der Zweck: Ebenso wie Gott das ganze Menschengeschlecht zur Einheit verbunden hat, muss das Heil und die Erhaltung aller einem jeden anempfohlen werden.")

lehrt „die Natur" alle Lebewesen, wie der antike Rechtstheoretiker Caius (sprich: Gaius) in seinen „Institutiones" schreibt, die am Beginn des *Corpus Iuris Civilis* überliefert sind: „Ius naturale est, quod natura omnia animalia docuit, nam jus istud non humani generis proprium est: sed omnium animalium, quae in caelo, quae in terra, quae in mari nascuntur."[83] Calvin hatte bekanntlich Rechtswissenschaft studiert. Er war der Jurist unter den Reformatoren.[84] – Dass das Naturrecht auch eine theologische Komponente in sich hat, geht ebenfalls aus Caius' Institutionen hervor: „Sed naturalia quidem jura, quae apud omnes gentes peraeque observantur, divina quadam providentia constituta, semper firma atque immutabila permanent …"[85]

In seiner Auslegung dieses Gebotes beruft sich Calvin zwar nicht auf das Naturrecht, aber Begriffe wie „genre humain" sowie „raison" und „humanité" in den folgenden Berufungen auf die Bibel sind nicht der Bibel, sondern dem Naturrecht entnommen: «L'Escriture note deux raisons sur lesquelles est fondé ce précepte: c'est que l'homme est image de Dieu; puis aussi est nostre chair. Pourtant si nous ne voulons violer l'image de Dieu, nous ne devons faire aucune offense à nostre prochain. Et si nous ne voulons renoncer toute humanité, nous le devons entretenir comme nostre propre chair.»[86] Welche Bibelstellen meint Calvin? Für die erste *raison* ist klar,

---

83 Institutiones I, 2, 0 („Naturrecht ist, was die Natur alle Lebewesen gelehrt hat, denn dieses Recht ist nichts dem Menschengeschlecht Eigentümliches, sondern betrifft alle Lebewesen, die im Himmel, auf der Erde oder im Meer geboren werden.)

84 „Calvin der Theologe ist bis zuletzt Calvin der Jurist, sein Denken bleibt geprägt von der Strenge und Geometrie des Gesetzes, von seiner Faszinationskraft oder vom Heimweh nach ihm." (Bernard COTTRET: Calvin, Stuttgart 1998, S. 37) – Wahrscheinlich ist die Ähnlichkeit der Titel des Rechtslehrbuches „Institutiones" von Caius und derjenige von Calvins Lehrbuch der christlichen Religion „Institutio" nicht zufällig.

85 Institutiones I, 2, 11 („Aber die natürlichen Rechte, die bei allen Völkern in gleicher Weise eingehalten werden, sind nämlich durch göttliche Vorsehung festgesetzt und bleiben immer gleich und unveränderlich …")

86 Jean CALVIN: Institution etc., a.a.O., S. 255 („Die Schrift verzeichnet zwei Gründe, auf denen dieses Gebot ruht: dass der Mensch Bild Gottes ist und außerdem ist er unser Fleisch. Wenn wir daher nicht das Bild Gottes verletzen wollen, dürfen wir unseren Nächsten in keiner Weise angreifen. Und wenn wir nicht der gesamten Menschheit absagen wollen, müssen wir ihn behandeln wie unser eigenes Fleisch.")

dass es sich um Gen. 1, 26 handeln muss.[87] Aber für die zweite? Implizit
denkt Calvin wahrscheinlich an das Gebot der Nächstenliebe aus Lev. 19,
18,[88] aber die Reflexion auf die *humanité* wird wahrscheinlich, wie oben
vermutet, durch das Naturrecht bedingt sein.

Das siebente (sechste) Gebot:

„Du sollst nicht ehebrechen" (Ex. 20, 14). – Ehebruch scheint eine ähnliche Verlockung darzustellen wie die Beseitigung von Mitmenschen, und
man könnte ähnlich wie oben auf den Anschauungsunterricht von Kino
und Fernsehfilmen verweisen.

Luthers Predigt von 1525, also noch vor dem Großen Katechismus gehalten, in der der Reformator das Gebot/Verbot so interpretiert, dass Gott
ausnahmslos alle Menschen des Ehebruchs anklagt, enthält zeitlose Vor-
würfe: „Aber Gott schonet keines nicht, schilt uns alle zu gleich ynn diesem
gepot ehebrecher und ehebrecherin, wil damit anzeygen, was wir fuer ge-
sellen seyn. Also ist dis gepot auch ein laster buechlin und ein schande titel,
schilt uns alle, niemandes aussgenomen, das wir hurentreiber sind, ob wirs
gleich nicht vor der welt oeffentlich sind, so sind wirs doch yhm hertzen,
und wo wir raum, zeit, stat und gelegenheit hetten, brechen wir alle die
ehe."[89] – Im alten Israel hatte dieses Gebot freilich eine sehr viel engere –
und für Mann und Frau verschiedene – Bedeutung.[90]

Im Großen Katechismus wiederum gründet der Reformator seine Auslegung nicht auf der Anklage von Sünden oder der Verwerfung von sexuellen Verfehlungen, sondern auf der Betonung der Wichtigkeit der Ehe. Das
Verbot wird ihm zum Gebot, in den Ehestand zu treten, was er exegetisch

---

87 „Und Gott sprach: Lasset uns Menschen machen, ein Bild, das uns gleich sei …"
88 „Du sollst deinen Nächsten lieben wie dich selbst."
89 Luther W. A. (= Kritische Gesamtausgabe, Weimar 1883 ff.), Bd. 16, S. 511d
90 „Dem strengen Wortlaut nach wird im siebten Gebot nur dem Mann verboten, die Ehe
   zu brechen. Das Spezifikum des (altorientalischen und) alttestamentlichen Ehebruchs-
   verständnisses ist, ‚daß der Mann nur die fremde Ehe, die Frau nur die eigene brechen
   kann'." (Werner H. Schmidt: a.a.O., S. 114 – im letzten Satz Zitat von O. Procksch:
   Theologie des Alten Testaments, 1950, S. 88)

aus der Praxis des alten Israels ableitet: „Und ‚das Gebot bzw. Verbot‘ lautet eigentlich auf den Ehebruch darumb, daß im jüdischen Volk so geordnet und gepoten war, daß idermann mußte ehelich erfunden ‹gefunden› werden."[91]

Calvin formuliert das 7. Gebot so: « Tu ne paillarderas point. »[92] Paillarder heißt Unzucht treiben. Calvin trifft damit den allgemeineren Sinn von hebr. *lo' tin'af* besser als das lutherische „Du sollst nicht ehebrechen".[93] Paillarder ist ein spaßiges Wort;[94] aber Calvin war bei der Auslegung dieses Gebotes sicherlich nicht zum Spaßmachen aufgelegt: « La fin est: pource que Dieu ayme pureté et chasteté, que toute immundicité doibt estre loing de nous. La somme donc sera: que nous ne soyons entachez d'aucune ordure ou intempérance de la chair. A quoy respond le précepte affirmatif: c'est que notre vie en toutes ses actions soit reiglée à chasteté et continence. »[95]

Wie Luther weist also auch Calvin auf eine negative und eine positive Seite des Gebotes/Verbotes hin, bei Calvin herrscht aber bei weitem keine so große Gegensatzspannung wie bei Luther (zwischen der Anklage aller Menschen wegen Ehebruchs und dem Lob der Ehe), denn bei Calvin sind Negatives (Vermeidung von Unreinheit) und Positives (Keuschheit) nahezu dasselbe.

---

91 Die Bekenntnisschriften etc., a.a.O., S. 611

92 Jean CALVIN: Institution de la Religion Chrestienne, ed. J. Pannier, Bd. 1, Paris 1961, S. 256

93 Immerhin geht auch das hebräische Wörterbuch vom Verbum *n'f* = *Ehebruch treiben* aus (Hebräisches und aramäisches Lexikon zum Alten Testament, 3. Aufl., S. 621 f.). Moderne französische Bibelübersetzungen: « Tu ne commetras point d'adultère. » („Du sollst keinen Ehebruch begehen.") [Übersetzung *Louis Segond*] Fast identisch übersetzt die *Bible de Jérusalem* : „Tu ne commetras pas d'adultère."

94 *Paillarder* kommt von *paillard*, „qui couche sur la paille" („der auf dem Stroh schläft") und *paillasse* (Frau mit schlechtem Lebenswandel) und hängt mit ital. *pagliaccio* (Hanswurst) zusammen. (Nouveau Dictionnaire Étymologique et Historique, Paris 1964, S. 523)

95 Jean CALVIN: Institution etc., a.a.O., S. 256 („Der Sinn ist: Weil Gott Reinheit und Keuschheit liebt, soll alle Unreinheit fern von uns sein. Zusammengefasst heißt das: wir sollen von keinerlei Schmutz oder Unmäßigkeit des Fleisches befleckt werden. Dem entspricht das positive Gebot: Unser Leben möge in allen seinen Taten von Keuschheit und Beherrschung geleitet werden.")

Die Ehe beschreibt Calvin sodann unter Anspielung auf Gen. 2, 18 mit: « ne vivre point solitaire, mais avoir un ayde semblable à soy »[96]. Das Helfen – und das ist nicht ganz selbstverständlich – hat Calvin damit sprachlich vorsichtig von der Frau auf beide Ehepartner ausgedehnt. Indem er das biblische Motiv der gegenseitigen Hilfe einbringt, hebt Calvin etwas hervor, das Luther in seinem Katechismus nicht berücksichtigt.

In den westlichen Gesellschaften der Moderne hat sich das Eheverständnis stark gewandelt, nicht zuletzt im 20. Jahrhundert. Wir haben uns um einiges von der reformatorischen Eheauffassung und sehr sehr weit von der alttestamentlichen Auffassung entfernt.[97] Aber wir sind immer noch der Auffassung, dass die Ehe eine schützenswerte Einrichtung ist.

Das achte (siebente) Gebot:
„Du sollst nicht stehlen" (Ex. 20, 15). Luther urteilt, ähnlich wie beim Ehebruch, dass dieses Gebot in der ganzen Welt ständig übertreten wird, und übt auch Sozialkritik: „Ja, hie wäre noch zu schweigen von geringen einzelnen Dieben, wenn man die großen, gewaltigen Erzdiebe sollt' angreifen, mit welchen Herrn und Fursten Gesellschaft machen, die nicht eine Stadt oder zwo, sondern ganz Deutschland täglich ausstehlen."[98] Dazu gesellt sich noch „das Häupt und öberster Schutzherr aller Diebe, der heilige Stuhl zu Rom"[99], ein Seitenhieb, der bei Luther nicht fehlen darf und zu seiner Zeit das Richtige getroffen haben wird.

Für dieses und alle anderen Gebote, die den zwischenmenschlichen Bereich angehen, wurde und wird in der Ethik immer wieder die Einsicht der natürlichen Vernunft herangezogen, die im Deutschen in dem Spruch zur Geltung kommt: „Was du nicht willst, das man dir tu, das füg auch keinem andern zu."

---

96 Ebd. („nicht alleine leben, sondern eine sich gleiche Hilfe haben")
97 Siehe: Werner H. Schmidt, a.a.O., S. 114–121
98 Die Bekenntnisschriften der evangelisch-lutherischen Kirche, 10. Aufl., Göttingen 1986, S. 618
99 Ebd.

Auch Luther bedient sich dieser Einsicht, bezieht sie aber letztlich auf Gott als den Schöpfer der natürlichen Vernunft und den Gesetzgeber, der weiß, wie er seinem Gesetz Nachdruck verschaffen kann: „Und Summa, stiehlst Du viel, so versiehe Dich gewißlich, daß Dir noch soviel gestohlen werde und, wer mit Gewalt und Unrecht raubt und gewinnet, ein andern leide, der ihm auch also mitspiele. Denn die Kunst kann Gott meisterlich, weil idermann den andern beraubt und stiehlet, daß er einen Dieb mit dem andern strafet.“[100]

Von der allgemeinen Sünde der Übertretung dieses Gebotes geht der Reformator in folgendem Abschnitt wieder zu seinem positiven Gebrauch über: „Darümb wisse ein iglicher, daß er schuldig ist bei Gottes Ungnaden, nicht allein seinem Nähisten kein Schaden zu tuen noch sein Vorteil zu entwenden noch im Kauf oder irgend einem Handel allerlei Tücke oder Untreue zu beweisen, sondern auch sein Gut treulich zu verwahren, seinen Nutz zu verschaffen und fodern, sonderlich so er Geld, Lohn und Nahrung dafur nimmpt.“[101] Der positive Sinn des Gebotes liegt also darin, dass wir (nach der Kurzformulierung des Kleinen Katechismus) dem Nächsten „sein Gut und Nahrung helfen bessern und behüten“[102]. – Hieraus ergibt sich, dass Luther das Eigentum (Gut des Nächsten) bejaht, vor allem solches Eigentum, aus dem der Nächste *Nutzen* und *Nahrung* gewinnt.

Das Eigentumsrecht versteht Luther relativ nicht nur auf den eigenen Nutzen, sondern auch auf den *Nutzen des Nächsten*. Im „Sermon von dem ungerechten Mammon“ (über Luk. 16, 1 ff.) aus dem Jahre 1522 gebraucht Luther den Sinn von „stehlen“ nämlich in der Weise, dass jemand, der *nicht hilft*, dadurch dem bedürftigen Nächsten etwas vorenthält und deshalb der Besitz des Besitzenden „vor Gott“ als gestohlen gilt. Dies schließt vehemente Sozialkritik ein (Anklage der „großen Hansen“): „Also auch das mammon also in boesem brauch geet, so nennet ers ‹Christus ist gemeint› den unrechten Mammon, das man überig hat, und dem nechsten nit hilfft,

---

100 A.a.O., S. 622
101 A.a.O., S. 619
102 A.a.O., S. 509

das besitzt man mit unrecht unnd ist gestolen vor got, dann vor got ist man schuldig zuo geben, leihen unnd jm nemen lassen. Darumb seind die groesten Hansen die groesten dieb, nach dem gemainen sprichwort, dann sy haben am maisten überig, unnd geben am wenigsten."[103]

Für die ökonomische Entwicklung in der frühen Neuzeit ist wichtig festzuhalten, dass Luther (in positiver Deutung des 7. Gebotes) implizit Eigentum und Besitz bejaht, die Eigentümer und Besitzer jedoch zugleich auf ihre Pflichten gegenüber den bedürftigen Nächsten hinweist.

Calvin übersetzt: « Tu ne desroberas point »[104] und gibt sofort den Zweck des Gebotes an: « La fin est: pource que toute injustice est desplaisante à Dieu, que nous rendions à chascun ce que luy appartient. »[105] Calvin bewegt sich wie Luther zwischen einer negativen und einer positiven Seite der Auslegung. Interessant ist, dass er zuerst von der positiven spricht.

Zum Besitz nimmt Calvin folgende – für ihn charakteristische – Haltung ein: « Car il nous fault estimer, que ce qu'un chascun possède ne luy est point advenu par cas fortuit, mais par la distribution de Dieu, et à ceste raison, qu'on ne peut frauder personne de ses richesses, que la dispensation de Dieu ne soit violée. »[106] Hinter dieser Äußerung steht die Providenz- und Prädestinationslehre Calvins,[107] auf Grund derer er annimmt, dass die Besitztümer der Menschen Gaben Gottes sind.

---

103 LUTHER W. A. (= Kritische Gesamtausgabe, Weimar 1883 ff.), Bd. 10. III, S. 275

104 Jean CALVIN: Institution de la Religion Chrestienne, ed. J. Pannier, Bd. 1, Paris 1961, S. 262

105 Ebd. („Das ist der Zweck: Da nun einmal jede Ungerechtigkeit Gott missfällt, sollen wir jedem geben, was ihm gehört.")

106 Ebd. („Wir müssen es so betrachten, dass, was ein jeder besitzt, ihm nicht zufällig, sondern durch die Zuteilung Gottes zugekommen ist, und aus diesem Grunde kann man niemanden um seine Reichtümer betrügen, ohne die Anordnung Gottes zu verletzen.")

107 Die Providenz (providentia = Vorsehung, Fürsorge) Gottes ist in der Lehre Calvins weitgehend mit Gottes Prädestination (praedestinatio = Vorherbestimmung) identisch; die beiden Begriffe trennen sich dort, wo Calvin nicht nur eine Vorherbestimmung von Menschen zu einem guten, sondern auch zu einem schlechten Ende (die reprobatio = Verwerfung) lehrt. Dies ist ein umstrittener, die gesamte Geschichte des Reformiertentums begleitender Topos.

Nach der negativen Seite der Auslegung analysiert Calvin den Diebstahl in mehreren Gestalten: violence (Gewalt), fraude et malice (Betrug und Bosheit), astuce (Verschlagenheit, Tücke) und flatterie (Schmeichelei).[108]

Nach der positiven Seite kennt Calvin, wie Luther, die Unterstützung der Nächsten: «… quand nous verrons aucuns en povreté, nous communiquions à leur indigence et soulagions leur necessité par nostre abondance.»[109] Und – auch wieder genau wie Luther – sieht es Calvin als *Betrug* am Nächsten an (und dies ist, wie gerade vorhin erwähnt, eine Form von Diebstahl), wenn wir unseren Nächsten nicht helfen: «Car nous fraudions nostre prochain de son bien, si nous luy desnions les offices ausquelz nous luy sommes tenuz.»[110]

Zum Erwerb von Gütern macht sich Calvin mehr Gedanken als Luther: «Nous obéyrons donc au commandement si, estans contens des nostre condition, nous ne taschons à faire gain, sinon que honneste et légitime.»[111]

Das neunte (achte) Gebot:
„Du sollst nicht falsch Zeugnis reden wider Deinen nächsten" (Ex. 20, 16). – Luther sieht dreierlei Anwendungsweisen dieses Verbots: 1. „und zum ersten ist der gröbste Verstand dieses Gepots, wie die Wort lauten (Du sollst nicht falsch Zeugnis reden) auf öffentlich Gericht gestellet, da man ein armen unschuldigen Mann verklagt und durch falsche Zeugen unterdrückt, damit er gestraft werde an Leib, Gut oder Ehre."[112] 2. „Darnach greift es gar viel weiter, wenn man's soll ziehen ins geistlich Gericht oder Regiment, da gehet's also, daß ein iglicher wider seinen Nähisten fälschlich zeuget. Denn

---

108 Jean Calvin: a.a.O., S. 262

109 A.a.O., S. 264 („… wenn wir einige in Armut sehen werden, mögen wir ihrer Armut etwas ‹von unserem Gut› mitteilen und ihre Bedürftigkeit durch unseren Überfluss lindern.")

110 A.a.O., S. 263 („Denn wir betrügen unseren Nächsten um sein Gut, wenn wir ihm die Dienste verweigern, zu denen wir ihm gegenüber verpflichtet sind.")

111 A.a.O., S. 264 („Wir werden also diesem Gebot gehorchen, wenn wir zufrieden mit unserem Zustand, nur versuchen, ehrlichen und legitimen Gewinn zu machen.")

112 Die Bekenntnisschriften der evangelisch-lutherischen Kirche, 10. Aufl., Göttingen 1986, S. 624

wo fromme Prediger und Christen sind, die haben fur der Welt das Urteil, daß sie Ketzer, Abtrünnige, ja aufrührische und verzweifelte Bosewicht heißen."[113] – Hier handelt es sich um das Hauptproblem der Reformationszeit: die Verfolgung der Protestanten. Allerdings gibt es Religionsverfolgungen zu allen Zeiten. 3.) „Zum dritten, so uns allzumal belanget, ist in diesem Gepot verpoten alle Sunde der Zungen, dadurch man den Nähisten mag Schaden tuen oder zu nahe sein ‹kränken›."[114]

Die positive Seite dieses Gebots formuliert Luther am prägnantesten im Kleinen Katechismus mit den Worten, dass wir unseren Nächsten „entschüldigen und Guts von ihm reden und alles zum Besten kehren"[115].

Was Luther nicht sagt, dass dieses Gebot nämlich das Lügen verbietet, davon spricht Calvin: «La fin ‹ de ce commandement › est: pource que Dieu, qui est vérité, ha mensonge en exécration, qu'il nous fault garder vérité sans feintise.»[116]

Die moderne Exegese zeigt freilich, dass der ursprüngliche Sinn dieses Gebotes der von Luther an erster Stelle genannte ist: Dem Wortlaut nach verbietet das neunte Gebot die falsche Zeugenaussage vor Gericht ... „Das verwendete Verb ('nh) bezeichnet das Auftreten vor Gericht für oder (zumeist) gegen jemanden: ‚aussagen, zeugen'."[117]

Das zehnte (neunte und zehnte) Gebot:
„Du sollst nicht begehren deines Nächsten Haus. Du sollst nicht begehren deines Nächsten Weib, Knecht, Magd, Rind, Esel noch alles, was dein Nächster hat" (Ex. 20, 17). Luther: „... so sollen wir wissen, daß Gott nicht haben will, daß du dem Nähisten etwas, das ihm gehöret, also entziehest, dass er empehre und Du Deinen Geiz füllest, ob Du es gleich mit Ehren fur

---

113 A.a.O., S. 626
114 Ebd.
115 A.a.O., S. 509
116 Jean CALVIN: Institution de la Religion Chrestienne, ed. J. Pannier, Bd. 1, Paris 1961,
    S. 266 („Die Absicht ‹dieses Gebotes› ist: Da Gott, der die Wahrheit ist, Lüge verabscheut, dass wir ohne Verstellung bei der Wahrheit bleiben.")
117 Werner H. SCHMIDT, a.a.O., S. 125

der Welt behalten kannst."[118] – Hieran ist bemerkenswert, dass Luther unter „begehren" eine vehemente psychische Regung versteht und so mit dem modernen alttestamentlichen Verständnis „es auf etwas abgesehen haben oder nach etwas trachten"[119] übereinstimmt.

Calvin wiederum stellt seine Auslegung von vornherein auf die indirekt gemeinte positive Seite dieses Gebotes ab, die Nächstenliebe: «La fin est: pource que Dieu veult que toute nostre âme soit remplie et possédée d'affection de charité, qu'il fault jetter hors de nostre coeur toute cupidité contraire.»[120]

Die „Verschärfung" des alttestamentlichen Gesetzes durch Jesus[121]

Wenn ich das Wort Verschärfung unter Anführungszeichen gesetzt habe, so will ich damit ausdrücken, dass die These von der Verschärfung des alttestamentlichen Gesetzes durch Jesus nur eine der möglichen Ansichten über das Verhältnis Jesu zum Gesetz bildet. Auch folgende beiden anderen Ansichten sind vertreten worden: Jesus habe das Gesetz ganz einfach bejaht, oder er habe es abgelehnt. Dies soll kurz mit einigen Beispielen belegt werden:

a) Für die Bejahung des alttestamentlichen Gesetzes durch Jesus treten alle jene Autoren ein, die Jesus im Wesentlichen als Vertreter der jüdischen Religion verstehen. Dies ist schon deshalb eine äußerst sinnvolle, ja sogar „moderne" Position, als es der Theologie nach den Ereignissen der *schoa* im

---

118 Die Bekenntnisschriften etc., a.a.O., S. 638

119 Werner H. SCHMIDT, a.a.O., S. 140, der seinerseits Gerhard WALLIS, in: Theologisches Wörterbuch zum Alten Testament II, 1024, zitiert.

120 Jean CALVIN: Institution etc., S. 269 („Die Absicht ist: Da Gott will, dass unsere ganze Seele vom Affekt der Liebe erfüllt und eingenommen sei, dass wir jede gegenteilige Begierde aus unserem Herzen werfen sollen.")

121 Klaus BERGER: Die Gesetzesauslegung Jesu. Ihr historischer Hintergrund im Judentum und im Alten Testament, Neukirchen-Vluyn 1972 – Günther BORNKAMM: Das Doppelgebot der Liebe, in: DERS.: Ges. Aufsätze III, München 1968, S. 37–45 – Karin FINSTERBUSCH: Die Thora als Lebensweisung für Heidenchristen, Göttingen 1996

nationalsozialistischen Deutschland überhaupt erst richtig zu Bewusstsein gekommen ist, was sie durch ihre jahrhundertelange Entgegensetzung: hier Jesus – dort „die Juden" (die übrigens schon im Johannesevangelium beginnt), und durch den Vorwurf, „die Juden" hätten Jesus getötet, angerichtet hatte.

In ethischer Hinsicht ist es bedeutungsvoll, dass Passagen in der Bergpredigt, die wir dem ersten Anschein nach als Verschärfung oder gar Aufhebung des Gesetzes verstehen, sich dem „zweiten Anschein" nach als gesetzeskonform herausstellen, so Jesu Wort vom *Zürnen* in der Bergpredigt.[122] Dazu bringt Eric P. Sanders die folgende Beobachtung: „Wie jeder andere tüchtige jüdische Schriftgelehrte hielt auch Jesus die Menschen dazu an, sich selbst und ihre Verhältnisse zu anderen einer Überprüfung zu unterziehen und alles Erforderliche zu tun, um diese Verhältnisse so harmonisch wie möglich zu gestalten. Die Fortsetzung des Ausspruchs über das ‚Zürnen' ist in dieser Hinsicht lehrreich: ‚Darum: wenn du deine Gabe auf dem Altar opferst und wirst allda eingedenk, daß dein Bruder etwas wider sich habe, so laß allda vor dem Altar deine Gabe und gehe zuvor hin und versöhne dich mit deinem Bruder und alsdann komm und opfere deine Gabe.' (Matth. 5, 23f) Dem hätte jeder jüdische Schriftgelehrte zugestimmt. Bei der ‚Gabe' handelt es sich im vorliegenden Fall wahrscheinlich um ein Schuldopfer, das zu Abschluß eines Sühnevorgangs für ein Unrecht dargebracht wird, das man anderen zugefügt hat. Das Opfer zählte nicht, wenn das Unrecht nicht vorher wieder gutgemacht worden war. Das geht aus den alttestamentarischen Gesetzesbestimmungen klar hervor (z. B. 3. Mose 6, 1–7) …"[123]

Hier steht Jesus als jüdischen Gesetzeslehrer vor uns, der den Opferdienst des Tempels bejaht und das Gesetz nach dem Geist des Gesetzes auslegt.

---

122 „Ihr habt gehört, dass zu den Alten gesagt ist: ‚Du sollst nicht töten'; wer aber tötet, der soll des Gerichts schuldig sein. Ich aber sage euch: Wer mit seinem Bruder zürnt, der ist des Gerichts schuldig; wer aber zu seinem Bruder sagt: Du Nichtsnutz!, der ist des Hohen Rats schuldig; wer aber sagt: Du Narr!, der ist des höllischen Feuers schuldig." (Matth. 5, 21 f.)
123 Eric P. SANDERS: Sohn Gottes. Eine historische Biographie Jesu, Stuttgart 1996, S. 299

Auch die Worte der Bergpredigt, die kurz vorher zu lesen sind, dürfen hier angeführt werden: „Denn wahrlich ich sage euch: Bis Himmel und Erde vergehen, wird nicht vergehen der kleinste Buchstabe noch ein Tüpfelchen vom Gesetz, bis es alles geschieht" (Matth. 5, 18).

Freilich malt E. P. Sanders Jesus nicht nur als strengen Gesetzeslehrer, sondern schreibt: „Jesus hielt mehr von Zuspruch als von Zurechtweisung, er war kein strenger Richter, sondern barmherzig und nachsichtig; er war nicht puritanisch, sondern fröhlich und feierte gern."[124]

b) Auch für die Ablehnung des Gesetzes durch Jesus lassen sich so manche seiner Aussprüche anführen. Jesus tadelt seine Jünger, die am Sabbat Ähren ausraufen, nicht nur *nicht*, sondern verteidigt sogar ihre Übertretung des Sabbatgebotes: „Der Sabbat ist um des Menschen willen gemacht und nicht der Mensch um des Sabbats willen" (Mk. 2, 27).

Dazu schreibt Wolfgang Schrage: „Sabbatheilungen und Tischgemeinschaft mit Zöllnern und Sündern, Berührung von Unreinen (Mk. 1, 41; 5, 25 ff.) und Umgang mit Frauen transzendieren um der in die Gottesherrschaft integrierten grenzenlosen Liebe Gottes willen immer wieder vor allem die ritualgesetzlichen Vorschriften und Ordnungen."[125] „Transzendieren" ist etwas Anderes als „Ablehnen". Schrage setzt denn auch sofort hinzu: „Inwieweit das prinzipiell oder eher punktuell geschieht, ist allerdings ebenso offen wie die Frage, inwiefern durch Jesu Worte und Taten die Thora und die Propheten zur Erfüllung oder zu Ende kommen, ob man eher von Überbietung oder Widerspruch, Verschärfung oder Abrogation zu sprechen hat."[126]

Am ehesten kann man sagen, dass sich Jesus gegen die Halacha („Wandel"), die gängige Auslegung des Gesetzes im Munde seiner schriftgelehrten Zeitgenossen, wendet, somit gegen „das Gesetz", aber nicht gegen das biblische Gesetz, und diese Stellungnahme Jesu wird besonders am Ritualgesetz, und hier wieder am Sabbatgebot deutlich. Schrage: „Die bekanntesten Beispiele einer Kritik Jesus an der Halacha, wo wir auch historisch

---

124 A.a.O., S. 301
125 Wolfgang Schrage: Ethik des Neuen Testaments, Göttingen 1989, S. 58
126 Ebd.

guten Grund unter den Füßen haben, sind zweifellos die Sabbatkonflikte, die gewissermaßen den Übergang zur Gesetze*kritik* markieren."[127]

c) In noch anderer Weise kann man Jesu Stellung zum Gesetz weder als Bejahung noch als Ablehnung, sondern vielmehr als *Verschärfung* verstehen. Dies gilt insbesondere für die „Antithesen" der Bergpredigt (Matth. 5, 21–48).[128] Zwar geht die endgültige Formulierung dieser *Antithesen* möglicherweise auf den Evangelisten Matthäus zurück, aber Jesu gesetzesverschärfende Forderungen sind auch ohne antithetische Gegenüberstellungen durch Parallelen innerhalb der Evangelien belegt. R. Schnackenburg: „Ob Jesus wenigstens zum Teil in dieser antithetischen Weise gesprochen hat, ist umstritten ... Doch es fehlt nicht an Stimmen, die alle Antithesen auf die redaktionelle Tätigkeit des Mt zurückführen. Ohne diese Frage zu entscheiden, bleibt die Kernfrage, ob Jesus in der Sache so geurteilt hat, und das läßt sich kaum bestreiten, namentlich nicht für das Verbot der Ehescheidung und die Forderung, auf Vergeltung zu verzichten und die Feinde zu lieben."[129] „Die ‚Neuheit' des Ethos Jesu darf man also nicht im Inhaltlichen suchen, wohl aber in der einheitlichen Ausrichtung und Einschärfung, die ihren Grund in seiner Botschaft von der Gottesherrschaft hat."[130]

Für Luther waren die Gesetzesverschärfungen Jesu und die Deutung des Gesetzes durch Paulus[131] Anlass, von einem „überführenden Gebrauch des Gesetzes" *(usus elenchthicus legis)* zu sprechen, welcher nach seiner Meinung überhaupt der eigentliche und theologische *usus legis* ist[132] und darin besteht,

---

127 A.a.O., S. 63

128 Christian Dietzfelbinger: Die Antithesen der Bergpredigt, 1975 – Ders.: Die Antithesen der Bergpredigt im Verständnis des Matthäus, in: Zeitschr. f. neutestamentl. Wissensch. 70 (1979), S. 1–15

129 Rudolf Schnackenburg: Die sittliche Botschaft des Neuen Testaments, Bd. 1, Freiburg i. Br. 1986, S. 102 f.

130 A.a.O., S. 103

131 Siehe z. B.: „Wir wissen aber, was das Gesetz sagt, das sagt es denen, die unter dem Gesetz sind, damit allen der Mund gestopft werde und alle Welt vor Gott schuldig sei, weil kein Mensch durch die Werke des Gesetzes vor ihm gerecht sein kann. Denn durch das Gesetz kommt Erkenntnis der Sünde." (Röm. 3, 19 f.)

132 Luther unterscheidet zwei *usus legis:* den *usus civilis sive politicus* (Gebrauch im bürgerlichen Leben, der das Zusammenleben regelt) und den *usus theologicus sive elenchthicus,*

den Menschen seiner Sünde zu überführen: „Alter legis usus est Theologicus seu Spiritualis, qui valet ad augendas transgressiones. Et is maxime quaeritur in lege Mosi, ut per eam crescat et multiplicetur peccatum, praesertim in conscientia. De hoc Paulus magnifice disputat ad Roma. 7. Itaque verum officium et principalis ac proprius usus legis est, quod revelat homini suum peccatum, caecitatem, miseriam, impietatem, ignorantiam, odium contemptum Dei, mortem, infernum, iudicium et commeritam iram apud Deum."[133] – „Theologisch" ist dieser usus legis, weil er in die Überlegungen und in die Verkündigung der Theologen gehört. Dieser usus legis geschieht *non vi, sed verbo* (nicht mit Gewalt, sondern mit dem Wort). Während der erste Gebrauch *machtvollen* Institutionen anvertraut ist: Obrigkeiten, Richtern und Eltern,[134] ist der zweite Gebrauch des Gesetzes der *Überzeugungsarbeit*, d. h. *dem Wort*, anvertraut. Mit Machtentfaltung, auch wenn sie noch so gerecht ist, kann ja niemand zur Einsicht gebracht werden; er wird vielmehr versuchen, sich gegen sie zu wehren. Besinnung, Abstandnehmen vom Bösen geschieht nur durch Vorhaltungen, Zureden, durch gedankliche Auseinandersetzung.

Das Gesetz in seinem theologischen Gebrauch weist nach Luther die Einsichtigen immer auf ihre Ungesetzlichkeit und Gottesferne hin: auf Ungerechtigkeit, Sünde und Gottlosigkeit. Dies sollte alle Menschen zum *richtigen Leben*, das aus dem Glauben entspringt, führen. Das richtige Leben wird ihnen durch das Evangelium vermittelt; insofern schlägt dieser düstere,

---

von dem gerade die Rede ist. Melanchthon und Calvin sowie spätere Theologen kennen noch den *tertius usus sive usus in renatis* (Gebrauch bei den Wiedergeborenen), durch den Regeln für das christliche Leben aufgestellt werden.

133 LUTHER W. A. (= Kritische Gesamtausgabe, Weimar 1883 ff.), Bd. 40/I, S. 480, Zl. 32 ff. (Der andere Gebrauch des Gesetzes ist der theologische bzw. geistliche, der zur Vermehrung der Übertretungen dient. Dieser wird vor allem am Gesetz des Moses erhoben, damit durch es die Sünde wachse und vermehrt werde, zumal im Gewissen. Darüber disputiert großartig Paulus im 7. Kapitel des Römerbriefes. Und so ist die wahre Aufgabe und der erste und eigentliche Gebrauch des Gesetzes, dass es dem Menschen seine Sünde, Blindheit, Elend, Gottlosigkeit, Unwissen, Hass, Gottesverachtung, Tod, Hölle, Gericht und den verdienten Zorn bei Gott enthüllt.)

134 Warum den Eltern? – Das Elternamt ist machtvoll, allein schon die Hilflosigkeit kleiner Kinder erfordert einen machtvollen Schutz; für Luther gibt es freilich noch weit mehr patriarchalische Befugnisse der Eltern als heute.

sündenaufdeckende Gebrauch des Gesetzes um in die Sehnsucht nach Befreiung und in die Annahme des Evangeliums im Glauben.

Luther dürfte sich damit ein Stück weit, wenn auch nicht sehr weit, von der Botschaft Jesu entfernt haben. Die Exegeten der Gegenwart konstatieren jedenfalls keinen usus elenchthicus legis in den Reden Jesu.

Oben haben wir W. Schrages Meinung gelesen, es sei „offen", „ob man eher von Überbietung oder Widerspruch, Verschärfung oder Abrogation ‚des Gesetzes durch Jesus' zu sprechen hat".

Gerd Theissen und Anette Merz versuchen das Problem in der Weise zu lösen, dass sie gegensätzliche „Tendenzen" in der Gesetzesauslegung Jesu erkennen: „Das Geheimnis der Ethik Jesu liegt im Nebeneinander thoraverschärfender und -entschärfender Tendenzen."[135]

Jedoch müssen die verschiedenen „Tendenzen" einander gar nicht widersprechen: Wenn Jesus das Gesetz auslegt, dann wiederholt er es nicht nur. In seiner Reflexion auf das Gesetz *hin*, aber auch wieder *weg* vom Gesetz (und das ist ja gerade Reflexion!) erweist sich Jesus nicht bloß als Gesetzes-, sondern auch als Ethiklehrer!

Betrachtet man die Bestimmungen des Gesetzes nicht einfach als *Weisungen*, sondern als strenge Gebote und Verbote, dann kann es nicht ausbleiben, die Auslegungen Jesu als „Verschärfungen" zu empfinden. Aber auch die „Entschärfungen" müssen sich nicht gegen das Gesetz richten. Beides kann den Sinn der Bejahung des Gesetzes haben, die Verschärfung, weil sie das Gesetz betont, die Entschärfung, weil sie das Gesetz als hilfreich für die Lebensgestaltung vorstellt.

Weiters können die Verschärfungen eine solche Form annehmen, dass in ihnen gar nicht mehr das biblische Gesetz, sondern ein neues Gesetz erscheint, die Entschärfungen (siehe die Konflikte um den Sabbat) können das Gesetz und sogar jede Gesetzlichkeit aufzuheben scheinen. Eine solche Gesetzesauslegung ist dann Bejahung und Aufhebung des Gesetzes in einem.

---

135 Gerhard THEISSEN/A. MERZ: Der historische Jesus, 2. Aufl., Göttingen 1997, S. 330 – Dies wird in der Folge sowohl mit divergierenden Motiven begründet: „Jesu Freiheit gegenüber der Thora ist weisheitlich und eschatologisch begründet." (a.a.O., S. 332)

Jesus war anscheinend in einer solchen Weise frei, redete in solcher „Vollmacht" *(en parresia),* dass er das Gesetz sowohl bejaht als auch entschärft, verschärft und/oder aufgehoben hat.

Unsere gegenwärtige historische Situation ist folgende: Während sich das Christentum jahrhundertelang als Widerspruch zum Judentum gegeben und versucht hat, Jesus aus dem Judentum herauszureißen, woraus der Antijudaismus entstanden ist, neigt die Gegenwart, nach der (hoffentlich endgültigen) Abkehr der Christen vom Antijudaismus zum Gegenteil, nämlich zur Einebnung der Differenzen zwischen Jesus und seinen Gegnern im Judentum. Aber diese Gegnerschaft hat Jesus ans Kreuz geführt: „Gewiß, mehr noch als die Kontinuität und Bejahung fällt die andere Seite von Jesu Verhältnis zur Thora auf, die ihn denn auch in Konflikt mit den jüdischen Gesetzeshütern und geistlichen Machthabern gebracht hat. Hätte er nur gegen Heuchelei und frommes Theater polemisiert, wäre er kaum abgelehnt und gekreuzigt worden. Aber selbst wenn Jesus den Gesetzesbuchstaben außer Kraft setzt, geht es ihm primär nicht um das Nein zum Gesetz, sondern um das Ja zu Gottes Willen, der aber durch das Gesetz und die Tradition partiell verdeckt und entschärft worden war."[136]

Mit Luther und der lutherischen Tradition lässt sich sagen, dass kein Mensch, solange er lebt, glauben soll, dem Gesetz und der Spannung bzw. Wechselbeziehung Gesetz/Evangelium zu entgehen. Immer haben wir es nötig, dass uns das erste Gebot – und auch alle anderen – vorgehalten werden, weil wir sie sonst leicht vernachlässigen und/oder vergessen. Gerade deshalb bleibt aber auch das Gesetz in seiner ganzen Würde als lebenslanger „Kommentar" unseres Verhalten und unseres Ethos bestehen und wird nicht vom Evangelium abgelöst.

Es gibt aber auch zusammenfassende Formulierungen des Gesetzes im Neuen Testament, die mit aller Macht auf das Evangelium hinsteuern. Diese sind das Doppelgebot der Liebe bei Jesus, das Jesus aus Deut. 5, 4 f. und Lev. 19, 18 übernimmt,[137] das Liebesgebot im Johannesevange-

---

136 Wolfgang SCHRAGE, a.a.O., S. 72

137 „Du sollst den Herrn, deinen Gott, lieben von ganzem Herzen, von ganzer Seele, von

lium[138], bei Paulus[139] und das „Gesetz der Freiheit" im Jakobusbrief[140].
Wer liebt, lebt aus dem Evangelium.

Das natürliche ethische Gesetz[141]

Ich vermeide absichtlich den in der historischen Diskussion der Ethik ge-
bräuchlichen Begriff „Naturgesetz", der uns in die Physik, und „Naturrecht", der uns in die Jurisprudenz führen würde.

Besser ist es, vom antiken Natur*begriff* auszugehen, der beides, aber auch
die Ethik umfasst. Weiters hatte Natur im antiken Verständnis von
„Grund" auch eine metaphysische Bedeutung und konnte zuweilen an die
Stelle des Gottesbegriffes treten. Einen Widerhall davon finden wir im 2.
Kapitel des Römerbriefs, wo Paulus der Erkenntnis des sittlich Guten durch
das Gesetz Gottes bei den Juden die Erkenntnis ebendieses Guten „von Na-

---

ganzem Gemüt und von allen deinen Kräften. Das andere ist dies: Du sollst deinen
Nächsten lieben wie dich selbst." (Mk. 12, 30 f. und par.)

138 Joh. 13, 34

139 Röm. 13, 9 f.

140 Jak. 1, 25; 2, 12

141 Ernst BLOCH: Naturrecht und menschliche Würde, Frankfurt a. M. 1961 – Josef FUCHS:
Lex Naturae. Zur Theologie des Naturrechts, Düsseldorf 1955 – Theodor HERR: Zur
Frage nach dem Naturrecht im deutschen Protestantismus der Gegenwart, München/
Paderborn/Wien 1972 – DERS.: Naturrecht aus der kritischen Sicht des Neuen Testa-
ments, München/Paderborn/Wien 1976 – Otfried HÖFFE: Naturrecht ohne naturalis-
tischen Fehlschluß, Wien 1980 – Hans KELSEN: Naturrechtslehre und Rechtspositivis-
mus, Berlin 1928 – Das NATURRECHT im Disput, ed. F. Böckle, Düsseldorf 1966 –
Sittliche NORMEN. Zum Problem ihrer allgemeinen und unwandelbaren Geltung, ed.
W. Kerber, Düsseldorf 1982 – Karl-Heinz PESCHKE: Naturrecht in der Kontroverse. Kri-
tik evangelischer Theologie an der katholischen Lehre von Naturrecht und natürlicher
Sittlichkeit, Salzburg 1967 – Heinrich ROMMEN: Die ewige Wiederkehr des Naturrechts,
2. Aufl., München 1947 – Hans D. SCHELAUSKE: Naturrechtsdiskussion in Deutsch-
land. Ein Überblick über zwei Jahrzehnte: 1945–1965, Köln 1968 – Hans STEUBING:
Naturrecht und natürliche Theologie im Protestantismus, Göttingen 1932 – Hans WEL-
ZEL: Naturrecht und materiale Gerechtigkeit, 4. Aufl., Göttingen 1962 – Erik WOLF:
Das Problem der Naturrechtslehre, 3. Aufl., Karlsruhe 1964

tur" *(physei)* bei den Heiden gegenübergestellt.[142] Interessanterweise spricht Paulus im selben Zusammenhang auch vom Gewissen *(syneidesis)* der Heiden (Röm. 2, 15).

Wie kann man nun aber die Inhalte des natürlichen ethischen Gesetzes erfassen? Paulus will nicht sagen, dass diese mit den Gesetzen und Geboten der hebräischen Bibel identisch seien. Welche Formulierung kann man ihnen aber dann geben? Kann man ihnen überhaupt eine geben?

Wir stoßen hier auf das Hauptproblem der natürlichen Ethik, dass nämlich irgend eine Formulierung – und daher Festlegung – des natürlichen ethischen Gesetzes möglich sein muss, will es nicht völlig schwammig bleiben, dass sich aber andererseits mit jeder konkreten Formulierung ein historischer Kontext zu Wort meldet, der die natürliche Ethik aus ihrer menschlichen Allgemeinheit auf einen bestimmten Boden stellt. Die natürlichen ethischen Gesetze sehen dann entgegen ihrer ursprünglichen Intention ganz unnatürlich aus. Um nur ein wichtiges Beispiel zu bringen: Für die antike Gesellschaft war es „natürlich", dass bestimmte Menschen zu Sklaven geboren wurden; genau dies ist vom Standpunkt des modernen Naturrechts „unnatürlich", natürlich ist vielmehr die Gleichheit aller Menschen.

Bei aller Vagheit der natürlichen Ethik kann man aber doch die folgenden wichtigen Grundsätze aus der „stoisch-ciceronischen Tradition" (Honecker) anführen, die uns auch heute noch weitgehend einleuchten: Neminem laedere. Suum cuique tribuere. Honeste vivere. Deum colere. Pacta sunt servanda.[143]

1. Neminem laedere (Niemanden verletzen): Dieses Gesetz bzw. Verbot kommt mit dem biblischen Tötungsverbot überein, ist aber weiter gefasst: Es verbietet jede körperliche Schädigung. – Anscheinend ist das Töten, wie schon gesagt, seit jeher die größte Versuchung der Menschheit, d. h. jene,

---

142 „Denn wenn Heiden, die das Gesetz nicht haben, doch von Natur tun, was das Gesetz fordert, so sind sie, obwohl sie das Gesetz nicht haben, sich selbst Gesetz." (Röm. 2, 14)

143 Nach Martin HONECKER: Einführung in die Theologische Ethik, Berlin 1990, S. 113 („Niemanden verletzen. Jedem das Seine zuteilen. Ehrenhaft leben. Gott verehren. Verträge sind einzuhalten.")

die einem im Wege stehen, „aus dem Weg zu räumen". Wenn die Psychoanalyse vom „Ödipuskomplex" spricht, dann will sie den *Wunsch* der Va-
tertötung im Grunde der Persönlichkeit eines jeden Mannes erkannt haben.
Parallel dazu ist manchmal ein *Elektrakomplex* für Frauen postuliert worden. – Glaubt man der Statistik, die sagt, dass ein 14-jähriges Kind bereits
durchschnittlich 25.000 Morde im Fernsehen beobachten konnte, dann hat
man die Wahl, von einer gefährlichen äußerlichen Beeinflussung oder aber
von einer Widerspiegelung der Tötungsbereitschaft in der menschlichen
Seele durch die Fernsehprogramme zu sprechen. – In jedem Falle besteht
Grund genug uns Menschen an erster Stelle das Tötungs- und Verletzungs-
gebot einzuschärfen.

2. Suum cuique tribuere (Jedem das Seine zuteilen): Dies ist das Prinzip
der *iustitia distributiva*, der zuteilenden Gerechtigkeit. Sie befasst sich mit
dem gerechten Ausgleich innerhalb der Gesellschaft (in der Antike: der Polis) und unterscheidet sich von der *iustitia commutativa* (dem Prinzip des
gerechten Tausches). Die iustitia distributiva achtet darauf, dass jeder und
jede auf den Platz zu stehen kommt, der für ihn/sie und die Mitmenschen
der gedeihlichste ist. (Siehe auch das Kapitel „Tugendethik".) Aus der Moderne könnte man einen ähnlichen, auf Friedrich Engels zurückgehenden
Grundsatz anführen: „Jedem nach seinen Bedürfnissen. Jeder nach seinen
Fähigkeiten." Dieser Grundsatz berücksichtigt den sozialen Ausgleich mehr
als in der Antike.

3. Honeste vivere (Ehrenhaft leben): Die Ehrenhaftigkeit ist ein besonderes Merkmal der vormodernen Auffassung von Ethik. In der Gegenwart
schwingt dieser Grundsatz mehr im Ehrlich-Sein als im Ehre-Haben nach.
– Unter dem „Ehrenhaften" müssen wir uns dasjenige vorstellen, was um
seiner selbst willen (also nicht um eines Vorteils willen) getan wird. Es ist
jene Qualität, die Kant im kategorischen Imperativ der Pflicht zugeschrieben hat: das als richtig Erkannte tun, auch wenn es mir (im Extremfall) sogar schadet. In der Antike ist unter dem ehrenhaften Handeln die Tätigkeit
für die Gemeinschaft (Polis) zu verstehen, für deren Mühen man sich Ansehen in der Bürgerschaft, aber sonst nichts erwarten konnte.

4. Deum colere (Gott verehren): Ob man nun vom antiken Polytheis-
mus ausgeht oder von einem Monotheismus, der sich aus Religionskritik

und Popularphilosophie schrittweise entwickelt und schließlich mithilfe des Christentums die Oberhand gewonnen hat: Religion und Kult waren in der Antike wichtige Lebenselemente. In der Moderne sind wir gewohnt, auch die Freiheit *von* jeder Religion zu den Menschenrechten zu zählen. Es ist aber nicht zu übersehen, dass auch bei uns auf die Phase des massiven Säkularismus in den 1960er Jahren eine neue religiöse Suche mit Sekten-Boom, Gründung von Freikirchen und Re-Islamisierung folgte. Ich werde die Bedeutung der Gott-Mensch-Beziehung für die Ethik am ausführlichsten im Kapitel „Berufsethik" darlegen. Hier ist aber schon zu sagen, dass Religion mit unserer Lebensgestaltung und daher mit unserer Ethik zu tun hat. Der Grundsatz „Deum colere" sagt das in Bezug auf alle Religionen.

5. Pacta sunt servanda (Verträge sind einzuhalten): Dieser Grundsatz kommt dem biblischen „kein falsches Zeugnis reden" nahe. Er verlangt Verlässlichkeit und Treue gegenüber den Mitmenschen. Wir können sowohl an Vertragstreue als auch an persönliche Treue denken. Dieses Prinzip eröffnet weiterführende Wege in eine ethische Gesetzlichkeit: Wir sollen nicht nur verlässlich sein, indem wir uns an allgemein akzeptierte Prinzipien halten, sondern auch an „Prinzipen", „Gesetze" und Verträge, die wir mit unseren Mitmenschen paktiert haben. Das Eherecht, das Handelsrecht, aber auch das Völkerrecht sind daraus erwachsen.

Kapitel 2

Güterethik[144]

Die Ausrichtung an einem Gut bzw. an Gütern in der Ethik bringt einen ganz anderen Blickpunkt mit sich als den der Gesetzesethik. Sich an einem Gesetz orientieren heißt, Forderungen, Druck, Zwang auf sich zu nehmen. Dabei ist es egal, ob der Zwang von einem äußerlichen Gesetzgeber, Gott, einem König, der Gesellschaft, oder innerlich vom Gewissen herkommt. Immer dreht sich die Gesetzesethik um Müssen und Sollen. – Die Orientierung an Gütern hingegen bringt erfreulichere Erwartungen und Gedanken mit sich. Das Erstreben von Gütern motiviert die ethisch Denkenden und Handelnden positiv.

Nun kann man freilich „das Gesetz" nicht nur als Zwang, also negativ, sehen, sondern positiv, gewissermaßen auch als Gut, wie es ja in der Tat in jener alttestamentlich-jüdischen Tradition geschieht, die die Thora als Wohltat Gottes auffasst, oder sogar noch bei Kant, der Gewissen und Pflichtbewusstsein aus der Würde und Größe des Menschen ableitet. – In diesen Fällen wird aber der Gesetzesbegriff dem Begriff des ethischen Gutes untergeordnet, und wir befinden uns auf jeden Fall im Diskurs der Güterethik.

Andererseits kann vieles ein Gut im menschlichen Leben sein, und wir sind weit entfernt davon, beim Stichwort „Gut" an „Gesetz" zu denken.

---

144 Denis J. M. BRADLEY: Aquinas on the twofold human good, Washington, D. C. 1997 – Gustav CLASS: Ideale und Güter, Erlangen 1886 – Georg FRITZ: Menschliches Glück als Anliegen marxistischer und christlicher Ethik, Frankfurt a. M. 1984 – GLÜCK und Ethik, ed. J. Schummer, Würzburg 1998 – GLÜCK und Gerechtigkeit, ed. R. Stäblein, Frankfurt a. M. 1999 – HAPPINESS, well-being and the meanig of life, ed. V. Brümmer, Kampen 1996 – Michael Moxter: Güterbegriff und Handlungstheorie. Eine Studie zur Ethik F. Schleiermachers, Kampen 1992 – Die Philosophie und die Frage nach dem Glück, Red. E. Angehrn, Bern/Wien 1997 – Joachim SCHUMMER: Glück und Ethik, Würzburg 1998 – Robert SPAEMANN: Glück und Wohlwollen, 3. Aufl., Stuttgart 1993

Nicht erst seit heute denken die Menschen zuerst einmal an materielle
Güter, z. B. an Nahrungsmittel, wenn man sie fragt, was ein Gut für sie ist.
Aber genügen ihnen Nahrungsmittel, wenn sie z. B. krank sind? – Sie
benötigen dann medizinische Hilfe. Also sind auch Arzneien und vor allem
Gesundheit wichtige Güter. Und wenn Menschen in Hungers- oder Kriegs-
zeiten durch karitative Organisationen bloß mit Nahrungsmitteln versorgt
werden, dann erleben und erkennen sie, dass ihnen noch andere Güter fehlen als die Esswaren, die sie geschenkt bekommen, nämlich Frieden
und/oder eine gedeihliche Umwelt sowie das Mitgefühl anderer. Es stellt
sich dabei heraus, dass das Dasein freundlicher, verständnisvoller und hilf-
reicher Menschen, also das Zusammenleben in einer geordneten Gesellschaft, ein wesentliches Gut ist.

Das Insgesamt von Gütern und die Möglichkeit, sie zu genießen, bezeichnet die Güterethik als geglücktes Leben oder einfach: Glück.

Es sind zwei Typen von Güterethik denkbar: eine Güterethik, die objektive Inhalte als Ziele menschlichen Strebens angibt; diese kann daher auch
als Ethik der Reflexion auf die Glücksgüter verstanden werden. Im diesem
Fall betrachtet man die Ethik von einem objektivistischen Standpunkt aus,
und dieser Standpunkt war vor allem in der Vormoderne geläufig.

In einem zweiten Fall nimmt man einen subjektivistischen Standpunkt
ein, der mehr für die Moderne gilt: Es entsteht ein zweiter Typ von Güterethik, nämlich die Reflexion auf den Menschen, der nach Glück strebt.

Diese Reflexion auf das Streben nach Glück scheint eine nahe liegende
und selbstverständliche Form der Ethik zu sein. Aber ebenso, wie man fragen kann „Was ist ein Gut?", kann man dieses Streben mit der Frage „Was
ist Glück?" problematisieren. Denn das angestrebte bzw. anzustrebende
Glück wurde im Laufe der Geschichte der Ethik sehr verschieden definiert.
Um nur die wichtigsten Auffassungen von Glück in der Antike zu nennen:
Epikur versteht Glück als Lust bzw. Freude (griech. *hedone* – davon *Hedonismus*). Aristoteles hingegen sieht das Glück als Tätigkeit entsprechend der
Tugend eines Menschen. Dadurch kann dieser Ansatz in die Tugendethik
übergehen (siehe das nächste Kapitel) oder mittels des Begriffes der Gerechtigkeit (der wichtigsten Tugend) in die Gesetzesethik. Diese mehrfachen Beziehungen finden wir bei Aristoteles, dem ersten philosophischen

Ethiker (siehe das nächste Kapitel). – Augustinus wiederum betreibt ethische Theorie auf der Basis des Christentums, jedoch orientiert er sich nicht nur am biblischen Gesetz und an der Lehre Jesu, sondern auch an der philosophischen Suche nach dem höchsten Gut und dem menschlichen Glück *(beatitudo, felicitas)*, das er letztlich – und das begründet Augustinus biblisch – in der diesseitigen Gemeinschaft mit Gott *(adhaerere Deo)* und jenseitigen Schau Gottes *(visio beatifica Dei)* findet.[145]

Ich möchte zuerst die Leitlinien der Ethik Augustinus' nachzeichnen und dann einen modernen Vertreter des Hedonismus, Herbert Marcuse, zu Wort kommen lassen. Dabei werden wir zwei extrem verschiedene Spielarten der Güterethik kennenlernen.

Die Ethik und das Glück der visio beatifica (Augustinus)

Der Kirchenvater Augustinus[146] (354–430) hat durch das gesamte Mittelalter hindurch und durch die augustinisch geprägte Lehre Luthers und Calvins bis weit über die Reformationszeit hinaus Theologie, Philosophie und Ethik in West- und Mitteleuropa beeinflusst. Er vertrat im lateinischen Westen eine ähnlich platonisch ausgerichtete Theologie wie die Kirchenväter der griechischen Ostkirche. Sein Platonismus, der für Augustins Auffassung von der Jenseitigkeit menschlichen Glücks maßgeblich werden sollte, gründet sich teils auf eigene Studien (an Platon und Plotin), teils auf die Theologie seines Lehrers Ambrosius, des Bischofs von Mailand. Augustinus prägte aber auch durch mehrere eigene Theologumena (Gnaden- und Erbsündenlehre, Lehre von der doppelten Prädestination, Lehre von den Relationen innerhalb der Trinität, Geschichtstheologie) sowohl den Katholizis-

---

145 Die älteste bekannte christliche Ethik ist „De officiis [ministrorum]" von AMBROSIUS.

146 Peter BROWN: Der heilige Augustinus, München 1975 – Henry CHADWICK: Augustin, Göttingen 1987 – Kurt FLASCH: Augustin. Einführung in sein Denken, Stuttgart 1980 – Wilhelm GEERLINGS: Augustinus – Leben und Werk, Paderborn 2002 – Christopher KIRWAN: Augustine, London/New York 1989 – Walther v. LOEWENICH: Augustin, München/ Hamburg 1965 – Henri MARROU: Augustinus, o. O. (Reinbek) 1958 u. Neuaufl. – DERS.: Augustinus und das Ende der antiken Bildung, Paderborn 1981

mus als auch den Protestantismus. In seiner Ethik greift er außerdem des Öfteren auf Cicero zurück. Von seiner frühen Schrift „De beata vita" (386) an bis hin zu seinem umfangreichsten Werk „De civitate Dei" (413–426) diskutiert Augustinus zum Zweck der Grundlegung seiner Ethik sowohl den philosophischen als auch den theologischen Begriff der *beatitudo* (Seligkeit, Glück). Er stellt seine Ethik[147] dabei unter den Begriff des Strebens nach dieser *beatitudo*.

147 Gregorio ARMAS: La moral de San Agustín, Madrid 1956 – Louis BOUYER: Christianisme et eschatologie, in: La Vie Intellectuelle 1948, S. 6–38 – Ovila BRABANT: Le Christ centre et source de la vie morale chez s. Augustin, Gembloux 1971 – Josef BRECHTKEN: Augustinus Doctor Caritatis, Meisenheim a. Gl. 1975 – Vitus de BROGLIE: De fine ultimo humanae vitae, Paris 1948 – Rosetta CAPRI: Il pensiero agostiniano e il problema morale, Roma 1936 – Stanislaw BUDZIK: Doctor pacis. Theologie des Friedens bei Augustinus, Innsbruck 1988 – Fulbert CAYRÉ: La contemplation augustinienne, Paris 1927 – Lina CECCHINI: Il problema morale in S. Agostino, Reggio (Emilia) 1934 – Gustave COMBÈS: La charité d'après s. Augustin, Paris 1934 – Thomas DEMAN: Le traitement scientifique de la morale chrétienne selon s. Augustin, Paris 1957 – Ulrich DUCHROW: Christenheit und Weltverantwortung, Stuttgart 1970 – Lawrence M. FELTZ: The enigmatic character of moral in the thought of Augustine, Ann Arbor, Mich., 1991 – Jean GUITTON: Le temps et l'éternité chez Plotin et s. Augustin, 3. Aufl., Paris 1959 – Nicolai HARTMANN: Ordo amoris. Zur augustinischen Wesensbestimmung des Sittlichen, in: Wissenschaft und Weisheit 18 (1955), S. 1–23 u. 108–121 – Ragnar HOLTE: Béatitude et sagesse. S. Augustin et le problème de la fin de l'homme dans la philosophie ancienne, Paris 1962 – Ernst LEWALTER: Eschatologie und Weltgeschichte in der Gedankenwelt Augustins, in: Zeitschrift für Kirchengeschichte 1934, S. 1–51 – Rudolf LORENZ: Fruitio dei bei Augustin, in: ZKG 63 (1950/51), S. 75–132 – Joseph MAUSBACH: Die Ethik des heiligen Augustinus, 2 Bde., 2. Aufl., Freiburg 1929 – Henrique de NORONHA GALVÃO: Art. Beatitudo, in: Augustinus-Lex., Bd. 1, Sp. 624–638 – P. PAULIAT: Joie et bonheur du chrétien d'après saint Augustin, in: Didaskalia 5 (1975), S. 89–104 – Servais PINCKAERS: La quête du bonheur, Paris 1979 – Herbert ROMMEL: Zum Begriff des Bösen bei Augustinus und Kant, Frankfurt a. M. 1997 – Miikka RUOKANEN: Theology of social life in Augustine's De civitate Dei, Göttingen 1993 – Otto SCHAFFNER: Christliche Demut. Des Hl. Augustinus Lehre von der Humilitas, Würzburg 1959 – Heinrich SCHOLZ: Glaube und Unglaube in der Weltgeschichte. Ein Kommentar zu Augustins De Civitate Dei. Mit einem Exkurs „Fruitio Dei", 1911, Neudruck Leipzig 1967 – Michael SEYBOLD: Sozialtheologische Aspekte der Sünde bei Augustinus, Regensburg 1963 – ST. AUGUSTINE on marriage and sexuality, ed. E. A. Clark, Washington, D. C., 1996

Kant wird die Prinzipien des nach Glück (Kant: „Glückseligkeit") strebenden Menschen unter dem Titel „Eudämonismus" als schlechte Ethik tadeln: Ein nach Glückseligkeit strebender Mensch lasse sich vom hypothetischen Imperativ leiten („Wenn du glücklich werden willst ..., dann ...") und vergehe sich damit gegen das strenge Gesetz der Pflicht.

Kant betrachtete aber nicht nur die Erwartung von *beatitudo*/Glückseligkeit als unreines ethisches Motiv; Religionskritiker, der er war, geriet ihm auch die Erwartung einer *beatitudo* in der Gemeinschaft mit Gott unter Verdacht. Gleichwohl hat sogar Kant auf das Motiv einer eschatologischen Glückseligkeit nicht verzichten wollen, da nach seiner praktischen Philosophie Pflicht und Glückseligkeit letztlich (aber wirklich nur „letztlich") nicht auseinander fallen dürfen. Dieser Philosoph hat daraus sogar einen postulatorischen Gottesbeweis abgeleitet.

Augustinus stößt in seiner Zeit noch nicht auf die Disjunktion, die Marcuse im 20. Jahrhundert als Problem der modernen Ethik beschreiben wird: Hier niederes Luststreben (das in der bürgerlichen Gesellschaft als offizieller ethischer Standpunkt ausscheidet) – dort Kulturbetätigung, die sich aus Tugend und Pflicht, nicht aber aus der antiken Ethik des Strebens nach Glück motiviert. Augustinus wird eine Disjunktion im Sinne einer Entscheidung für oder gegen Gott fördern, und er wird sie unter der Fragestellung behandeln: Willst du wahrhaft glücklich werden? Der Kirchenvater findet nämlich in der Antike eine philosophische Ethik vor, die zwar nicht durchwegs mit „hedonistischen" Absichten, aber immer mit der Absicht, Glück zu erreichen, betrieben wird. Ja das Philosophieren selbst werde in der Absicht betrieben, glücklich zu werden: „Nulla est homini causa philosophandi, nisi ut beatus sit."[148] Und die Philosophie sei damit im Recht, sagt er, da wir ja alle gar nicht anders könnten, als nach Glück zu streben.

In den *Confessiones* bringt Augustinus dafür ein Beispiel: „Nec ego tantum aut cum paucis, sed beati prorsus omnes esse uolumus. Quod nisi certa notitia nossemus, non tam certa uoluntate uellemus. Sed quid est hoc? Quod si quaeratur a duobus, utrum militare uelint, fieri possit, ut alter

---

148 De civitate Dei 19, 1, 3 („Der Mensch hat keinen anderen Grund zu philosophieren, als um glücklich zu sein.")

eorum uelle se, alter nolle respondeat: si autem ab eis quaeratur, utrum esse
beati uelint, uterque se statim sine ulla dubitatione dicat optare, nec ob aliud
uelit ille militare, nec ob aliud iste nolit, nisi ut beati sint. Num forte quoniam alius hinc, alius inde gaudet? Ita se omnes beatos esse uelle consonant,
quemadmodum consonarent, si hoc interrogarentur, se uelle gaudere atque
ipsum gaudium uitam beatam uocant."[149] – Auch wir werden das zugeben
müssen. Streben aber alle Menschen nach Glück, dann ist immer noch die
Frage, ob sich darauf eine Ethik begründen lässt. (Wenn Augustinus eine
Ethik des Strebens nach dem glücklichen Leben vorfindet und sie dann in
seiner Weise umgestaltet, so heißt das ja nicht, dass die gesamte Ethik der
Antike Güterethik war. Immerhin treten bei Aristoteles der Tugend- und bei
Cicero der Pflichtbegriff in den Vordergrund, obwohl gleichzeitig auch der
Glücksaspekt vorhanden ist. Augustinus hat nämlich von sich aus die vor-
gefundene Ethik auf den *Nenner* des Strebens nach *beatitudo* gebracht!)[150]
    Den Argumentationsgang bei Augustinus können wir folgendermaßen
rekonstruieren: Alle Menschen haben das Ziel der *beata vita*. Ethik ist eine
Reflexion über das Ziel des Lebens. Daher ist Ethik auch eine Reflexion
über die beata vita. – Wie in allen philosophischen Diskussionen darf man
zum Zwecke einer Kritik an dieser Argumentation nicht erst den Schluss-
satz angreifen (er ist logisch richtig abgeleitet und daher unwiderlegbar),

---

149 Augustinus: Confessiones 10, 21, 31 („Und nicht ich allein oder mit wenigen, sondern
   ausnahmslos alle wollen wir glücklich sein. Wüssten wir das aber nicht mit sicherer Einsicht, würden wir es nicht mit so sicherem Willen wollen. Aber was bedeutet das? Wenn
   etwa zwei Leute gefragt würden, ob sie zum Militär gehen wollten, kann es geschehen,
   dass der eine von ihnen antwortet, er wolle, der andere, er wolle nicht. Wenn aber beide
   gefragt würden, ob sie glücklich sein wollten, würde jeder sofort ohne Zögern sagen, er
   wünsche es; und aus keinem anderen Grund will der eine zum Militär bzw. der andere
   will es nicht, außer damit sie glücklich sind. Etwa nicht deshalb, weil der eine daran, der
   andere am Gegenteil seine Freude hat? So stimmen alle darin überein, glücklich sein zu
   wollen, wie sie auch übereinstimmend sagen würden, sie wollten Spaß haben, wenn sie
   das gefragt würden, und diesen Spaß nennen sie glückliches Leben.")
150 Augustinus ist, wie er selber zugibt, in diesem Auf-einen-Nenner-Bringen entscheidend
   von dem römischen Historiker Marcus Terentius *Varro* (116–27 v. Chr.) beeinflusst. Von
   ihm übernimmt er das Schema, es gäbe insgesamt 288 philosophische Schulen, die alle
   von der Frage nach dem glücklichen Leben geleitet würden. (De civ. Dei 19, 2)

sondern die Vordersätze: Haben alle Menschen dieses Ziel? Gibt es nicht
z. B. das Ziel, für jemanden da zu sein (auch wenn das nicht mein Glück
bedeuten muss), oder das Ziel, etwas zu schaffen, zu bewirken? Und: Gibt
es nicht ein zielloses Dahinleben (im schlechten Sinn: sich treiben lassen,
im guten Sinn: ganz bei einer Sache sein, ohne auf ein Ziel zu schauen)?
Weiters: Ist Ethik bloß eine Reflexion über die *Ziele* des Lebens?[151] Reflektiert sie nicht ebenso über die im Leben vorkommenden Schicksale, Verhaltensweisen, Normen, Tugenden, Pflichten, Situationen?

Doch lassen wir wieder Augustinus zu Wort kommen! In seiner Analyse
der menschlichen Zielstrebigkeit unterscheidet er zwischen *uti* (benützen)
und *frui* (genießen), anders gesagt, zwischen *Dingen*, die be(ge)nützt, und
solchen, die genossen werden. Augustin definiert: „Frui est enim amore in-
herere alicui rei propter se ipsam, uti autem, quod in usum venerit ad id
quod amas optinendum referre …"[152] Wir erfahren hier, dass Augustinus
die Kraft, die auf das Ziel strebt, als *Liebe* bezeichnet. Es kommt ihm in der
Folge darauf an zu zeigen, wo und wann unsere Liebe rechtgeleitet ist und
das wahre Ziel erreicht. Die Unterscheidung zwischen uti und frui ermög-
licht es Augustinus, alle *weltlichen Ziele* (weil sie ja doch nur eine Zeit lang
und nicht auf immer genossen werden können) als bloß *vorläufige* Gegenstände des Glücklichseins zu definieren; sie sollen nur genützt werden, damit wir unser ewiges Ziel erreichen: „Sic in huius mortalitatis vita pe-
regrinantes a domino, si redire in patriam volumus ubi beati esse possimus,
utendum est hoc mundo, non fruendum, ut invisibilia dei per ea quae facta
sunt intellecta conspiciantur, hoc est, ut de corporalibus temporalibusque
rebus aeterna et spiritalia capiamus. Res igitur quibus fruendum est, pater
et filius et spiritus sanctus, eademque trinitas una quaedam summa res com-
munisque omnibus fruentibus ea …"[153]

---

151 In dieser Fragestellung scheint Augustinus von einem der ethischen Werke Ciceros „De
    finibus bonorum et malorum" („Über die Ziele des menschlichen Handelns") abhängig
    zu sein.
152 Augustinus: De doctrina Christiana I, 4, 4 („Genießen bedeutet nämlich, in Liebe einer
    Sache wegen ihrer selbst anhängen, nützen, was in Gebrauch genommen wird, auf das
    zu beziehen, was du erlangen willst …")
153 Augustinus, a.a.O., I, 4, 4 ff. („Wollen wir in die Heimat zurückkehren, wo wir glück-

Augustinus wird durch sein ganzes Werk hindurch nicht müde zu betonen, dass Gott allein Ziel unseres Lebens und unserer Liebe *sein soll* und (in
der Einsicht des Glaubens jetzt schon) *ist*, und dass wir nur so glücklich
werden können. Den Augustinus-Leser wird es manchmal wundern, wie
man den unsichtbaren Gott lieben kann. Und unsichtbar *war* Gott für Augustinus, jedoch *nicht fern*. Zum Beweis dafür finden wir in seinen *Confessiones* ganz ungewöhnliche Worte der Anrede an Gott, nämlich: „dulcedo
mea"[154] (meine Süßigkeit), „pulchritudo"[155] (Schönheit) und „amor
meus"[156] (meine Liebe).

Wir werden die Gottesliebe Augustinus' nicht bezweifeln wollen. Das
Problem ist der Gegensatz zwischen Diesseits und Jenseits, den Augustinus
in seine Ethik hineinlegt. – Um Augustinus richtig zu verstehen, ist es wichtig, zuerst einmal diesen Gegensatz und die Jenseitsausrichtung der Ethik
Augustinus' zur Kenntnis zu nehmen und nicht sofort zu nivellieren bzw.
unter modernen Gesichtpunkten zu interpretieren.

Augustinus hat ja keineswegs nur ein Jenseits behauptet, sondern er war
christlich-platonischer Philosoph, der vom vergänglichen diesseitigen Sein
auf das jenseitiges unveränderliches Sein in Form von Ideen (gemäß den mittelalterlichen „Transzendentalien" *pulchrum, bonum, unum, ens* bzw. *esse* [das
Schöne, das Gute, das Eine das Seiende bzw. das Sein]) geschlossen, diese
Ideen selbst wieder aber in Gott zusammengefasst gesehen hat. So pflichtet
Augustinus der platonisch-plotinischen Metaphysik bei und entwickelt sie
selbst weiter. Er führt Gottesbeweise mit Hilfe des Gedankens, dass Gott das

---

lich sein können, so müssen wir, fern vom Herrn im Leben dieser Sterblichkeit pilgernd,
diese Welt gebrauchen, nicht genießen, sodass das Unsichtbare Gottes, aus der Schöpfung erkannt, erblickt wird, d. h. dass wir mittels der körperlichen und zeitlichen Dinge
die ewigen und geistigen erfassen. Die Dinge also, die genossen werden sollen, sind der
Vater, der Sohn und der heilige Geist, und eben diese Trinität ist der eine höchste und
gemeinsame Gegenstand für alle, die ihn genießen …")

154 Augustinus: Confessiones I, 4, 4; I, 6, 9; I, 20, 3
155 A.a.O., X, 27, 38 („Sero te amavi, pulchritudo tam antiqua et tam nova, sero te amavi!"
    [„Spät habe ich dich geliebt, du Schönheit, ebenso alt wie neu, spät habe ich dich ge-
    liebt!"])
156 A.a.O., III, 6, 10

Eine, das Gute, das Sein selbst ist, und wer im Wissen der Wahrheit von Gott zu Gott gelangt, der ist glücklich: „Quisquis igitur ad summum modum per veritatem venerit, beatus est. Hoc est animis deum habere, id est deo perfrui. Cetera enim quamvis a deo habeantur, non habent deum.“[157] – Es ist interessant, dass sogar H. Jonas in seiner Verantwortungsethik wieder auf eine ähnliche (nämlich vorkantische) Metaphysik Bezug nimmt.[158]

Wir müssen uns einerseits darüber im Klaren sein, dass die vor allem platonisch geprägte Theologie des Altertums bzw. des Mittelalters bis weit in die Neuzeit hinein auch die Bibel auf dem Hintergrund der Diesseits-Jenseits-Struktur gelesen hat. Erst der modernen Theologie blieb es vorbehalten, die Bibel vom Subjekt „Mensch“ und seiner diesseitigen Umgebung her zu lesen. Modernen Menschen liegt es nahe, nur diese zweite Variante der Theologie anzuerkennen. Es ist aber beachtenswert, dass einerseits, von der *Theorie* her betrachtet, die Denker der Postmoderne eine kritische Sicht der Moderne von außen geliefert haben, und dass andererseits aus Sicht der *Praxis* die Verantwortungsethiker (allen voran Hans Jonas) die anthropozentrische Sicht der Moderne schwerstens kritisieren und für die ökologischen Bedrohungen verantwortlich machen. Die Sicht der Moderne ist also nicht alles. – Wir werden zwar nur gespielt und mit Anstrengung zum Weltbild Augustinus' zurückkehren können, aber wir werden es *gleich gültig* neben das Weltbild der Moderne stellen müssen und aus beiden Weltbildern lernen: aus dem christlichen Weltbild der Antike die Unterordnung des Menschen unter Gott, aus dem modernen die Freiheit der Reflexion und Übernahme der Verantwortung für unsere Handlungen.

Ich habe bereits die grundlegenden ethischen Gedanken Augustinus' (Ziel des Lebens: die beata vita in der Gemeinschaft mit Gott; die Unterscheidung frui/uti; wahres Ziel: das ewiges Leben) in ihrer kürzesten Form

---

157 „De beata vita“ 34 („Wer daher durch die Wahrheit zum höchsten Maß gelangt ist, ist glücklich. Das heißt für den Geist, Gott zu haben, und das wiederum, Gott völlig zu genießen. Alles andere ist zwar Gottes Eigentum, hat aber Gott nicht zu eigen.“ – Übersetzung v. I. Schwarz-Kirchenbauer/W. Schwarz, Stuttgart 1982, S. 61 f.)

158 Hans Jonas, Das Prinzip Verantwortung. Versuch einer Ethik für die technologische Zivilisation, Frankfurt 1984, S. 94 ff. u. ö.

aus „De doctrina Christiana" angeführt. Im 19. Buch von „De civitate Dei" argumentiert Augustinus viel ausführlicher. Er bringt dort einige Argumente – manchmal auch bloße Hinweise – dafür, dass wir in diesem Leben nicht glücklich werden können. Zuerst führe ich ein Zitat an, in dem Augustinus so etwas wie eine „Systematik des möglichen irdischen Glücks" entwirft: „Illi autem, qui in ista vita fines bonorum et malorum esse putaverunt, sive in corpore sive in animo sive in utroque ponentes summum bonum, atque, ut id explicatius eloquar, sive in voluptate sive in virtute sive in utraque, sive in quiete sive in virtute sive in utraque, sive in voluptate simul et quiete sive in virtute sive in utrisque, sive in primis naturae sive in virtute sive in utrisque, hic beati esse et a se ipsis beatificari mira vanitate voluerunt."[159]

Anschließend geht Augustinus daran, die Unmöglichkeit des irdischen Glücks darzulegen: „Quis enim sufficit quantovis eloquentiae flumine vitae huius miserias explicare? … Ea quippe, quae dicuntur prima naturae, quando, ubi, quo modo tam bene se habere in hac vita possunt, ut non sub incertis casibus fluctuent? Quis enim dolor contrarius voluptati, quae inquietudo contraria quieti in corpus cadere sapientis non potest? Membrorum certe amputatio vel debilitas hominis expugnat incolumitatem, deformitas pulchritudinem, inbecillitas sanitatem, vires lassitudo, mobilitatem torpor aut tarditas …"[160]

---

159 De civ. Dei 19, 4 („Jene aber, die meinen, das Endziel des Guten und Bösen sei in diesem Leben zu finden, suchen das höchste Gut entweder im Leibe oder in der Seele oder in beiden. Ich will es etwas ausführlicher darlegen: Sie suchen es entweder in der Lust oder in der Tugend oder in beiden, oder aber entweder in der Ruhe oder in der Tugend oder in beiden, oder aber entweder in der Lust und Ruhe zugleich oder in der Tugend oder in beiden, oder endlich entweder in den ursprünglichen Naturgütern oder in der Tugend oder in beiden; in jedem Fall wollen sie in erstaunlicher Verblendung hier glückselig sein und durch sich selbst glückselig werden.") [Übers. von W. Thimme]
160 Ebd. („Denn wer vermöchte es wohl, und ergösse sich seine Beredsamkeit wie ein Strom, das Elend dieses Lebens zu schildern? … Denken wir etwa an jene ursprünglichen Güter der Natur. Wann, wo und wie wäre es wohl in diesem Leben mit ihnen so gut bestellt, dass sie nicht ungewissen Zufällen ausgesetzt, unsicher schwankten? Der Schmerz widerstreitet der Lust, die Unruhe der Ruhe; aber gibt es einen Schmerz, eine Unruhe, die den Leib des Weisen nicht befallen könnten? Verlust oder Schwächung von Gliedern zerstört des Menschen Unversehrtheit, Entstellung seine Schönheit, Siechtum seine Ge-

„Porro ipsa virtus, quae non est inter prima naturae, quoniam eis postea doctrina introducente supervenit, cum sibi bonorum culmen vindicet humanorum, quid hic agit nisi perpetua bella cum vitiis, nec exterioribus, sed interioribus, nec alienis, sed plane nostris et propriis ...“[161] – Weitere Beispiele des Elends im Leben: Streit in Ehe und Familie, unglückliche Liebe (De civ. Dei 19, 5), Justizirrtümer (a.a.O., 19, 6), Krieg (a.a.O., 19, 8) usw.

Einiges an dieser negativen Beurteilung des irdischen Glücks ist wohl auf Augustinus' Erfahrungen in den turbulenten Zeiten des Niedergangs des Weströmischen Reiches zurückzuführen. Andererseits werden wir einräumen müssen, dass sowohl individuelles und/oder soziales Glück auch heute nur sehr begrenzt erreichbar sind. Streit, Mangel bzw. Verlust von Liebe und Freundschaft, wirtschaftliche Not, Krieg, Krankheit und Tod bedrohen uns ständig. Hier setzt Augustinus' Hoffnung auf die Erfüllung unserer Sehnsucht im jenseitigen Reich Gottes ein. Für die Ethik ist bedeutsam, dass Augustinus das unablässige menschliche Streben nach *beatitudo* trotzdem für richtig gehalten hat. Das *Streben* nach Glück ist dem Menschen von seinem Schöpfer mitgegeben, daher findet es auch nur in der Gemeinschaft mit Gott seine Befriedigung. Glücklich*sein* ist und bleibt für Augustinus in der Beziehung des Menschen mit Gott fundiert, und die Sehnsucht des Menschen nach Glück ist erfüllbar!

Augustinus sieht die Möglichkeit eines Jetzt-schon-Glücklichseins vor, die allerdings – wegen der Hinfälligkeit des menschlichen Daseins – sehr begrenzt ist. Endgültig glücklich werden können wir erst im Eschaton (nach der Auferstehung, im Jenseits). – Für den Mainstream der gegenwärtigen Ethik-Diskussion mit seinem immer noch modernen, z. T. religionskritischen bzw. nicht theologischen Charakter sind wahrscheinlich die

---

sundheit, Mattigkeit seine Kraft, Steifheit oder Lähmung seine Beweglichkeit ...“) [Übers. von W. Thimme]

161 Ebd. („Wie steht es ferner mit der Tugend selbst, die nicht zu den ursprünglichen Naturgütern gehört, da sie erst später, durch Belehrung eingeführt, zu ihnen hinzutritt? Sie beansprucht den Vorrang unter allen menschlichen Gütern und kann doch hienieden nichts weiter tun, als ohne Aufhören mit den Lastern kämpfen, und zwar nicht denen, die draußen, sondern die drinnen sind, nicht fremden, sondern durchaus selbsteigenen ...“) [Übers. von W. Thimme]

irdischen konstatierbaren Folgen der Gott-Mensch-Beziehung am interessantesten: Sie bestehen nach Augustinus im *Frieden* (*pax*). Im Frieden vereinigen sich das jenseitige und das diesseitige Ziel des menschlichen Glücksverlangens. Denn auch der irdische Friede ist nicht bloß durch die Abwesenheit von Krieg, sondern durch die „fruitio Dei et invicem in Deo"[162] positiv bestimmt.

Daneben bleibt aber interessant, wie sich Augustinus die glücklich machende Gottesbeziehung vorgestellt hat: Darüber sagt er in vielen seiner Werke und auch gegen Ende von „De civitate Dei" Ähnliches. Zusammengefasst: „Quanta erit illa felicitas, ubi nullum erit malum, nullum latebit bonum, vacabitur Dei laudibus, qui erit omnia in omnibus!"[163] Und interpretierend fügt Augustinus wenig später hinzu: „Sic enim et illud recte intelligitur, quod ait apostolus: *Ut sit Deus omnia in omnibus* (1. Kor. 15, 28): Ipse finis erit desideriorum nostrorum, qui sine fine videbitur, sine fastidio amabitur, sine fatigatione laudabitur."[164]

Gott ist das höchste Gut in der Ethik. Wie auffallend anders ist der Gottesbezug in der Ethik Augustinus' als in der Gesetzesethik, die ja immerhin auch eine bedeutende Karriere im Christentum gehabt hat! Die Güterethik Augustinus' reflektiert nicht darauf, was der Handelnde entsprechend den in der Geschichte oder im Gewissen offenbarten Gesetzen Gottes tun soll, sondern dass er durch sein Handeln das Ziel erreichen kann und darf, Gott zu loben, zu lieben und zu sehen. Freilich ist die Gesetzesethik bei Augustinus implizit anwesend: Wir müssen entsprechend dem Willen Gottes ein gutes Leben führen, um zu Gott zu gelangen (aus der Gnaden- und Prädestinationslehre Augustinus' ergibt sich aber auch wieder, dass unser Gutsein nicht von unseren Werken, sondern von Gottes Entscheidung und Erwählung abhängt).

---

162 De civ. Dei 19, 13 („Genuss Gottes und wechselseitiges Genießen in Gott")

163 A.a.O., 22, 30 („O wie groß wird sie sein, jene Seligkeit, da es kein Übel mehr gibt, kein Gut sich verbirgt, da man in freier Muße Gott lobt, der alles ist in allen!") [Übers. von W. Thimme]

164 Ebd. („Denn das ist das rechte Verständnis des Apostelwortes: ‚Auf daß Gott sei alles in allen': Er selbst wird das Endziel unserer Sehnsucht sein, den wir ohne Ende schauen, ohne Überdruß und Müdigkeit lieben werden und loben.") [Übers. von W. Thimme]

Allgemein gesprochen, orientiert sich die Güterethik also an Ziel und Zweck des Handelnden, nicht aber an Normen des Handelns.

Wenn wir nach Augustinus' Ethik all unser Tun unter dem letzten Ziel, das Gott ist, reflektieren sollen, dann ergibt sich daraus folgendes *Ethos* (und so hat Augustinus selber sein Leben geführt): das gemeinschaftliche Leben mit den anderen Christen und Christinnen, das Rezipieren, Meditieren und Interpretieren der biblischen Schriften, vor allem aber die Nächstenliebe.

Das soziale Glücksstreben (Herbert Marcuse)[165]

Im Folgenden möchte ich nun einen Exkurs in die Moderne unternehmen und von den ethischen Theorien eines Philosophen des 20. Jahrhunderts handeln, der versucht hat, die hedonistische Spielart der Güterethik im Bereich der Gesellschaftstheorie zu Ehren zu bringen. „Hedonismus" ist jener güterethische Standpunkt, der das menschliche Handeln am Ziel der Lust orientiert. Wir haben hierbei im Rahmen des güterethischen Ansatzes einen von Augustinus völlig verschiedenen Standpunkt vor uns.

Bei dieser Gelegenheit kann ich erwähnen, welch „schlechte Presse" der erste philosophische Vertreter des Hedonismus, Epikur (342–271 v. Chr.), und der Hedonismus durch die Jahrhunderte hindurch hatten. Gleichwohl aber orientieren wir uns alle in der Planung und Beurteilung unserer Handlungen mehr oder weniger an der durch sie zu erreichenden Lust, und auch Augustinus hat sich in seiner Weise am Standpunkt der Lust orientiert, als er die menschliche *beatitudo* in die Gemeinschaft mit Gott legte.

Wenn der Hedonismus durch die Jahrhunderte mit einem negativen Odium behaftet war, ist es umso mutiger, sich bewusst zu diesem Standpunkt zu bekennen. Dies tat Herbert Marcuse (1898–1979), ein marxis-

---

165 Herbert Marcuse: Schriften, Frankfurt a. M. 1979 ff. – Ders.: Nachgelassene Schriften, ed. P.-J. Jansen, 3 Bde., Lüneburg 1999–2002 – Ders.: Der eindimensionale Mensch, München 1994 – Ders.: Kultur und Gesellschaft, Bd. 1, 11. Aufl., Frankfurt a. M. 1973 – Ders.: Dass., Bd. 2, 8. Aufl., Frankfurt a. M. 1970 – Ders.: Triebstruktur und Gesellschaft, 16. Aufl., Frankfurt a.M. 1990

tischer Philosoph und Vertreter der *kritischen Theorie* der Frankfurter Schule.[166]

1938 schreibt Marcuse den Aufsatz „Zur Kritik des Hedonismus".[167] Er holt philosophiegeschichtlich weit aus, stellt zwei antike Typen des Hedonismus, den kyrenaischen und den epikureischen, vor, dann deren Abwehr und Kritik bei Plato, Spinoza, Kant und Hegel. Schließlich greift Marcuse den Hedonismus im Widerspruch gegen die bürgerliche Philosophie (Kant, Hegel) auf und schlägt eine Erneuerung dieses ethischen Ansatzes unter marxistischen Vorzeichen (in der Form der „kritischen Theorie") vor: „In der kritischen Theorie hat der Begriff des Glücks mit dem bürgerlichen Konformismus und Relativismus nichts mehr zu tun: er ist Teil der allgemeinen, objektiven Wahrheit, die für alle Individuen gilt, sofern ihrer aller Interesse darin aufgehoben ist."[168] Dies ist ganz allgemein in Anklang an die marxistische Gesellschaftslehre formuliert. Marcuse wird freilich noch sehr viel konkreter werden!

Zunächst geht es dem Autor darum, Glück nicht nur als „kleines Glück" von angepassten Individuen zu konzedieren, sondern mit der „objektiven Wahrheit" in Beziehung zu bringen. Denn: „Es war das alte Desiderat des

---

Lit.: Antworten auf Herbert Marcuse, ed. J. Habermas, 2. Aufl., Frankfurt a. M. 1968 – Hauke BRUNKHORST/G. KOCH: Herbert Marcuse zur Einführung, 2. Aufl., Hamburg 1990 – Leonardo CASINI: Eros e utopia. Arte, sensualità e liberazione nel pensiero di Herbert Marsuse, Rom 1999 – Douglas KELLNER: Herbert Marcuse and the crisis of Marxism, Basingstoke (u. a.) 1984 – Roswitha KLAU-WESTPHAL: Herbert Marcuse: die Methodologie, Marburg 1997 – Erhard KOCH: Eros und Gewalt. Untersuchungen zum Freiheitsbegriff bei Herbert Marcuse, Würzburg 1985 – Axel von der MARK: Zum Verhältnis von technologischer Entwicklung und Repression bei Herbert Marcuse, Marburg 1979 – Gérard RAULET: Herbert Marcuse, Paris 1992 – Charles REITZ: Art, alienation and the humanities. A critical engagement with Herbert Marcuse, Albany 2000

166 Martin JAY: Dialektische Phantasie. Die Geschichte der Frankfurter Schule und des Instituts für Sozialforschung 1923–1950, Frankfurt a. M. 1976 – Rolf WIGGERSHAUS: Die Frankfurter Schule, München 1986 – Volker SPÜLBECK: Neomarxismus und Theologie, Freiburg/Basel/Wien 1977

167 Ich zitiere nach dem Sammelband Herbert MARCUSE: Kultur und Gesellschaft, Bd. I, 14. Aufl., Frankfurt 1980, S. 128–168. – Zu diesem Aufsatz und zu Marcuses gesamtem Programm äußert sich kritisch Trutz RENDTORFF: Ethik, Bd. 2, 2. Aufl., S. 158–161.

168 Herbert MARCUSE: Kultur und Gesellschaft, Bd. I, a.a.O., S. 159

Hedonismus, das Glück mit der Wahrheit zusammenzudenken. Das Problem war unlösbar: solange eine anarchische, unfreie Gesellschaft über die Wahrheit entschied, konnte sie entweder nur in dem besonderen Interesse des vereinzelten Individuums oder in den Notwendigkeiten der verselbständigten Allgemeinheit liegen."[169] Trotz gewaltiger Enttäuschungen über die sozialen Entwicklungen, die Marcuse empfunden haben muss (er schreibt 1938!), erwartet der Autor von den Impulsen des Marxismus ein glücklicheres Zusammenleben der gesamten Gesellschaft als im Bürgertum: „Die rigoristische Moral versündigt sich gegen die karge Gestalt, in der die Humanität überdauert hat; ihr gegenüber ist jeder Hedonismus im Recht."[170] Jeder Hedonismus? Marcuse ist sich darüber im Klaren, dass der Hedonismus nach wie vor eine verfemte Lehre ist. Durch die gesamte Tradition der Ethik hindurch haben, wie gesagt, die großen Philosophen und Theologen den „Epikureismus" schlecht gemacht. Aber kann man den Menschen das Trachten nach leiblichen Genüssen und Lüsten je ausreden? Ist daher nicht der Hedonismus weiterhin unsere „Geheimethik"?

Hier argumentiert Marcuse nun dialektisch: Gerade das rigoristische Heruntermachen von sexuellen und anderen Genüssen bewirkt eine Gegenbewegung, und die Genüsse werden dadurch besonders interessant; umgekehrt steht das „Kulturleben" in Verdacht, die Menschen nur auf Gehorsam, Ausbeutung und Unterdrückung vorzubereiten, also – dialektisch betrachtet – gerade die Kultur zu vernachlässigen. Mit der marxistischen Revolution werde aber sowohl die Kultur vom Stigma befreit, Ausbeutungsinstrument, als auch der Hedonismus, ein niedriges Streben zu sein. Der Hedonismus wird *aufgehoben* (im dreifachen Sinne Hegels: beseitigt, bewahrt und emporgehoben): „Der Hedonismus kommt in der kritischen Theorie und Praxis zur Aufhebung; herrscht die Freiheit auch in den seelischen und geistigen Lebensbereichen: in der Kultur, steht diese nicht mehr unter dem Zwang der Verinnerlichung, dann wird es sinnlos, das Glück auf die sinnliche Lust zu beschränken."[171]

---

169 A.a.O., S. 162 f.
170 A.a.O., S. 159
171 A.a.O., S. 167

Genau diesen Glücksbegriff, der die sinnliche Befriedigung in die Kultur integriert, hat Marcuse in seinem späteren Werk „Eros and Civilisation"[172] weitergedacht. Wie man am Untertitel der deutschen Ausgabe des Buches erkennt, kommt darin auch S. Freud, der wie kein Zweiter die menschlichen Sexualstrebungen untersucht hat, zu Wort. Im 1. Teil („Unter der Herrschaft des Realitätsprinzips") übernimmt Marcuse die Triebtheorie des späten Freud (ab 1920), die durch ein Zusammenspiel der Triebe *Eros* und *Thanatos* (Liebe und Tod), *Libido* und *Destrudo* (Lust und Zerstörung) gekennzeichnet ist. Die Einheit von Libido und Destrudo sieht Marcuse mit Freud im *Nirwanaprinzip* (ein Terminus des späten Freud!), und dieses dient nach Marcuse überraschenderweise dem Kampf gegen Unterdrückung: „Der Todestrieb ist nicht um seiner selbst willen destruktiv, sondern um der Behebung von Spannung willen. Der Abstieg zum Tode ist eine unbewußte Flucht vor Schmerz und Mangel. Er ist ein Ausdruck des ewigen Kampfes gegen Leiden und Unterdrückung."[173]

Die Gewinnung eines *revolutionären Begriffes von Sexualität* aus dem Nirwanaprinzip zeigt die Originalität Marcuses! Aus der furchtlosen Berührung mit dem Todestrieb, ja sogar Integration des Todestriebes, leitet Marcuse jene integrierende und (sogar mit dem Tod) *versöhnende Macht des Eros* ab, die er seiner Gesellschaftstheorie mitgibt. Marcuse ist durchaus der Ansicht, dass es innerhalb der Kultur einer gewissen Einschränkung, ja Unterdrückung der Triebe bedarf. Damit bejaht er das Freud'sche *Realitätsprinzip* (das als Einschränkung des Lustprinzips definiert ist). Jedoch kommt es auf das Wie und das Ausmaß einer solchen Unterdrückung an. In der gegenwärtigen Zivilisation herrsche eine *zusätzliche*, über das notwendige Maß hinausgehende, *Unterdrückung*.[174] Im 2. Teil seines Buches („Jenseits des Realitätsprinzips") will Marcuse das Realitätsprinzip nicht durch Unterdrückung, sondern durch Ersetzung über-

---

172 Herbert Marcuse: Triebstruktur und Gesellschaft. Ein philosophischer Beitrag zu Sigmund Freud, 1957 (Originaltitel: Eros and Civilisation, Boston 1955), letzte Aufl. 1984. – Ich zitiere aus der Aufl.: Frankfurt a. M. 1968.
173 A.a.O., S. 34
174 A.a.O., S. 42 ff.

winden. Er stellt die Hypothese eines neuen Realitätsprinzips auf.[175] „Die historische Möglichkeit, vielleicht sogar die historische Notwendigkeit einer allmählichen Befreiung der Triebentwicklung aus der Überwachung muß ernstgenommen werden, wenn die Kultur sich zu einem höheren Zustand der Freiheit entwickeln soll."[176]

Marcuse will das Lustprinzip wieder in seine Rechte einsetzen. Er sucht das Lustprinzip in jener Form auf, in der es zwar immer gegenwärtig, aber nicht immer genügend beachtet wird, in der *Phantasie:* „Die Phantasie sieht das Bild der Wiederversöhnung des einzelnen mit dem Ganzen, des Wunsches mit der Verwirklichung, des Glücks mit der Vernunft."[177] Die Phantasie hat sogar einen bereits anerkannten Ort in unserer Zivilisation, *die Kunst,* in der einerseits Produktivität mit Lust verbunden ist, andererseits Vernunft nicht der Herrschaft, sondern der freien Artikulation der Menschen dient. Von diesem Ansatzpunkt aus entwirft Marcuse in (kultur)revolutionärer Absicht das Universum einer erneuerten Lebenswelt. Diese solle auf der *Versöhnung von Mensch und Natur* aufgebaut sein. Symbol hierfür ist die mythologische Gestalt des *Orpheus.*[178] Arbeit würde nicht mehr von dem Zwang zur Lebensfristung her gesehen (die Industriegesellschaft hat ja bereits einen hohen Standard der Lebensmittelproduktion erreicht), sondern vom *Spiel* her.[179] Marcuse projektiert die Möglichkeit libidinöser Arbeitsbeziehungen (Selbstverwirklichung in nichtentfremdeter Arbeit und in der mitmenschlichen Kommunikation dabei) und die Möglichkeit einer libidinösen Moral (sie ruht im Wesentlichen auf den Prinzipien der Freiheit von Herrschaft und auf einer „mütterlichen" Wirklichkeitsauffassung der libidinösen Einheit zwischen Menschen).

---

175 A.a.O., S. 130 f.

176 A.a.O., S. 131 f.

177 A.a.O., S. 143

178 „In seiner Person sind Kunst, Freiheit und Kultur auf ewig vereint. Er ist der Dichter der Erlösung, der Gott, der Frieden und Rettung bringt, indem er Mensch und Natur nicht durch Gewalt, sondern durch den Gesang befriedigt." (a.a.O., S. 168 f.)

179 „In einer wahrhaft menschlichen Kultur wird das Dasein viel mehr Spiel als Mühe sein, und der Mensch wird in der spielerischen Entfaltung statt im Mangel leben." (a.a.O., S. 186)

In den eben referierten Zielen der hedonistischen Ethik Marcuses erkennen wir 1. die utopische Seite der Ethik des Strebens nach Glück. („Das
Glück ist dort, wo ich nicht bin.")[180] Utopie im Sinne einer prognostizier-
ten und projektierten Gesellschaftsform, die aber jetzt und hier noch keinen
Ort besitzt (*ou topos*, griech: kein Ort), spielt in der marxistischen Theorie
eine eigenartige Rolle. Wird die Utopie aus der Geschichte herausgenom-
men, muss ein unendliches Streben nach dem Ziel, von dem man weiß,
man wird es nie erreichen, die Folge sein. Aber wenn man weiß, man kann
es gar nicht erreichen, wird man es auch nicht mehr anstreben. Das Ziel
geht verloren. Wird die Utopie aber in die Geschichte gesetzt, und man findet, dass sie nicht und nicht Platz greift (kein Wunder, denn sie *hat* ja keinen Platz: u-topos!), liegt der Schritt zu Gewaltmaßnahmen zum Zweck der
Einführung der Utopie nahe. Folge: Wieder bleibt die Utopie aus. Eine
mögliche Konsequenz aus diesem Dilemma hat die Sozialdemokratie gezogen; sie hat die Utopie gestrichen.

2. Die Ethik Marcuses hat eine wesentlich ästhetische Seite: Er zeigt auf,
dass es in der Führung des Lebens und in der Reflexion darauf auch auf
ästhetische Gestaltung ankommt, wobei Marcuse unter ästhetischer Gestaltung nicht nur die große Kunst, sondern jede Formgebung des sinnlich
Wahrnehmbaren versteht. Denn: Die Überlegung, unter welchen Sinnes-
eindrücken wir leben, und wie wir unser Leben visuell, akustisch etc. verändern können und damit „Poeten" (von *poiein*: tun, schaffen) werden
könnten, ist dazu angetan, unserem Tun eine neue Qualität zu geben. Freilich verknüpft Marcuse das Ästhetische so sehr mit seiner revolutionären
Gesellschaftsutopie, dass es den Boden der Realität zu verlieren droht. Gerade deshalb verdient die ästhetische Seite von Marcuses Ethik, eigens fest-
gehalten zu werden. Der Spruch der Studentenbewegung von 1968 (die
sich des Öfteren auf Marcuse berufen hat) „Die Phantasie an die Macht!"
war nicht ihr schlechtester Slogan.

---

180 Im Lied „Der Wanderer" von Franz Schubert (Deutsch-Verz. 489) heißt eine Zeile:
„Dort wo du nicht bist, dort ist das Glück". Das Gedicht stammt von Georg Philipp
Schmidt („von Lübeck"), wurde aber von Schubert gerade an dieser Zeile abgeändert.
(Schmidt schrieb: „Dort, wo du nicht bist, blüht das Glück.")

Es muss uns auffallen, wie nahe die Marcusesche Utopie an paradiesische Vorstellungen heranrückt. Längere Zeit ging das (schließlich nur mehr höhnisch zu verstehende) Diktum von der Sowjetunion als „Arbeiterparadies" um. Utopien scheinen säkularisierte Paradiesesvorstellungen vom Glück zu sein. Dagegen ist Augustins *Vorstellung* vom Paradies nicht säkularisiert, aber spiritualisiert.

Zusammenfassung und Vorblick

Wir nehmen es Augustinus und Marcuse wahrscheinlich ab, dass alle Menschen nach Glück streben, und beide Autoren sagen, dass es rebus sic stantibus mit diesem Glück nicht weit her ist, besser: dass es zu diesem Glück weit *hin* ist.

Luther hat seine Ethik nicht auf dem menschlichen Glücksstreben aufgebaut, obwohl er doch Augustiner-Mönch war und die Theologie Augustinus' in vielen anderen Punkten zeitlebens bejaht und zweifellos (wie Augustinus) auch auf ein jenseitiges Leben bei Gott gehofft hat. – Ich werde weiter unten die Ethik Luthers als „Berufsethik" beschreiben. Ethik wird weniger utopisch, wenn wir uns mit Luther um unsere (und auch der anderen Menschen) Berufung im Leben kümmern. Wir werden das Leben realistischer einschätzen, wenn wir es nicht immer am höchstmöglichen Glück messen, wir werden das Leben in der Gegenwart auch nicht so extrem jämmerlich finden wie Augustinus und Marcuse, und wir werden hie und da sogar glücklich sein, wenn wir nämlich das Glück als das nehmen, was es ist: Überraschung, Zufall, eben: Glück.

Gleichwohl ist am eudämonistischen Ansatz zu würdigen, dass er das Streben der Menschen nach dem für sie Guten bejaht und es gestaltet. Dies hat gewissermaßen etwas „Evangelisches" an sich: Freiheit vom Zwang des Gesetzes und Einbeziehung „paradiesischer" Hoffnungen in unser Handeln. Weiters: Die Untersuchung, was denn nun das Gute oder das Glück sei, und ob es angestrebt werden solle, bringt einen wichtigen kritischen Gesichtspunkt in die Beurteilung von Handlungen. Vielleicht lässt sich die Anwendung der Glücksperspektive überhaupt als Kritik aller anderen Ansätze der Ethik auffassen.

Hierher gehört, dass I. Kant im Rahmen seiner Moralphilosophie einen *postulatorischen Gottesbeweis* vorgetragen hat, der letztlich auch wieder die Perspektive des Glücks heranzieht: Die Existenz Gottes müsse „postuliert" werden. Nur Gott könne Pflicht und „Glückseligkeit" (ein Ausdruck Kants) zur Übereinstimmung bringen. Pflicht und „Glückseligkeit" stehen in diesem Leben oftmals gegeneinander (d. h., der pflichtgemäß Handelnde kann nicht erwarten, glücklich zu werden). Allein die Idee Gottes, dessen Existenz wir daher postulieren müssen, könne beide Elemente vereinigen. (Siehe das Kapitel „Pflichtenethik".)

Kapitel 3

Tugendethik

Allgemeines

Die Tugendethik könnte ein Anrecht darauf haben, als erster ethischer Ansatz berücksichtigt zu werden, und zwar deshalb, weil die Griechen als Erste eine praktische Philosophie, i. e. Ethik, entwickelt haben und ihre Ethik Tugendethik war. Aus welchen Gründen steht dieser Ansatz hier an dritter Stelle? – Historisch kann man argumentieren, dass auch in Griechenland die Tugendethik nicht als erste aufgetreten ist, weil die Griechen vor Platon und Aristoteles ihre Ethik an den geltenden Gesetzen orientierten, und weiters die Reflexion auf anzustrebende Güter auch die griechische Ethik auf lange Strecken geleitet hat. – Historisch betrachtet müsste dann freilich die in diesem Kapitel vorzustellende Ethik des Aristoteles an zweiter Stelle stehen, da Aristoteles lang vor Augustinus (und Marcuse) gelebt hat und ein Gut, die *eudaimonia* (das Glücklichsein), bei ihm eine große Rolle spielt. Freilich ist Aristoteles' Ethik stets vorwiegend als Tugendethik gesehen worden. Der Tugendbegriff ist seine Hauptsache. Und nun ist systematisch zu bedenken, dass 1. die Tugendethik beide zuvor dargestellten Ansätze vereint, sie daher systematisch an die dritte Stelle tritt: Sie beurteilt das Handeln der Menschen danach, ob in den Tugenden der Handelnden das gesetzlich Rechte zum Vorschein kommt, und sie argumentiert, dass wir gerade durch die Betätigung unserer Tugenden glücklich werden und Glücksgüter erreichen können. 2. ist die Tugendethik im Hegel'schen Sinne als „Negation der Negation" aufzufassen: Wenn die Güterethik die Gesetzesethik mit dem Argument hinter sich zu lassen in der Lage war, die Gesetze seien im Wesentlichen Verbote und könnten die Menschen zu wenig motivieren, dann kehrt die Tugendethik das Positive des Gesetzlichen hervor: Vor allem in der vornehmsten Tugend, der *Gerechtigkeit,* wird dies zur Geltung kommen.

Auch in unserer Gegenwart ist die Tugendethik keineswegs obsolet. Es werden unter der Bevölkerung Mitteleuropas wie eh und je ähnliche Tugenden geschätzt und gesucht: Ehrlichkeit, Offenheit, Höflichkeit, Treue, Geduld, Intelligenz etc. etc.[181] – In letzter Zeit ist auch die Tugendethik im Rahmen einer Kritik der modernen Ethik wieder aufgegriffen und ausdrücklich bejaht worden.[182]

Die Tugendethik ist nun insofern ein vormodernes System, als es in ihr nicht auf das Subjekt der Handlungen, sondern auf seine (objektiv konstatierbaren) Eigenschaften ankommt, die daher nach Annahme dieses Ansatzes durch Maßnahmen der Erziehung ausgebildet werden können. Da die Moderne geschichtlich auf der Vormoderne aufbaut, kann sie immer wieder auf Vormodernes zurückgreifen. In unserer Zeit der Postmoderne bzw. der Post-Postmoderne ist überhaupt das Nebeneinanderbestehen von Systemen und Ansätzen gang und gäbe.

Nicht zuletzt nimmt die Reflexion auf Tugenden einen bedeutenden Platz in der *neutestamentlichen Ethik* ein. Die Frage, welchen ethischen Ansatz denn das Neue Testament vertritt,[183] ist übrigens nicht ganz einfach zu beantworten. – Wahrscheinlich: mehrere Ansätze: Der *gesetzesethische Ansatz* ist bereits durch den Rückgriff auf das alttestamentliche Gesetz vorgegeben, das teils weiterbesteht, teils von Jesus zusammengefasst (Doppelgebot der Liebe) oder verschärft wurde (Bergpredigt!); der als Nächstes darzustellende *berufsethische Ansatz* ist sowohl durch die Berufungen Jesu in seine Nachfolge präsent als auch durch die paulinische Rechtfertigungslehre in Römer- und Galaterbrief (obwohl man für die Wendung dieses Ansatzes

---

181 „Was schätzt man am anderen Geschlecht?", Bericht über eine österreichweite Umfrage, in: „Der Standard" v. 16. 1. 1995, S. 8

182 Siehe z. B.: Alasdair MacIntyre: Der Verlust der Tugend. Zur moralischen Krise der Gegenwart (engl.: After Virtue. A Study in Moral Theory, Indiana 1981), Frankfurt 1995

183 Ethik im Neuen Testament, ed. K. Kertelge, Freiburg i. Br. 1984 – Eduard Lohse: Theologische Ethik des Neuen Testaments, Stuttgart 1988 – Rudolf Schnackenburg: Die sittliche Botschaft des Neuen Testaments, 2 Bde., Freiburg i. Br. 1986/1988 – Wolfgang Schrage: Ethik des Neuen Testaments, 5. Aufl., Göttingen 1989 – Siegfried Schulz: Neutestamentliche Ethik, Zürich 1987

auf eine Berufsethik hin, wie sie bei Luther zu finden ist, noch weitere Gedanken einflechten muss – sprechen wir bei Paulus also lieber vom Ansatz
„Ethik aus der Rechtfertigung"); aber im Neuen Testament findet sich eben
auch der *tugendethische Ansatz,* vor allem in den Tugend- und Lasterkatalo-
gen des paränetischen (ermahnenden) Schlussteiles mancher neutestamentlicher Briefe.[184] (Die Aufzählung möglicher neutestamentlicher Ansätze der Ethik muss damit übrigens keineswegs erschöpft sein.)

Sehen wir uns einen neutestamentlichen Tugendkatalog an. Phil. 4, 8:
„Weiter, liebe Brüder: Was wahrhaftig ist, was ehrbar, was gerecht, was rein,
was lieblich, was wohllautet, ist etwa eine Tugend, ist etwa ein Lob, dem
denket nach!" Wir haben hier namentlich die Tugenden der Wahrhaftigkeit, der Ehrbarkeit, der Gerechtigkeit, der Reinheit, der Liebenswürdig-
keit, des guten Rufs, der Tugend (an dieser Stelle steht das auch in der griechischen Philosophie gebrauchte Wort *arete* – die Tugend ist in diesem
Katalog soz. selbst eine Tugend unter anderen!) und des Lobenswerten vor
uns.[185] Zweierlei Dinge sind daran bemerkenswert: erstens die Unabge-
schlossenheit des Katalogs (kein begrenzendes Kriterium wird sichtbar, der
Katalog darf offenbar erweitert werden), die uns sofort mit einer der Haupt-
fragen der Tugendethik konfrontiert: Welche und wie viele Tugenden gibt
es?; und zweitens die Aufforderung zum Nachdenken über die Tugenden
(*tauta logizesthe* – „dem denket nach"), das die Ethik des Neuen Testaments
genauso wie alle anderen Ethiken als praxisbezogene Reflexion ausweist und

---

184 Eugen DREWERMANN: Ein Mensch braucht mehr als nur Moral. Über Tugenden und
Laster, Darmstadt 2002 – Anton VÖGTLE: Die Tugend- und Lasterkataloge im Neuen
Testament, Münster 1936 – Seven SINS end seven virtues, ed. K. A. Olsson, New York
1962 – Von TUGENDEN und Lastern, ed. R. Malkowski, Frankfurt a. M. 1987

185 Andere Tugendreihen sind:
Liebe, Freude, Friede, Geduld, Freundlichkeit, Güte, Treue, Sanftmut, Keuschheit (Gal.
5, 22–23);
Erbarmen, Freundlichkeit, Demut, Sanftmut, Geduld, Vergebung, Liebe (Kol. 3,
12–14);
Demut, Sanftmut, Geduld, Liebe, Einigkeit, Frieden (Eph. 2, 2–3);
Gerechtigkeit, Frömmigkeit, Glaube, Liebe, Geduld, Sanftmut (1. Tim. 6, 11);
Glaube, Tugend, Erkenntnis, Mäßigkeit, Geduld, Frömmigkeit, brüderliche Liebe, Liebe
zu allen Menschen (1. Petr. 2, 5–7).

sich von bloßen Ermahnungen abhebt. – Man kann sich vorstellen, dass eine ausführliche Darlegung und Diskussion der genannten acht Tugenden aus Phil., 4, 8 viele Seiten füllen würde …

Ich möchte nun aber noch weiter in der Geschichte zurückgehen, denn schon lange vor dem Neuen Testament, nämlich im 4. vorchristlichen Jahrhundert, hatte Aristoteles bereits eine bestimmte Auflistung, Diskussion und Einordnung der Tugenden durchgeführt.

Aristoteles[186]

Aristoteles ist, wie schon erwähnt, der Begründer der ethischen Wissenschaft. Von ihm sind drei Werke überliefert, die den Namen „Ethik" im Titel tragen: die „Eudemische Ethik", ein frühes Werk des Philosophen, die „Nikomachische Ethik" und die „Große Ethik" (Magna Moralia), die eine Kombination der beiden anderen Ethiken darstellt. Die Nikomachische Ethik bietet die reifen Ansichten Aristoteles' und ist von den genannten Büchern zweifellos das wichtigste.[187] Ihr Einfluss auf die ethische Theoriebildung des Abendlandes

---

186 John L. ACKRILL: Aristoteles, Berlin 1985 – Walter BRÖCKER: Aristoteles, 3. Aufl., Frankfurt 1964 – Ingemar DÜRING: Aristoteles. Darstellung und Interpretation seines Denkens, Heidelberg 1966 – DERS.: Aristoteles, in: Pauly-Wissowa. Realenzyklopädie d. klass. Altertumswissenschaft, Supplementbd. XI, Stuttgart 1968, Sp. 159–336 – William D. ROSS: Aristotle, 5. Aufl., London 1949

187 Aristotle's Ethics, ed. J. J. Walsh/H. L. Shapiro, Belmont (Calif.) 1967 – Hans v. ARNIM: Die drei aristotelischen Ethiken. Sitzungsber. d. Ak. d. Wiss. in Wien, philos.-hist. Kl., Bd. 202, Abh. 2, Wien/ Leipzig 1924 – Jules BARTHÉLEMY-SAINT-HILAIRE: Morale d'Aristote, 3 Bde., Paris 1856 – Günther BIEN: Die Grundlegung der politischen Philosophie bei Aristoteles, 3. Aufl, Freiburg 1985 – Hermann BONITZ: Zu Aristoteles' Nikomachischer Ethik, Wien 1858 – Hartmut BUCHNER: Grundzüge der aristotelischen Ethik, in: Phil. Jb. 71 (1963/64), S. 230–242 – Victor CATHREIN: Der Zusammenhang der Klugheit und der sittlichen Tugenden nach Aristoteles, in: Scholastik 6 (1931), S. 75–83 – Gerard J. DALCOURT: The Primary Cardinal Virtus: Wisdom or Prudence?, in: Intern. Philos. Quarterly 3 (1963), S. 55–79 – Ethik und Politik des Aristoteles, ed. F. P. Hager, Darmstadt 1972 – Jules FAVRE: La Morale d'Aristote, Paris 1889 – Hermann A. FECHNER: Über den Gerechtigkeitsbegriff des Aristoteles, Leipzig 1855, Neudruck

kann kaum unterschätzt werden. Von den christlichen Theologen haben sich, um nur zwei der bekanntesten zu nennen, etwa Thomas von Aquin[188] und Melanchthon[189] an Aristoteles orientiert.

Aalen 1964 – Jean C. FRAISSE: Philia. La notion d'amitié dans la philosophie antique, Paris 1974 – Albert GOEDECKEMEYER: Aristoteles' praktische Philosophie, Leipzig 1922 – Karl F. HAECKER: Das Einteilungs- und Anordnungsprinzip der moralischen Tugendreihe in der Nikomachischen Ethik, Berlin 1863 – William F. R. HARDIE: Aristotle's ethical theory, Oxford 1968 – Ernst HOFFMANN: Aristoteles' Philosophie der Freundschaft, in: Festgabe f. H. Rickert, Bühl-Baden 1933, S. 8–36 – Otfried HÖFFE: Praktische Philosophie. Das Modell des Aristoteles, München/Salzburg 1971 – Werner JAEGER: Der Großgesinnte. Aus der Nikomachischen Ethik des Aristoteles, in: Die Antike 7 (1931), S. 97–105 – Christoph E. LUTHARDT: Die Ethik des Aristoteles in ihrem Unterschied von der Moral des Christentums, 2 Bde., Leipzig 1869–1876 – Marjan MAKAREWICZ: Die Grundprobleme der Ethik bei Aristoteles, Leipzig 1914 – Auguste MANSION: Autour des Éthiques attribuées à Aristote, in: Revue Néoscol. 33 (1931), S. 80–107, 216–236, 360–380 – Karl L. MICHELET: Die Ethik des Aristoteles in ihrem Verhältnis zum System der Moral, Berlin 1827 – Johannes MUENZER: Die Ethik des Aristoteles und ihr Wert auch für unsere Zeit, Wien 1883 – Marie-Dominique PHILIPPE: La sagesse selon Aristote, in: Nova et vetera 22 (1947), S. 325–374 – DIES.: La nature de l'amitié selon Aristote, in: Nova et vetera 22 (1947), S. 338–365 – Armando PLEBE: Aristotele. Etica Nicomachea, Bari 1957 – Carl PRANTL: Über die dianoetischen Tugenden in der Nikomachischen Ethik des Aristoteles, München 1852 – Joachim RITTER: Aristoteles II (Ethik und Politik), in: Staatslexikon, Bd. 1, 1957, S. 579 ff. – St. SCHINDELE: Die Aristotelische Ethik. Darlegung und Kritik ihrer Grundgedanken, in: Philos. Jb. 15 (1902), S. 121–139, 315–330 u. 16 (1903), S. 149–162, 380–395 – Friedrich SCHLEIERMACHER: Über die wissenschaftliche Behandlung des Tugendbegriffs, in: DERS.: Sämtl. Werke, III. Abt, 2. Bd., S. 350–378 – Ernst A. SCHMIDT: Ehre und Tugend. Zur Megalopsychia in der aristotelischen Ethik, in: Arch. f. Gesch. d. Philos. 49 (1967), S. 149–168 – Werner SCHÖLLGEN: Tugend und Gemeinschaft. Die Lebenskunde der Nikomachischen Ethik des Aristoteles, Düsseldorf 1934 – Eduard SCHWARTZ: Ethik der Griechen, ed. W. Richter, Stuttgart 1951 – Josef STEINBERGER: Begriff und Wesen der Freundschaft bei Aristoteles und Cicero, Diss. Erlangen 1956 – Willy THEILER: Die Große Ethik und die Ethiken des Aristoteles, in: Hermes 69 (1934), S. 353–379 – Peter TRUDE: Der Begriff der Gerechtigkeit in der aristotelischen Rechts- und Staatsphilosophie, Berlin 1955 – Michael WITTMANN: Die Ethik des Aristoteles, Regensburg 1920

188 Thomas von Aquin widmet einen bedeutenden Teil seiner „Summa theologiae", nämlich den Abschnitt II/II (die „secunda secundae") der Tugendlehre. Dort bespricht er zuerst die drei „theologischen" Tugenden fides, spes, caritas (mit verschiedenen „unterge-

Sehen wir uns zunächst Aristoteles' Definition des vom Menschen anzustrebenden Gutes an, dann werden wir sehen, wie sich Güterethik und Tugendethik bei Aristoteles verschränken, inwiefern aber seine Ethik auch Tugendethik genannt werden kann: „Das menschliche Gut ist eine der Tugend gemäße Tätigkeit der Seele, und gibt es mehrere Tugenden: die der besten und vollkommensten Tugend gemäße Tätigkeit" (1098 a).[190]

Dem Realismus und der Weltbezogenheit Aristoteles' entsprechend wird der Mensch nicht erst im jenseitigen Leben (wie bei Augustinus), sondern schon im Diesseits glücklich *(eudaimon),* und dieses Glück besteht in einem Tun, in einer „Tätigkeit der Seele" *(energeia psyches).* Genau dies steht – zwar nicht in einem diametralen Gegensatz, aber doch – in einer starken Spannung zum Ideal der Güterethik als Ethik des Strebens nach Glück. Die *visio beatifica* Augustinus', von ihm auch als *fruitio Dei* beschrieben, kann zwar in aktiven Verben („ich sehe, genieße Gott") ausgedrückt werden, die Passivität dieser „Tätigkeit" ist aber nicht wegzuleugnen, da der Mensch die Beglückung durch Gott erfährt, nicht aber durch sein eigenes Tun. Das Glücksideal Marcuses wiederum – libidinöse Arbeitsbeziehungen, künstlerische Kreativität – ist zwar nicht ohne Kenntnis der aristotelischen Ethik entstanden, legt aber trotzdem ein größeres Gewicht auf den Lustgewinn durch Tätigkeit als auf die Tätigkeit an sich; vor allem aber würde Marcuse nicht von einer „tugendgemäßen" *(kat' areten)* Tätigkeit sprechen. Weil nun aber Aristoteles in der Nikomachischen Ethik die Tugenden der Reihe nach

---

ordneten" Tugenden und den kontären Lastern) [quaestio 1–46] sowie die „Kardinaltugenden" oder „philosophischen" Tugenden prudentia, iustitia, fortitudo, temperantia (ebenfalls mit „Untertugenden" und Lastern) [quaestio 47–170], denen wir gleich bei Aristoteles begegnen werden.

189 Philipp MELANCHTHON: Philosophiae moralis epitome (1538) [CR = Corpus Reformatorum 16, S. 21–164] – DERS.: Ethicae doctrinae elementa (1550) [CR 16, S. 165–276]

190 Ich zitiere die Nikomachische Ethik mit Hilfe der in allen wissenschaftlichen Ausgaben angegebenen Stephanus-Nummerierung. Die deutschen Zitate geben im Wesentlichen die Übersetzung von E. Rolfes/G. Bien (Aristoteles: Nikomachische Ethik, ed. G. Bien, 3. Aufl., Hamburg 1972) wieder. Diese Übersetzung habe ich mit derjenigen von P. Gohlke (Aristoteles: Nikomachische Ethik, Paderborn 1956) verglichen, beide Übersetzung am griechischen Text überprüft und manchmal kombiniert.

im Hinblick darauf untersucht, die beste und vollkommenste *(ariste kai te-leiotate)* Tugend herauszufinden, wie es in der gegebenen Definition heißt, zeigt er, dass es ihm auf das tugendgemäße Leben selber ankommt. – Das obige Zitat hat eine Fortsetzung: „Dazu aber noch in einem vollen Leben; denn eine Schwalbe macht noch keinen Sommer, auch nicht ein Tag. So macht auch ein Tag oder eine kurze Zeit noch niemanden selig und glück-lich" (1098a). Wir können sagen, Aristoteles' Ethik bestehe in der Reflexion auf das tugendgemäße Leben, aber das führt nicht zum Imperativ „Sei tu-gendhaft", sondern „Werde dadurch glücklich, dass du entsprechend dei-ner Tugend lebst".

Aber es stellt sich die Frage: Was ist Tugend? Einerseits hilft es, wenn wir das griechische Wort *arete* mit „Kraft", „Fähigkeit", „Trefflichkeit" oder „Tüchtigkeit" übersetzen, andererseits ist „Tugend" immer noch ein ge-bräuchliches Wort unserer Sprache, und wir müssen uns bemühen, einer-seits die noch vorhandene positive Bedeutung von Tugend aufzugreifen, an-dererseits aber die lächerlichen Nebenbedeutungen auszuschalten. Das Beste wird sein, wir lernen die Tugenden aus der Darstellung Aristoteles' in der Nikomachischen Ethik kennen.

Die Nikomachische Ethik besteht aus 10 „Büchern" (das „Buch" im an-tiken Sinn entspricht unserem heutigen „Kapitel"). Im 1. Buch (aus dem die obige Definition stammt) fragt Aristoteles nach den Zielen unseres Handelns. Sie sind immer ein Gutes für den Handelnden. Was aber ist das Gute? Im allgemeinen kann man es Glück (*eudaimonia*, 1095a und öfters) nennen, aber da die Menschen verschieden sind, gibt es offensichtlich kein für alle gleiches Glück. – Aristoteles' Untersuchung beeindruckt bis heute durch den Vorzug, dass sie Erfahrungen aufgreift, ausbreitet und vorurteils-frei ordnet, sprachlich ins Detail geht, Begriffe vergleicht und diskutiert … „Nimmt man die verschiedenen Lebensweisen in Betracht, so scheint es einmal nicht grundlos, wenn die Menge, die gewöhnlichen Menschen, das Gute und das Glück *(eudaimonia)* in die Lust *(hedone)* setzen und darum auch dem Genussleben frönen. Drei Lebensweisen sind es nämlich beson-ders, die vor den anderen hervortreten: das Leben, das wir eben genannt ha-ben, dann das politische Leben *(bios politikos)* und endlich das Leben der philosophischen Betrachtung *(bios theoretikos)*" [1095 b]. Diese Lebensfor-

men bilden nach Aristoteles Stufen: Die philosophische Lebensform – also
seine eigene – ist die höchste! Aber die theoretische Lebensform wird im
realen Leben verortet: Aristoteles lehnt die Auffassung seines Lehrers Platon ab, das Gute sei eine Idee *(idea)* [1096 a–b], und weist auch die (religiös bestimmte) Ansicht zurück, der Mensch könne erst nach seinem Tode
glücklich sein (1099 b–1100 a), wobei er freilich einräumt, Glück (also das
höchste Gut) sei ein Geschenk der Götter *(theon dorema,* 1099 b).

Aristoteles erkennt: Wir Menschen sind tätige Wesen, unser Glück liegt
daher in Betätigung. So darf ich – wegen ihrer Wichtigkeit – nochmals die
zentrale Definition zitieren: „Das menschliche Gut ist eine der Tugend
gemäße Tätigkeit der Seele, und gibt es mehrere Tugenden: die der besten
und vollkommensten Tugend gemäße Tätigkeit." (1098 a) Es ist eigenar-
tig, wie Aristoteles mit dem Glücksbegriff umgeht: Einerseits *umgeht* er
ihn, da er das genießende Leben als passives abwertet, und andererseits integriert er ihn, indem er Glück in das Tätigsein setzt. Wir werden nicht
fehlgehen, wenn wir im Sinne Aristoteles' Tugenden nur in zwei von den
drei vorhin genannten Lebensformen erwarten werden: in der politischen
und der philosophischen. Hiermit ist aber auch klar, dass die Nikomachische Ethik in erster Linie eine Tugendethik ist: Das genießende Leben ist
niedrig eingestuft, weil in ihm keine der Tugend gemäße Tätigkeit verwirklicht wird. (Es kann nach Aristoteles deshalb überhaupt nicht glücklich machen – eine sehr ungewöhnliche Ansicht!)

Das Problem, das durch die Existenz einer Mehrzahl von Tugenden gestellt wird, bringt der Philosoph am Ende des 1. Buches der Nikomachischen Ethik zur Sprache und einer Lösung insofern ein Stück näher, als er
grundsätzlich zwischen *dianoetischen* Tugenden (Tugenden des Verstandes)
und *ethischen* (i. e. praktischen) Tugenden unterscheidet.

Im 2. Buch der Nikomachischen Ethik geht der Autor an die Untersuchung der Tugenden im Einzelnen. Die Tugenden sind nicht von selber da,
sondern sie entstehen, und zwar die dianoetischen Tugenden durch Belehrung *(didaskalia),* die ethischen durch Gewöhnung *(ethos)* [1103 a].
„Darum werden uns die Tugenden weder von Natur aus noch gegen die
Natur zuteil, sondern wir haben die Anlage, sie in uns aufzunehmen, wir
vollenden sie aber durch Gewöhnung" (ebd.). Aristoteles gibt Beispiele:

„Durch gerechte Taten werden wir gerecht, durch tapfere tapfer, durch Beobachtung der Mäßigung mäßig" (1103 a–b): Das ist der Punkt, an dem Luther diese Ethik abgelehnt hat.[191]

Was wir erreichen, wenn wir uns in den Tugenden üben und uns an sie gewöhnen, heißt bei Aristoteles *hexis* (lat. habitus) [1106 a]. Damit ist eine Haltung, ein gefestigtes Verhalten, sprich: der Charakter, gemeint. Die Tugend ist somit etwas Haltbares, auf das man sich beim tugendhaften Menschen verlassen kann, sie *hält aber auch eine Mitte ein*. Aristoteles lehrt, dass die Tugenden stets ein Mittleres, eine Mitte *(mesotes)* zwischen zwei Extremen verkörpern. Z. B.: „In Geldsachen, im Ausgeben wie im Einnehmen, ist die Mitte Freigebigkeit *(eleutheriotes)*, das Übermaß und der Mangel sind

---

191 Um die Darstellung nicht zu unterbrechen, nehme ich zu einer Anmerkung Zuflucht: Aristoteles war der Ansicht, wir würden durch Lernen und Übung gut (z. B. gerecht), Luther, dies sei nur aus Gnade möglich. Auf uns trifft dieser Gegensatz in mehrfach gebrochener Weise: Aristoteles setzt die griechische Polis (des 4. vorchristlichen Jahrhunderts) mit ihrer Rechtsordnung, ihrem Erziehungssystem, ihrer Religion und Kultur voraus. Nach deren Zusammenbruch (Alexander der Große verleibte alle freien Stadtstaaten seinem Großreich ein), nach der Epoche des Römischen Reiches und nach dem Ende der römischen Rechtsordnung war die Tugendhaftigkeit durch Lernen schon viel weniger selbstverständlich. Das christliche Mittelalter hat die antike Ethik und ab dem 13. Jh. im vollen Umfang auch Aristoteles rezipiert. Antikes Tugendstreben verband sich ab damals mit christlicher Erziehung, mit christlicher Buß- und Beichtpraxis und mit Askese. Am Ende des Mittelalters war Luther das Gutsein des Menschen durch Tugendübung aus vielerlei Gründen zweifelhaft geworden: Negativ durch die Erfahrung des Missbrauchs der christlichen Religion als Herrschaftsinstrument, positiv durch die Beschäftigung mit den biblischen Analysen des Menschen (Paulus!), die den Menschen trotz aller eigenen Bemühungen als ungerecht entlarven, nicht zuletzt aber durch eigenes Erleben: Luther konnte sich durch die empfohlenen asketischen Übungen nicht zum Gerechtsein bringen. Annahme der Gerechtigkeit Gottes im Glauben war seine Lösung. – Wo aber stehen wir heute? Die Bildungsbewegungen von Humanismus und Renaissance, der Kampf der Konfessionen gegeneinander, Aufklärung, Fortschrittsglaube, aber auch Pessimismus und die Erfahrung mit Kriegen und Naturzerstörungen der jüngsten Zeit lassen uns gleicherweise auf „den Menschen" hoffen wie an ihm verzweifeln. – Die Positionen Aristoteles' und Luthers liegen nach wie vor im Streit: Gerechtwerden durch Erziehung ist auch heute ein unverzichtbares Programm. (Aber wer erzieht die Erzieher?) Und das Gerechtwerden ohne unser Zutun aus Gnade ist nach wie vor unsere Hoffnung. (Aber wie erlangen wir diese Hoffnung?)

Verschwendung und Geiz" (1107 b). Die Tugend Mut *(andreia)* ist die
Mitte zwischen Tollkühnheit und Feigheit (1115 b ff.). – Wie Aristoteles
mit seinem Programm des Lernens von Tugenden Luther (und andere) bis
heute herausfordert, aber auch anregt, so reizt er mit seiner Lehre von der
Mesotes (übrigens eine ethische Lehre auch anderer antiker Philosophen)
bis heute ethische Puristen wie Kant und die Anhänger des kantischen Ansatzes der Pflichtenethik.[192]

Zu Beginn des 3. Buches der Nikomachischen Ethik wirft der Autor das
Problem der *Freiheit*, genauer: des Freiwilligen *(hekousion)* und des Unfrei-
willigen *(akousion)* auf. Er liefert eine Definition, die bis heute brauchbar
ist: „Da unfreiwillig ist, was aus Zwang oder Unwissenheit geschieht, so
scheint freiwillig zu sein, dessen Prinzip in dem Handelnden ist, der die einzelnen Umstände der Handlung kennt" (1111 a). – Freiheit ist bekanntlich
ein Thema von ganz grundsätzlichen Dimensionen und mindesten so wichtig wie das Problem der Lehr- und Lernbarkeit von Tugenden! Nur einige
historische Stichworte: goldene Freiheit im Rahmen (also eingeschränkt!)
der griechischen Polis – Ende dieser Freiheit durch Alexander den Großen
(der angeblich ein Schüler Aristoteles' war) – stoische Definitionen der Freiheit (der Mensch nicht mehr Polis-, sondern Weltbürger – Freiheit nicht
mehr innerhalb der Gesetze der Polis, sondern innerhalb der Gesetze des
Kosmos), christliche Definitionen (der Mensch als von Gott geschaffener,
angesprochener, befreiter = erlöster) – der Streit um die Willensfreiheit zwischen Luther und Erasmus – neuzeitliches Freiheitsbewusstsein in Aufklärung und demokratischen Revolutionen, aber auch Abhängigkeitserle-
ben aus physischen, psychischen und sozialen Motiven, Existentialismus als
Erfahrung des „Verurteiltseins zur Freiheit" (Sartre) …

---

192 Kant argumentiert, im Gutsein (das nach diesem Philosophen allein in der Gesinnung
des betreffenden Menschen liege) könne es keine Mitte geben: Eine Gesinnung sei entweder gut oder nicht. Die Mitte zwischen Gut und Böse – also etwa das Halb-Gute –
könne nur ein Verfehlen des Guten, und daher etwas Böse bedeuten. Bezogen auf das
vorige Beispiel wären sowohl Geiz als auch Verschwendung letzten Endes Verfehlungen
der Tugend Freigebigkeit, was Aristoteles sicher auch so sehen würde. Aristoteles hat aber
anders als Kant die Möglichkeit, Annäherungen an die Freigebigkeit von beiden Seiten
der Extreme als Beginn des Lernens der Tugend zu verstehen.

Mitten im 3. Buch beginnt sodann eine Einzelanalyse von Tugenden (ab 1115 a). Ich nenne die Tugenden jetzt nur (wobei viel davon abhängt, wie man sie übersetzt, werden damit doch Lebensverhältnisse über mehr als zwei Jahrtausende *hinübergesetzt*): Die dianoetischen Tugenden heißen *phronesis* (praktisch-sittliche Einsicht) und *sophia* (Weisheit, philosophische Einsicht),[193] die ethischen Tugenden: *andreia* (Tapferkeit, Mut), *sophrosyne* (Besonnenheit, Mäßigung), *eleutheriotes* (Freigebigkeit, Großzügigkeit), *megaloprepeia* (Hochherzigkeit, Großgeartetheit), *megalopsychia* (Seelengröße, Hochgesinntheit) [*megaloprepeia* bezieht sich mehr auf den Umgang mit Reichtum {Gastfreundschaft und Schenken} – *megalopsychia* mehr auf den Umgang mit Ehre], *praotes* (Sanftmut, vornehme Ruhe), *dikaiosyne* (Gerechtigkeit), *epieikeia* (Güte, Billigkeit). – Wir empfinden wahrscheinlich das diesen Begriffen inhärente Hochgefühl des griechischen Polisbewohners und sein Bewusstsein der Überlegenheit im Vergleich zu den nichtgriechischen „Barbaren". Liegt hierin schon eine gewisse Gefahr, besonders wenn wir westliche Menschen uns eine solche „Überlegenheit" gegenüber anderen Kulturen einbilden wollten, so sollten wir auch folgende Negativa der aristotelischen Ethik bedenken: Die Polisgesellschaft hätte nicht ohne Sklaverei existieren können, und die Frauen waren in ihr nicht gleichberechtigt. Wir haben es bei Aristoteles mit einer Ethik der männlichen Eliten zu tun.

Eine der wichtigsten Einzelanalysen in der Nikomachischen Ethik ist die der Gerechtigkeit. Sie nimmt das ganze 5. Buch ein. Hier macht „der" Philosoph (wie Aristoteles bekanntlich im Mittelalter genannt wurde) die Unterscheidung zwischen *distributiver* (austeilender/zuteilender/verteilender) Gerechtigkeit („das Gerechte in der Verteilung", *to en dianome dikaion*, 1131 b) und *kommutativer* Gerechtigkeit (sie wird „das Ausgleichende" [i. e. Gerechte] genannt, *to diorthotikon*, ebd.). Von der distributiven Gerechtigkeit heißt es: „Das Recht ist also dieses Proportionale *(analogon)*, das Unrecht aber, was gegen die Proportionalität verstößt, nämlich teils ein Mehr, teils ein Weniger. Das zeigt sich auch bei den Werken. Denn wer Un-

---

193 Später (1139 b ff.) differenziert Aristoteles die dianoetischen Tugenden noch genauer in Kunst *(techne)*, Wissenschaft *(episteme)*, Klugheit *(phronesis)*, Weisheit *(sophia)* und Verstand *(nous)*.

recht tut, eignet sich vom Guten zuviel an, und wer Unrecht leidet, bekommt davon zuwenig" (ebd.). Die *distributive* Gerechtigkeit sorgt dafür, dass Aufgaben und Ehren in der Polis jenen Personen zukommen, die ihrer würdig sind. – So bedenkenswert diese Form von Gerechtigkeit auch heute noch ist, Aristoteles' Ausführungen sind an diesem Punkt mit Vorsicht zu genießen, und die vorgegebene Rangordnung in der Polis ist mitzubedenken: Die Frauen standen im Rang unter den Männern, und den niedersten Rang der Polisgesellschaft bildeten die Sklaven. Wenn die Gerechtigkeit jemandem etwas gemäß der Würde der Person zuteilt, muss sie nach Meinung des Aristoteles selbstverständlich diese Rangordnung einhalten …

Die *kommutative* Gerechtigkeit bezieht sich auf den Austausch von Gütern. Bei der Untersuchung dieser Form von Gerechtigkeit erkennt Aristoteles die Bedeutung des Geldes, und seine einschlägigen Formulierungen haben bis heute Gültigkeit: „Daher muß alles, was untereinander ausgetauscht wird, irgendwie vergleichbar sein, und dazu ist nun das Geld *(nomisma)* erfunden worden, das sozusagen eine Mittlerrolle spielt, weil es alles mißt, also auch den Mehr- und Minderwert, wieviel Paar Schuhe etwa einem Haus gleichkommen oder einer bestimmten Menge von Nahrungsmitteln" (1133 a). – Wie bei allen anderen Tugenden sucht der Philosoph auch hier wieder nach der Mesotes (dem Mittleren): „Aufgrund der gegebenen Bestimmungen sieht man nun auch, daß die Ausübung der Gerechtigkeit die Mitte ist zwischen Unrecht tun und Unrecht leiden. Jenes bedeutet ein Zuviel, dieses ein Zuwenig." (1133 b).

Sosehr sich gerade eine Stelle wie die zuletzt zitierte zur Kritik (sei es aus lutherischer, sei es aus kantischer Sicht) anbietet, möchte ich eher die lebensnahe und realistische Vorgangsweise der ethischen Untersuchung Aristoteles' betonen. Dass das Gerechte, das Gute, die Tugend auch mit dem „Mittleren" zu tun haben, ist darin begründet, dass jeder Mensch sich gegenüber extremen Auffassungen (auch gegenüber seinen eigenen!) relativieren muss: Wer kann wirklich sicher sein, das Richtige zu treffen? Denn: Das Überzeugtsein von sich oder seinen Ideen hat viel häufiger zur Verblendung und zu Katastrophen geführt als die Methode des Suchens nach Mittelpositionen.

Die ethische Methode des Aristoteles ist ein immer von neuem einsetzendes Reflektieren der Vernunft auf Erfahrungen und Begriffe. Und so schiebt er vor Beginn der Erörterung der dianoetischen Tugenden eine Methodenreflexion ein, von der ich wenigstens den ersten Satz anführen will: „Da wir früher gesagt haben, man müsse die Mitte wählen, nicht das Übermaß *(hyperbole)* und den Mangel *(elleipsis)*, und da die Mitte durch die rechte Vernunft *(orthos logos)* bestimmt wird, so wollen wir dieses jetzt näher erklären." (1138 b)

Darauf folgt dann die Erklärung der Tugenden Kunst *(techne)*, Wissenschaft *(episteme)*, Klugheit *(phronesis)*, Weisheit *(sophia)* und Verstand *(nous)*: Kunst bezieht sich auf das Hervorbringen *(poiesis)*, Gegenstand der Wissenschaft ist das Notwendige, d. h. das notwendig *(ex anankes)* so und nicht anders Bestehende (Aristoteles meint logische Zusammenhänge). Davon hebt sich die am meisten aufs Ethische bezogene Tugend der *phronesis* (Klugheit) wie folgt ab: „Wenn also Wissenschaft auf Beweisen fußt, Dinge jedoch, deren Grundlagen wandelbar sind, keinen Beweis zulassen …, und wenn eine Beratung über notwendige Dinge sinnlos ist, dann wäre also Klugheit nicht Wissenschaft und nicht Kunst, Wissenschaft nicht, weil der Gegenstand des Handelns auch anders muß sein können, Kunst nicht, weil Handeln und Schaffen verschiedenen Gattungen angehören. Sie ist also, das bleibt nur noch übrig, die Haltung *(hexis)* des Handelns auf Grund richtiger Überlegung *(logos)* im Bereich dessen, was für den Menschen gut und böse ist" (1140 a–b). Etwas später heißt es in Fortführung dieser praxisbezogenen Zuordnung: „Auch geht die Klugheit nicht bloß auf das Allgemeine *(ta katholou)*, sondern auch auf die Erkenntnis des Einzelnen *(ta kath' hekasta)*. Denn sie hat es mit dem Handeln *(praxis)* zu tun, das Handeln aber bezieht sich auf das Einzelne und Konkrete. Daher sind auch manche, die keine Wissenschaft haben, praktischer oder zum Handeln geschickter als andere mit ihrem Wissen, nämlich die erfahrenen Leute *(hoi empeiroi)*." [1141 b]

Weisheit *(sophia)* hingegen ist Wissenschaft, d. h. die Tugend des Verstehens des Notwendigen. Sie spricht argumentativ, nämlich mit dem Mittel des Beweises *(apodeixis)*. Hierbei denkt der Philosoph an seine eigene Profession, die Philosophie. Diese befasst sich nicht zuletzt mit den ehrwürdigsten Dinge – darunter rechnet Aristoteles die Gestirne und das Göttliche. Nebenbei erkennen wir, dass Natur- und Religionsphilosophie integrierende Bestandteile der aristotelischen Wissenschaft sind. (Siehe auch 1141 a–b.)

Der Verstand *(nous)* wiederum beschäftigt sich mit letzten Gründen, Prinzipien *(archai),* die nicht mehr abgeleitet oder bewiesen werden kön-nen und daher der Wissenschaft nicht zugänglich sind, deren Bestehen man aber einsehen kann (1141 a). Heute nennt man solche Prinzipien zumeist Axiome.

Die wichtigsten Tugenden wären somit beschrieben (Aristoteles kennt übrigens auch noch Unterarten von Tugenden, wie z. B. die Wohlberaten-heit *[euboulia]* als Unterart der Klugheit *[phronesis]* etc.). Nun muss ich aber auf die für Aristoteles charakteristische gegenseitige Integration des Tugend- und des eudämonistischen Ansatzes hinweisen: Der größte Teil des 1. Bu-ches gehört der Erörterung des Glücks *(eudaimonia),* um daran den Tu-gendansatz herauszuarbeiten. Buch 7, Kap. 12–15, und Buch 10, Kap. 1–5, befassen sich mit der Lust *(hedone),* und Buch 10, Kap. 6–9, wieder mit dem Glück.

Aristoteles rückt zwar nie von seiner Einsicht ab, dass das Glücklichsein (als ein wesentliches Gut des Menschen) die tugendgemäße Tätigkeit ist (1098 a), was ich schon zweimal zitiert habe, aber gerade an dieser Defini-tion sehen wir die Doppelheit von Güter- und Tugendethik: Das tugend-gemäße Tätigsein macht eben *das Glück* aus. Ja Aristoteles ermittelt sogar einen Grenzfall, an dem das Glück des Tätigseins in das Glück der Ruhe übergeht – im Bereich des Göttlichen: „Wenn daher die Natur eines We-sens einfach ist, so wird eine und dieselbe Handlung *(praxis)* ihm beständig angenehm sein. Darum besteht die Seligkeit Gottes ewig in einer einzigen und einfachen Freude *(hedone).* Denn es gibt nicht nur eine Tätigkeit *(ener-geia)* in der Bewegung, sondern auch eine solche in der Freiheit von Bewe-gung, und die Lust *(hedone)* liegt mehr in der Ruhe als in der Bewegung" (1154 b). Wir würden freilich in der Annahme fehlgehen, Aristoteles habe damit letztlich doch wieder dem Hedonismus beigepflichtet. Die an der letzten Stelle anvisierte *hedone* („des") Gottes ist eine *energeia theoretike* („schauende", im Sinne Aristoteles' jedoch zugleich denkende *Tätigkeit),* wie gegen Ende der Nikomachischen Ethik nochmals besonders deutlich wird (1178 b). Dort heißt es dann auch, dass der Mensch sich diesem

Glück durch ein Leben in *theoria* annähern könne, wenn er es auch nicht völlig erreicht. (ebd.)

Aristoteles hat ein distanziertes Verhältnis zu den gewöhnlichen Lüsten, gleichwohl tritt er für einen bejahenden, wenn auch maßvollen „Gebrauch der Lüste" (Untertitel im Rahmen der Untersuchungen Michel Foucaults zur Sexualität[194]) ein. Hier wirkt wieder die Lehre von der Mitte *(mesotes)* und von der Mäßigung *(sophrosyne)* ein: „Der Mäßige *(sophron)* hält in allen diesen Dingen die Mitte. An den Ausschweifungen, die den Unmäßigen zuhöchst erfreuen, erfreut er sich nicht … Jenes Lustbringende, das zur Gesundheit oder zum Wohlbefinden gehört, erstrebt er mit Maßen und wie es recht ist …" (1119 a). Wenn wir uns unter den Lüsten und „dem Lustbringenden" Essen, Trinken und sexuelle Betätigung vorstellen, sind wir mit dem Philosophen einer Meinung (1118 a–b). Er hält nichts von den philosophischen Verächtern der Lust (1153 b). Vielmehr betont er, dass gerade das philosophisch-theoretische Leben guter äußerer Verhältnisse bedarf, insbesondere geordneter politischer Zustände (1179 b ff.). Gleichwohl kann er die Enthaltsamkeit *(enkrateia)* als ein Mittleres und der Mäßigkeit Entsprechendes empfehlen (1151 b ff.). Vielleicht ist es besser, *enkrateia*, wie das P. Gohlke tut, mit „Beherrschtheit" zu übersetzen anstatt mit „Enthaltsamkeit" (Rolfes/Bien); aber ein gewisser asketischer Zug ist dieser Ethik trotzdem nicht fremd.

Nun ist noch (um das Ineinander von Güter- und Tugendethik zu charakterisieren) auf die bisher noch nicht erwähnten umfangreichen und bewegenden Darlegungen des Philosophen über die Freundschaft *(philia)* in Buch 8 und 9 der Nikomachischen Ethik hinzuweisen. Ist Freundschaft eine Tugend oder nicht doch eher ein Glück? Zu Anfang des 8. Buches will sich Aristoteles nicht festlegen: „ … sie ist eine Tugend oder mit Tugend verbunden" (1155 a). Ist sie aber keine Tugend im eigentlichen Sinne, dann ist sie jedenfalls etwas Erfreuliches, Freude, somit Glück. *Philia* ist eines der griechischen Wörter für Liebe. Aristoteles untersucht (lebensnah wie in der ganzen Nikomachischen Ethik) in den Büchern 8 und 9 alle Freundschafts-, Liebes- und ihnen nahe kommenden Verhältnisse und konstatiert von

---

194 M. Foucault: Sexualität und Wahrheit, Bd. 1–3, Frankfurt 1979–1986

vornherein: „Ohne Freunde möchte niemand leben, hätte er auch alle anderen Güter" (1155a).

Aristoteles' *philia* kommt dem christlichen Begriff für Liebe *(agape)* nahe, und wenn der Aristoteliker Thomas von Aquin die Liebe, caritas, (neben Glaube und Hoffnung) innerhalb der (theologischen) Tugenden analysiert (summa. theol. II/II, qu. 23–27), dann schwingt dabei auch etwas von der aristotelischen *philia* mit. Bedenken wir jetzt noch, wie die christliche Tugend der Liebe mit dem Gebot der Nächstenliebe verknüpft ist, dann fällt dadurch auch ein Licht auf die gesetzesethische Seite der Tugendlehre: Tugendhaft zu sein ist geboten, indem jemand aber gemäß der Tugend lebt, verwirklicht er seine innersten Bestrebungen und erreicht dadurch Glück(seligkeit). Dies wird am Beispiel der Liebe deutlich und durchsichtig.

Zusammenfassung

Blicken wir auf die bisher dargestellten Ansätze Gesetzesethik, Güterethik und Tugendethik zurück, so schien der positivste und handfesteste die Gesetzesethik zu sein: Wenn genaue Vorschriften existieren, dann weiß man, woran man sich zu halten hat. Aber die Vorschriften können ins Uferlose gehen, und versucht man die gesetzlichen Vorschriften von den Anfängen der verschiedenen Religionen bis zur modernen staatlichen Gesetzgebung zu überblicken, dann wird ihre Uferlosigkeit evident.

So muss der Gesetzesethiker die Gesetze einigermaßen willkürlich etwa auf die 10 Gebote oder auf das Gebot der Nächstenliebe reduzieren. In Reduktion und Willkür aber besteht gewissermaßen das Geschäft der Gesetzesethik: nämlich in der Reflexion und vernünftigen Verantwortung des Gesetzlichen in der Ethik. Im Gewissen wird diese vernünftige Willkür zum Prinzip erhoben: das Gesetzliche unterliegt nicht erst im Nachhinein der Überprüfung, sondern entsteht aus der Vernunft bzw. ihrem (Ge-)Wissen.

Die Gesetzesethik ist aber nicht nur durch ihr Reduzieren negativ, sondern auch durch ihren einschränkenden Charakter: viele Gebote sind, wie erwähnt, *Verbote*. – Dagegen tritt nun die Güterethik mit der positiven

Vorgabe auf: Diese und jene Güter kannst du mit deinem Tun erreichen: Das Tun wird durch ein Können und Dürfen, nicht aber durch ein Müssen und Sollen motiviert. Auch hier zeigt sich eine Vielheit: Es lassen sich viele erstrebenswerte Güter denken; und die verschiedenen Güter scheinen auf einer denkbaren Wertskala hoch oder niedrig einzustufen zu sein (dies verweist auf die später vorzustellende Wertethik!): Die *beatitudo* Augustinus' erscheint höherwertig als die *Lust* einer hedonistischen Ethik, wobei freilich die Betonung des ästhetischen Charakters der Lust durch Herbert Marcuse seinen Typ von Hedonismus auf der Wertskala hinaufrücken könnte. Demgegenüber erscheint wieder die Jenseitigkeit der *visio beatifica Dei* bei Augustinus als so asketisch, dass sie in die Irrealität abzusinken droht. Umgekehrt: Akzeptieren wir die Ausstrahlung der augustinischen Konzeption auf die Welt mit der Folgerung des irdischen Friedens und der „fruitio Dei et invicem in Deo" (Genuss Gottes und wechselseitiges Einander-Genießen in Gott) [De civ. Dei 19, 13], dann bekommt die Marcuse'-sche hedonistische Ethik jenen utopischen Charakter, den sie sich selber zuschreibt, nun aber in einem absurden Sinn.

Liebe spielt sowohl bei Augustinus als auch bei Marcuse eine große Rolle; bei Augustinus in Form der Gottes- und Nächstenliebe, bei Marcuse in Form eines ästhetisierter Eros. Bei Aristoteles ist Liebe soz. die „Supertugend".

Ich habe bereits auf die gegenseitige Integration eudämonistischer und tugendethischer Züge der Nikomachischen Ethik hingewiesen, die von Aristoteles selber herrührt. Er bejaht das Verhalten des Glücksstrebens, um die ethische Theoriebildung daran zu knüpfen, vertritt aber zugleich den tugendethischen Standpunkt. Etwa am Thema der Enthaltsamkeit/Beherrschtheit *(enkrateia)* wird es deutlich: Aristoteles ist es wichtig, die Tugend der *enkrateia* angesichts des menschlichen Luststrebens zu würdigen und eine entsprechende Haltung *(hexis)* einzuüben, damit aber auch die *enkrateia* dem Glücksstreben dienstbar zu machen.

Ähnliches bemerken wir am eudämonistisch-ethischen Ansatz Augustins: Er empfiehlt uns, dass wir uns durch Askese auf das einzig anzustrebende Glück der fruitio Dei, das hier im Glauben, dort im Schauen zu genießen sei, vorbereiten. Zwischen Aristoteles und Augustinus spinnen sich sogar noch weitere Fäden: Was bei Aristoteles die *theoria* (Denken und Schau!) als höchste tugendhafte Betätigung des Menschen ist, in der seine Tätigkeit nahezu mit der *eudaimonia* identisch wird, ist bei Augustinus die *sapientia*. In diesem Wort, das vorwiegend ein theoretisches Verhalten (Weisheit) beschreibt, hört man noch die Grundbedeutung sapere = schmecken. Sie führt direkt auf die fruitio Dei! Und hier ist auch eine Nähe zur *philia* Aristoteles' zu sehen. Die fruitio Dei wird in der Liebe angestrebt (Augustinus verwendet die Wörter amor, caritas und dilectio). Liebe aber ist theologisch immer Gottes- und Menschenliebe in Verbindung miteinander. Und wenn sich Liebe nach Augustin auch erst im Jenseits vollendet, so ist sie als Prinzip der Civitas Dei sowohl im Diesseits wie im Jenseits stets auch die Erfahrung des Einander-Genießens von Menschen: „fruitio Dei et invicem in Deo".

Im Vorblick auf die *Berufsethik* Luthers ist zu sagen, dass Luther ein Kritiker aller drei bisher vorgetragenen Standpunkte war: Das Gesetz ist ihm im Evangelium aufgehoben, wobei allerdings das Gesetz sowohl als Regelwerk des geordneten Zusammenlebens als auch zur Aufdeckung unserer Sündhaftigkeit unverzichtbar bleibt; es ist in seinem Aufgehoben-Werden dialektische Voraussetzung des Evangeliums. Das Glück der Gottesliebe wird nach Luthers Erachten durch das Gebot, Gott zu lieben, *verstellt*, das der Mensch wegen der mit Strafen drohenden Gerechtigkeit Gottes gar nicht erfüllen könne; freilich werden wir andererseits durch die aktive Liebe Gottes (Genetivus subjectivus!) zur liebenden Gemeinschaft mit ihm befreit. Und Tugend (z. B. die der Gerechtigkeit) durch Übung erwerben zu wollen, scheint Luther nicht nur unmöglich, sondern eine Missachtung Gottes zu sein, weil die Menschen, anstatt die Rechtfertigung durch Jesus Christus anzunehmen, sich durch die Einübung der Gerechtigkeit selber gerecht machen wollten. Die Verwerfung einer solchen Tugendlehre müsste sich freilich nicht gegen Aristoteles, der lange vor Christus wirkte, richten, sondern gegen seine christlichen Nachahmer, vor allem: gegen die scholastischen Moraltheologen.

Hinter Luthers vehementer Ablehnung des moraltheologischen Aristotelismus steht das durch den Erfahrungshorizont der christlichen Sündenlehre geschärfte Wissen um das immer wieder vorkommende Abgleiten von

Menschen in Untugend und Bosheit, wenn er sich auf seine eigenen, bloß menschlichen Fähigkeiten stützt. – Der Ausbruch von Kriegsbegeisterung, Rassenhass etc. gerade bei den zivilisiertesten Völkern des 20. Jahrhunderts gibt dem Pessimismus der christlichen Sündenlehre Recht.

Nun aber: Luthers Stellung am Ende des Mittelalters ist nicht zuletzt dadurch gekennzeichnet, dass er in seiner Ethik sowohl den gesetzes-, güter- und tugendethischen Standpunkt beerbt: Alles dies kommt im „Beruf" zusammen. Der Beruf des Menschen ist nach Luther beseligende Gemeinschaft mit Gott (Güterethik), weiters Tätigkeit der Liebe zum Nutzen des Mitmenschen (Tugendethik) in Verwirklichung des Gebots der Nächstenliebe (Gesetzesethik). Der Erwerb der Tugend *Liebe* geschieht allerdings bei Luther anders als bei Aristoteles: nicht durch allmähliches Lernen, sondern durch Erlösung von Lieblosigkeit, durch Schöpfung eines neuen Menschen, durch Berufung und Inspiration zum Tun des Guten: Dies ist die ethische Realisierung von Luthers zentraler Doktrin, der Rechtfertigungslehre.

4. Kapitel

Berufsethik (Martin Luther)

Die Ethik Luthers kann man am sinnvollsten unter dem Titel „Berufsethik"
darstellen. Der Begriff „Beruf" gemäß Luther dient dazu, bei allen geplanten, gegenwärtigen und vergangenen Handlungen darauf zu reflektieren,
wozu ich von Gott in der Welt beauftragt bin. Dies hängt mit der Frage zusammen, ob ich recht tue (getan habe, tun kann), bzw. ob meine Stellung
vor Gott und in der Welt überhaupt die rechte ist.

Mit der Betrachtung von Luthers Ethik wenden wir uns (je nach Definition) der Neuzeit bzw. der Moderne zu. Insofern Luther aber ganz selbstverständlich ein Wissen von Gott und einen (mehr oder weniger elabo-
rierten) objektiv gültigen Gottesbegriff voraussetzt, gehört Luther der
Vormoderne an. Die Versuche des Neuprotestantismus (i. e. des Protestantismus nach Aufklärung und Idealismus), Luthers Ethik als eine Vorweg-
nahme der modernen (vom menschlichen Subjekt verantworteten) Ethik
zu interpretieren, haben einiges für sich, müssen wegen Luthers Verankerung in der ihm vorausgegangenen Theologie aber auch kritisch relativiert
werden. Dieses Kapitel wäre überfordert, müsste ich hier Luthers Gottesbegriff vorstellen. Nur so viel sei gesagt, dass sich Luther teils auf die spät-
scholastische Theologie, teils auf den aufkommenden Humanismus stützt
und dabei seine Theologie in Auslegung der Schriften des Alten und Neuen
Testaments neu erarbeitet. Seine Theologie gipfelt in der Darlegung des
Evangeliums von unserer Erneuerung und Rechtfertigung.

Meditation

Die Bedeutung der Meditation für die Theologie Luthers ist vorweg zu erwähnen, weil sie sowohl für die Beschäftigung Luthers selber mit dem Bi-
beltext kennzeichnend ist – seine Exegese ist vielfach aus der Meditation des
Bibeltextes gewonnen bzw. *ist* Meditation des Bibeltextes –, weil sie aber

auch einen praktisch-ethischen Hinweis für das Berufsleben aller Christen enthält: Wir erfahren unseren Beruf (i. e. unsere Berufung durch Gott) aus der als Gotteswort verstandenen Heiligen Schrift und vergewissern uns unserer Berufung, indem wir unser ganzes Leben lang in der Bibel meditieren.

Die Funktion der Meditation im Leben und Werk Luthers wurde erst kürzlich wiederentdeckt,[195] wahrscheinlich deshalb gerade in unserer Gegenwart, weil uns der Begriff der Meditation und seine Praxis durch das westliche Interesse an den fernöstlichen Religionen und den Einsatz von Meditation in der Psychotherapie nahe gebracht wurde. Meditation meint ein gesammeltes und tiefes Nachdenken, das meist mit einer körperlichen *Haltung* und einem religiös-praktischen Sich-*Verhalten* verbunden ist. Die Intention der Sammlung ist ähnlich der des Gebetes; Meditation richtet sich aber nicht wie das Gebet mit der Anrede „Du" an Gott. Ich kann selbstverständlich jetzt nicht über Meditation im Allgemeinen schreiben.

Luthers Meditation stammt primär aus der mönchischen Tradition des Mittelalters, insbesondere aus der Tradition des Augustiner-Eremitenordens. Was Luther unter Bibelmeditation versteht, erkennt man aus folgender Anweisung: „… soltu meditirn, das ist: Nicht allein im hertzen, sondern auch eusserlich die mündliche rede und buchstabische wort im Buch jmer treiben und reiben, lesen und widerlesen, mit vleissigem auffmercken und nachdencken, was der heilige Geist damit meinet."[196]

Luthers Meditation orientiert sich zwar am Text der gesamten Bibel, aber in spezieller Weise an dem darin enthaltenen Evangelium, und zwar in doppeltem Sinne: Luther meditiert a) über die *Texte* der Evangelien,[197] und er

---

195 Oswald Bayer: Oratio, Meditatio, Tentatio. Eine Besinnung auf Luthers Theologieverständnis, in: LuJ 55 (1988), S. 7–59 – Ders.: Theologie, Gütersloh 1994 (Handbuch Systematischer Theologie, Bd. 1), bes. S. 28 f. und 83 ff. – Martin Nicol: Meditation bei Luther, 2. Aufl., Göttingen 1991

196 W. A. 50, S. 659, Zl. 22–25 (Luther wird im Folgenden, so nicht anders angegeben, zitiert nach Martin Luther: Kritische Gesamtausgabe, Weimar 1883 ff. plus Bandnummer, Abkürzung: W. A.)

197 Was natürlich nicht besagen soll, dass Luther die Meditation über das Gesetz beiseite gestellt hätte. Wenn Luthers Meditation einen übergeordneten Inhalt hat, dann ist es die Heilige Schrift als ganze. Siehe Nicol, a.a.O., S. 167 ff.

erwartet sich b) „Erfolge" seiner Meditation ausschließlich vom Heilswirken Gottes, das er durch das *Wort des Evangeliums* in Aktion sieht.

Damit sind wir beim Thema der Rechtfertigung, denn Luther hat Sündenvergebung und Gerechtfertigt-Werden (iustificari/iustificatio) als den Hauptinhalt des Evangeliums angesehen. Gerechtsein ist nun aber die Voraussetzung des gerechten Handelns; und darüber reflektiert die Ethik. Dabei geht es Luther nicht nur um das rechte Individuum, sondern auch um die rechte Gesellschaft (davon redet er in seiner Lehre von den „Ständen").

Ethik aus der Rechtfertigung[198]

Kaum ein wichtigeres Thema in der Theologie Luthers als die Rechtfertigungslehre! Freilich stoßen wir, wenn wir Luthers Rechtfertigungslehre stu-

---

198 Paul ALTHAUS: Die lutherische Rechtfertigungslehre und ihre heutigen Kritiker, Berlin 1951 – Jörg BAUR: Einig in Sachen Rechtfertigung? Zur Prüfung des Rechtfertigungskapitels der Studie des Ökumenischen Arbeitskreises evangelischer und katholischer Theologen: „Lehrverurteilungen – kirchentrennend?", Tübingen 1989 – DERS.: Salus christiana. Die Rechtfertigungslehre in der Geschichte des christlichen Heilsverständnisses I, Gütersloh 1968 – Oswald BAYER: Aus Glauben leben. Über Rechtfertigung und Heiligung, Stuttgart 1984 – DERS.: Martin Luthers Theologie, Tübingen 2003 – Wilhelm DANTINE: Die Gerechtmachung des Gottlosen, München 1959 – Otto ETZOLD: Rechtfertigung heute, Stuttgart 1985 – Wilfried HAERLE/E. HERMS: Rechtfertigung. Das Wirklichkeitsverständnis des christlichen Glaubens, Göttingen 1980 – Eilert HERMS: Rechtfertigung als Grundbegriff der Ethik, in: Handbuch der christlichen Ethik, Hrsg. A. Hertz u. a., Bd. I, Freiburg i. Br./Gütersloh 1978, S. 422 – 440 (= DERS.: Theorie für die Praxis – Beiträge zur Theologie, München 1982, S. 78 – 97) – Karl HOLL: Zur Verständigung über Luthers Rechtfertigungslehre, in: Neue kirchl. Zeitschr. 34 (1923), S. 165–183 – August KIMME: Rechtfertigung und Heiligung in christologischer Sicht, Erlangen 1989 – Ernst KINDER: Die evangelische Lehre von der Rechtfertigung, Lüneburg 1957 – Wilhelm LÜTGERT: Die Lehre von der Rechtfertigung durch den Glauben, Berlin 1903 – Tuomo MANNERMAA: Der im Glauben gegenwärtige Christus. Rechtfertigung und Vergottung. Zum ökumenischen Dialog, 1989 – Peter MANNS: Fides absoluta – fides incarnata: zur Rechtfertigungslehre Luthers im Großen Galater-Kommentar, in: DERS.: Vater im Glauben, ed. R. Decot, Stuttgart 1988, S. 1–48 – Alister E. MCGRATH: Justification by faith, Grand Rapids 1988 – Gerhard MÜLLER: Die

dieren wollen, auf die Schwierigkeit, dass Luther keinen Traktat mit dem Titel „Die Rechtfertigungslehre" geschrieben hat. Man muss akzeptieren, dass Luther in vielen Zusammenhängen immer wieder mit verschiedenen Worten und in mancherlei verschiedenen Beziehungen über die Rechtfertigung spricht. Auch die Bedeutung der Rechtfertigungslehre für die Ethik erörtert Luther nicht systematisch.

Der Grundgedanke ist ganz leicht auszusprechen und zu verstehen: Die Ethik als Lehre vom Tun des Guten bedarf guter Menschen. Gut werden können wir nur durch eine Setzung Gottes, seine Rechtfertigung, *iustificatio*, die uns recht macht. Es ist freilich schwer, diesen Grundgedanken in der Praxis zu bewahren und zu bewähren, d. h. aus ihm zu leben und ihn in der Ethik einzusetzen. – In der Ethik ist die Reflexion des handelnden Menschen auf sein Tun gefordert. („Ist das, was *ich* tue, richtig? Was soll *ich* tun?") Luther zwingt uns dabei dazu, nicht nur auf uns selber, sondern gleichzeitig, ja schon vorher, auf Gott zu reflektieren. („Ohne Gott bin ich nicht gerecht, aber er gibt mir die Kraft des Gutseins.") Dies führt zum Bedenken des Unterschiedes Gott/Mensch und zur Einsicht in das Versagen des Menschen. (Ich erkenne mich Gott gegenüber als Sünder.) Bei Luther ist Gotteserkenntnis als theoretisches Unterfangen wenig gefragt, wenn sie nicht alsbald in die Praxis des Glaubens führt.

In einer seiner reformatorischen Hauptschriften „Von der Freiheit eines Christenmenschen", 1520, entwickelt der Reformator die Rechtfertigungs-

Rechtfertigungslehre. Geschichte und Probleme, Gütersloh 1977 – Otto H. Pesch: Gerechtfertigt aus Glauben. Luthers Frage an die Kirche, Freiburg/Basel/Wien 1982 (Quaestiones disputatae 97) – Otto H. Pesch/A. Peters: Einführung in die Lehre von Gnade und Rechtfertigung, Darmstadt 1981 – Albrecht Peters: Rechtfertigung, Gütersloh 1984 (Handbuch Systematischer Theologie, Bd. 12) – Ders.: Rechtfertigung und Recht, in ZEvKR 32 (1987), S. 480–509 – Horst G. Pöhlmann: Rechtfertigung. Die gegenwärtige kontroverstheologische Problematik der Rechtfertigungslehre zwischen der evangelisch-lutherischen und der römisch-katholischen Kirche, 1971 – Carl H. Ratschow: Rechtfertigung: diakritisches Prinzip des Christentums im Verhältnis zu anderen Religionen, in: Ders.: Von den Wandlungen Gottes, ed. Chr. Keller-Wentorf u. M. Repp, Berlin/New York 1986, S. 336–375 – Rechtfertigung als Grundbegriff evangelischer Theologie, Hrsg. G. Sauter, München 1989 – Vittorio Subilia: Die Rechtfertigung aus Glauben. Gestalt und Wirkung vom Neuen Testament bis heute, Göttingen 1981

lehre aus dem Beziehungsgeflecht Gebot (Gesetz)/Verheißung (Evangelium)/Glaube. Der *Ausdruck* Rechtfertigung kommt zwar nicht vor, die *Sache* der Rechtfertigung aber sehr wohl. Zuerst spricht der Reformator von
zwei getrennten „Worten" (gemeint sind zweierlei Worte *Gottes*) in der Heiligen Schrift, wobei man sich klar darüber sein muss, dass die Bibel bei Luther zweifellos *nicht* in zweierlei Worte Gottes „auseinander fällt", sondern
dass die Wortzusammenstellung *Gesetz und Evangelium* eine „getrennte Einheit" beschreibt: „Vnd ist zu wissen/das die gantze heylige schrifft/wirt yn
zweyerley wort geteyllet/wilche seyn. Gebot oder gesetz/vnd vorheyschen
oder zusagunge."[199] Die getrennte – und gegensätzliche – Einheit der beiden „Worte Gottes" kann mit aller Vorsicht als dialektische Zusammengehörigkeit aufgefasst werden: Das Evangelium überholt das Gesetz, aber
streicht es nicht durch, sondern bringt es in neuer und unerwarteter Weise
zur Geltung.

Vom Verhältnis Gesetz und Evangelium werde ich noch ein wenig genauer handeln. Daher jetzt zur Seite des Evangeliums (in unserem Text *Verheißung* oder *Zusagung* genannt), da ja ausschließlich in ihm die Rechtfertigung zu Wort kommt. Es ist bemerkenswert, dass Luther, wenn er das
Evangelium erwähnt, sofort vom Glauben redet: „Wen nu der mensch auß
den gebotten sein vnuormügen gelernet und empfunden hatt/ das yhm nu
angst wirt/ wie er dem gebott gnug thue. Seyntemal das gebot muß erfullet
seyn/ oder er muß vordampt seyn … Dan so kumpt das ander wort: Die
gottlich vorheyschung vnd zusagung/ vnd spricht/ wiltu alle gepot erfullen/
deyner bößen begirde ynd sund loß werden/ wie die gebot zwyngen ynd
foddern. Sihe da/ glaub in Christum/ in wilchem ich dir zusag/ alle gnad/
gerechtickeyt/ frid und freyheyt/ glaubstu so hastu/ glaubstu nit/ so hastu
nit."[200] Glauben zeigt hier seine moderne, subjektive Schlagseite: Luther
meint die „Fides qua creditur".[201] Glauben war zu Luthers Zeiten sicher
noch nicht von so vielen Zweifeln umstellt wie heute. Luther kann daher

---

199 W. A., Bd. 7, S. 23 (= LUTHER: Werke, ed. Clemen, Bd. 2, S. 13)
200 A.a.O., S. 24 (= ed. Clemen, a.a.O., S. 14)
201 „Fides qua creditur." (Der Glaube, mit dem geglaubt wird.) „Fides quae creditur." (Der
   Glaube, der geglaubt wird.)

noch den Glauben als kurz entschlossene Hinwendung zum Evangelium an-
setzen. Er wird auch oft und oft sagen, dass der Glaube gerecht macht.

Die göttliche Verheißung zeigt sich im zuletzt zitierten Text als Wort. Aber
um welch ein Wort handelt es sich? – Vielerlei kann zum Wort werden und
muss dazu werden, wenn wir sprechen wollen. Aber wie verschieden sind die
Worte, die in unserer Sprache vorkommen: vom billigen Gerede bis hin zu
Worten, die über unser Leben entscheiden! Und wie gewichtig ist nun das
Wort der Verheißung („vorheyschung"), das die Rechtfertigung mit sich
bringt und das „alle Gnade, Gerechtigkeit, Frieden und Freiheit" zusagt! Im
Sinne moderner Sprachtheorie handelt es sich um ein *performatives* Wort
(vergleichbar dem Satz „Ich taufe dich im Namen Gottes des Vaters, des
Sohnes und des heiligen Geistes" oder dem Freispruch eines Richters). Luther meint in solchen Zusammenhängen zumeist das wirkende und recht-
fertigende Wort Gottes; oft ist auch Christus als Erlöser „das Wort".

Betrachten wir jetzt die Beschreibung des Gerechtwerdens in Luthers
Schrift „Von der Freiheit eines Christenmenschen" genauer: „Hie hebt sich
nu der frölich wechßel vnd streytt/ Die weyl Christus ist gott vnd mensch/
wilcher noch nie gesundigt hatt/ vnd seyne frumkeyt vnubirwindlich/ ewig/
vnd almechtig ist/ ßo er denn der glaubigen seelen sund/ durch yhren
braudtring/ das ist/ der glaub/ ym selbs eygen macht ynd nit anders thut/
denn als hett er sie gethan/ ßo mussen die sund ynn yhm vorschlunden vnd
erseufft werden/ … also wirt die seele von allen yhren sunden/ lauterlich
durch yhren malschatz/ das ist des glaubens halben/ ledig vnd frey/ vnd be-
gabt/ mit der ewigen gerechtickeit yhrs breudgamß Christi."[202] – Hier redet Luther in der Symbolik der mittelalterlichen Brautmystik:[203] Das

---

202 A.a.O., S. 25 f. (= ed. Clemen, a.a.O., S. 15 f.)

203 Das Bild von Christus als Bräutigam und der Seele als Braut dient BERNHARD VON
    CLAIRVAUX (den Luther kannte und schätzte) als Schlüssel in seiner Auslegung des Ho-
    hen Liedes. Die allegorische Deutung des Hohen Liedes auf das Verhältnis zwischen
    Christus und der Seele des/der einzelnen Gläubigen beginnt bei Origenes. – Siehe auch:
    Theobald BEER: Der fröhliche Wechsel und Streit. Grundzüge der Theologie Martin Lu-
    thers, Einsiedeln 1980 – Ulrich KÖPF: Hoheliedauslegungen als Quelle einer Theologie
    der Mystik, in: THEOLOGIA MYSTICA, ed. M. Schmitt/D. Bauer, Stuttgart 1987, S. 50–72
    – Friedrich OHLY: Hohelied-Studien, Wiesbaden 1958

„Wort" der Rechtfertigung ist im letzten Zitat ein Braut-(Verlobungs-)Ring geworden, und wenn überhaupt Wort, dann ein *Verlobungs*wort, das nicht etwa belehrt oder informiert, sondern eine Gemeinschaft zwischen Christus und dem Sünder *bewirkt*. Es bewirkt zuerst einen „fröhlichen Wechsel und Streit" und in der Folge eine „fröhliche Wirtschaft", wie Luther im nächsten Satz sagen wird, also ein Zusammenleben zwischen Christus und der Seele. – Dass mit der Rechtfertigung eine *neues Leben* begründet wird, ist für die Ethik höchst relevant. *Es ist ein Leben, das aus Gott kommt.* Luther hat die Erneuerung des Lebens bei anderen Gelegenheiten auch wieder anders beschrieben: als Wirkung des Opfers Christi am Kreuz bzw. als Wirkung seines stellvertretenden Sühneleidens, hier aber in den Kategorien der Brautmystik.

(Im Gefolge der Psychoanalyse ist es üblich geworden, Beschreibungen der Liebe zwischen Gott und Mensch als verdrängte Sexualität zu entlarven. Diese Methode mag dann und wann das Richtige treffen. Es könnten aber auch umgekehrt die hohen Erwartungen, die Menschen in die zwischenmenschliche Liebe setzen, auf Verdrängung der Liebe zu Gott zurückgehen …)

Nach manchen Äußerungen Luthers ist das Gutsein eines Menschen auf die Schöpfung bzw. auf die Prädestination zurückzuführen. Daran lässt die Rede Luthers von den guten und schlechten Bäumen denken: „Gleych wie Christus sagt. Ein böser bawm tregt keyn gutte frucht. Ein gutter bawm tregt keyn böße frucht. ‚Mt. 7,18' … Wie nu die bawm mussen ehe seyn/ den die frucht/ vnd die frucht machen nit die bawm wider gutte noch böse/ sondern die bawm machen die früchte. Alßo muß der mensch ynn der person zuuor frum oder böße seyn/ ehe er gutte oder böße werck thut/ Vnd seyne werck machen yhn nit gut odder böße/ sondern er macht gut oder böße werck."[204] Die Erneuerung des Lebens kann in diesem Fall nur durch eine Neuschöpfung bewirkt werden.

Viele seiner Gedanken zusammenfassend spricht der Reformator in seiner Einleitung zur Übersetzung des Römerbriefes über die Rechtfertigung unter Berufung auf das Wirken des Heiligen Geistes: „Aber das Gesetz erfüllen ist/ mit lust vnd liebe seine werck thun/ vnd frey on des Gesetzes

---

204 W. A., Bd. 7, S. 32 (= LUTHER: Werke, ed. Clemen, Bd. 2, S. 21 f.)

zwang göttlich und wol leben/ als were kein Gesetze oder straffe. Solche lust aber freier liebe/ gibt der heilige Geist ins hertz … DAher kompts/ Das allein der Glaube gerecht machet/ vnd das Gesetz erfüllet/ Denn er bringet den Geist aus Christus verdienst. Der Geist aber machet ein lüstig vnd frey hertz/ wie das Gesetz foddert/ So gehen denn die guten werck aus dem Glauben selber.“[205] – Ich greife hier auf, was ich am Ende des Tugend-Kapitels vorgreifend gesagt habe: Luther „beerbt“ Gesetzes-, Güter- und Tugendethik: Das Gesetz wird durch die Rechtfertigung erfüllt, der Gerechtfertigte lebt „lustig und frei“, d. h., er hat das Gut eines glücklichen Lebens erlangt, und er besitzt die Tugenden der Gerechtigkeit und der Liebe. Das Evangelium als die Erfüllung des vom Gesetz Gebotenen, die Liebe ist die endgültige Einheit von Gesetz und Evangelium.

Gesetz und Evangelium[206]

Luther würdigt im Gesamtrahmen seiner Theologie und seiner Ethik das Gesetz auch gesondert neben dem Evangelium. Seine Rechtfertigungslehre will aber weniger ein Nebeneinander, sondern ein unaufhebbares Gegen-

---

205 Biblia: Das ist: Die gantze Heilige Schrifft (Luthers Bibelübersetzung), Wittenberg 1545, Nachdruck, Stuttgart 1983, S. 331v

206 Paul ALTHAUS: Gebot und Gesetz, Gütersloh 1952 – Karl BARTH: Evangelium und Gesetz, 3. Aufl., München 1961 (Theolog. Existenz 32) – Ragnar BRING: Luthers Lehre von Gesetz und Evangelium als Beitrag der lutherischen Theologie für die Ökumene, in: LuJ 24 (1957), S. 1–39 – Werner ELERT: Zwischen Gnade und Ungnade. Abwandlungen des Themas Gesetz und Evangelium, München 1948 – GESETZ und Evangelium. Beiträge zur gegenwärtigen theologischen Diskussion, ed. E. Kinder/ K. Haendler, Darmstadt 1968 – Gerhard HEINTZE: Luthers Predigt von Gesetz und Evangelium, 1958 – Rudolf HERMANN: Zur Bedeutung der lex, ihres Unvermögens und dennoch Bleibens (1958), in: DERS.: Gesammelte Studien zur Theologie Luthers und der Reformation, Göttingen 1960, S. 473–485 – Eilert HERMS: Die Bedeutung des Gesetzes für die lutherische Sozialethik, in: Von Wittenberg nach Memphis, Festschr. f. R. Schwarz, ed. W. Homolka u. O. Ziegelmeier, Göttingen 1989, S. 61–89 – Hans J. IWAND: Gesetz und Evangelium in Luthers Vorlesung zum Galaterbrief von 1531/35, in: DERS.: Nachgelassene Werke, Bd. IV, S. 404–440 – Wolfhart PANNENBERG/A. Kaufmann: Gesetz

über des Gesetzes zum Evangelium beschreiben, wodurch Luther eine radikale Trennung der evangelischen Ethik von jeder Gesetzesethik erreicht, das Gesetz als Maßstab aber nicht für ungültig erklärt.

Mit „Evangelium" verweist Luther im Rahmen der Ethik auf die Botschaft von der Rechtfertigung, insofern sie, und sie allein, die Grundlage allen Lebens, Handelns und Leidens ausmacht. Diese Grundlage dürfen wir nicht aus den Augen verlieren, wir müssen vielmehr immer wieder auf sie zurückgreifen. Aber die Grundlage ist nicht alles. Auf ihr baut sich die Ethik Luthers in den Unterscheidungen „Gesetz und Evangelium", „Christusreich und Weltreich" (Zwei-Reiche-Lehre) und „Oikonomia, Politia, Ecclesia" (Drei-Stände-Lehre) auf.

Wenn ich nun auf die erste Unterscheidung, also die zwischen Gesetz und Evangelium zu sprechen komme, und wenn zugestanden ist, dass in der Luther'schen Ethik *Evangelium* soviel wie Rechtfertigung bedeutet, dann dürfen wir mit Recht fragen: Was soll eine solche Unterscheidung im Rahmen der Ethik? Liegt das Gesetz nicht hinter uns, nachdem wir uns auf die Rechtfertigung/das Evangelium als die Grundlage der Ethik eingelassen haben, und nachdem die Liebe als Erfüllung des Gesetzes bewusst geworden ist? Hat nach Luther das Gesetz nicht seine Rolle im Rahmen der Ethik schon ausgespielt, bevor es sie noch angetreten hat? – Weit gefehlt! Man könnte sogar – etwas übertrieben – sagen: Luthers Ethik ist genauso Gesetzesethik wie manch andere Ethik, sogar nach den Ausführungen des Reformators selber, und die Liebe könnte nicht Erfüllung des Gesetzes sein, wäre sie nicht von eben demselben Gesetz geboten.

Was wäre denn eine Ethik, wenn sie sich neben aller Reflexion nicht mit Normen, Gesetzen und Regeln befasste, wenn sie auf die ethische Grundfrage „Was soll ich tun?" nicht eine anleitende oder eben „gesetzliche" Antwort bereithielte und Regeln für mein Leben in der Menschenwelt (bzw. auch in der Welt der Natur überhaupt) aufstellte?

---

und Evangelium, München 1986 – Albrecht Peters: Gesetz und Evangelium, Gütersloh 1981 – Ernst Wolf: „Natürlich Gesetz" und „Gesetz Christi" bei Luther, in: Evang. Theologie 2 (1935), S. 305–330 – Ders.: Gesetz und Evangelium in Luthers Auseinandersetzung mit den Schwärmern, in: Evang. Theologie 5 (1938), S. 96–109

Bei Luther ist das Gesetz in zweierlei Weise gegenwärtig:

1. in der Weise, Hintergrund und Abstoßfeder der Rechtfertigung zu sein. Wir werden ja ohne des „Gesetzes Werke" von Gott gratis gerecht gemacht. Gott muss aber mit seiner Rechtfertigung (Sündenvergebung) ständig sowohl gegen unsere Ungerechtigkeit ankämpfen, als auch weiterhin alle Gesetzlichkeit überwinden, z. B. unser Bestreben, uns mit dem Gesetz selber zu rechtfertigen. Es ist nicht so, wie der Neuprotestantismus die protestantische Ethik manchmal dargestellt hat, dass der Glaube an den rechtfertigenden Gott bloß Voraussetzung unseres Tuns wäre, wir uns aber ohne den Glauben in unserem Tun in Freiheit uns selbst Gesetze geben könnten (Kant). Das hieße nach Luther, die Freiheit zum Gesetz zu machen (was ja bei Kant tatsächlich der Fall ist), den Glauben und damit die *Freiheit vom Gesetz* zu vergessen und zu verlassen. Geben wir unseren Glauben auf, sind wir nach Luther ausschließlich auf das Gesetz bezogen – nämlich ihm unterworfen. In der Rechtfertigung hingegen sind wir dem Gesetz nicht unterworfen, aber in der Weise auf das Gesetz bezogen, dass wir wissen, wovon wir frei sind. Die Rechtfertigung ist der Gegenpol des Gesetzes, und wenn man auf den einen Pol bezogen ist, ist man indirekt auch auf den anderen Pol bezogen.

2. Das Gesetz hat nach Luther aber auch *Wert für sich* – nicht bloß in Relation zum Evangelium. Freilich hängt beides aufs engste zusammen: Dass eine Relation besteht, besagt, dass es Relata gibt; keinesfalls aber ist das Gesetz in dieser Relation etwas Verschwindendes, wie man fälschlich annehmen könnte. Das Gesetz kann angewendet werden, um die äußerliche Ordnung im Zusammenleben zu gewährleisten, es kann weiters angewendet werden, damit wir an ihm unsere Sünden erkennen, und es kommt schließlich dadurch zu Ehren, dass wir nach und durch unsere Rechtfertigung fähig werden, das Gesetz (ohne Zwang) einzuhalten.

Für Luther kam es nicht nur in der Ethik, sondern überhaupt in der Theologie darauf an, zwischen Gesetz und Evangelium genauestens zu unterscheiden – aber eben *Zusammengehöriges* zu unterscheiden. In den folgenden zu zitierenden Sätzen können wir Luther bei dieser Unterscheidungsarbeit beobachten und sie von ihm lernen: „In futura autem vita prorsus tolletur ‚scil. lex', illic non opus erit monere, ut Deum diligamus.

Sed tum vere et perfecte id faciemus, id quod Christus hic fecit. Tunc non
dices: Debeo diligere patrem, sed diligo patrem, et sicut mandatum mihi
dedit, ita facio. Sub Christo igitur lex est in fieri esse, non in facto esse.
Hinc ‹hic?› opus habent credentes, ut lege admoneantur, illic non erit de-
bitum aut ulla exactio, sed opus legis perfectum et summa dilectio.“[207] –
Die Zusammengehörigkeit von Gesetz und Evangelium gilt somit bei
Gott selbst! Dies wird im zukünftigen Leben aber auch für uns gelten.
Von dieser eschatologischen und „archetypischen“ Einheit der beiden
Größen ist ihre zeitliche und „ektypische“ Unterscheidung[208] zu trennen,
denn die Liebe, in der die Einheit letztlich liegt (Luther spricht an dieser
Stelle von der Gottesliebe, die er aber kaum von der Nächstenliebe ge-
trennt wissen wollte), wird im Zeitlichen immer nur bruchstückhaft wirk-
lich. Trotzdem *wird* die Liebe. Christus hat sie gelebt, und im Reich
Christi, das durch Christus auf der Erde begründet worden ist, leben auch
wir diese Liebe.[209]

In seinem Lutherbuch schreibt Ebeling: „Nichtunterscheidung, Ver-
mengung von Gesetz und Evangelium – das ist das Normale, das immer
und überall schon Gegebene, der Zustand, den die christliche Verkündigung immer schon antrifft und um dessentwillen sie überhaupt ergeht, in
den sie aber auch ständig hineingerissen ist und in dem sie unterzugehen

---

207 W. A., Bd. 39/I, S. 374, Zl. 8 ff. (aus der 1. Disputation gegen die sog. „Antinomer“)
[„Im zukünftigen Leben aber wird es ,das Gesetz‘ gänzlich aufgehoben werden, dort wird
nicht nötig sein zu mahnen, dass wir Gott lieben, sondern wir werden es wahrhaftig und
vollkommen tun – was Christus schon hier getan hat. Dann wirst du nicht sagen: Ich
muss den Vater lieben, sondern: Ich liebe den Vater, und wie er mir das Gebot gegeben
hat, so tue ich. Unter Christus ist das Gesetz also erst im Werden und nicht im Gewor-
densein. Daher ‹hier?› ist es für die Gläubigen notwendig, durchs Gesetz ermahnt zu
werden, dort wird es keine Schuld oder Forderung geben, sondern das Werk des Gesetzes
wird vollendet und vollendete Liebe sein.]

208 Die altprotestantische Orthodoxie stellte das Archetypische (bei Gott Vorhandene) dem
Ektypischen (in der Schöpfung Vorhandenem) gegenüber.

209 Hans U. v. Balthasar: Glaubhaft ist nur die Liebe, 4. Aufl., München 1977 – Günther
Bornkamm: Das Doppelgebot der Liebe, in: ders.: Ges. Aufsätze III, München 1968,
S. 37–45 – Karl Rahner: Über die Einheit von Nächsten- und Gottesliebe, in: ders.:
Schriften zur Theologie, Bd. VI, Einsiedeln/Zürich/Köln 1965, S. 277–298

droht infolge des Verfehlens ihres Auftrags. Dann wird die Verwirrung voll-
ends heillos, wenn selbst die Verkündigung, die Gesetz und Evangelium unterscheiden soll, sie vermengt. Denn Nichtunterscheidung von Gesetz und
Evangelium besagt auf jeden Fall, daß das Evangelium preisgegeben und
nur Gesetz übriggeblieben ist. Wenn jedoch das Gesetz nicht vom Evangelium unterschieden, vielmehr selbst als Evangelium ausgegeben wird, ist es
gar nicht mehr wirklich als Gesetz erkannt; und darum ist letztlich, weil *nur*
noch Gesetz da ist, auch das Gesetz verloren. Evangelium ist dagegen eo
ipso Unterscheidung von Gesetz und Evangelium … Denn nur da tritt das
Evangelium in Aktion, wo es unterscheidend dem Gesetz gegenüber in Aktion tritt und darum auch das Gesetz als wirkliches Gesetz erkennen
läßt."[210]

Das ist die Relevanz der Unterscheidung von Gesetz und Evangelium für
die Ethik: *Nicht bloß in der Verkündigung* wird zwischen Gesetz und Evangelium unterschieden, sondern auch im Leben und Handeln. Hier könnte
Luthers Ethik für die Allgemeinheit, in erster Linie aber für Christen einen
wichtigen Beitrag leisten, denn immer wieder stellt sich im ganz gewöhnlichen Leben die Grundfrage: Soll ich die Einhaltung von Recht und Gesetz
verlangen oder soll ich verzeihen, d. h. Verfehlungen übergehen, einen Neu-
anfang machen? Dies gilt in den Beziehungen zu meinen Nächsten, zu
Gruppen und Gemeinschaften und letztlich auch im Verhältnis zu mir selber. Es ist ethisch gleicherweise falsch, (anderen und mir) alles durchgehen
zu lassen, als auch, ständig auf dem Buchstaben des Gesetzes und auf der
Strenge der Moral zu bestehen. Ohne feste Regeln kann kein Zusammenleben gelingen, aber ebenso wenig ohne Übergehung von Verfehlungen,
Umformulierung von Regeln, ja sogar gänzliche Freiheit von ihnen. Hier
ist von ethisch reflektierenden, lebenden und handelnden ChristInnen die
Unterscheidungsfähigkeit verlangt: Gilt in einer Sache oder Situation das
eine oder das andere Wort Gottes? Gesetz und Gebot oder Zusage und
Verheißung? Forderung und Strenge oder Verzeihung und Nachgeben? –
Hierin kann sich das eingangs beschriebene Meditieren Luthers über die

---

210 Gerhard EBELING: Luther. Einführung in sein Denken, Tübingen 1964, S. 129 f.

biblische Botschaft ethisch konkretisieren. Jede/r einzelne Christ/in kann in Entscheidungsfällen die biblische Botschaft (die er/sie täglich in Ruhe meditiert hat) in Gedanken durchgehen, und sich fragen: Welches der „beiden Worte Gottes" trifft hier zu?

Nicht nur in der Reformationszeit, sondern bis heute dreht sich das Leben vielfach um diese zwei „Worte", d. h. Grundeinstellungen und Haltungen: Gesetz oder Evangelium? Ich versuchte gerade, diesen Unterschied am Verhalten zum Mitmenschen zu konkretisieren. Aber auch im Verhalten zu mir selbst ist die Entscheidung zwischen Gesetz und Evangelium ständig gefragt: Muss ich jetzt, in dieser Lebenssituation das Gesetz auf mich anwenden, muss ich mich Regeln unterwerfen, an mir arbeiten, mich ändern, oder darf ich die Sündenvergebung, die Freiheit, die das Wort Gottes durch und in Christus bedeutet, gelten lassen? – Ebenso sind die beiden Worte Gottes auf die jeweilige politische bzw. geschichtliche Situation anzuwenden, und eine politische Situation kann an ihnen durchreflektiert werden.

Aber wie unterscheidet Luther selber Gesetz und Evangelium? – In einer Predigt über Gal. 3, 23–29 von 1532 sagt er: „Darumb, welcher die Kunst wol kan, den setze oben an und heisse jn einen Doctor der heiligen Schrifft, denn on den heiligen Geist ists unmüglich, diese unterscheid zu verstehen. Ich erfare es in mir selbs und sehe auch teglich in andern, wie schwer es ist. Der heilige Geist mus hie Meister und Lerer sein, on welchen sie kein Mensch auff Erden lernen kan, Darumb vermag kein Papist, kein falscher Christ, kein Schwermer diese zwey voneinander zu scheiden, sonderlich in causa materiali et in obiecto."[211] – Hier will Luther vorerst offensichtlich kein praktikables Kriterium angeben. Die „Kunst" der Unterscheidung, von der Luther spricht und zu der der Heilige Geist nötig ist, scheint Luther nicht auf bestimmte Spezialisten beschränken zu wollen. Er selbst als theologischer Spezialist empfindet dabei ja die größten Schwierigkeiten. Daher ist diese Kunst von allen Christ(inn)en verlangt, die nach einer ethischen Ausrichtung ihres Lebens suchen und dadurch gerade zu TheologInnen und

---

211 W. A., Bd. 36, S. 29, Zl. 13 ff.

„Doktoren der Heiligen Schrift" werden. Luther „demokratisiert" die Unterscheidungskompetenz zwischen Gesetz und Evangelium. Denn wie soll man sein Predigen anders verstehen, als dass er die Zuhörer/innen zu dieser theologischen Kunst anleitet? Und wird nicht das Meditieren nach der Vorrede zum 1. Band der Ausgabe seiner deutschen Schriften („lesen und widerlesen, mit vleissigem auffmercken und nachdencken, was der heilige Geist damit meinet"[212]) wesentlich dazu helfen? Alle benötigen wir ja die Unterscheidung von Gesetz und Evangelium in unserer Lebensführung …

Luther gibt anschließend aber auch von sich aus bereitwilligst bekannt, wie er selber Gesetz und Evangelium unterscheidet: „DAs Gesetz sol das heissen, das Gottes wort und gebot ist, da Gott uns gebeut, was wir thun sollen, und foddert werck von uns. Solches ist leichtlich in causa formali, Aber in causa finali ists seer schwer."[213] Und: „Das Euangelium oder der Glaube ist, welcher nicht unser werck foddert, heißt uns nicht thun, sondern heisst uns nemen, Da thun wir nichts, sondern empfahen und lassen uns geben, so uns geschenckt und dargeboten wird, das Gott verheisset und dir sagen lesst: Dis und das schencke ich dir."[214]

Glauben als Reaktion auf das Evangelium ist nicht das Einschwenken auf ein Dogma oder vorgegebenes Bekenntnis, sondern ein *Auf-sich-einwirken-Lassen* des Tuns Gottes, kein Leisten eines Glaubensgehorsams, sondern *Beschenktwerden*. Fragen wir: Was sollen wir annehmen? Dann ist die korrekte Antwort: unser durch die Rechtfertigung befreites Leben. Dies kann man sicher noch weiter christologisch, soteriologisch etc. vertiefen. Denken wir aber auch an die Begriffe, die Luther in seinem Rechtfertigungserlebnis (in

---

212 W. A., Bd. 50, S. 659

213 W. A., Bd. 36, S. 30, Zl. 3 ff. – In diesem Zitat kommen zwei der vier *Ursachen (causae)* vor, die zum üblichen Begriffsinventar der Scholastik gehören und Luther geläufig waren. Die vier Ursachen sind: 1.) causa materialis – die Materie, aus dem etwas entsteht (Beispiel: das Erz für ein Statue), 2.) causa formalis – das Wesen einer Sache (Beispiel: die Gestalt der Statue), 3.) causa efficiens – die wirkende Ursache (Beispiel: der Bildhauer), 4. causa finalis – das Ziel der wirkenden Ursache (Beispiel: Gesundheit als „Ursache" des Wanderns). [Siehe: Josef der Vries: Grundbegriffe der Scholastik, 2. Aufl., Darmstadt 1983, S. 97 ff.]

214 A.a.O., S. 31, Zl. 1 ff.

der Vorrede zum 1. Band der Ausgabe seiner lateinischen Schriften) neben „iustitia Dei" eingefallen sind: opus Dei, virtus Dei, sapientia Dei, fortitudo Dei, salus Dei, gloria Dei.[215] Neben der Gerechtigkeit Gottes sind uns das Werk Gottes, die Kraft Gottes, die Weisheit Gottes, die Stärke Gottes, das Heil Gottes und die Ehre Gottes im Evangelium geschenkt! – Das Evangelium veranlasst uns, diese überschwänglichen Gaben anzunehmen. Innerhalb der Ethik kann das nur heißen: diese Gaben in unserem Leben aufzusuchen und zu erwarten; mit Luther: Wir sollen „den Sack herhalten"[216] wie Kinder, die vom Nikolaus beschenkt werden. Unsere – wenn auch geringen – Werke, Kräfte, Leistungen, Weisheiten sollen wir als von Gott gegeben sehen und nur immer noch mehr solcher Dinge erwarten.

Von hier aus ist es nicht mehr weit zur praktischen Zuspitzung der Luther'schen Ethik, dem Berufsgedanken: Wenn uns nämlich alles, was wir können, von Gott „evangelisch" geschenkt wird, hat uns Gott berufen, ist Gott zu uns und sind wir zu Gott in eine „berufliche" Beziehung getreten. Das Evangelium ist die göttliche Seite unseres Berufes, in dem wir durch das performative Heilswort auf die Seite Gottes gerufen werden. Das Evangelium ist der *Ruf*, der unseren *Beruf* zur Folge hat. Im Evangelium öffnet sich eine Freiheit, ohne die wir nicht *gut* leben können, erhalten wir durch es doch Gottes Gerechtigkeit, Kraft, Weisheit etc. Dementsprechend können wir agieren.

Bevor wir uns freilich mit der konkreten Ausformung der Luther'schen Berufsethik in den *Ständen* zuwenden dürfen, müssen wir zur Kenntnis nehmen, dass Luther interessanterweise eine Möglichkeit des Berufenseins

---

215 „Ibi continuo alia mihi facies totius scripturae apparuit. Discurrebam deinde per scripturas, ut habebat memoria, et colligebam etiam in aliis vocabulis analogiam, ut opus Dei, id est, quod operatur in nobis Deus, virtus Dei, qua nos potentes facit, sapientia Dei, qua nos sapientes facit, fortitudo Dei, salus Dei, gloria Dei." (W. A., Bd. 54, S. 186, Zl. 9–13) [Sofort zeigte sich mir ein anderes Gesicht der ganzen Schrift. Ich durchlief daraufhin die Schriften, so wie ich sie im Gedächtnis hatte, und sammelte auch bei anderen Worten Analogien, wie: Werk Gottes, das heißt: das Gott in uns wirkt, Kraft Gottes: durch die er uns mächtig macht, Weisheit Gottes: durch die er uns weise macht, Stärke Gottes, Heil Gottes, Ehre Gottes.]

216 W. A., Bd. 36, S. 31, Zl. 14

durch Gott eingeräumt hat, das die Berufenen selber nicht explizit zu kennen brauchen (obwohl sie es kennen und bejahen *können*), nämlich ein Berufensein im *Weltreich*, das im Wesentlichen Vollzug des *Gesetzes* ist, also nicht direkt vom Evangelium abhängt. Um dies genauer zu erfassen, müssen wir Luthers Zwei-Reiche-Lehre betrachten.

Luthers Zwei-Reiche-Lehre[217]

Luthers Zwei-Reiche-Lehre, der eine Zwei-Regimente-Lehre zur Seite steht, ist eine Ausformung seiner Unterscheidungsbemühungen innerhalb der Ethik. Wir haben bereits die Unterscheidung zwischen Gesetz und Evangelium zur Kenntnis genommen. Die Zwei-Reiche-Lehre führt diese Unter-

---

217 Heinrich BORNKAMM: Luthers Lehre von den zwei Reichen im Zusammenhang seiner Theologie, 3. Aufl., Gütersloh 1969 – Harald DIEM: Luthers Lehre von den zwei Reichen, Beiheft 5 zur Ev. Theol. 1938 – Ulrich DUCHROW: Christenheit und Weltverantwortung. Traditionsgeschichte und systematische Struktur der Zweireichelehre, 2. Aufl., Stuttgart 1983 – Gerhard EBELING: Die Notwendigkeit der Lehre von den zwei Reichen, in: DERS., Wort und Glaube, Bd. I, 3. Aufl., Tübingen 1967, S. 407–428 – Hans-Joachim GÄNSSLER: Evangelium und weltliches Schwert. Hintergrund, Entstehungsgeschichte und Anlaß von Luthers Scheidung zweier Reiche oder Regimente, Mainz/Wiesbaden 1983 – GOTTES WIRKEN in seiner Welt. Zur Diskussion um die Zwei-Reiche-Lehre, ed. N. Hasselmann, 2 Bde., Hamburg 1980 – Johannes HECKEL: Im Irrgarten der Zweireichelehre, München 1957/Theologische Existenz heute, Neue Folge 55) – Martin HONECKER: Thesen zur Aporie der Zweireichelehre, in: Zeitschr. f. Theologie und Kirche 78 (1981), S.128–140 – Johannes van LAARHOVEN: Luthers Lehre von den zwei Reichen, in: Concilium 2 (1966), S. 501–506 – Franz Lau: Luthers Lehre von den beiden Reichen, Berlin 1952 – Peter MANNS: Luthers Zwei-Reiche- und Drei-Stände-Lehre, in: DERS.: Vater im Glauben, ed. R. Decot, Stuttgart 1988, S. 376–399 – Craig L. NESSAN: Liberation theology's critique of Luthers Two kingdoms doctrine, in: Currents in theology and mission 16 (1989), S. 257–266 – Wolfhart PANNENBERG: Luthers Lehre von den zwei Reichen, in: DERS.: Ethik und Ekklesiologie, Göttingen 1977, S. 97–114 – Reich Gottes und Welt. Die Lehre Luthers von den zwei Reichen, ed. Heinz-Horst Schrey, Darmstadt 1969 – Martin SEILS: Zweireichelehre heute, in: Charisma und Institution, ed. T. Rendtorff, Gütersloh 1985, S. 199–210 – Zur ZWEI-REICHE-LEHRE Luthers, ed. G. Sauter, München 1973

scheidung weiter. Eine weitere – später zu behandelnde – Unterscheidung wird die zwischen den *drei* Ständen bzw. Berufen sein.

Mit ihren geläufigsten Namen heißen die beiden Reiche *Reich Gottes* bzw. *Christusreich* und *Weltreich*.

Bevor wir aber noch auf die Aussagen Luthers eingehen, sind wichtige Motive für seine Zwei-Reiche-Theorie festzuhalten, die sich bereits aus dem Bisherigen ergeben: Wenn Gesetz und Evangelium zwei verschiedene Worte Gottes sind, und wenn eine Gruppe von Menschen aus dem Glauben an das rechtmachende Wort der Gnade lebt, die andere aber nicht, dann durchzieht die ganze Menschenwelt, sie in zwei B*ereiche* teilend, eine Trennungslinie. Freilich, ich darf Luthers Ethik nicht verkürzen: Stets und immer gilt das Gesetz für alle Menschen, auch für die Glaubenden! Aber sogar unter dieser Bedingung stellt sich anhand der beiden *usus legis*[218] die Trennungslinie wieder ein: Sie scheidet zwischen jenen, die sich durch das Gesetz täglich neu zur Buße und zum Glauben rufen lassen (denn „gebrechen des glaubens [das ist des ersten vnd hochsten gebottis] ist niemandt auff erden/ der sein nit ein groß stuck habe")[219], und jenen, bei welchen weder die Verkündigung des Evangeliums noch des Gesetzes irgendeine Wirkung hat (Leute, die sich Luther daher als vom Teufel besessen vorstellt), und die deshalb die Macht des Gesetzes äußerlich spüren müssen, damit sie, so gut als irgend möglich, am Tun des Bösen gehindert werden.

Nun zu Texten Luthers über die Zwei-Reiche-Lehre: Grundlegende Äußerungen finden wir in seiner Schrift „Von weltlicher Obrigkeit, wie weit

---

218 Der *primus usus legis* (erste Gebrauch des Gesetzes) oder *usus civilis* (bürgerliche Gebrauch), *usus politicus* (politische Gebrauch) ist der direkte Gebrauch: Denken wir etwa an das Gebot „Du sollst nicht töten": Es gilt (in verschiedenen Formulierungen der jeweiligen Strafgesetzbücher) in allen Gesellschaftsordnungen. Der *secundus usus legis* (zweite Gebrauch des Gesetzes), nach Luther der eigentliche Gebrauch – der *usus theologicus* (theologische Gebrauch), ist der Gebrauch, der uns unsere Sünde aufzeigt (indem wir etwa erkennen, dass wir das erste Gebot nicht erfüllen, sondern vielmehr allerlei Götzen haben; ja dass wir sogar dem Gebot „Du sollst nicht töten" zuwiderhandeln, sobald wir nämlich den Wunsch haben, diese oder jene Person möge nicht mehr leben). Der zweite Gebrauch führt auf das Evangelium hin, weil wir unser Rechtsein nicht mehr von unserer Erfüllung des Gesetzes, sondern vom rechtfertigenden Handeln Gottes an uns erwarten.

219 Luther: W. A., Bd. 6, S. 234 („Von den guten Werken", 1520)

man ihr Gehorsam schuldig sei" von 1523 – im Folgenden „Obrigkeitsschrift" genannt.[220] An dieser Schrift ist ihr Anlass wichtig: Georg, der Herzog von Sachsen,[221] verbot im Jahre 1522 den Verkauf der Luther'schen
Übersetzung des Neuen Testaments. Wenn Luther in der Obrigkeitsschrift
auf die Trennung der beiden Reiche und/oder Regimente zu sprechen
kommt, dann hat dies daher folgenden polemischen Hintergrund: Er will
verhindern, dass sich die weltliche Obrigkeit in die Frage einmischt, ob eine
Bibelübersetzung verbreitet werden soll oder nicht:

„Hie müssen wyr Adams kinder und alle menschen teylen ynn zwey
teyll: die ersten zum reych Gottis, die andern zum reych der welt. Die zum
reych Gottis gehören, das sind alle recht glewbigen ynn Christo unnd unter Christo. Denn Christus ist der könig unnd herr ym reych Gottis, wie
der ander [zweite] psalm sagt unnd die gantze schrifft, Und er auch darumb
komen ist, das er das reych Gottis anfienge und ynn der wellt auffrichtet.
Darumb spricht er auch fur Pilato: ‚meyn reych ist nit von der welt, sondern wer auß der warheyt ist, der höret meyne stym', und ymer ym Euangelio das reych Gottis antzeucht und spricht: ‚Bessert euch, das reych Gottis
ist erbey komen'. Item: ‚sucht am ersten das reych Gottis und desselben gerechtickeit'. Und nennet auch das Euangelion eyn Euangelion des reych
Gottis, darumb das es das reych Gottis leret, regirt und enthellt."[222]

Aus diesen und parallelen Ausführungen Luthers geht hervor, dass er das
Reich Gottes (unter Christus) als reale Größe *in* der Welt (obzwar nicht *von*
der Welt) auffasst. Kurz vor den zitierten Sätzen hat er die mittelalterliche
Theorie zurückgewiesen, in der Bergpredigt verkünde Jesus „Räte" *(consilia)*,
nach denen man (weil sie so schwer einzuhalten seien) nur aus besonderer
Berufung leben könne: nämlich als Mönch oder Nonne.[223] Nein, sagt Luther, die Bergpredigt gilt für alle Gläubigen! Sie konstituiert die Kirche. Es ist
hochinteressant, wie in dem zitierten Text Evangelium und Gesetz (beachten

---

220 W. A., Bd. 11, S. 245 ff.

221 Das *Herzogtum* Sachsen war das Nachbarland des *Kurfürstentums* Sachsen, in dem Luther hauptsächlich wirkte. Aber Herzog Georg war im Gegensatz zu Luthers Landes-
herrrn, dem Kurfürsten Friedrich, kein Freund der Reformation.

222 W. A., Bd. 11, S. 249, Zl. 24 ff.

223 A.a.O., S. 248 f.

wir die Imperative in den Worten Jesu) „durcheinander gehen" – ist man versucht zu sagen, besser: „ineinander gehen" bzw. „einander dialektisch bedingen". Ebenso wie Luther vielfältig differenzieren kann: nicht nur zwischen Gesetz und Evangelium, sondern auch zwischen den verschiedenen Gesetzen, so kann er auch identifizieren. Differenzieren und Identifizieren sind jedoch die beiden wesentlichen Schritte des dialektischen Denkens nach Platon.[224] Gott widerspricht sich nicht bei seinem Reden in „zwei Worten", bzw. er widerspricht sich so, dass das eine Wort das andere bestätigt und hervorruft, sodass die beiden Worte, ja dass die vielen Worte Gottes auch in einem Wort zusammengefasst werden können! Ich habe schon auf die Einheit von Gesetz und Evangelium in der Liebe hingewiesen. *Liebe* ist die göttliche Botschaft in *einem* Wort. Sie wird in und unter Christus Wirklichkeit.

Aber so liebevoll und harmonisch das Leben im Reich Christi auch ist, rebus sic stantibus (i. e. angesichts der Welt als widergöttlicher Macht), müssen sich die Christen und Christinnen gerade wegen ihres Glaubens und ihrer Liebe auf Leiden und Tod gefasst machen. In Einheit mit Christus sind sie dazu bereit: „Nu sihe, diße leutt dürfen keyns welltlichen schwerdts noch rechts. Und wenn alle welt rechte Christen, das ist recht glewbigen weren, so were keyn furst, könig, herr, schwerd noch recht nott odder nütze. Denn wo z sollts yhn? die weyl sie den heyligen geyst ym hertzen haben, der sie leret unnd macht, das sie niemant unrecht thun, yderman lieben, von yderman gerne und frölich unrecht leyden, auch den todt."[225]

---

224 „Das Trennen *(to dihaireisthai)* nach Gattungen und daß man weder denselben Begriff *(eidos)* für einen anderen noch einen anderen für denselben halte, wollen wir nicht sagen, dies gehöre für die dialektische Wissenschaft *(dialektike episteme)*? ... Wer also dieses gehörig zu tun versteht, der wird *eine* Idee *(idea)* als durch *viele*, die einzeln voneinander gesondert sind, nach allen Seiten sich hindurch erstreckend genau bemerken, und *viele* voneinander verschiedene als von *einer* äußerlich umfaßte, und wiederum *eine* als durch *viele*, die insgesamt miteinander verbunden sind, im Eins verknüpfte, und endlich viele als gänzlich voneinander abgesonderte. Dies heißt dann, inwiefern jedes in Gemeinschaft treten kann und inwiefern nicht, der Art nach zu unterscheiden wissen." (Platon, Sophistes 253 d–e (Übersetzung nach F. Schleiermacher, in: Platon, Sämtliche Werke, Bd. 4, Hamburg 1958 [und Neuauflagen], S. 227)

225 W. A., Bd. 11, S. 249, Zl. 36 ff.

Nun aber: Das Reich Christi ist nicht überall in der Welt wirklich; und weder kann es mit Gewalt eingeführt werden (was ihm selber zutiefst widersprechen würde), noch hätte es Sinn, auf gesetzliche Maßnahmen zur Eindämmung und Verhinderung von Übeltaten zu verzichten. Das meint Luthers Satz, DASS MAN MIT DEM EVANGELIUM DIE WELT NICHT REGIEREN KÖNNE: „Wenn nu yemand wollt die wellt nach dem Euangelio regirn und alle welltliche recht und schwerd auffheben und fur geben, sie weren alle getaufft und Christen, unter wilchen das Euangelion will keyn recht noch schwerd haben, auch nicht nott ist – lieber, radt, was würde der selb machen? Er würde den wilden bößen thieren die band und keten aufflößen, das sie yderman z ryssen und z byssen, und daneben furgeben, es weren feyne zame korre thierlin."[226]

„Die Welt" muss man mit dem Gesetz regieren. Mit seinem Ausdruck „Regiment" (zwei Reiche oder *Regimente*) spricht Luther vom Regieren in zwei verschiedenen „Regierungsformen": „Darumb hatt Gott die zwey regiment verordnet, das geystliche, wilchs Christen unnd frum leutt macht durch den heyligen geyst unter Christo, unnd das welltliche, wilchs den unchristen und bößen weret, daß sie eußerlich müssen frid hallten und still seyn on yren danck."[227]

Dieses zweite *Regiment* konstituiert das „Weltreich", und Luther gibt von ihm zu Anfang des folgenden Zitats eine lapidare Definition. Beachten wir aber, bitte, wie in den weiteren Ausführungen nicht nur die Trennung, sondern auch ein erster Zusammenhang der beiden Reiche greifbar wird: „Zum reych der wellt oder unter das gesetz gehören alle, die nicht Christen sind. Denn syntemal wenig glewben und das weniger teyl sich hellt nach Christlicher art, das es nicht widderstrebe dem ubel, Ya das es nicht selb ubel thue, hat Gott den selben ausser dem Christlichen stand unnd Gottis reych eyn ander regiment verschafft unnd sie unter das schwerd geworffen, das, ob sie gleych gerne wollten, doch nicht thun kunden yhr boßheyt …"[228]

---

226 A.a.O., S. 251, Zl. 22 ff.
227 A.a.O., S. 251, Zl. 15 ff.
228 A.a.O., S. 251, Zl. 1 ff.

Gerade ist der Ausdruck „christlicher Stand" vorgekommen: Sobald Luther die beiden Reiche und Regimente unter den Berufsgedanken stellt, wird der Beruf im Christusreich *status ecclesiasticus* (kirchlicher Stand), der Beruf im Weltreich *status politicus* (politischer Stand) heißen. Hierbei ist aber zu beachten, dass gläubige Christen nicht dem Weltreich entnommen sind, sondern von Luther geradezu aufgefordert werden, sich auch in den status politicus berufen zu lassen. Sie brauchen deshalb ihr Christsein nicht aufzugeben. Freilich müssen sie (ähnlich der Unterscheidung zwischen Gesetz und Evangelium) genau zwischen ihrem Wirken im einen oder anderen Reich unterscheiden. Hierfür prägt Luther die einander entsprechenden Begriffe „christliche Person" und „Weltperson" (an ein und demselben Menschen!). Diese Zweiheit ist insofern schwierig zu akzeptieren und zu leben, als folgender elementarer Konflikt damit heraufbeschworen wird: Im Christusreich geht alles gemäß der Bergpredigt, d. h. ohne Gewalt und nach den Regeln der Liebe, zu, was nicht zuletzt bedeutet, in der Nachfolge Christi willig Leiden und Kreuz auf sich zu nehmen; im Weltreich muss aber um der Ordnung und des Schutzes des Nächsten willen Abwehr des Bösen, Strenge und Gewaltausübung herrschen.

Was bedeutet das nun? Sollen sich die Christen etwa spalten und einerseits das Böse abwehren, andererseits aber nicht? Seltsamerweise sieht Luther genau dies vor:

„Darnach jst ein ander frage, ob ein Christen denn auch muge ein weltlich man sein und des regiments odder rechts ampt und werck furen, also das die zwo personen odder zweyerley ampt auff einen menschen geraten und zugleich ein Christ und ein furst, richter, herr, knecht, magd sey, welchs heissen eitel welt personen, denn sie gehoren zum weltlichen regiment. Da sagen wir ja, Denn Gott hat solch weltlich regiment und unterscheid selbs geordnet und eingesetzt …"[229] Einige Zeilen weiter heißt es zusammenfassend und lapidar: „Ein Christ bistu fur deine person, aber gegen deinem knecht bistu ein ander person und schuldig jn zu schutzen."[230]

---

229 W. A., Bd. 32, S. 390, Zl. 8 ff.
230 A.a.O., S. 390, Zl. 30 ff.

Luther hat also tatsächlich gelehrt, dass wir ChristInnen je zwei Personen sind, eine *christliche Person* und eine *Weltperson*. Das heißt aber nicht
mehr und nicht weniger, als dass die Unterscheidung der beiden Reiche
und Regimente mitten durch uns hindurchgeht.

Beruf und Berufe[231]

In Luthers Lehre vom Beruf kommen alle seine ethischen Gedanken zusammen: Hier muss sowohl von den Aufgaben der Menschen im Zusammenleben die Rede sein (und diese Aufgaben werde ich anhand von Luthers Stän-
detheorie aufzeigen), aber auch von der Unterscheidung der beiden Reiche
und Regimente und der zwischen Gesetz und Evangelium. Und – last, but
not least: Luthers Fundierung der Ethik in Glaube und Rechtfertigung wird
hier in besonderer Weise praktisch: Mein Glaube wird zu einer lebenslangen
und lebensgestaltenden Übung (Meditation), mich Gott zuzuwenden und
zu fragen, ob und wie ich mit meiner göttlichen Berufung übereinstimme.

Das zuletzt Gesagte muss ich deshalb ausdrücklich betonen, weil der
Neuprotestantismus dazu neigte, im Berufsgedanken die Weltzuwendung

---

231 Eilert Herms: Die Bedeutung des Gesetzes für die lutherische Sozialethik, in: Von Wit-
tenberg nach Memphis, Festschr. f. R. Schwarz, ed. W. Homolka u. O. Ziegelmeyer,
Göttingen 1989, S. 62–89 – Karl Holl: Die Geschichte des Wortes Beruf, in: ders.:
Ges. Aufsätze, Bd. III. Der Westen, Tübingen 1928, S. 189–219 – Luther und die Fol-
gen, ed. H. Löwe/H.-J. Roepke, München 1983 – Wilhelm Maurer: Luthers Lehre von
den drei Hierarchien und ihr mittelalterlicher Hintergrund (Abhandl. d. Bayr. Ak. d.
Wiss., philos.-hist. Abt.), 1970, S. 9–18 – Gerhard Müller: Luthers Sozialethik, in:
Glaube – Bekenntnis – Kirchenrecht, Festschr. f. H. Ph. Meyer, ed. G. Besier u. E.
Lohse, Hannover 1989, S.114–126 – Andreas Pawlas: Die lutherische Berufs- und
Wirtschaftsethik, Neukirchen-Vluyn 2000 – Hans-J. Prien: Luthers Wirtschaftsethik ,
Göttingen 1992 – Carl H. Ratschow: Gottesreich und Geschichtswelt, in: ders.: Von
den Wandlungen Gottes, ed. Ch. Keller-Wentorf u. M. Repp, New York 1986,
S. 259–287 – Gerta Scharffenorth: Den Glauben ins Leben ziehen ..., München
1982 – Martin Seils: Der Gedanke vom Zusammenwirken Gottes und des Menschen
in Luthers Theologie, Gütersloh 1962 (Beiträge zur Förderung christlicher Theologie,
Bd. 50) – Max Weber: Die protestantische Ethik, ed. J. Winckelmann, 1. Bd., 7. Aufl.,
Gütersloh 1984, 2. Bd. (Kritiken und Antikritiken), 4. Aufl., Gütersloh 1978 – Gustaf
Wingren: Luthers Lehre vom Beruf, München 1952

des evangelischen Christen hervorzukehren, nachdem sich der Christ soz. durch die „dogmatischen" Lehrstücke Rechtfertigungslehre, Unterscheidung von Gesetz und Evangelium etc. hindurchgearbeitet und mit der Praxis begonnen hätte. Aber der Neuprotestantismus hat hier Luther in fälschlicher Weise modernisiert! In allen bisher erwähnten Lehrstücken der Ethik Luthers waren wir der Welt zugewandt, zugleich aber mit Gott konfrontiert und/oder mit Gott verbunden, von Gott geleitet, geliebt und berufen. Glauben heißt für Luther, sich beim Handeln in der Welt an Gott zu orientieren und mit der Orientierung an Gott in der Welt zu handeln.

Genau dies, unser Handeln an Gott zu orientieren und, wo immer wir im Leben *stehen* (und das bedeutet im weitesten Sinne *Stand*), uns von Gott beauftragen zu lassen, heißt *Beruf.* Was wir im Leben berufsmäßig ausüben, ist uns von Gott aufgetragen und wird uns ständig aufs Neue aufgetragen. Insofern ist alles, was wir in unseren „Ständen" und Berufen tun, von geistlicher Dignität umgeben, auch wenn wir keinen „geistlichen Beruf" (im Rahmen von Kirche und Gemeinde) ausüben.

Luthers Berufskonzeption ist aus soziologischer Sicht von Max Weber untersucht worden.[232] Über Luther heißt es: „Aber mit der klareren Durchführung des ‚sola-fide'-Gedankens in seinen Konsequenzen und mit dem dadurch gegebenen, mit steigender Schärfe betonten Gegensatz gegen die ‚vom Teufel diktierten' katholischen ‚evangelischen Ratschläge' des Mönchtums steigt die Bedeutung des Berufs. Die mönchische Lebensführung ist nun nicht nur zur Rechtfertigung vor Gott selbstverständlich gänzlich wertlos, sondern sie gilt ihm auch als Produkt egoistischer, den Weltpflichten sich entziehender Lieblosigkeit. Im Kontrast dazu erscheint die weltliche Berufsarbeit als äußerer Ausdruck der Nächstenliebe ..."[233]

Weber weist nach, dass erst mit Luthers und den ihm folgenden protestantischen Bibelübersetzungen die Verwendung des Wortes *Beruf* im heutigen Sinn aufgekommen ist.[234]

---

232 Max WEBER: a.a.O., Bd. 1, S. 66 ff.

233 A.a.O., S. 68f.

234 A.a.O., S. 101 ff. Weber erläutert, dass Luther zunächst ganz verschiedene griechische Wörter mit *Beruf* übersetzt: Sowohl das Wort *klesis* in paulinischen, deuteropaulinischen

Was Weber jedoch in kritischer Einschätzung formuliert, zeigt sowohl Luthers theologische Berufskonzeption als auch die Grenze von Webers soziologischer Betrachtungsweise: „So blieb also bei LUTHER der Berufsbegriff traditionalistisch gebunden. Der Beruf ist das, was der Mensch als göttliche Fügung *hinzunehmen*, worein er sich ‚zu schicken' hat: – diese Färbung übertönt den auch vorhandenen anderen Gedanken, daß die Berufsarbeit eine oder vielmehr *die* von Gott gestellte Aufgabe sei."[235] – Mit dem hier auftretenden Wortpaar Beruf/Berufsarbeit kann man sehr gut die theologisch-ethische und die soziologische Sicht auseinander halten. Den Soziologen interessiert vorwiegend die Berufsarbeit und das dahinter stehende Arbeitsethos. Luther predigt aber keineswegs jenes Arbeitsethos, das Max Weber in modernen protestantisch geprägten Gesellschaften vorfand, und das er als Wurzel des Kapitalismus entdeckt haben will. Luther predigte nämlich nicht die Arbeit um des Geldverdienens willen, schon gar nicht Geldverdienen um seiner selbst willen und den Kapitalismus, sondern den *Beruf* von Gott zum Wohle des Nächsten. Wir Christen sind berufen, sagt Luther, wie Christus unserem Nächsten *nützlich* zu sein: „…Vnnd gegen meynem nehsten auch werden ein Christen/wie Christus mir worden ist/ vnd nichts mehr tun/ denn was ich nur sehe/ yhm nott/ nützlich vnd seliglich sey/ die weyl ich doch durch meynenn glauben/ allis dings yn Christo gnug habe."[236] (Der Gesichtspunkt der Nützlichkeit wird sich im Laufe der Neuzeit verselbständigen und im Utilitarismus die Grundlage eines eigenen ethischen Systems bilden!)

Dass wir in unserem Beruf unter Umständen zugunsten unseres Nächsten schwer arbeiten werden, ist für Luther ebenso selbstverständlich, wie dass wir bei anderen Gelegenheiten das lächerlich unscheinbare „gute Werk" tun werden, „einen Strohhalmen aufzuheben"[237]. Diese Freiheit des

---

und anderen Briefstellen: 1. Kor. 1, 26; Eph. 1, 18; 4, 1; 4, 4; 2. Thess. 1,11; Hebr. 3, 1; 2. Petr. 1, 10 u. ö., ebenso aber *ergon* in Sir. 11,20 und *ponos* in Sir. 11,21. „Die Lutherische Übersetzung bei dieser Sirachstelle ist, soviel ich sehe, der *erste* Fall, in welchem das deutsche Wort ‚Beruf' ganz in seinem *rein* weltlichen Sinn gebraucht wird." (a.a.O., S. 102)

235 A.a.O., S. 72

236 LUTHER: Von der Freiheit eines Christenmenschen, 1520, in: W. A., Bd. 7, S. 35 f. (zit. nach: Luther: Werke, ed. Clemen, Bd. 2, S. 25)

237 LUTHER: Von den guten Werken, 1520, W. A., Bd. 6, S. 206

Glaubenden zur Arbeit, gleichzeitig aber auch *von* ihr, muss Max Weber übergehen. Eine solche Freiheit aber kommt aus der Rechtfertigung und ist das für Luther Entscheidende. Mit den geistlichen Berufen kann Weber schon von vornherein nichts anfangen! Er sieht sie nicht als „Berufsarbeit" – offensichtlich, weil sie sich schwer ökonomisch einordnen lassen. – Wenn sich nach Weber der von Luther belehrte Mensch „in die göttliche Fügung schickt", so bekommt dasjenige einen negativen Beigeschmack, was nach Luther positiv bedeutet, dass Gott uns den Inhalt und das Ziel unseres Lebens gibt. Die positive Seite der „göttlichen Fügung" bedeutet aber nichts weniger, als dass wir Gottes Mitarbeiter werden.

Was freilich den „Traditionalismus" der Ethik Luthers betrifft, so hat Weber zweifellos etwas Richtiges getroffen. Luthers antirevolutionäre Haltung im Bauernkrieg ist allgemein bekannt. Luther stemmte sich im Bauernkrieg dagegen, dass die Reformation und die Neuentdeckung des Evangeliums als Sozialprogramm ausgeschlachtet würden. Daraus folgt aber nicht unbedingt, dass seine *Ständelehre,* die ich jetzt referieren werde, auf jeden Fall rückschrittlich wirken müsse.

Die drei Stände

1528 schreibt Luther seine (Doppel-)Schrift „Vom Abendmahl Christi. Bekenntnis". Das darin enthaltene Bekenntnis ist „für die evangelische Bekenntnisbildung bis hin zur Confessio Augustana von Einfluß gewesen"[238]. – Nicht vom Bekenntnis Luthers als ganzem soll hier die Rede sein, sondern von einem darin enthaltenen sozialethischen Abschnitt. Wir lesen: „Aber die heiligen orden und rechte stiffte von Gott eingesetzt sind diese drey: Das priester ampt, Der Ehestand, die weltliche öberkeyt."[239] – Luther verblüfft uns hier zuerst mit den Ausdrücken „heilige Orden, rechte Stifte". Hier liegt kein Missverständnis oder veralteter Wortgebrauch vor, sondern Luther will ganz bewusst den gängigen Wortgebrauch ersetzen und den ka-

---

238 Bernhard LOHSE: Martin Luther, 2. Aufl., München 1982, S. 141
239 W. A., Bd. 26, S. 504, Zl. 30 f.

tholischen Orden und Stiften ihre Heiligkeit entwinden. Kirche (über
„Priesteramt" gleich weiter unten), Ehe, Obrigkeit – will Luther sagen –
sind *von Gott* eingesetzt, die römisch-katholischen Orden und Stifte aber
nicht, sie sind „Menschenfündlein", ja wie sich Luther noch ungemein
schärfer ausdrückt: Sie sind „teuffels stiffte und klöster …, so blos on Gottes
wort auff komen sind und dazu widder den einigen weg des glaubens streben und toben"[240]. Deshalb sollen wir uns ausschließlich an das von Gott
Eingesetzte halten. Für die Ehe bedeutet das ihre sofortige Erhöhung über
den ehelosen Stand[241], für die weltliche Obrigkeit bedeutet das ebenfalls
eine ethische Aufwertung: Wenn die mittelalterliche Kirche sich stets der
weltlichen Herrschaft überlegen gefühlt hatte (ob sich das in der Praxis des
Papsttums oder des Bischofsamtes auch wirklich hat durchhalten lassen,
steht auf einem anderen Blatt), so stellt Luther absichtlich beides nebeneinander. Für das Verhältnis von Kirche und weltlicher Obrigkeit wäre hier die
oben besprochene Zwei-Reiche-Lehre heranzuziehen.

Zum „PRIESTERAMT": Wie Luther den Ausdruck „heilige Orden" anders
als in der römischen Kirche verwendet, so auch die Bezeichnung *Priesteramt.* Luther will provozieren und die Würde des Priesteramts nicht der
Papstkirche überlassen. 1520 in der Schrift an den christlichen Adel hatte
Luther im Anschluss an 1. Petr. 2, 9[242] die Lehre vom allgemeinen Priestertum entwickelt. – Sind aber jetzt, 1528, noch alle Christ(inn)en am allgemeinen Priestertum beteiligt, wenn Luther einen eigenen Stand, Orden,
Beruf – eben das Priesteramt – vorsieht? Diese Frage ist nicht ganz leicht zu
beantworten, da es 1528 einerseits Luthers Überzeugung ist, dass die drei
verschiedenen Berufe und Orden zusammenwirken, ja einander auch notwendig überschneiden, wie ich noch zu erklären haben werde, andererseits
aber deutlich unterschieden werden müssen. Es wäre auch nicht unrichtig
zu sagen, der erste reformatorische (beinahe revolutionäre) Elan von 1520

---

240 A.a.O., S. 505, Zl. 26 ff.
241 Den Zölibat hat Luther nicht a limine abgelehnt, ihn aber nur als seltene Berufung an-
    gesehen, die Einhaltung des Zölibats aber keinesfalls als verdienstliches Werk angesehen.
242 „Ihr aber seid das auserwählte Geschlecht, das königliche Priestertum, das heilige Volk,
    das Volk des Eigentums, dass ihr verkündigen sollt die Wohltaten des, der euch berufen
    hat von der Finsternis zu seinem wunderbaren Licht."

sei einem traditionalistischen Ordnungsdenken gewichen. Jedoch muss man sich vor allzu billigen historischen Verallgemeinerungen hüten: Bei genauerem Studium erweist sich sehr häufig, dass die ethischen Konzeptionen Luthers gerade in ihren Differenzierungen und Identifizierungen weder gedanklich unklar noch auch einfach auf äußere Umstände zurückzuführen sind.

Wenn Luther nämlich das Priesteramt weiter beschreibt, finden wir darin eine unerwartete Weite: „Alle die, so im pfarampt odder dienst des worts funden werden, sind ynn einem heiligen, rechten, guten, Gott angenemen orden und stand, als die da predigen, sacrament reichen, dem gemeinen kasten furstehen, küster und boten odder knechte, so solchen personen dienen etc. Solchs sind eitel heilige werck fur Gott.“[243] Wenn hier auch nicht vom allgemeinen Priestertum die Rede ist, dann kommt Luther dem doch nahe: Er gibt einen solchen Begriff von der Kirche, dass alle aktiv in ihr Arbeitenden zu ihr gehören – ausdrücklich auch solche, die nicht im Gottesdienst wirken, sondern z. B. in der Armenpflege (genannt „gemeiner Kasten“) arbeiten. Ziehen wir die *Zwei-Regimente-Lehre* heran, dann darf man das Priesteramt und das geistliche Regiment identifizieren. Dies hat zur Folge, dass sofort klar wird, dass die Kirche nach Luther keine bloß soziologische Größe, keine rein menschliche Institution ist, sondern eine theologische Größe: Nur wo Gott durch Menschen worthaft wirkt (und das Sakrament ist nach Luther *verbum visibile!* [sichtbares Wort]), ist Kirche, und das heißt: einer der drei *heiligen Orden*.

Betrachten wir nun mit Luther den EHESTAND: „Wer Vater und Mutter ist, haus wol regirt und kinder zeucht zu Gottes dienst, ist auch eitel heiligthum und heilig werck und heiliger orden, Des gleichen, wo kind odder gesind den eldern odder herrn gehorsam ist, ist auch eitel heiligkeit, und wer darynnen funden wird, der ist ein lebendiger heilige auff erden.“[244] – Mehrmals provoziert Luther: Im Gegensatz zu mittelalterlichen Heiligkeitsvorstellungen schreibt er den weltlichen Geschäften der Ehe „eitel“ (völlige) Heiligkeit zu. Beachten wir, dass nicht das sexuelle Verhältnis zwi-

---

243 W. A., Bd. 26, S. 504, Zl. 31 ff.
244 A.a.O., S. 505, Zl. 1 ff.

schen Mann und Frau zur Provokation benutzt wird (obwohl, wie wir wissen, Luther von der Askese zur Bejahung der Sexualität gekommen ist, 1525 geheiratet und damit seine Zeit provoziert hat); auch das persönliche Verhältnis zwischen den Ehegatten spielt keine große Rolle in der Heiligkeit des Ehestandes![245]

Man könnte zwar von einem soziologischen Gesichtspunkt her sagen: Die Ehe ist „Wirtschaftsinstitut" (das Haus regieren), „Erziehungsanstalt" (Kinder heranziehen) und „Gesellschaftsmodell" (Verhältnis Herr – Gesinde). Dieser Eindruck ist nicht falsch, aber Luther bringt eben den soziologischen konsequent unter einen *theologischen* Gesichtspunkt. Er will sagen: Die tradierte Lebensform der Ehe ist von Gott gewollt: Wer darin lebt, soll sich als von Gott berufen ansehen und demgemäß leben. Das ist nicht selbstverständlich, es ergibt sich nicht aus der Vorfindlichkeit und üblichen Praxis. Hierzu bedarf es der Besinnung auf das Wort Gottes. – Luthers Ethik hat – das ist auch gegen ein traditionalistisches Luthertum zu sagen – den Vorteil, dass sie *nicht auf eine Gesellschaftsform festgelegt* ist. Wir könnten in allen gesellschaftlichen Formen, die das Leben in der Weise fördern wie der Ehestand, den Auftrag, d. h. *Beruf* Gottes suchen und ihm nachkommen. Wo und wie die Grenzen des „heiligen Ordens", genannt Ehe, gezogen werden, das scheint mir nach Luther weitgehend offen zu sein. In der Entwicklung zur bürgerlichen Ehe haben z. B. die Lutheraner in den westlichen Gesellschaften die Wandlungen von der Großfamilie in die Kleinfamilie und von der Familie als Produktions- *und* Konsumtionseinheit zur bloßen Konsumtionseinheit mitmachen und die Eheaussagen Luthers auf das moderne Ehe- und Familienbild übertragen können. Denn es ist aus den oben zitierten Sätzen klar, dass bei Luther Familie noch Großfamilie und Produktionseinheit war. – Wenn aber Luthers Begriff vom Ehestand von der Groß- auf die Kleinfamilie übertragen werden kann, warum dann nicht auch auf die Patchwork-Family?

---

245 Etwas weiter unten werden auch Witwen und Jungfrauen dem Ehestand zugeordnet: „Was aber vom Ehestand gesagt ist, sol man auch vom widwen und Jungfraw stand verstehen, Denn sie gehören doch zum hause und zum haushalten etc." (a.a.O., S. 505, Zl. 23 ff.)

Zur Obrigkeit: „Also auch furst odder oberherr, richter, amptleute, Cantzler, schreiber, knechte, megde und alle, die solchen dienen, dazu alle, die untheniglich gehorsam sind: alles eitel heiligthum und heilig leben fur Gott.“[246] – Wieder provoziert Luther mit der Rede von der *Heiligkeit* des Obrigkeitsstandes, aber diesmal nicht bloß die römische Kirche, sondern auch die späteren weniger obrigkeitshörigen Zeiten: Ist „untertäniglicher Gehorsam" wirklich ein ethischer Inhalt? Zeigt sich hier nicht Luther, der *Fürstenknecht?* – Der autoritätsbezogene Charakter sowohl Luthers als auch seiner Zeit soll sofort eingeräumt werden. Unter politischen Autoritäten muss man allerdings auch die Obrigkeiten in den Städten rechnen, die zur Demokratie tendierten – die Reformation war nicht zuletzt im Bürgertum der wachsenden Städte willkommen, und „Richter, Amtleute, Kanzler, Schreiber" nennen uns bürgerliche Berufe. Da die Reformation gleicherweise in Fürstenstaaten als auch in Stadtstaaten akzeptiert werden konnte, haben wir damit wieder einen Hinweis auf die Nicht-Festgelegtheit lutherischer politischer Ethik.

Luthers Ethik ist daher auch im demokratischen Staat praktikabel. Immer wird es politische Autoritäten (Ämter) geben, die für die Gesetzlichkeit des Zusammenlebens sorgen müssen, auch wenn sie im demokratischen Staat anders zustande kommen als im feudalen und im absolutistischen Staat.

Wir müssen uns davor hüten, Luther die Bejahung jederlei autoritären Auftretens von „Oberpersonen" zuzuschreiben. Luther bejahte die Obrigkeit *weil, damit und insofern sie das Gesetz vertrat.* Weiters realisiert die Obrigkeit nach Luthers Konzeption das weltliche Regiment Gottes, sie darf also nie und nimmer in Willkür handeln! Luther gibt der Obrigkeit ethisch zu bedenken, dass sie an Stelle und im Auftrag Gottes handelt, und wer die Reflexion über die Berufung der Obrigkeit durch Gott ausfallen lässt, darf nicht die Obrigkeitslehre Luthers in Anspruch nehmen.

Eines ist freilich hervorzuheben: Aus Luther wird man keine moderne optimistische Staatstheorie herausziehen können. Dass der Staat in eine bessere Zukunft führen solle, dass die Politiker Ideen, Utopien, Visionen für

---

246 A.a.O., S. 505, Zl. 5 ff.

ihren Staat zu entwickeln hätten, und was wir uns alles sonst noch vom modernen Staat erhoffen – dem wäre Luther mit äußerstem Misstrauen gegenübergestanden. Vielleicht war seine politische Sicht pessimistisch, eher aber realistisch und einschränkend: Wenn der *status politicus* zur Erhaltung und zum Schutz des Zusammenlebens in seinem Lande wirke, dann habe er bereits seinen Beruf von Gott erfüllt.

Die drei Berufe, Stände oder Orden sind aber nicht alles: „Uber diese drey stifft und orden ist nu der gemeine orden der Christlichen liebe, darynn man nicht allein den dreyen orden, sondern auch ynn gemein einem iglichen dürfftigen mit allerley wolthat dienet, als speisen die hungerigen, trencken die dürstigen etc., vergeben den feynden, bitten fur alle menschen auff erden, leiden allerley böses auff erden etc."[247]

Luther fasst mit den letzten Worten nicht etwa nur zusammen, sondern er relativiert seine eigene Drei-Stände-Lehre und führt sie auf das Wesentliche zurück. Nach oben hin verdichtet sich die Drei-Stände-Lehre soz. in einen einzigen Stand und Beruf, den „gemeinen Orden der christlichen Liebe". Nach unten hin, das kann man ebenso mit Luther sagen, verästelt sich das Berufsleben innerhalb der großen Stände in die persönlichen Berufe aller Einzelnen.

Aber Luther wäre nicht Luther, würde er nicht auch in seiner Ständelehre auf den letzten Grund der Ethik verweisen, von dem man eben nicht nur einmal am Anfang der Ethik reden und sich damit begnügen darf, sondern der ständig gegenwärtig sein muss, weil aus ihm alle Reflexion und alles Handeln fließt: „Sihe, das heissen alles eitel gute heilige werck, Dennoch ist keiner solcher örden ein weg zur seligkeit, Sondern bleibt der einige weg uber diese alle, nemlich der Glaube an Jesum Christum."[248]

---

247 A.a.O., S. 505, Zl. 11 ff.
248 A.a.O., S. 505, Zl. 15 ff.

Kapitel 5

Utilitarismus[249]

Luther hat durch seine Ethik die gesamte Neuzeit stark beeinflusst. Sein Berufsgedanke ist sogar in der späteren Neuzeit besonders stark zum Tragen gekommen, zu einer Zeit allerdings, wir haben dies anhand der Aus-

---

249 Gunnar ADLER-KARLSSON: Der Kampf gegen die absolute Armut, Hamburg 1978 – Kurt BAIER: The Moral Point of View, Ithaca/N.Y. 1958 – Richard B. BRANDT: Ethical Theory, Englewood Cliffs/N.J. 1959 – Jeremy BENTHAM: Introduction to the Principles of Morals and Legislation (1879), Darien/Conn. 1970 – Bernward GESANG: Eine Verteidigung des Utilitarismus, Stuttgart 2003 – Karl BRITTON: John Stuart Mill, London 1953 – Einführung in die utilitaristische Ethik. Klassische und zeitgenössische Texte, ed. O. Höffe, 3. Aufl., Tübingen 2003 – John FINNIS: The Fundamentals of Ethics, Oxford 1983 – John GROTE: An Examination of Utilitarian Philosophy, Cambridge 1870 – Roy F. HARROD: Utilitarianism Revised, in: Mind 45 (1936), S. 137–156 – Brian HEBBLETHWAITE: Art. Utilitarismus, in: Wörterbuch des Christentums, 1988, S. 1303 f. – Norbert HOERSTER: Utilitaristische Ethik und Verallgemeinerung, 2. Aufl., Freiburg/München 1977 – Henry J. McCLOSKEY: An Examination of Restricted Utilitarianism, in: Philosophical Review 66 (1957), S. 466–485 – Abraham I. MELDEN: Two Comments on Utilitarianism, in: Philosophical Review 60 (1951), S. 508–524 – John St. MILL: Der Utilitarismus (1871), Stuttgart 1976 – John St. MILL: Utilitarianism, ed. S. Gorovits, Indianapolis 1971 – John PLAMENATZ: The English Utilitarians, Oxford 1958 – Anthony QUINTON: Utilitarian Ethics, London 1973 – Geoffrey SCARRE: Utilitarianism, London 1996 – Herbert W. SCHNEIDER: Obligations and the Pursuit of Happiness, in: Philosophical Review 61 (1952), S. 312–319 – Henry SIDGWICK: Methods of Ethics, 7. Aufl., London 1907 – Peter SINGER: Praktische Ethik (1984), Stuttgart 1989 – John J. C. SMART: An Outline of a System of Utilitarian Ethics, Melbourne 1961 – DERS.: Art. Utilitarianism, in: The Encyclopedia of Philosophy, Bd. 7–8, New York/London 1967, S. 62–68 – John J. C. SMART/Bernard WILLIAMS: Utilitarianism For and Against (1973), 12. Aufl., Cambridge 1987 – Stephen TOULMIN: The Place of Reason in Ethics, Cambridge 1951 – Der klassische Utilitarismus, ed. U. Gähde/ W. H. Schrader, Berlin 1992 – Utility theories. Measurements an applications, ed. W. Edwards, Boston u. a. 1992 – Falk WAGNER: Behinderte Neugeborene – Leben, das zu leben sich nicht lohnt? Zur Auseinandersetzung mit dem Präferenz-Utilitarismus von Peter Singer,

führungen von Max Weber bemerkt, in der die Glaubensmotivation in den Hintergrund trat. Systematisch-ethisch könnte man die Entwicklung der Ethik in der Neuzeit wie folgt beschreiben: Während sich die Ethik der Antike (und des Mittelalters, die hierin weitgehend der Antike folgt) an einem objektiven Gegenüber der handelnden Menschen orientierte: an Gesetzen, an Gütern, an natürlichen Tugenden, an Gott, so verlegte die Neuzeit ihren Orientierungspunkt in die Subjektivität des Menschen. Aus dem Menschen als Menschheit bzw. aus dem einzelnen Handelnden soll abgeleitet werden, was Gut oder Recht ist bzw. was durch das Handeln verwirklicht werden soll.

Schon die Tugendethik bildet einen Übergang von der objektiven zur subjektiven Orientierung in der Ethik; denn es ist nahe liegend, von einer angeborenen Tugend auf das Subjekt dieser Tugend zu reflektieren und sodann eine Tugend nicht bloß als Eigenschaft, Fähigkeit (Aristoteles: hexis = habitus) eines Subjekts zu verstehen, sondern als zu seinem Wesen gehörig. Die neuzeitliche Karriere der Tugendethik zeichnet sich daher auch dadurch aus, dass weniger die objektiv gegebenen Tugenden, sondern die tugendhaften Subjekte betrachtet werden.

Bei Luther fanden wir eine perfekte Einheit von Objektivität und Subjektivität der ethischen Motivation im Glauben. Im Glauben sind der Wille Gottes und des Menschen vereint: Der glaubende Mensch will, was Gott will: das Gute und Rechte.

Luther fasste die alteuropäischen Argumente zur Gesetzes-, Güter- und Tugendethik zusammen, indem er die (objektive) Erfüllung des Gesetzes durch die Rechtfertigung Gottes und die (subjektive) Verwirklichung des höchsten Gutes und Glücks in der Berufung der Glaubenden predigte, zur Praxis der Nächstenliebe hinführte und damit einen wesentlichen Beitrag zur neuzeitlichen Ethik leistete. In den folgenden Jahrhunderten entstan-

---

in: Theologia practica 28 (1993), S. 49–59 – Werner WOLBERT: Vom Nutzen der Gerechtigkeit. Zur Diskussion um Utilitarismus und teleologische Theorie, Freiburg (Schweiz) u. a. 1992 – Jean-Claude WOLF: John Stuart Mills „Utilitarismus", Freiburg i. Br. 1992 – DERS.: Utilitarismus, Pragmatismus und kollektive Verantwortung, Freiburg (Schweiz) 1993

den jedoch Risse in diesem Konzept, vor allem der Riss zwischen einer religiösen und einer säkularen Auffassung der Ethik.

Wir werden sehen, dass der nächste hier zu erwähnende Ethiker, David Hume – in auffallender Distanz zu seiner eigenen Sozialisation im Calvinismus –, zwar kein Religionsgegner war, gleichwohl aber zu einer neuen *nicht*religiösen Begründung der Ethik ansetzte. Er fand sie in einer früheren Phase seines Denkens im Gefühl bzw. *moral sense* des Menschen, später in der Nützlichkeit – *utility* (davon „Utilitarismus") des menschlichen Tuns. Sowohl *moral sense* als auch *utility* können gar nicht anders als subjektbezogen verstanden werden: Nur der Mensch hat moralisches Gefühl bzw. einen moralischen Sinn, und bei *utility* ist zwar an individuelle sowie kollektive Nützlichkeit gedacht, aber immer an Nützlichkeit für Menschen. David Humes ethische Untersuchungen sind die Quelle des breiten Stromes utilitaristischen Denkens.

Ich habe oben darauf hingewiesen, dass die Erwägung der Nützlichkeit des Handelns (zum Wohle des Nächsten) bereits bei Luther eine gewisse Rolle spielte. Lässt man das Gesetz, die Rechtfertigung im Glauben sowie die Berufung zur Kooperation mit dem Schöpfer weg, behält aber den Zweck des Handelns, nützlich zu sein, bei, sind wir beim Utilitarismus. Dies kommt auch mit einer neueren Definition des Utilitarismus überein: "One should so act as to promote the greatest happiness of the greatest number of people."[250]

Das Wort *happiness* weist uns darauf hin, dass von den bisher dargestellten ethischen Systemen die Güterethik (die auch als „Ethik des Strebens nach Glück" bezeichnet werden kann) im Utilitarismus wieder zur Geltung kommt. Die utilitaristische Ethik hat dieselbe systematische Stellung gegenüber der Berufsethik wie die Güterethik gegenüber der Gesetzesethik. Ähnlich der Güterethik spricht der Utilitarismus jene Bestrebungen der Menschen an, durch die sie geneigt sind, von sich aus ethisch zu handeln, ohne dass ein Gesetz oder eine Berufung an sie herantreten müsste: Dadurch, dass ihnen Güter vor Augen gestellt werden, die für sie selber oder

---

250 Peter A. ANGELES: Dictionary of Philosophy, 1981, zit. nach: http://www.debata.f2s. com/archive/utilitarianism.pdf

für andere von Nutzen sind. Zwischen Eigennutz und dem Nutzen für andere muss zuerst einmal gar nicht unterschieden werden, denn in „the greatest happiness of the greatest number" bin ich als Handelnder selbstverständlich eingeschlossen. Der Nutzen für andere, den ich bewirke, muss meinem Nutzen nicht widersprechen. Da ein Mensch allein das Leben nicht bestehen kann, dient alles, was der Einzelne für seine Mitmenschen tut, seiner Anerkennung und Wertschätzung durch die Mitmenschen, und daher auch seinem eigenen Nutzen.

Anlässlich der Darstellung der Güterethik habe ich die Unterscheidung zwischen *uti* (benützen) und *frui* (genießen) bei Augustinus erwähnt. In der augustinischen Ethik definiert dieser Unterschied zwei Stufen, und weil alles Benützen um des Genießens willens geschieht und nicht umgekehrt, wird das *uti* zurückgestuft und bloß als Mittel zum Zweck verstanden. Der Utilitarismus freilich, wie schon der Name zu sagt, orientiert sich ausschließlich am Nützlichen, er hat deshalb in der theologischen Tradition des Augustinismus keinen guten Ruf: Er bleibe, so wendet diese Tradition gegen ihn ein, soz. bei etwas Vorläufigem stehen und schwinge sich nicht zur Erreichung des höchsten ethischen Ziels auf (bei Augustin ist dies bekanntlich die Gottesliebe). Trotzdem wird man sagen dürfen, dass das ethische Prinzip eines Anstrebens des Nützlichen eng mit dem Streben nach Glück (Eudämonismus) bzw. der Güterethik verwandt ist.

In der Pflichtenethik findet sich eine ähnliche Unterscheidung wie bei Augustinus: In seinem ethischen Werk „De officiis" („Von den Pflichten") stellt Cicero[251] dem *utile* (Nützlichen) das *honestum* (Ehrenhafte) entgegen. Auch Cicero stuft ab: Auf der unteren Stufe steht das *utile* (weil es bloß Mittel ist), auf der höheren das *honestum*: dieses wird um seiner selbst willen getan (als Inhalt der Lehre vom Ehrenhaften finden wir dann eine Abhandlung der Tugenden). Cicero fußt in seinen Überlegungen – wie er selber mehrmals betont – auf der Ethik des Stoikers Panaitios, die nicht erhalten ist. Wie auch immer die Pflichtenethik Ciceros im Einzelnen gestaltet sein

---

251 Augustinus ist in seiner Unterscheidung uti/frui zweifellos von Cicero beeinflusst. Jedoch hat Augustinus die genannte Unterscheidung einem anderen Ansatz dienstbar gemacht als Cicero.

mag, sein Einfluss in der Geschichte der ethischen Theoriebildung ist ähnlich stark wie der Augustinus', nur dass sich der Einfluss Ciceros auch auf
die humanistische Ethik und die Ethik der Aufklärung bis hin zu Kant er-
streckt, der allerdings alle Handlungen, die bloß um des Nutzens willen geschehen, als moralisch minderwertig ansah.

Das Nützliche ist damit im Sinne der Pflichtenethik zwar nicht Endstufe
der moralischen Überlegungen und Empfehlungen, aber immerhin Vor-
stufe. Und es lässt sich sagen, dass das menschliche Handeln im Sinne von
Ethos und Ethik *mindestens* nützlich sein muss, möge es sich in der Folge
dann auch höheren Zwecken zuwenden. Das Gegenteil hiervon wären
nutzlose Handlungen und Verhaltensweisen.

An den Ethikern, die in diesem Kapitel zu nennen sind, *David Hume*
(1711–1776), der die Voraussetzungen des Utilitarismus geschaffen, *Jeremy
Bentham* (1748–1832) und *John Stuart Mill* (1806–1873), den eigentlichen
Lehrern des Utilitarismus, ist hervorzuheben, dass sie viel zur Entwicklung
und zum Selbstverständnis der modernen Demokratie und ihrer liberalen
Gesellschaftsauffassung beigetragen haben. Dieses unser (westliches politi-
sches) Selbstverständnis orientiert sich weniger an großen Tugenden, absoluten Zielen, Utopien und idealen Sollensforderungen, sondern an den
praktischen Aufgaben und Möglichkeiten des täglichen politischen und sozialen Zusammenlebens. Wendet man im politischen Alltag das Kriterium
der Nützlichkeit an, wird man leichter demokratische Mehrheiten erzielen
als bei anderen Kriterien. Nicht ohne Grund steht auch der große Ökonom
(und Moralphilosoph) *Adam Smith* (1723–1790), der erste Theoretiker des
Kapitalismus, in der Tradition des Utilitarismus.

David Hume[252]

Mit David Hume (1711–1776) sehen wir jene Wende beginnen, die vielleicht einschneidender war als alle übrigen Epochenwenden: die Wende zur

---

252 Jonathan HARRISON: Hume's Moral Epistemology, Oxford 1976 – James KING: Hume's
    Classical Theory of Justice, in: Hume Studies 7 (1981), S. 32 ff. – John L. MACKIE:

Moderne. Seit damals verlässt sich der Mensch auf sich selber (sei es individuell, sei es kollektiv). Vor dieser Wende orientierte sich der Mensch, wie
erwähnt, an objektiven, nicht an subjektiven Prinzipien: an seinen Göttern,
an dem einem Gott, an der Natur etc. Das bedeutet, dass in der Vormoderne die Ethik vom Gesetz Gottes oder vom natürlichen Gesetz, von objektiv bestehenden Gütern, von in uns angelegten Tugenden oder von der
Berufung durch Gott abgeleitet wird – in der Moderne jedoch aus der
menschlichen Freiheit und dem menschlichen Willen. Welche Gestalt nehmen nun die Freiheit und die davon abgeleitete Ethik bei Hume an?

Hume führt – angeregt von der Naturwissenschaft eines Isaak Newton
– den *Empirismus* in die theoretische und praktischen Philosophie der Neuzeit ein. Zwar: Empirie, Erfahrung – das gab es schon immer. Die Wissenschaft der Griechen – um bloß in der europäischen Tradition zu bleiben –
interessierte sich stark an der Empirie. Aristoteles z. B. war Empiriker, denn
sein System grenzte sich durch die Einbringung von Erfahrungsdaten aus
Natur und Geschichte vom System des platonischen Ideen-Denkens ab, jedoch argumentiert Aristoteles zugleich logisch, spekulativ und metaphy-
sisch. Auch hat man vor der Entstehung des neuzeitlichen Empirismus
noch nicht den Gedanken gehabt, das gesamte Wissen ab ovo aus den
durch Empirie gewonnenen Daten zu konstruieren wie in der modernen
Naturwissenschaft und Wissenschaftstheorie. In theoretischer Hinsicht verstehen wir wahrscheinlich sofort, was gemeint ist: Die Empirie soll Erfahrungsdaten zum Aufbau der wissenschaftlichen Erkenntnis liefern. Dabei
schließt der empiristische Philosoph eine Berufung auf historische Autoritäten und die Spekulation über Ideen aus. Was aber bedeutet das prak-
tisch-ethisch?

Hume will nicht nur seine theoretische Philosophie, sondern auch seine
Ethik bzw. Morallehre auf empirische Grundlagen stellen. Deshalb schaltet
er (wie in der theoretischen Philosophie) auch in der Moralphilosophie ir-

Hume's Moral Theory, 1980 – Ernest C. Mossner: The Life of David Hume, 2. Aufl.,
Oxford 1980 – John B. Stewart: The Moral and Political Philosophy of David Hume,
1963 – Gerhard Streminger: David Hume. Sein Leben und sein Werk, Paderborn/
Wien 1994 – Ernst Topitsch/G. Streminger: Hume, Darmstadt 1981

gendwelche leitenden Ideen oder vorgefasste Vernunftbegriffe aus. In seinem „Treatise of Human Nature" von 1739 verweist er anstatt dessen auf
das *Gefühl*: "Thus the course of the argument leads us to conclude, that
since vice and virtue are not discoverabel merely by reason, or the compa-
rison of ideas, it must be by means of some impression or sentiment they
occasion, that we are able to mark the difference betwixt them. Our decisions concerning moral rectitude and depravity are evidently perceptions;
and as all perceptions are either impressions or ideas, the exclusion of the
one is a convincing argument for the other. Morality, therefore, is more
properly felt than judg'd of …"[253] (Für das die Ethik leitende Gefühl wird
Hume später die Bezeichnung „moral sense" verwenden.)

Wir fragen uns freilich, warum „vice and virtue are not discoverabel merely by reason", und ich muss deshalb das von Hume schon vor dieser Stelle
angeführte Argument nachtragen: "Philosophy is commonly divided into
speculative and practical; and as morality is always comprehended under the
latter division, 'tis supposed to influence our passions and actions, and to
go beyond the calm and indolent judgements of the understanding."[254] –
Hinter dieser Unterscheidung verbirgt sich ein Problem, das die Moralphilosophie (= Ethik) seit der Antike nicht zur Ruhe kommen lässt: Sokrates
und Platon hatten gemeint, dass falsche (böse) Handlungen letzlich aus
falscher Einsicht entstünden. Die richtige Einsicht hingegen würde von
selber das Tun des Guten zur Folge haben. Dagegen kann man zweierlei
einwenden: 1. Eine solche Annahme ließe den Unterschied zwischen theoretischer und praktischer Vernunft (theoretischer und praktischer Philosophie) dahinfallen, da sich jede theoretische Erkenntnis sofort praktisch aus-
wirken müsste, und umgekehrt jede praktische Überlegung sofort auch
theoretische Bedeutung haben würde. Dies ist aber offensichtlich nicht der
Fall. 2. Unsere menschliche Erfahrung (nicht zuletzt mit uns selber) zeigt,
dass wir sehr wohl etwas einsehen, es sogar für praktisch wertvoll halten
können, ohne es deshalb zu tun. Im Bereich der ethischen Praxis tritt of-

---

253 David HUME: A Treatise of Human Nature, ed. L. A. Selby-Bigge/P. H. Nidditch, 2.
    Aufl., Oxford 1978, S. 470
254 A.a.O., S. 457

fensichtlich etwas zur theoretischen Einsicht hinzu, das man das *Sollen* nennt. Daher ist die von Hume angesprochene Unterscheidung meistens als der Widerspruch von Sein und Sollen vorgestellt worden.

Macht man nun dieselbe Unterscheidung wie Hume, dann legt es sich nahe (obwohl nicht mit Notwendigkeit – Kant ist einen anderen Weg gegangen!), folgenden nächsten Schritt zu tun: "Since morals, therefore, have an influence on the actions and affections, it follows, that they cannot be deriv'd from reason." Und: „An active principle can never be founded on an inactive; and if reason be inactive in itself, it must remain so in all its shapes and appearances, whether it considers the powers of external bodies, or the actions of rational beings."[255]

Worauf kann nun aber Moral begründet werden, wenn nicht auf Vernunft? (Wobei vernünftige Überlegungen bei Hume selbstverständlich einen wichtigen Platz haben.) – Ich erwähnte schon den „moral sense". Worin aber besteht er? Hume antwortet: In der Empfindung von Lust und Unlust: "Now since the distinguishing impressions, by which moral good or evil is known, are nothing but *particular* pains or pleasures; it follows that in all enquiries concerning the moral distinctions, it will be sufficient to shew the principles, which make us feel a satisfaction or uneasiness from the survey of any character, in order to satisfy us why the character is laudable or blameable … To have the sense of virtue, is nothing but to *feel* a satisfaction of a particular kind from the contemplation of a character."[256] – Durch das Zitierte ist klar, dass nicht Lust und Unlust im Allgemeinen die Moralität bestimmen, sondern eigentümliche *moralische Gefühle*. Es geht Hume nicht etwa um die Erfahrungen von Wärme, Kälte oder Ähnlichem – deshalb nicht, weil Gefühle, die solche Erfahrungen machen, im Wesentlichen der theoretischen Erkenntnis der Natur dienen und so keine unmittelbare Einwirkung auf die Praxis nehmen und d. h. kein Sollen beinhalten. Gefühle der Wärme oder Kälte entstehen nämlich mit Notwendigkeit, wenn ein Mensch in eine kalte oder warme Umgebung gerät. Anders ist es mit dem *Gefühl der Gerechtigkeit:* Es führt die Konnotation des Sollens mit sich,

---

255 Ebd.
256 A.a.O., S. 471

und wir selber sind frei, dem Gefühl des Gerechten, das sein soll, zu gehorchen oder nicht: "Unless, therefore, we will allow, that nature has establish'd a sophistry, and render'd it necessary and unavoidable, we must allow, that the sense of justice and injustice is not deriv'd from nature, but arises artificially, tho' necessarily from education, and human conventions."[257]

An dieser Stelle ist zu beobachten, dass und wie sich der Standpunkt der Moderne etabliert: Nicht von objektiven Bedingungen her (von der Offenbarung des Gesetzes durch Gott her, von der Rechtfertigung durch Gott, vom Naturrecht, von objektiv vorhandenen Gütern oder uns angeborenen Tugenden) wird die Ethik aufgebaut, sondern von den moralischen Gefühlen des Menschen, die bewusst ("artificially", "künstlich") gebildet werden, und zwar nicht allein durch das Individuum, sondern durch Interaktionen von Menschengruppen bzw. der Menschheit. Dadurch, dass Hume seine Vorstellung von Moral gerade an der *Gerechtigkeit* demonstriert, die ja sowohl in der Bibel als auch bei Aristoteles die zentrale Praxiskategorie ist, erkennen wir, dass es Hume tatsächlich um eine Ablösung der alten Kategorien und eine Neubegründung des gesamten ethischen Denkens geht.

Wir können aber auch bestimmte *Probleme* der modernen Ethiktheorie an Hume bemerken: *einerseits* die Gefahr der Willkür und *andererseits* die damit zusammenhängende Frage, wo denn die Prinzipien der Ethik herzunehmen seien, wenn man sie nicht aus Willkür ableiten will.

a) Willkür entsteht, wenn man die Ethik Prinzipien unterwirft, die allein aus dem Menschen herkommen: Der/die Einzelne könnte sich von solchen Voraussetzungen her eine „unethische Ethik" aufbauen, abgekürzt gesagt: Ethik auf Egoismus gründen oder sich sogar das Böse zum Prinzip nehmen: Derartiges ist am Verhalten von Verbrechern zu beobachten. Und die Gefahr der Willkür ist noch nicht gebannt, wenn die Verantwortung für das Ethische im Kollektiv anstatt im Einzelnen liegt. In der Erweiterung eines egoistischen Denkens auf Völker und Staaten (Gruppenegoismus!) wurden im Faschismus unethische Prinzipien (Rassenlehre, Eroberungskriege, „Ausmerzung" von Behinderten, Menschen anderer Rassen und Homosexuellen) zum Verhaltenskodex von Völkern erklärt. Gerade was

---

257 A.a.O., S. 483

Hume anführt, dass wir nämlich den „moral sense" durch die Erziehung mitbekommen, lässt die Frage entstehen: Was ist, wenn Kinder in einem Gruppenegoismus erzogen werden? Damit sind wir bei dem Problem

b) wo denn die Prinzipien der Ethik herzunehmen seien, wenn man sie nicht der Willkür des Egoismus zu unterwerfen beabsichtigt. – Wir ahnen, dass im Gesamtdiskurs der Ethik die Reflexion auf objektive Prinzipien – wie in der Vormoderne bei Gesetzes-, Güter-, Tugend- und Berufsethik – keineswegs obsolet ist …

In der Moderne tritt das Prinzip der subjektiven Freiheit hervor, das die Menschen nicht nur emotional anspricht und ihnen neue Möglichkeiten der Entfaltung bietet, sondern das geradezu *das* Prinzip der Ethik – mindestens der modernen Ethik – genannt werden kann: Aus dem Prinzip der Freiheit kann ich fragen und entscheiden, was denn das gute bzw. richtige Handeln sei, und dementsprechend handeln. Das Prinzip der Freiheit lässt in der Ethik alle vorgegebenen Gesetze, Güter, Tugenden und Einordnungen in Berufe (Stände) hinter sich.

Man kann nun aber fragen: Wie ist dieses moderne Prinzip der menschlichen Freiheit haltbar, wenn es jederzeit durch Egoismen, Verbrechen und Faschismen ad absurdum geführt zu werden droht? – Kant wird diese Frage lösen, indem er die platonischen Ideen als gültig, jedoch nicht „an überhimmlischem Ort" (Platon), sondern im menschlichen Subjekt bestehend betrachtet. „Im menschlichen Subjekt" heißt dann: in der „Menschheit" (Kant) = Menschlichkeit des Subjektes, somit in jedem Menschen als Menschen verankert. Auf diese Weise hat Kant eine objektive Fundierung der Freiheit, die zugleich jeden Menschen subjektiv betrifft, versucht.

Hume aber löst das Problem, wie wir uns in unserer subjektiven Freiheit orientieren können, ohne auf unsere Willkür zurückzugreifen und den Bezug zur Objektivität zu verlieren, mit der Kategorie der Nützlichkeit. Das *utile* der Nützlichkeitsethik ist das *bonum* der antiken Güterethik, in dessen utilitaristischer Definition aber von vornherein die Mitbestimmung des freien Subjekts (individuell oder überindividuell verstanden) integriert ist und seine Frage, was denn das Nützliche für es sei.

Auf den Standpunkt der *Nützlichkeit* geht Hume in dem „Treatise of Human Nature" von 1739 noch nicht ein, sondern erst in der späteren Schrift

„Enquiries", die posthum herausgekommenen ist.[258] Humes Philosophie ist deshalb für den Utilitarismus von so großer Bedeutung, weil man beobachten kann, wie der Standpunkt des Utilitarismus von den Voraussetzungen des Empirismus her entsteht. Wir haben schon gesehen, wie Hume das von allen erlebbare *Gefühl* in die Ethik einbringt. In den „Enquiries" lautet nun eine grundlegende Erkenntnis Humes: "That justice is useful to society …"[259] – Wohlgemerkt: Es geht nicht um die Nützlichkeit für Individuen oder für Gruppen, sondern um die Nützlichkeit für die menschliche Gesellschaft! Menschen sind in Verbänden (z. B. Staaten) organisiert, und die Forderung der Gerechtigkeit betrifft nicht alle Organisationen in der gleichen Weise, aber alle orientieren sich am Nutzen: "Thus, the rules of equity or justice depend entirely on the particular state and condition in which men are placed, and owe their origin and existence to that utility, which results to the public from their strict and regular observance."[260]

Man möge, sagt Hume, die Gegenprobe machen und Gerechtigkeit für nutzlos halten – dann würde man ihr Wesen zerstören![261]

Ist Gerechtigkeit aber in einem "particular state and condition in which men are placed" nützlich, dann deshalb, weil sie für die menschliche Gesellschaft als solche von Bedeutung ist, und somit auch über die Staatsgrenzen hinaus – was man am Völkerrecht erkennen kann: "When a number of political societies are erected, and maintain a great intercourse together, a new set of rules are immediately discovered to be *useful* in that particular situation; and accordingly take place under the title of Laws of Nations."[262]

Da Hume aber nicht nur die Staatsethik, sondern den gesamten Bereich der Ethik begründen will, muss er die Bedeutung des Standpunkts der

---

258 David HUME: Enquiries Concerning the Human Understanding and Concerning the Principles of Morals, ed. L. A. Selby-Bigge, 2. Aufl., Oxford 1975. (Hier wird vor allem der zweite Teil „Concerning the Principles of Morals" berücksichtigt.)

259 A.a.O., S. 183

260 A.a.O., S. 188

261 "By rendering justice totally *useless*, you thereby totally destroy its essence, and suspend its obligation upon mankind." (ebd.) Ähnlich: "In general, what praise is implied in the simple epithet *useful*! What reproach in the contrary!" (a.a.O., S. 179)

262 A.a.O., S. 205

Nützlichkeit auch an anderen Fragen demonstrieren. Er versucht es am Beispiel der ehelichen Treue: "The long and helpless infancy of man requires the combination of parents for the subsistence of their young; and that combination requires the virtue of chastity or fidelity to the marriage bed. Without such a *utility*, it will readily be owned, that such a virtue would never have been thought of."[263]

Es ist dies eine Begründung der Ehe, die uns wohl geläufig ist, aber in einer Zeit schon wieder als überholt gelten kann, in der mehr als die Hälfte aller Ehen geschieden werden, sogar wenn Kinder vorhanden sind. Auch viele Partnerschaften dauern heute nur kurz. Partnerschaft und Ehe sollten nach heute vorherrschendem Bewusstsein nicht für die Kinder, wie Hume hervorhebt, sondern, so könnte man für die Gegenwart sagen, für die Partner bzw. Eheleute nützlich sein.

Man kann an den Utilitarismus die Frage richten: Ist nicht im Nützlichkeitsargument trotz aller gegenteiligen Versicherungen eine Tendenz zum Egoismus, festzustellen? – Hume diskutiert diese Tendenz unter dem Stichwort „self-love". Er „entschuldigt" alle jene Philosophen, die meinen, die Selbstliebe als den wahren Kern der Ethik herausgeschält zu haben: "Self-love is a principle in human nature of such extensive energy, and the interest of each individual is, in general, so closely connected with that of the community, that those philosophers were excusable, who fancied that all our concern for the public might be resolved into our concern for our own happiness and preservation."[264] – Hume selber hat freilich schon vorher Gerechtigkeit und Humanität als jene Kategorien angegeben, die die Selbstliebe umgreifen: "As much as we value our own happiness and welfare, as much must we applaud the practice of justice and humanity, by which alone the social confederacy can be maintained, and every man reap the fruits of mutual protection and assistance."[265]

Allerdings, wie es dem gesamten Ansatz von Hume entspricht, sind die Kategorien „justice and humanity" nicht strikt als die übergreifenden *er-*

---

263 A.a.O., S. 206 f.
264 A.a.O., S. 218
265 A.a.O., S. 215

wiesen; sie sind „as much as" „our own happiness and welfare" zu werten. Wir stimmen ihnen zu („applaud" – applaudieren ihnen also), da ja nach Hume das Gefühlsmoment, wie schon oben erwähnt, eine nicht wegzudenkende Rolle einnimmt.

Andererseits wäre Hume als jemand, der sich bloß auf Empfindung und Gefühl beruft, missverstanden. Zwar: "Vice and virtue are not discoverabel merely by reason" [siehe oben bei Anm. 253]; das heißt aber, dass die Vernunft durchaus *auch* eine Bedeutung als konstitutives Element der Moralphilosophie hat. Wie wäre Philosophie ohne Vernunft überhaupt je möglich? Hume geht es darum, die Vernunft *in moralibus* zu begrenzen, das heißt aber nicht, dass sie unwichtig ist, denn: "reason and sentiment concur in almost all moral determinations and conclusions."[266]

Die Berufung auf das Gefühl (zumeist „sentiment") fehlt auch in den „Enquiries (Concerning the Principles of Morals)" nicht; sie ergibt sich daraus, dass der Verstand zur Begründung eines ethischen Urteils nicht ausreicht: "But though reason, when fully assisted and improved, be sufficient to instruct us in the pernicious or useful tendency of qualities and actions; it is not alone sufficient to produce any moral blame or approbation ... It is requisite a *sentiment* should here display itself, in order to give a preference to the useful above the pernicious tendencies."[267] – Das Gefühl scheint hier aus Prinzipien (nämlich der „Humanität" und „Sympathie") hervorzugehen. Diese wären aber mißverstanden, hielte man sie nicht für empirische (und dann eben im Gefühl erfahrbare) Prinzipien, sondern für theoretische Ideen: "And it appears ... that these principles of humanity and sympathy enter so deeply into all our sentiments, and have so powerful an influence, as may enable them to exite the strongest censure and applause."[268] Dem Versuch einer Ableitung dieser Prinzipien aus einem theoretischen Kontext, sprich: anderswoher als aus dem „moral sense", würde Hume sicher heftig widersprechen.

Auf derselben Buchseite, auf der das letzte Zitat steht, bringt Hume aber auch eine ultimative Bekräftigung des Prinzips der Nützlichkeit zu Papier:

---

266 A.a.O., S. 174
267 A.a.O., S. 286
268 A.a.O., S. 231

"It appears to be matter of fact, that the circumstance of *utility*, in all subjects, is a source of praise and approbation: That it is constantly appealed to in all moral decisions concerning the merit and demerit of actions: That it is the *sole* source of that high regard paid to justice, fidelity, honour, allegiance, and chastity."[269]

John Stuart Mill

Von David Hume stammen die grundlegenden Gedanken der utilitaristischen Ethik. Nach ihm sollte dieser Ansatz großen Einfluss vor allem im englischsprachigen Bereich gewinnen.

John Stuart Mill (1806 – 1873) hat eine kurze und einflussreiche monographische Darstellung des Utilitarismus unter ebendiesem Titel geschrieben.[270] Darin legt er eine Definition des Utilitarismus vor: „Die Auffassung, für die die Nützlichkeit oder das Prinzip des größten Glücks die Grundlage der Moral ist, besagt, daß Handlungen insoweit und in dem Maße moralisch richtig sind, als sie die Tendenz haben, Glück zu befördern, und insoweit moralisch falsch, als sie die Tendenz haben, das Gegenteil von Glück zu bewirken. Unter ‚Glück' [happiness] ist dabei Lust [pleasure] und das Freisein von Unlust [pain], unter ‚Unglück' [unhappiness] Unlust und das Fehlen von Lust verstanden."[271] Wir bemerken an diesem Text, dass, wie schon oben erwähnt, der Ansatz der Güterethik durch den Utilitarismus unter den Bedingungen der Moderne quasi erneuert wird.

---

269 Ebd.

270 John St. MILL: Utilitarianism (Erstauflage 1861) 1871 (letzte vom Autor betreute Auflage). – Ich zitiere die Übersetzung von D. Birnbacher: John St. MILL: Der Utilitarismus, Stuttgart 1976. – Die Gesammelten Werke Mills sind erschienen unter dem Titel: John Stuart MILL: Collected Works, ed. J. M. Robson u. a., 33 Bde., Reprint, London 1996
Lit.: Manuel GARCÍA PAZOS: Die Moralphilosophie John Stuart Mills, Marburg 2001 – Jonathan RILEY: Liberal utilitarianism, Cambridge 1988 – William STAFFORD: John Stuart Mill, London 1998 – Henning WASMUS: Ethik und gesellschaftliche Ordnungstheorie, Meisenheim am Glan 1973 – Jean-Claude WOLF: John Stuart Mills „Utilitarismus", Freiburg i. B. 1992

271 John St. MILL: Der Utilitarismus, Stuttgart 1976, a.a.O., S. 13

Das Stichwort „Glück" veranlasst Mill, auf jene Argumente einzugehen, die in der stoischen und christlichen Tradition gegen Hedonismus und Epikureismus vorgebracht wurden: „Auf Angriffe dieser Art haben die Epikureer stets geantwortet, daß nicht sie, sondern ihre Ankläger es sind, die die menschliche Natur in entwürdigendem Lichte erscheinen lassen, da die Anklage ja unterstellt, daß Menschen keiner anderen Lust fähig sind als der, deren auch Schweine fähig sind."[272] Nun aber: „Nur wenige Menschen würden darein einwilligen, sich in eines der niederen Tiere verwandeln zu lassen, wenn man ihnen verspräche, daß sie die Befriedigungen des Tiers im vollen Umfange auskosten dürften."[273]

Hinter Mill (wie hinter Hume) steht die theoretische Ansicht des Empirismus: Es ist erfahrbar, dass wir Menschen uns in unseren Handlungen an Lust, Befriedigung und Glück orientieren; es ist aber ebenso erfahrbar, dass wir, anders als die Tiere, eine ganze Reihe von höheren Glücksinhalten haben. Die Verdächtigungen der Kritiker fallen somit auf diese selbst zurück, da sie offenbar von Wünschen geplagt werden, die die Hedonisten, Epikureer und Utilitaristen freimütig eingestehen, aber nicht an die oberste Stelle ihrer moralischen Zwecke rücken.

Mill schreibt den schönen Satz nieder: „Es ist besser, ein unzufriedener Mensch zu sein als ein zufriedengestelltes Schwein; besser ein unzufriedener Sokrates als ein zufriedener Narr."[274]

Ebenso wie Hume betont Mill mehrmals, dass der Utilitarismus nicht das Glück des Einzelnen, sondern das aller zum Ziele habe: „Die Norm des Utilitarismus ist nicht das größte Glück des Handelnden selbst, sondern das größte Glück insgesamt."[275] Freilich, abgeleitet wird diese Norm nirgends. Bei Mill fehlt sogar die bei Hume vorkommende Berufung auf den „moral sense". Ja das Gefühl für die Mitmenschen scheint Mill nicht als eine ur-

---

272 A.a.O., S. 14
273 A.a.O., S. 16
274 A.a.O., S. 18
275 A.a.O., S. 20; ähnlich S. 30: „Ich muß noch einmal auf das zurückkommen, was die Gegner des Utilitarismus nur selten zur Kenntnis nehmen wollen: daß das Glück, das den utilitaristischen Maßstab des moralisch richtigen Handelns darstellt, nicht das Glück des Handelnden selbst, sondern das Glück aller Betroffenen ist."

sprünglich mit der Existenz gegebene (so Hume), sondern als eine Erzie-
hungssache anzusehen, wenn er schreibt: „Persönliche Gefühlsbindungen
und ein aufrichtiges Interesse am Gemeinwohl sind – wenn auch in unter-
schiedlichem Maße – jedem rechterzogenen Menschen möglich."[276] – Der
Subjektivismus der modernen Ethik kommt dabei aber nicht weniger zum
Zug als bei Hume: Was das Gute im Handeln sei, wird vom Menschen her
(als individuelles oder kollektives Subjekt) gedacht.

Interessant ist, dass Mill die Ethik Jesu für seinen Standpunkt in Anspruch nimmt und als Utilitarismus versteht: „In der goldenen Regel, die
Jesus von Nazareth aufgestellt hat, finden wir den Geist der Nützlichkeitsethik vollendet ausgesprochen. Die Forderungen, sich dem andern gegenüber so zu verhalten, wie man möchte, daß er sich einem selbst gegenüber
verhält, und den Nächsten zu lieben wie sich selbst, stellen die utilitaristische Moral in ihrer höchsten Vollkommenheit dar."[277] – An dieser Stelle
setzt Mill offensichtlich den allgemein biblischen, vor allem gesetzesethischen Hintergrund voraus, um ihn mit seinen theoretischen Interessen verbinden zu können. Er lässt sich aber auf diesen Hintergrund und Kontext
nicht weiter ein, sondern benützt die „goldene Regel" einfach als Bestä-
tigung seiner Ansicht.

Interessant ist ferner Mills Versuch eines Beweises für den Utilitarismus,[278] „Versuch" sage ich deshalb, weil an positiven Argumenten von Mill
nicht viel mehr vorgetragen wird als folgender Hinweis: „Dafür, daß das allgemeine Glück wünschenswert ist, läßt sich kein anderer Grund angeben,
als daß jeder sein eigenes Glück erstrebt, insoweit er es für erreichbar
hält."[279] – Dies ergibt sich aus der Lebenserfahrung, könnten wir ergänzen.

---

276 A.a.O., S. 26
277 A.a.O., S. 30. – Man hat sich seit unbestimmter Zeit angewöhnt, folgende Worte Jesu
aus der Bergpredigt als „goldene Regel" zu bezeichnen: „Alles nun, was ihr wollt, dass
euch die Leute tun sollen, das tut ihnen auch! Das ist das Gesetz und die Propheten."
(Mt. 7, 12) – Aber auch in anderen Religionen finden wir Ähnliches, siehe: http://www.
geistigenahrung.com/goldene-regel.html
278 „Welcherart Beweis sich für das Nützlichkeitsprinzip führen läßt" (Kapitelüberschrift,
Mill: a.a.O., S. 60–71)
279 A.a.O., S. 61 (ähnlich S. 66 f.)

– Allerdings ist zusätzlich die Argumentation Mills zur Kenntnis zu nehmen, in der es heißt, dass sich auch andere Prinzipien, wie z. B. die Tugend, am Prinzip der Nützlichkeit messen lassen: „Wer die Tugend um ihrer selbst willen erstrebt, erstrebt sie entweder deshalb, weil das Bewußtsein, sie zu besitzen, lustvoll ist oder weil das Bewußtsein, sie nicht zu besitzen, unlustvoll ist oder aus beiden Gründen zugleich …"[280]

In diesem „Beweis" ist nicht mehr und nicht weniger zu sehen als die empirische Verankerung des Utilitarismus, also – wenn man will – ein Induktionsbeweis.

Zum Abschluss möchte ich Mills Lösung des Problems der Gerechtigkeit referieren. Wir hatten gesehen, dass Hume sich für die Geltung von Gerechtigkeit auf das moralische Fühlen beruft. Humes Empirismus hatte die Gestalt, dass sich alle Ethik aus der Erfahrung ihrer Nützlichkeit herleitet, diese selbst aber aus dem moralischen Gefühl. Mill hingegen lässt Nützlichkeit und moralisches Gefühl zusammenfallen: Der Ausdruck „moralisches Gefühl" tritt bei ihm deshalb gar nicht mehr auf, weil moralische Erfahrung (mit der ja ein Fühlen verbunden sein muss, da sich Moral bei Mill genauso wenig wie bei Hume aus der Vernunft allein ableiten lässt) mit der Erfahrung der Nützlichkeit identisch wird. Folgerichtig ist Gerechtigkeit bei Mill eine besondere Gestalt der Nützlichkeit; sie steht nach ihm sogar an der Spitze aller Nützlichkeiten: „Aus dem Gesagten ergibt sich, daß Gerechtigkeit der Name für bestimmte moralische Forderungen ist, die, als Ganzes betrachtet, auf der Skala der sozialen Nützlichkeit einen höheren Platz einnehmen und deshalb in höherem Maße verpflichtend sind als alle anderen …"[281]

---

280 A.a.O., S. 66
281 A.a.O., S. 110

Kapitel 6

Pflichtenethik

Pflichtenethik in der Antike

Die utilitaristische Ethik nahm ihre Motive – ähnlich wie die Güterethik –
nicht aus irgendwelchen äußerlichen Vorschriften, Auflagen oder Aufträ-
gen, sondern aus Zwecken, die in jedem/jeder von uns vorhanden sind: Was
wir tun, soll nicht nutzlos, sondern nutzbringend sein. Wenn unser Tun
freilich nicht nur uns, sondern auch anderen, ja vielen, Nutzen bringen soll,
dann darf das menschliche Handeln nicht der Willkür Einzelner entspringen, sondern muss sich an allgemeine Regeln des Zusammenlebens halten.
Der Utilitarismus „beerbt" ja auch keineswegs nur den Standpunkt der Güterethik, sondern (wenn auch kritisch) die Standpunkte aller vor ihm aufgetretenen ethischen Theorien, also auch den der Gesetzesethik, und so war
es kein Anlass zum Erstaunen, als wir lasen, dass sich John St. Mill u. a. auf
die „goldene Regel" in der Bergpredigt Jesu berufen hat. Geht es nun aber
in der Ethik nicht ohne Gesetze und Regeln des Zusammenlebens, dann ist
der Schritt in die Pflichtenethik nahe liegend, die ausdrücklich solche Regeln aufstellt.

Bevor wir uns nun aber – was den Hauptteil dieses Kapitels ausmachen
wird – der Ethik Immanuel Kants zuwenden, ein paar allgemeine Worte
zum Pflichtbegriff: Im Deutschen hängt „Pflicht" etymologisch mit „pflegen" zusammen. Dadurch deutet sich an, dass Ethik mit „Gepflogenheiten"
zu tun hat, i. e. mit dem, was wir *zu tun pflegen* (nicht zufällig führt die Etymologie von „ethos" = Gewohnheit, Verhalten, in dieselbe Richtung). Die
Pflichtenethik erweist sich also schon vom Wort her verbunden mit der
ethischen Grundfrage (die jeder der ethischen Ansätze in seiner Weise
stellt): Welches menschliche Tun ist so bejahenswert, dass daraus eine allgemeine Gewohnheit hervorgehen kann, wenn wir wissen, dass wir einerseits
dieses Tun in Abgrenzung gegen Naturgesetze bzw. biologische Gegeben-

heiten bestimmen müssen, andererseits aber (in Berücksichtigung des Zusammenlebens mit unseren Nächsten in der menschlichen Gesellschaft)
nicht willkürlich bestimmen können?

Die Pflichtenethik wurde ursprünglich als Ermäßigung der Tugendethik
innerhalb des Stoizismus „erfunden". Dahinter steht die Überlegung: Wenn
wir schon nicht immer das hohe Niveau der Tugenden erreichen können,
sollen wir doch wenigstens über *ta kathekonta* (das Passende) nachdenken
und es ausführen.[282] Die Schrift *„Peri tou kathekontos"* des stoischen Philosophen Panaitios ist uns nicht erhalten, aber indirekt wenigstens teilweise
in dem gleich zu erwähnenden Werk Ciceros überliefert. Lateinisch heißt
Pflicht „officium" (von „opi-ficium" = Werk). Das Wort scheint von Cicero
gebildet worden zu sein, der „De officiis" im Jahre 43 v. Chr. als seine letzte
Darstellung der Ethik verfasste.[283] In „De officiis" steht Cicero in der Tradition der Stoa; er ist hier – wenigstens teilweise – von Panaitios abhängig
(ansonsten war Cicero philosophischer Eklektiker, d. h., er wählte seine Position bald aus der platonischen, bald aus der skeptischen, bald aus der stoischen Richtung der Philosophie).

Die stoische Pflichtenethik wirkte stark auf das Christentum ein.[284]

Kant, der bewusst die stoische Tradition rezipierte, gab dem Pflichtbegriff eine neue, der Aufklärung bzw. der Moderne entsprechende Gestalt,
indem er nämlich den Begriff der Freiheit innerhalb der Pflichtenethik eta-
blierte.

Um die antike Pflichtenethik zu charakterisieren und sie von ihrem neuzeitlichen Begriff zu unterscheiden, kann man sagen, dass die Antike an der
objektiven Geltung und Anwendbarkeit der Pflichten (wie auch der Tugenden!) interessiert war, nicht aber an einer freien Selbstbestimmung (Autonomie) des menschlichen Subjekts in und durch Pflichten. Zwar ist auch für
die Antike der Mensch Subjekt der Reflexion über die Pflichten, aber er re-

---

282 Im Griechischen heißt die Pflicht *„to kathekon"* (von *kathemai* = sitzen, also: das Sit-
zende, Passende).

283 Vorher verfasste er bereits „De finibus bonorum et malorum".

284 Der Kirchenvater Ambrosius schrieb 386 „De officiis [ministrorum]" als erste christliche Ethik.

flektiert dabei über etwas objektiv Gültiges, nämlich die Stellung des Menschen zum Pflichtgemäßen überhaupt, er reflektiert sich soz. in die Pflichten *hinein* und reflektiert nicht das Pflichtgemäße *aus sich heraus*, d. h., er leitet nicht die Pflicht(en) selbständig und in eigener Verantwortung aus seiner autonomen Vernunft ab, wie das nach Kant der Fall sein soll.

Kant

Der Ansatz der Ethik beim Pflichtbegriff ist für unser modernes Bewusstsein hauptsächlich mit Immanuel Kant[285] verbunden. Von seiner Ethik[286]

---

285 Ich zitiere Kant, wie üblich, mit „A" (Erstauflage) und „B" (Zweitauflage) des jeweiligen Werkes. Den Text nehme ich aus der Ausgabe: Immanuel KANT: Werke in 10 Bänden, ed. W. Weischedel, Darmstadt 1968. Sekundärliteratur: Charlie D. BROAD: Kant. An Introduction, New York 1978 – Ernst CASSIRER: Kants Leben und Lehre, Berlin 1923, Nachdr. Darmstadt 1972 – Gerhard FUNKE: Von der Aktualität Kants, Bonn 1979 – Volker GERHARDT: Art. Kant, in: Metzlers Philosophen-Lexikon, Stuttgart 1989, S. 406–411 – Friedrich KAULBACH: Immanuel Kant, 2. Aufl., Berlin 1982 – Manfred KÜHN: Kant, München 2003 – Robert REININGER: Kant (Wien 1924), Nachdr. Nendeln 1973 – Gereon WOLTERS/O. SCHWEMMER: Art. Kant, in: Enzyklopädie Philosophie und Wissenschaftstheorie, Bd. 2, Mannheim/Wien/Zürich 1984, S.343–361 – Karl VORLÄNDER: Immanuel Kant. Der Mann und das Werk, 2 Bde. (Leipzig 1924), 2. Aufl., Hamburg 1977

286 Harry B. ACTON: Kant's Moral Philosophy, London 1970 – Ferdinand ALQUIÉ: La morale de Kant, 1974 – Bruno BAUCH: Luther und Kant, Berlin 1904 – Lewis W. BECK: Kants „Kritik der praktischen Vernunft". Ein Kommentar, München 1974 – Robert J. BENTON: Kant's Second Critique and the Problem of Transcendental Arguments, 1977 – Artur BUCHENAU: Kants Lehre vom kategorischen Imperativ, 2. Aufl., Leipzig 1923 – Hermann COHEN: Kants Begründung der Ethik nebst ihren Anwendungen auf Recht, Religion und Geschichte, 2. Aufl., Berlin 1910 – Alistair R. C. DUNCAN: Practical Reasons and Morality, London 1957 – Maximilian FORSCHNER: Gesetz und Freiheit. Zum Problem der Autonomie bei I. Kant, 1974 – Mary J. GREGOR: Laws of Freedom. A Study of Kant's Method of Applying the Categorical Imperative in the Metaphysik der Sitten, Oxford 1963 – Dieter HENRICH: Die Deduktion des Sittengesetzes, in: Denken im Schatten des Nihilismus. Festschr. f. W. Weischedel, 1975, S. 55 ff. – Norbert HOERSTER: Kants kategorischer Imperativ als Test unserer sittlichen Pflichten, in: Rehabilitierung der praktischen Philosophie, ed. M. Riedel, Bd. 2, 1974, S. 455 ff. – Ernst

bzw. von seinem ethischen Ansatz ist in meiner Darstellung bei mehreren Gelegenheiten andeutungsweise die Rede. Hier soll Kants Ethik[287] zum Thema werden.

Ich kann freilich die Ethik Kants nicht darstellen, ohne ihre Begründung in der „Kritik der reinen Vernunft" wenigstens kurz zu besprechen. Dort bemüht sich Kant um die *transzendentale Erkenntnis* dessen, was unsere Vernunft vor aller Erfahrung und abgesehen von empirischen Informationen leistet. Was bedeutet transzendentale Erkenntnis? Kant definiert: „Ich nenne alle Erkenntnis *transzendental*, die sich nicht sowohl mit Gegenständen,

---

HORNEFFER: Angewandte Ethik. Eine Pflichtenlehre der Gegenwart, Bielefeld 1951 – Gerhard KRÜGER: Philosophie und Moral in der kantischen Kritik, 2. Aufl., Tübingen 1967 – MATERIALIEN zu Kants „Kritik der praktischen Vernunft, ed. R. Bittner/K. Cramer, Frankfurt a. M. 1975 – August MESSER: Kants Ethik, Leipzig 1904 – Manfred MORITZ: Kants Einteilung der Imperative, Lund 1960 – DERS.: Pflicht und Neigung. Eine Antinomie in Kants Ethik, in: Kantstudien 56 (1965), S. 412–429 – DERS.: Studien zum Pflichtbegriff in Kants kritischer Ethik, Den Haag 1951 – Herbert J. PATON: Der kategorische Imperativ, Berlin 1962 – Gerold PRAUSS: Kant über Freiheit als Autonomie, 1983 – Willi OELMÜLLER: Die unbefriedigte Aufklärung. Beiträge zu einer Theorie der Moderne von Lessing, Kant und Hegel, Frankfurt a. M. 1969 – Hans REINER: Pflicht und Neigung, 2. Aufl., Meisenheim/Glan 1973 – William D. ROSS: Kant's Ethical Theory, Oxford 1969 – Viggo ROSSVAER: Kant's Moral Philosophy, Oslo 1979 – Werner SCHULTZ: Kant als Philosoph des Protestantismus, Hamburg-Bergstedt 1960 – Hans WAGNER: Moralität und Religion bei Kant, in Zeitschrift f. philosoph. Forschung 29 (1975), S. 507–520 – Terrence C. WILLIAMS: The Concept of the Categorical Imperative, Oxford 1968 – Robert P. WOLFF: The Autonomy of Reason, New York 1973 – Walther Ch. ZIMMERLI: Rechtliche und moralische Verantwortung. Hegels Überwindung der kantischen Ethik und das Ende der Moderne, in: Hegel-Jahrb. 1987, S. 195–206

287 Kant selber verwendet hauptsächlich die Wörter „Moral", „Morallehre", „praktische Philosophie", wenn er ethische Theoriebildung betreibt, in der „Metaphysik der Sitten" aber auch die Bezeichnung „Ethik" (z. B.: I. KANT: Die Metaphysik der Sitten, in: Ders.: Werke, ed. Weischedel, Bd. 7, S. 508 ff.). „Moral" (eine abgekürzte Redeweise für die lat. Bezeichnung *moralis philosophia*) bedeutet sprachlich dasselbe wie „Ethik" (von griech. *ethike theoria* bzw. *philosophia*). Man kann die beiden Bezeichnungen für verschiedene Sachen einsetzen (wie etwa Hegel die ganz verwandten Begriffe Moral und Sittlichkeit für verschiedene Dinge einsetzt), bei Kant finden wir diese Unterscheidung aber nicht.

sondern mit unserer Erkenntnisart von Gegenständen, sofern diese a priori
möglich sein soll, überhaupt beschäftigt."[288]

Wir müssen dabei den spezifisch kantischen Wortgebrauch von „transzendental" beachten: Transzendental ist bei Kant nicht etwas „Übersteigen-
des", wie man in Übersetzung vom Lateinischen her vermuten könnte,
nicht etwas Jenseitiges, wie der Alltagssprachgebrauch nahe legen würde,
sondern eine bestimmte Art unseres Denkens. Diese „Denkungsart" – wie
der Begriff in Kantischer Sprache lautet – wird zusätzlich durch „a priori"
charakterisiert: im Verständnis Kants heißt das „unabhängig von unserer
Erfahrung". Kant beschreibt die Sachlage folgendermaßen: Es gibt eine Erkenntnis, die sich mit Gegenständen beschäftigt; diese ist an Erfahrung gebunden (das heißt „a posteriori"). Man kann sich in allen Erfahrungen aber
die Frage stellen: Wie ist das menschliche Subjekt beschaffen, das diese Erfahrungen macht? Was bringt dieses Subjekt in die Erfahrungssituation ein?
Genau diese Fragen richten sich nämlich auf unsere *Art von Erkenntnis*.
Die transzendentale kantische Philosophie entdeckt Anschauungsformen a
priori (Raum und Zeit), Aussageweisen a priori (die logischen Kategorien),
zuletzt und zuhöchst aber die a priori bestehenden *Ideen der Vernunft*; es
sind dies die Ideen Gott, Freiheit und Unsterblichkeit. Sie werden im Abschnitt „transzendentale Dialektik" der Kritik der reinen Vernunft untersucht. Den Ideen hängt nach Kant ein „transzendentaler Schein" an, den es
zu erforschen gilt.[289] Dieser Schein hat es in sich: „Der transzendentale
Schein dagegen hört gleichwohl nicht auf, ob man ihn schon aufgedeckt
und seine Nichtigkeit durch die transzendentale Kritik deutlich eingesehen
hat ... Die Ursache hiervon ist diese: daß in unserer Vernunft (subjektiv als
ein menschliches Erkenntnisvermögen betrachtet) Grundregeln und Maximen ihres Gebrauches liegen, welche gänzlich das Ansehen objektiver

---

288 Kr. d. r. V., B 25 = Immanuel KANT: Werke, ed. W. Weischedel, Bd. 3, Darmstadt
    ³1968, S. 63

289 Der „transzendentale Schein" ist nach Kants Sprachgebrauch auf „Dialektik" bezogen.
    Kant versteht Dialektik im antiken Sinn als Vorgang des Scheinens einer Sache als das
    Gegenteil ihrer selbst, entsprechend dem Verständnis der Sophisten, die sich brüsteten,
    durch ihre Rhetorik „den schlechteren Logos zum besseren machen" zu können, nicht
    aber im Sinne von Hegel und den Späteren.

Grundsätze haben, und wodurch es geschieht, daß die subjektive Notwendigkeit einer gewissen Verknüpfung unserer Begriffe, zugunsten des Verstandes, für eine objektive Notwendigkeit, der Bestimmung der Dinge an sich selbst, gehalten wird. Eine Illusion, die gar nicht zu vermeiden ist, sowenig als wir es vermeiden können, daß uns das Meer in der Mitte nicht höher scheine, wie an dem Ufer …"[290]

Für Kants Ethik ist nun wichtig, dass dieser Philosoph zwar die Ideen Gottes und der Unsterblichkeit als illusionär (im eben angeführten Sinn selbstverständlich zugleich als unvermeidlich illusionär, aber auch als Ideen unvermeidlich!) kritisiert, für die dritte Idee, *die menschliche Freiheit*, aber eine andere Lösung findet, die zu Kants „Kritik der praktischen Vernunft" und überhaupt zu seiner Morallehre führt. – Ist nämlich die Freiheit innerhalb der Naturgesetze illusorisch (weil jeder Vorgang entsprechend den Naturgesetzen mit Notwendigkeit abläuft), aber auch dialektisch unvermeidlich (weil wir jederzeit die Erfahrung machen, durch unsere Entschlüsse etwas bewirken zu können), so etabliert die Transzendentalphilosophie alsbald die menschliche Freiheit, indem sie zwischen einer empirischen und einer INTELLIGIBLEN KAUSALITÄT unterscheidet. Versteht ein handelndes Subjekt seine Freiheit als intelligible Kausalität, dann sieht es ein und weiß von sich, dass es seine Handlungen ursächlich bewirkt, auch wenn diese Handlungen empirisch unter den (notwendig wirkenden) Naturgesetzen stehen.[291] In der Praxis folgt daraus, dass ich mich entsprechend der intelligiblen Freiheit betätigen kann. Die *Idee der Freiheit* hat somit in der Philosophie Kants einen völlig anderen Status als die anderen Ideen, da es zwar von ihr, nicht aber von der Idee der Unsterblichkeit oder von der Idee Gottes eine Praxis gibt.

Praxis wird zum Mittelpunkt der kantischen Philosophie. Die Rede ist selbstverständlich von der Praxis des menschlichen Subjekts. Vom Handeln Gottes (oder vom Berufungsgedanken Luthers) werden wir in der Philosophie Kants nie etwas hören, auch wenn er sich in seiner Religionsphilosophie mit großem Ernst bemühen wird, mehr über die Idee Gottes zu sagen, als dass alle Gottesbeweise missglücken müssen.

---

290 Kr. d. r. V., B 353 f. = Kant: Werke, ed. Weischedel, Bd. 4, S. 310 f.
291 Kr. d. r. V., B 570 ff. = ed. Weischedel, Bd. 3, S. 495 ff.

Ich werde nun mit einigen Worten die Hauptaussage dieser Morallehre referieren: Bezogen auf die oben erwähnte *intelligible* Freiheit des Menschen, zeigt Kant, dass die Freiheit gegenüber der Natur darin besteht, in einer Weise *kausierend* (ein Geschehen verursachend) tätig zu werden, die der Naturkausalität nicht unterliegt, also darin besteht, nach eigenem Willen zu handeln. Diese Freiheit ist *Willkür,* aber nicht im Verständnis von zufälliger Spontaneität (die, wenn sie nicht regelgeleitet wäre, im Verdacht stünde, doch nur aus natürlichen Impulsen zu stammen), sondern im Verständnis von „Wahl (Kür) des menschlichen Willens". Es ist dies Freiheit im Gegensatz zum Unterworfensein unter Naturgesetze: „... so muß ein solcher Wille als gänzlich unabhängig von dem Naturgesetz der Erscheinungen, nämlich dem Gesetze der Kausalität, beziehungsweise auf einander, gedacht werden. Eine solche Unabhängigkeit aber heißt Freiheit im strengsten, d. i. transzendentalen Verstande."[292] Dies bedeutet nun für Kant nicht, dass Freiheit keinen Gesetzen unterliegt, sondern vielmehr, dass der vernünftige Mensch frei ist, *sich selbst* Gesetze zu geben, denn schon die Fortsetzung des letzten Zitates lautet: „Also ist ein Wille, dem die bloße gesetzgebende Form der Maxime allein zum Gesetze dienen kann, ein freier Wille."[293] Da eine solche Freiheit alle Menschen betrifft, ergibt sich der für uns auf den ersten Blick seltsam anmutende Gedanke, dass aus der Freiheit ein alle Menschen bindendes Gesetz entsteht, das Kant zumeist „kategorischen Imperativ"[294] nennt. Ich zitiere den kategorischen Imperativ in seiner weithin bekannten ERSTEN FASSUNG, von Kant in der „Kritik der praktischen Vernunft" mit „Grundgesetz der reinen praktischen Vernunft" überschrieben: „Handle so, daß die Maxime deines Willens jederzeit zu-

---

292 Kritik der praktischen Vernunft, A 51 = I. KANT: Werke, ed. W. Weischedel, Bd. 6, Darmstadt, 3. Aufl., 1968, S. 138

293 Kr. d. pr. V., A 51 f. = ebd.

294 Artur BUCHENAU: Kants Lehre vom kategorischen Imperativ, 2. Aufl., Leipzig 1923 – Norbert HOERSTER: Kants kategorischer Imperativ als Test unserer sittlichen Pflichten, in: Rehabilitierung der praktischen Philosophie, ed. M. Riedel, Bd. 2, 1974, S. 455 ff. – Manfred MORITZ: Kants Einteilung der Imperative, Lund 1960 – Herbert J. PATON: Der kategorische Imperativ, Berlin 1962 – Terrence C. WILLIAMS: The Concept of the Categorical Imperative, Oxford 1968

gleich als Prinzip einer allgemeinen Gesetzgebung gelten könne."[295] „Maxime" ist dabei die „oberste Regel" (maxima regula) des Willens, nach der man sich richtet. „Allgemeine Gesetzgebung" meint jene moralische Verbindlichkeit, von der alle wollen können, dass sie zugleich für sie und alle anderen gilt. (Vgl. die Goldene Regel, Mt. 7, 12: „Alles nun, was ihr wollt, dass euch die Leute tun sollen, das tut ihnen auch!") Kant will dabei bewusst formal bleiben (d. h., der kategorische Imperativ gebietet nichts inhaltlich Bestimmtes!). Das Vernünftige dieses „Grundgesetzes" besteht nun darin, dass alle Menschen seine Wahrheit einsehen können. „Kategorisch" ist der Imperativ, weil er ohne Voraussetzungen und Bedingungen, i. e. „unbedingt", gilt.[296] Er unterscheidet sich dadurch vom „hypothetischen Imperativ", der nur unter bestimmten Bedingungen gilt, z. B. unter der Bedingung, dass jemand glücklich werden will.

Hier ist nun die Kritik Kants an der Güterethik – und insbesondere der von Aristoteles – anzuführen, die Kant in abwertender Absicht „Eudämonismus" genannt hat. Nochmals: Kants kategorischer Imperativ gilt ohne Voraussetzungen und Bedingungen. Handeln wir jedoch nach dem „hypothetischen Imperativ" (Wenn du glücklich werden willst, musst du das und jenes tun), dann bewegen uns andere als rein moralische (ethische) Motive. – Kant: „Das gerade Widerspiel des Prinzips der Sittlichkeit ist: wenn das der eigenen Glückseligkeit zum Bestimmungsgrunde des Willens gemacht wird, wozu … alles überhaupt gezählt werden muß, was den Bestimmungsgrund, der zum Gesetze dienen soll, irgend worin anders, als in der gesetzgebenden Form der Maxime setzt."[297] Etwas später gibt Kant für seine Ablehnung des Eudämonismus die Begründung, Glückseligkeit wäre zu sehr von der Erfahrung und deren Variabilität abhängig: „Das Prinzip der Glückseligkeit kann zwar Maximen, aber niemals solche abgeben, die zu Gesetzen des Willens tauglich

---

295 Kr. d. pr. V., A 54 = ed. W. Weischedel, Bd. 6, S. 140
296 „Die praktische Regel ist also unbedingt, mithin, als kategorisch praktischer Satz, a priori vorgestellt, wodurch der Wille schlechterdings und unmittelbar (durch die praktische Regel selbst, die also hier Gesetz ist) objektiv bestimmt wird." (Kr. d. pr. V., A 55 = ed. Weischedel, Bd. 6, S. 141)
297 Kr. d. pr. V., A 61 = ed. Weischedel, Bd. 6, S. 146

wären, selbst wenn man sich die *allgemeine Glückseligkeit* zum Objekte machte. Denn, weil diese ihre Erkenntnis auf lauter Erfahrungsdatis beruht, weil jedes Urteil darüber gar sehr von jedes seiner Meinung, die noch dazu sehr veränderlich ist, abhängt, so kann es wohl *generelle*, aber niemals *universelle* Regeln, d. i. solche, die im Durchschnitte am öftersten zutreffen, nicht aber solche, die jederzeit und notwendig gültig sein müssen, geben, mithin können keine praktischen *Gesetze* darauf gegründet werden."[298] – Es ist anzunehmen, dass diese Kritik nicht nur Aristoteles und seine Anhänger, sondern auch David Hume treffen soll, den Kant rezipiert und diskutiert hat: Der Hinweis darauf, dass Erfahrungsdaten nicht genügen, eine Ethik zu begründen, distanziert den von Hume vertretenen Empirismus.

Kant redet häufig von „dem" kategorischen Imperativ. In Wahrheit finden wir in seinen Schriften immer wieder andere solcher Imperative, wenn man will: neue „Fassungen" des einen Imperativs, deren Verhältnis zueinander undurchsichtig ist. Schon in der „Kritik der praktischen Vernunft" kommt eine ZWEITE FASSUNG vor, dort allerdings nicht als „kategorischer Imperativ", sondern „das moralische Gesetz"[299] genannt: „In der ganzen Schöpfung kann alles, was man will und worüber man etwas vermag, auch bloß als Mittel gebraucht werden; nur der Mensch, und mit ihm jedes vernünftige Geschöpf, ist *Zweck an sich selbst*. Er ist nämlich das Subjekt des moralischen Gesetzes, welches heilig ist, vermöge der Autonomie seiner Freiheit."[300] – In dieser Fassung tritt der Humanismus der Aufklärung im Allgemeinen und der kantischen Philosophie im Besonderen zutage. Formulierungen von Menschen-, Freiheits- und Grundrechten berufen sich auf diesen Gedankengang oder vergleichbare Überlegungen.[301]

Im kategorischen Imperativ und dem von Kant immer wieder betonten Bewusstsein der Pflicht liegt ein bedeutendes Pathos, mit Kants Worten:

---

298 Kr. d. pr. V., A 63 – a.a.O., S. 148
299 Kr. d. pr. V., A 155 = a.a.O., S. 210
300 Kr. d. pr. V., A 155–156 = ed. Weischedel, Bd. 6, S. 210
301 Die „Kritik der praktischen Vernunft" ist übrigens 1788, also zwölf Jahre nach der ersten Formulierung der Menschenrechte in der „Virginia Bill of Rights", 1776, erschienen und ein Jahr vor der „Déclaration des Droits de l'Homme et du Citoyen", 1789.

„Pflicht! du erhabener großer Name, der du nichts Beliebtes, was Einschmeichelung bei sich führt, in dir fassest, sondern Unterwerfung verlangst, doch auch nichts drohest, was natürliche Abneigung im Gemüte erregte und schreckte, um den Willen zu bewegen, sondern bloß ein Gesetz aufstellst, welches von selbst im Gemüte Eingang findet, und doch sich selbst wider Willen Verehrung (wenn gleich nicht immer Befolgung) erwirbt, vor dem alle Neigungen verstummen, wenn sie gleich in Geheim ihm entgegen wirken ...“[302] Ein solches Pathos können wir heutzutage zwar nicht mehr mit dem Begriff der Pflicht, durchaus aber noch (in Übereinstimmung mit Kant) mit dem Begriff der *Autonomie* verbinden. Autonomie (= Selbstgesetzgebung) ist die Fähigkeit des mündigen aufgeklärten Subjekts zur Ethik, die Kant 1785 in der „Grundlegung zur Metaphysik der Sitten" auch wieder einigermaßen pathetisch folgendermaßen vorstellt: „Der Wille, dessen Maximen notwendig mit den Gesetzen der Autonomie zusammenstimmen, ist ein *heiliger*, schlechterdings guter Wille."[303]

Der Gebrauch des Begriffes Autonomie, in dem das griechische Wort für Gesetz, *nomos*, vorkommt, sowie die Rede von „Gesetzen der Autonomie" zeigt an, dass Kant in einer Diskussion mit der Gesetzesethik begriffen ist, aus der er in aufgeklärt-neuzeitlicher Weise den Begriff Gesetz in die Freiheit des Menschen hinein transformiert.

Der Gegensatz zu Autonomie ist Heteronomie.[304] Unter einem heteronomen Handeln versteht Kant häufig dasselbe wie unter einem hypothetischen Imperativ handeln. Die Ablehnung der Heteronomie wendet sich aber auch in religionskritischer Absicht gegen Gott als Gesetzgeber und ge-

---

302 Kr. d. pr. V., A 154 = ed. Weischedel, Bd. 6, S. 209

303 Kr. d. pr. V., AB 86 = ed. Weischedel, Bd. 6, S.74 – Kant definiert: „Autonomie des Willens ist die Beschaffenheit des Willens, dadurch derselbe ihm selbst (unabhängig von aller Beschaffenheit der Gegenstände des Wollens) ein Gesetz ist." (Grundlegung zur Metaphysik der Sitten, AB 87 = ed. Weischedel, Bd. 6, S. 74) – Siehe dazu auch: Uwe J. Wenzel: Anthroponomie. Kants Archäologie der Autonomie, Berlin 1992

304 „Die *Autonomie* des Willens ist das alleinige Prinzip aller moralischen Gesetze und der ihnen gemäßen Pflichten; alle *Heteronomie* der Willkür gründet dagegen nicht allein gar keine Verbindlichkeit, sondern ist vielmehr dem Prinzip derselben und der Sittlichkeit des Willens entgegen." (Kr. d. pr. V. A 58 = a.a.O., S. 144)

gen die Religion als heteronomes System. Das moralisch richtige Handeln selbst brauche keine Religion. So sagt Kant schon im ersten Satz der „Religion innerhalb der Grenzen der bloßen Vernunft": „Die Moral, sofern sie auf dem Begriffe des Menschen, als eines freien, eben darum aber auch sich selbst durch seine Vernunft an unbedingte Gesetze bindenden Wesens, gegründet ist, bedarf weder der Idee eines anderen Wesens über ihm, um seine Pflicht zu erkennen, noch einer anderen Triebfeder als des Gesetzes selbst, um sie zu beobachten."[305] – Dieser Gedanke kommt mit dem im Kapitel „Gesetzesethik" abgehandelten Gewissensbegriff überein, jedoch so, dass er die religiöse Bindung des Gewissens (die wir bei Paulus in Röm. 2 finden) ausschließt.

Jedoch erfolgt nahe diesem Punkt eine unerwartete religiöse Wendung des Philosophen: Es tritt, meint Kant, in jeder Moral die Frage des Wozu des Handelns auf; m. a. W.: Wir Menschen können uns sowohl nach dem Zweck jeder einzelnen Handlung als auch der Handlungen eines ganzen Lebens fragen. Wir können fragen, ob unser Leben denn einen Sinn hat, wenn wir ständig nach dem kategorischen Imperativ handeln, wir dadurch aber keineswegs glücklich leben, vielleicht nicht einmal Anerkennung finden. – Die pflichtgemäße Handlung ist nach Kant zwar gut in sich selber, aber – auch wenn der Pflichtgetreue nicht nach einer Belohnung schielt, ja wenn die Folgen guten Handelns nicht innerhalb kurzer Zeit, vielleicht überhaupt nicht, sichtbar werden – darf man sich nach Kant fragen, wie alles pflichtgemäße Handeln und das Ergehen der Handelnden letztlich zusammenstimmen. Hierzu muss man nun auf *Gott* (als Idee) rekurrieren, wie Kant in der Vorrede seiner Religionsschrift in folgendem gewundenen Satz ausspricht: „So ist es zwar nur eine Idee von einem Objekte, welches die formale Bedingung aller Zwecke, wie wir sie haben sollen (die Pflicht), und zugleich alles damit zusammenstimmende Bedingte aller derjenigen Zwecke, die wir haben (die jener ihrer Beobachtung angemeßne Glückseligkeit), zusammen vereinigt in sich enthält, das ist, die Idee eines höchsten Guts in der Welt, zu dessen Möglichkeit wir ein höheres, moralisches, hei-

---

305 Beginn der Vorrede zur ersten Auflage der „Religion innerhalb der Grenzen der bloßen Vernunft", in: I. Kant: Werke, ed. W. Weischedel, Bd. 7, Darmstadt 1968, S. 649

ligstes und allvermögendes Wesen annehmen müssen, das allein beide Elemente desselben vereinigen kann; aber diese Idee ist (praktisch betrachtet)
doch nicht leer; weil sie unserm natürlichen Bedürfnisse, zu allem unsern
Tun und Lassen im ganzen genommen irgend einen Endzweck, der von der
Vernunft gerechtfertigt werden kann, zu denken, abhilft, welches sonst ein
Hindernis der moralischen Entschließung sein würde."[306] Diese Gottesidee
ist Angelpunkt eines „postulatorischen" Gottesbeweises, den Kant schon in
der „Kritik der praktischen Vernunft" vorträgt,[307] und der dort folgendermaßen auf die Moralphilosophie bezogen ist: „Wir sollen das höchste Gut
(welches also doch möglich sein muß) zu befördern suchen. Also wird auch
das Dasein einer von der Natur unterschiedenen Ursache der gesamten
Natur, welche den Grund dieses Zusammenhanges, nämlich der genauen
Übereinstimmung der Glückseligkeit mit der Sittlichkeit, enthalte, postuliert."[308]

Der Gottesbegriff Kants als Idee einer Vereinigung von Pflicht und
Glückseligkeit ist von den Interessen der Philosophie der Aufklärung (und
Kants eigener Philosophie) bestimmt, hat aber beinahe nichts mehr mit
dem christlichen Gottesbegriff zu tun. Mit einem religionswissenschaftli-
chen Ausdruck kann man beim Gott Kants von einem Deus otiosus, einem
Gott, der nichts tut und nichts zu tun hat, sprechen.

Das umfangreichste ethische/moralphilosophische Werk Kants ist seine
Schrift „Die Metaphysik der Sitten" von 1797 (2. Aufl. 1798). Hierin geht
er auf Einzelfragen der „Rechts- und Tugendlehre" ein, und zwar aus „me-
taphysischer" Sicht – im kantischen Sprachgebrauch müssten wir freilich
präziser sagen: aus transzendentalphilosophischer Sicht. Die „Metaphysik
der Sitten" beschäftigt sich mit moralischer Gesetzgebung, die aus Freiheit
abgeleitet wird: „Diese Gesetze der Freiheit heißen, zum Unterschiede von
Naturgesetzen, *moralisch*."[309] Von woher aber treten solche Gesetze zu Tage:

---

306 I. KANT: Die Religion etc. AB VII/VIII = a.a.O., S. 651
307 „Das Dasein Gottes, als ein Postulat der reinen praktischen Vernunft" (Überschrift A
      223 = ed. Weischedel, Bd. 6, S. 254)
308 Kr. d. pr. V., A 225 = ed. Weischedel, Bd. 6, S. 255
309 I. KANT: Die Metaphysik der Sitten AB 7 = ed. Weischedel, Bd. 7, S. 318

aus der Natur, aus der Geschichte, durch den Philosophen? – Antwort: durch die Vernunft: „Die Vernunft gebietet, wie gehandelt werden soll.“[310] – Der Zweck der „Metaphysik der Sitten“ ist – über die grundlegenden Gedanken der früheren moralphilosophischen Schriften Kants hinaus –, ein „System der Freiheit“[311] zu errichten. Dieses kann ich natürlich nicht referieren …

Im zweiten Teil der „Metaphysik der Sitten“, genannt „Metaphysische Anfangsgründe der Tugendlehre“, ist interessant (und bedenklich), dass Kant sich noch schärfer gegen den „Eudämonismus“ wendet und ausdrücklich nur das als Pflicht anerkennt, was jemand *ungern* tut: „Was ein jeder unvermeidlich schon von selbst will, das gehört nicht unter den Begriff von Pflicht; denn diese ist eine Nötigung zu einem ungern angenommenen Zweck. Es widerspricht sich also zu sagen: man sei verpflichtet, seine eigene Glückseligkeit mit allen Kräften zu befördern.“[312] Vielmehr bestehe die Pflicht der Beförderung „fremder Glückseligkeit“[313]. Hierdurch kommt etwas Säuerliches und Betrübliches in das jüdisch-christliche Gebot der Nächstenliebe: Wenn ich „fremde Glückseligkeit“ nur ungern befördere, muss ich dann nicht sofort mein helfendes Handeln einstellen, wenn ich zu einer fremden Person Zuneigung empfinde? (Dies hat meines Wissens Schiller als erster beanstandet.) Und was ist mit dem Zusatz „Liebe deinen Nächsten *wie dich selbst*“? Da meine eigene „Glückseligkeit“ ja kein ethisches Ziel sein darf, muss ich meine Selbstliebe vernachlässigen. Welche Gestalt wird dann aber meine Nächstenliebe annehmen, die nach dem Muster meiner Selbst-Lieblosigkeit geformt ist?

Kant ist zugute zu halten, dass er seine Ethik auf das Fundament einer unbestechlichen Vernunft stellen und jede Emotionalität ausschalten wollte, die das praktisch-philosophische Urteilsvermögen trüben könnte.[314] Darin

---

310 A.a.O., AB 10 = ed. Weischedel, S. 321
311 A.a.O., AB 13 = ed. Weischedel, S. 323
312 I. Kant: Metaphysische Anfangsgründe der Tugendlehre, 1797, A 13 = I. Kant: Die Metaphysik der Sitten, ed. Weischedel, Bd. 7, S. 515
313 A.a.O., A 16 = ed. Weischedel, S. 517 ff.
314 Kant hat konsequenterweise bereits gegen die „Liebe“ in der Nächstenliebe eingewandt:

liegt aber auch ihre Schwäche bzw. die Notwendigkeit, andere ethische Ansätze zu kennen und heranzuziehen. Indirekt hat Kant dies für die „eudä-
monistische" Güterethik eingeräumt, wenn er sie im „postulatorischen
Gottesbeweis" eine ergänzende Rolle spielen lässt, ich plädiere jedoch für
die Einbeziehung aller uns zugänglichen Ansätze in unsere ethischen Überlegungen. Jedenfalls ist jemand noch nicht ethisch fehlgeleitet, der bisweilen am Kantischen Pflichtbegriff scheitert …

Zusammenfassung und Kritik

Kant setzt sich direkt oder indirekt mit allen oben referierten ethischen Ansätzen auseinander: Den gesetzesethischen Ansatz greift er auf, wie wir gesehen haben, indem er ihn von der Selbstgesetzgebung (Autonomie) des
Menschen her interpretiert, von der Person her, die sich selber in die Pflicht
nimmt, eine fremde Gesetzgebung (Heteronomie) aber ablehnt. „Eines anderen Wesens über ihm", nämlich Gottes, soll der Mensch bei seiner
Pflichterfüllung aber nicht bedürfen. Deshalb spiegelt sich aber die lutherische Ethik nicht in Kants Morallehre wider. Kant (er war protestantisch-
pietistisch erzogen worden) wird die Ethik Luthers – so er sie überhaupt zur
Kenntnis nahm – unter den Begriff der Heteronomie subsumiert und wegen ihres mehrfachen Gottesbezuges (der Mensch ist schuldig, das Gesetz
Gottes zu befolgen, er wird von Gott gerechtgemacht und dadurch befähigt, mit Gott zu kooperieren) abgelehnt haben. Zwar könnte man argumentieren, dass der göttliche Beruf nach Luther von Menschen aufgegriffen und zum Nutzen von anderen Menschen ausgeübt wird. Dagegen hätte
Kant sicherlich nichts einzuwenden gehabt; er verwendet zwar einen solchen säkularisierten Berufsgedanken nirgends, jedoch deutet sich in dem

---

„Wenn es also heißt: du sollst deinen Nächsten lieben als dich selbst, so heißt das nicht:
du sollst unmittelbar (zuerst) lieben und vermittelst dieser Liebe (nachher) wohltun, sondern: tue deinem Nebenmenschen wohl, und dieses Wohltun wird Menschenliebe (als
Fertigkeit der Neigung zum Wohltun überhaupt) in dir bewirken." (a.a.O., A 41,
S. 533)

schon einmal zitierten pathetischen Satz „Pflicht! du erhabener großer Name …"[315] so etwas wie eine religiöse Dimension an.

Kants Pflichtenethik greift dann hauptsächlich die Tugendethik[316] auf, die er aus dem Aristotelismus und Stoizismus in seinen eigenen Ansatz transformiert (wie erwähnt, wurde im Stoizismus *arete/virtus* zum *kathekon/officium*).

Die Güterethik mit ihrem Ziel der *eudaimonia*/Glückseligkeit wiederum spielt bei Kant eine ganz andere Rolle: einerseits indem er sie distanziert (mit dem Argument, sie folge in ungehöriger Weise dem „hypothetischen Imperativ"), andererseits aber indem er sie im abschließenden Gedanken seines ethischen Systems, dem „postulatorischen Gottesbeweis", trotz allem zur Geltung bringt.

Was ist nun von Kants Pflichtenethik – entstanden am Höhepunkt der Aufklärung und seitdem von höchstem Einfluss – zu halten? Wir sind zwar nach Kant durch Idealismus, Historismus, Skeptizismus, Existentialismus und Postmoderne hindurchgegangen, sind aber gewissermaßen immer noch Kinder der Aufklärung …

Ich versuche nun Kant im Sinne seiner eigenen Philosophie (er schrieb drei große „Kritiken") kritisch zu sehen, und d. h. durch Unterscheidungen (*krinein* heißt unterscheiden) zu beurteilen und die Stärken und die Probleme von Kants Pflichtgedanken aufzuzeigen:

a) Die Stärken des Pflichtgedankens liegen in der Bemühung Kants, Ethik in neuer Weise auf das menschliche Subjekt *zu beziehen*.

b) Die Probleme sind in dem Versuch zu sehen, die Ethik im menschlichen Subjekt *zu fundieren*.

c) Jene Leistung Kants ist zu würdigen, die darin bestand, im Sinne der Aufklärung, also mittels der Vernunft, einen neuen ethischen Diskurs auf den Weg zu bringen, nachdem die alteuropäische ethische Ordnung brüchig geworden war.

---

315 Kr. d. pr. V., A 154 = ed. Weischedel, Bd. 6, S. 209

316 Kants Definition der Tugend: „Tugend ist also die moralische Stärke des Willens eines Menschen in Befolgung seiner Pflicht." (I. Kant: Metaphysische Anfangsgründe der Tugendlehre, 1797, A 46 = I. Kant: Die Metaphysik der Sitten, ed. Weischedel, Bd. 7, S. 537)

ad a) Schon die mit der Ethik im Allgemeinen gesetzte Aufgabe der Reflexion über bestehende Sitten und das zu beobachtende menschliche Verhalten kann nur von einem mündigen Subjekt gelöst werden, nicht aber von einem abhängigen, das sich stets damit begnügen müsste, ethische Grundsätze und Regeln, die ihm von irgendjemandem vorgegeben wurden, zu übernehmen. Mit Kant ist das mündige menschliche Subjekt aus folgendem Grund weiterhin zu würdigen: Da es immer schon verschiedene ethische Ansätze und Systeme gegeben hat, wurde und wird dem einzelnen Subjekt in der Ethik von vornherein zugemutet, jene Autoritäten, die ethische Regeln vorgeben, zu überprüfen.

Die Aufklärung und insbesondere Kant haben also damit und insofern Recht, als sie in der Ethik auf die Freiheit und Mündigkeit der Person setzen; sie haben mit ihrer Zumutung der ethischen Autonomie der Person Recht, wenn Autonomie die selbständige Beurteilung von ethischen Autoritäten und Direktiven bedeutet. Bei der „Selbstgesetzgebung" handelt es sich aber um etwas Weitergehendes (siehe Punkt b).

Das mündige Subjekt ist nicht nur in der Beurteilung des ethisch Vorgegebenen, sondern in der bewussten Planung, Begleitung und Kritik seines eigenen Tuns gefordert. Immer wieder kommt es vor, dass sich jemand bei Fehlverhalten auf einen unvermeidbaren Irrtum und/oder Beeinflussung von außen – sei es durch die Umstände, sei es durch andere Personen – beruft, wenn er/sie zur Verantwortung gezogen wird. Zumeist ist dem-/derjenigen aber klar, dass es sich hierbei um Ausreden handelt. Die Verantwortung für die eigenen Handlungen kann einem niemand abnehmen, daher soll man diese Verantwortung bejahen. Kant hat (unter den Titeln „Pflicht" und „Autonomie") das Bewusstsein der Freiheit im Handeln und der moralischen Verantwortung gestärkt.

ad b) Die Problematik der Versuche Kants, Ethik im menschlichen Subjekt zu fundieren, zeigt sich m. E. am kantischen Pflichtbegriff. Eine Kritik an diesem Pflichtbegriff liegt implizit bereits in der auf Kant folgenden Geschichte dieses Begriffes beschlossen. Pflicht wurde (wahrscheinlich schon vor Kant, aber auffallenderweise besonders) *nach* Kant weniger als freie moralische Selbst-Gesetzgebung, sondern als Zwang bzw. Selbst-Zwang, autoritären Befehlen gehorsam zu sein, verstanden und gelebt. Woran liegt das?

Der Pflichtbegriff nach Kant ist im Wesentlichen als *Gehorsamsleistung* aufgefasst worden. Ich nehme an, man könnte schon zur Zeit Kants, aber besonders im 19. und 20. Jahrhundert gehäuft Aussagen vorfinden, die Gehorsamsleistungen als Pflichterfüllung ausgeben. Die schlimmsten Beispiele für die Perversion des Pflichtenbegriffes zum Gehorsamsbegriff finden sich freilich in den Rechtfertigungsversuchen von Kriegsverbrechern und Erfüllungsgehilfen des nationalsozialistischen Regimes, wenn sie auf Vorhaltungen in Kriegsverbrecherprozessen mit dem Satz antworteten: „Ich habe nur meine Pflicht getan."

Gerade das 19. und 20. Jahrhundert sind durch die Tendenz zu zentralistischen Nationalstaaten gekennzeichnet, die zu ihrer Existenz gehorsame Bürokraten und zu ihrer Verteidigung (noch mehr aber zu ihrer aggressiven Eroberungspolitik) gehorsame Soldaten nötig hatten und haben. Ob und wie das mit dem idealistischen und/oder kantischen Pflichtbegriff zusammenhängt, soll gefragt werden. Das Verwirrende an dem Wortgebrauch „Pflicht" für „Gehorsamsleistung" liegt darin, dass anstatt der kantischen Absicht einer Selbstbestimmung in Freiheit die äußerste Abhängigkeit von Befehlen, anstatt der von Kant angestrebten Humanität (siehe die oben erwähnte *zweite* Fassung des kategorischen Imperativs!) sogar Inhumanität mit dem Pflichtbegriff gerechtfertigt wurde. Liegen hier vielleicht ganz verschiedene, ja kontradiktorische Pflichtbegriffe vor?

Ich möchte die These vortragen, dass es sich bei dem Verständnis von Pflicht als Ausführen von Befehlen zwar um eine Perversion, jedoch eine leider dem modernen aufgeklärten Pflichtbegriff immanente Perversion handelt.

Sehen wir uns die Struktur des kategorischen Imperativs und seines autonomen Subjekts noch einmal an: (Ich zitiere wiederum ad hoc die erste Fassung: „Handle so, daß die Maxime deines Willens jederzeit zugleich als Prinzip einer allgemeinen Gesetzgebung gelten könne.") Mehrere Ungereimtheiten fallen auf:

Erstens muss man sich fragen, wer zu wem spricht. Wer gibt den Befehl („Handle")? – Ist es der gesetzgebende Philosoph? (Das würde bedeuten, dass im kategorischen Imperativ ein autoritäres Gefälle zwischen Wissendem und Nichtwissendem entsteht, in das dann jedwede staatliche und militärische Autorität eintreten kann.) Kant beruft sich jedoch nicht auf seine persönliche, sondern auf die allen Menschen eigene Autorität der Vernunft. – Spricht also die allgemeine Vernunft selbst (die „Menschheit" = humanitas) zu einem Einzelmenschen? Dies kann nun deshalb nicht sein, da man dann unterstellen müsste, der Einzelne wäre zuvor aus der Menschheit herausgefallen, er wäre also kein Mensch, womit ihn auch keine allgemeine Vernunft mehr ansprechen könnte. – Somit bleibt nur übrig, dass ein und derselbe Mensch in einer rhetorisch bedingten Rollenaufteilung (Ich/Du) als autonomes Subjekt zu sich selber spricht.

Dadurch entsteht *zweitens* folgende Schwierigkeit: Entweder bindet sich das autonome Subjekt „jederzeit" über die „allgemeine Gesetzgebung" an alle, dann macht es sich selber von einem autonomen zu einem heteronomen Subjekt. Oder aber man nimmt an, dass von vornherein die allgemeine Gesetzgebung, die es bloß erkennt, aus dem gesetzgebenden Subjekt spricht, dann ist es aber vor wie nach dieser Erkenntnis gegenüber dieser Erkenntnis nicht autonom. Das gesetzgebende Subjekt soll jedoch nach Kant autonom sein.

Drittens muss man an Kant die Frage stellen, *wie* sich das Ich Gesetze geben kann? Indem es sich Gesetze gibt, bezieht es sich ja auf sich selber, ist also mit sich identisch. Das andere, dem es Gesetze gibt – nennen wir es besser das Selbst als das Du –, ist also gar kein anderes. Warum gibt es sich aber Gesetze, da es genau dieselben Gesetze, die es sich geben will, ja bereits besitzen muss, um sie sich geben zu können?[317] – Mir scheint jede Art von Selbstgesetzgebung auf eine Absurdität hinauszulaufen. Natürlich darf man rückbezügliche Wörter und Wortformen wie „selbst" gebrauchen, muss sich aber darüber klar sein, dass hier sprachliche Reflexionsausdrücke vorliegen, die mit der physischen und gesellschaftlichen Realität nur das eine

---

317 Ähnliches gilt für die Selbstbeherrschung. Kant: „Zur Tugend wird zuerst erfordert die Herrschaft über sich selbst" (I. Kant: Metaphysische Anfangsgründe der Tugendlehre, 1797, A 50 = I. Kant: Die Metaphysik der Sitten, ed. Weischedel, Bd. 7, S. 539) Wie kann ich mich selbst beherrschen, wenn ich kein anderer bin als derjenige, der unbeherrscht ist? Oder aber, ich bin beherrscht, dann ist es überflüssig, mit Selbstbeherrschung beginnen zu wollen.

gemein haben, dass alle Menschen in sprachlicher Weise reflektieren können. Leitet aber jemand aus einem solchen Reflexionsverhältnis eine Setzung ab, wie eben eine autonome ethische „Selbst-Gesetzgebung", dann
muss man die erwähnten Fragen stellen.

Das angeblich autonome Subjekt täuscht sich darüber hinweg, dass es
sich in einer ethischen Reflexion mittels der Sprache mit anderen Menschen
– und in letzter Absicht mit *allen* Menschen (deshalb ist die Absicht der Allgemeingültigkeit von ethischen Gesetzen auch nicht illusorisch) – in Verbindung setzt, aber keineswegs mit einem obskuren Selbst bzw. das Ich mit
dem Ich. Das Ich braucht nicht mit sich in Verbindung zu treten, da es
nicht von sich getrennt ist.

Aus der Problematik der Rede vom Selbst und den Selbstverhältnissen
ergeben sich problematische Folgen für den kantischen Pflichtbegriff. Die
kategorische Forderung Kants an den Einzelnen, autonom zu sein, könnte
man *psychologisch*, wie folgt, deuten: Der/die Einzelne sucht angestrengt
nach seinem/ihrem Selbst, um sich von dorther Gesetze zu geben. Das Ziel
kann aus den dargelegten Gründen nicht erreicht werden. So bleiben zwei
Möglichkeiten übrig: Entweder das Subjekt stimmt den schon geltenden
moralischen Gesetzen zu *(die konservative Möglichkeit)*, oder es stößt auf ein
anderes – autoritäres – Subjekt, das solche Gesetze erfindet und damit den
Eindruck jener autonomen Persönlichkeit macht, die das suchende Subjekt
nicht ist, einer Persönlichkeit, die aber in Wirklichkeit nicht sich selbst, sondern *anderen* Gesetze gibt *(die autoritäre Möglichkeit)*.

Mag nun zwar die konservative Möglichkeit die sympathischere sein, so
ist doch in beiden Fällen der „erhabene Name der Pflicht", der, wie wir
gehört haben, „Unterwerfung verlangt",[318] unter diesen Umständen geeignet, die von den Aufklärern und Kant anvisierte Realisierung der Freiheit
unmöglich zu machen. Somit scheitert die Fundierung der Ethik in der Autonomie des menschlichen Subjekts. Daher sind die vor der Aufklärung er-
stellten ethischen Systeme keineswegs Makulatur, sondern ernsthaft in un-

---

318 Ich zitiere zum dritten Mal (aber abgekürzt): „Pflicht! du erhabener großer Name, der
     du nichts Beliebtes, was Einschmeichelung bei sich führt, in dir fassest, sondern Unter-
     werfung verlangst …" (Kr. d. pr. V., A 154 = ed. Weischedel, Bd. 6, S. 209)

sere Moralreflexion einzubeziehen. Dasselbe gilt natürlich für die nach Kant aufgetretenen Systeme.

ad c) Ist daher der ethische Diskurs Kants mit allen seinen Wendungen und Windungen sinnlos gewesen und durchzustreichen? Keineswegs, sondern die Leistungen Kants sind zu würdigen. Hier ein unvollkommener Versuch: Die Emanzipation des Individuums von den es bevormundenden politischen und kirchlichen Mächten des „ancien régime" kann man nur begrüßen, wenn sie auch nicht einmal noch in alle Bereiche der westlichen Gesellschaft, geschweige denn nicht westlicher Gesellschaften durchgedrungen ist. Sie kann auch nicht mehr rückgängig gemacht werden: Der Geist ist aus der Flasche.

Was aber kann, darf, muss das emanzipierte Individuum mit seiner Freiheit anfangen? Endet die Emanzipation in „the fear of freedom" (Erich Fromm)[319]? – Tatsächlich könnte es einem angst und bang werden, wagt man sich, wie es Kant will, an die unlösbare Aufgabe der Selbstgesetzgebung …

In Wahrheit handelt es sich jedoch um eine andere, zwar nicht weniger anspruchsvolle, aber weniger verzweifelte Aufgabe: Die vorhandenen Verhaltensweisen und die herrschende Moral zu studieren und kritisch zu prüfen. – Jeder Mensch existiert stets in einem Gegenüber; dieses Gegenüber ist seine Herkunftsfamilie, das Du einer jeweiligen Beziehung, die Mitmenschen im Allgemeinen, Gott, die Welt und die Natur. Wie ist aber das Selbstverhältnis zu verstehen, das Kant durch seine Forderung der Autonomie in Anspruch nimmt?

Betrachten wir zum letzten Mal den kategorischen Imperativ Kants in seiner ersten Fassung: „Handle so, daß die Maxime deines Willens jederzeit zugleich als Prinzip einer allgemeinen Gesetzgebung gelten könne"[320], dann fällt auf, dass das Ich (im Satz: das angesprochene Du) sich an seinem *Willen* orientieren soll. Im Willen, aus dem die Maxime *(maxima regula)* zu erheben ist, findet sich aber immer schon mehr als das subjektive Ich, das sich

---

319 Titel eines Buches: Erich FROMM: The fear of freedom, 1942, letzte Aufl.: London 1985 (deutsch: Die Furcht vor der Freiheit, 7. Aufl., München 1998)

320 Kr. d. pr. V., A 54 = ed. W. Weischedel, Bd. 6, S. 140

anschickt, ethisch auf die Allgemeinheit zu reflektieren. Der Wille kommt aus dem Lebendigsein und ist die Bedingung von Selbsterhalt, Leben und Streben. Er schließt Subjektives und Substantielles zusammen. Zur subjektiven Vernunft müssen also auch die Objektivität und Substanzhaftigkeit des Existierens samt der mitmenschlichen und natürlichen Umgebung sowie die geschichtlichen Umstände hinzutreten, damit das ethische Subjekt befähigt ist, den kategorischen Imperativ aufzugreifen. Der Wille des Subjekts ist es, der seine Verbindung zur Objektivität herstellt, weil der Wille nämlich schon allein dadurch, dass er das Subjektsein bejaht, ein Gut anstrebt und insofern der Güterethik verbunden bleibt.

Wir haben gesehen, dass ja auch Kant letztlich der Integration einer Güterethik in seine Pflichtenethik nicht ausweichen konnte. Schon die Sprache weist uns durch die Etymologie darauf hin, dass *wollen* mit dem *Wohl* verwandt ist. Unser Wollen hat ein Gut, Güter, happiness zum Ziel. Dieses Ziel ist, sofern Menschen zu ihrem Überleben ein soziales Umfeld benötigen, stets unter regelgeleiteter und geordneter Einfügung in des soziale Umfeld angestrebt worden, und zwar unter Gesetzen, die den menschlichen Willen leiten, damit er nicht Willkür im üblen Sinne bleibt.

Gesetzes- und Güterethik bedenken Gott als das Gegenüber des ethischen Subjekts, denn Gott wird in Natur, Existenz und Geschichte erfahren. Das bemerken wir z. B. in der ökologischen Krise: In einem Moment unserer Geschichte, in dem sich die Menschheit in einem überzogenen Selbstbewusstsein mittels ihres Wissens und ihrer technischen Fähigkeiten als „Gott" der Welt aufspielt, mahnen uns die Reaktionen der Natur, dass wir Menschen nicht Gott und nicht autonom sind, sondern stets auf ein Gegenüber, das Andere unserer Subjektivität, bezogen bleiben.

Kapitel 7

Verantwortungsethik[321]

Mit der Triade der Ethiken „Verantwortungs-, Werte- und Diskursethik" und der die Gesamtdarstellung abschließenden Situationsethik kommen wir ins 20. Jahrhundert. Obwohl es von allen diesen vier Ansätzen Vorformen gibt, sind sie erst im 20. Jahrhundert bestimmend geworden. Ähnlich wie bei den weiter oben dargestellten Triaden lässt sich nicht sagen, einer

---

321 Kurt Bayertz: Ökologische Ethik, München u. a. 1988 – Ders.: Eine kurze Geschichte der Herkunft der Verantwortung, in: Verantwortung. Prinzip oder Problem, ed. K. Bayertz, Darmstadt 1995, S. 3–72 – Ders.: Praktische Philosophie, Reinbek bei Hamburg 1994 – Matthias Gatzemeier: Verantwortungsethik und methodischer Diskurs über Normen, Nürnberg 1991 – Reinhard Hesse: Was heißt politische Verantwortungsethik heute, Hamburg 1993 – Hans Jonas: Das Prinzip Verantwortung. Versuch einer Ethik für die technologische Zivilisation, Frankfurt a. M. 1979 (Ich zitiere nach der Ausgabe: Frankfurt a. M. 1984) – Franz-Xaver Kaufmann: Der Ruf nach Verantwortung. Risiko und Ethik einer unüberschaubaren Welt, Freiburg u. a. 1992 – Ulrich H. J. Körtner: Freiheit und Verantwortung. Studien zur Grundlegung theologischer Ethik, Freiburg/ Schweiz [u. a.] 2001 – Hartmut Kreß/W. E. Müller: Verantwortungsethik heute, Stuttgart u. a. 1997 – Hans Lenk: Hat die bloß individuelle Verantwortung noch eine Zukunft?, 1994 – Hans Lenk/M. Maring: Verantwortung – Normatives Interpretationskonstrukt und empirische Beschreibung, in: Ethische Norm und empirische Hypothese, ed. L. H. Eckensberger/U. Gähde, Frankfurt a. M., 1993, S. 222–243 – Lucien Levy-Bruhl: L'Idée de Responsabilité, Paris 1884 – Wolfgang E. Müller: Der Begriff der Verantwortung bei Hans Jonas, Frankfurt a.M. 1988 – Georg Picht: Der Begriff der Verantwortung, in: ders.: Wahrheit, Vernunft, Verantwortung. Philosophische Studien, Stuttgart 1969, S. 318–342 – Wolfgang Schluchter: Individualismus, Verantwortungsethik und Vielfalt, Weilerswist, 2000 – Johannes Schwartländer: Verantwortung, in: Handbuch philosophischer Begriffe, ed. H. Krings/ H. M. Baumgartner/Ch. Wild, Bd. III, München 1974, S. 1577–1588 – Max Weber: Politik als Beruf (1919), in: ders.: Gesamtausgabe, ed. W. J. Mommsen/W. Schluchter, Abt. I, Bd. 17, Tübingen 1992, S. 157–252 – Wilhelm Weischedel: Das Wesen der Verantwortung. Ein Versuch (1933), 3. Aufl., Frankfurt a. M. 1972

dieser Ansätze wäre bedeutender als die anderen. Die Verantwortungsethik, die gegen Ende des 20. Jahrhunderts besonders intensiv diskutiert wurde, könnte u. U. deswegen als abschließendes System behandelt werden; ihre Bedeutung kommt aber viel besser zur Geltung, wenn sie wie hier als grundlegend für das ganze Jahrhundert eingestuft wird.

Die Aufeinanderfolge der Triade „Verantwortungs-, Werte- und Diskursethik" habe ich aus systematischen Gründen gewählt: Die Verantwortungsethik entspricht der Gesetzes- und Berufsethik; der Gesetzesethik, weil sie im Zur-Verantwortung-Ziehen die Strenge eines (mehr oder weniger festen) Maßstabes (ein Problem der Verantwortungsethik!) anzulegen bestrebt ist, der Berufsethik, weil nur diejenigen zur Verantwortung gezogen werden können, die eine für die Gemeinschaft bedeutende Stellung erlangt haben. Die Wertethik kommt mit der Güter- und Nützlichkeitsethik darin überein, dass sich alle drei an zu erreichenden Zwecken orientieren. Die Diskursethik wiederum bekennt selber, wie sehr sie sich an der Konstitution des Ethischen in Kants Pflichtenethik orientiert, die ihrerseits wieder am meisten Beziehung zur Tugendethik als der „Mutter" der Pflichtenethik in der Antike aufweist. – Die Situationsethik wiederum, in der Mitte des 20. Jahrhunderts im Rahmen des Existentialismus entstanden, ist keineswegs das Nonplusultra der ethischen Systeme; im Gegenteil: Mit keinem und jedem der behandelten Systeme vergleichbar, ist sie so einfach („primitiv"), dass sie sich nicht nur zur Zusammenfassung der ethischen Theoriebildung des 20. Jahrhunderts, sondern aller Theoriebildung insgesamt eignet: Wenn es in allen unseren ethischen Überlegungen stets darum geht, unmittelbare Begegnungen, Zusammenstöße, Aufgaben zu bewältigen, unsere Existenz in die Vielschichtigkeit des Zusammenlebens mit anderen einzuordnen, dann könnte man das als Sinn des „Unternehmens" Ethik insgesamt auffassen: auf immer wiederkehrende Situationen vorbereitet zu sein und immer wieder neu entstehende Situationen durchzureflektieren …

Was für die vorhergehenden Triaden gilt, gilt auch für die nun folgende Vierheit („Tetras"): Die vier Systeme stellen einander in Frage, heben einander auf und bedingen einander bis zu dem Punkt, dass die Vierheit zugleich als Einheit der im 20. Jahrhundert diskutierten Ethiktheorie gesehen werden könnte, denn: Ist moderne Ethik denkbar a) ohne dass Handlungen verantwortet und die Handelnden zur Verantwortung gezogen werden können, b) ohne Werte zu setzen, c) ohne den Diskurs um ihre Grund- und Einzelprobleme, d) ohne Berücksichtigung der jeweiligen Situationen? – Diese Fragen zu stellen, heißt sie beantworten.

Man kann darüber streiten, ob die Verantwortungsethik oder die Wertethik aus historischen Gründen mehr Anrecht habe, anschließend an die Pflichtethik abgehandelt zu werden. Der Wertbegriff (und damit ansatzweise auch die Wertethik) wurde nämlich bereits seit Hermann Lotze im 19. Jahrhundert diskutiert. Freilich schreibt Kurt Bayertz auch der Verantwortungsethik bereits im 19. Jahrhundert eine „steile Karriere" zu.[322] Was aber wichtiger ist: Der Begriff der Verantwortung, aus dem Gerichtswesen stammend, ist seit der zweiten Hälfte des 15. Jahrhunderts nachweisbar. Damals wurde er „auch auf die Rechtfertigung vor dem Richterstuhl Gottes gemünzt" (Ulrich Körtner).[323] Die Verantwortungsethik hat also, ebenso wie die Gesetzes- und die Berufsethik, sowohl mit der rechtlichen als auch mit der religiösen Sphäre zu tun, in denen sich die Ethiken früherer Gesellschaftsformen bewegten, und aus denen sie sich nach und nach emanzipierten: In der Gesetzesethik ist die Bindung von „Verantwortung" an die Rechtssphäre offensichtlich, in der Berufsethik, wie sie Luther aufgefasst und ausgeführt hat, ist sie vermittelt durch die Rechtfertigung Gottes.

Die Bindung der Verantwortungsethik an die rechtliche Sphäre tritt auch dann wieder hervor, wenn man wie Max Weber mit seiner Schrift „Politik als Beruf" (1919) von der Rechenschaftspflicht der Politiker vor den Parlamenten und/oder der Öffentlichkeit ausgeht. Mit Max Weber ist auch der Beginn eines eigenen Diskurses der Verantwortungsethik zu datieren.

Wenn ich hier in dieser Darstellung die Verantwortungsethik als erstes einer Triade von ethischen Systemen des 20. Jahrhunderts behandle, dann ist damit folgende Auffassung verbunden: Dieser Ansatz negiert die vor ihm aufgetretenen neuzeitlichen Ansätze (Berufsethik, Utilitarismus und Pflichtenethik), fasst sie aber auch zu einer neuen Grundlegung der Ethik zusam-

---

322 Kurt Bayertz (1995), S. 3
323 Ulrich H. J. Körtner (2001), S. 102; ganz ähnlich Bayertz, a.a.O., S. 16 f.

men. – Einen Rückverweis auf die Berufsethik kann man schon aus dem Titel der Schrift Max Webers „Politik als Beruf" vermuten.

Von theologischen Verantwortungsethikern wird zwar mit gutem Recht die Verantwortung vor Gott zur Geltung gebracht,[324] jedoch denkt die Mehrzahl der gegenwärtigen Verantwortungsethiker nicht in theologischen, sondern in Dimensionen einer weltlichen Verantwortung. Der Glaubensbezug wird so negiert, dass er vernachlässigt oder übergangen wird. Der säkulare Beruf von Verantwortlichen wird hingegen bejaht und ihre Rechenschaftspflicht auf die Mitmenschen bezogen. – Von den vorausgegangenen Systemen kommt der Gesichtspunkt des Nutzens in der Verantwortungsethik der Sache nach indirekt zur Geltung. Der direkte Gesichtspunkt ist nämlich die Prüfung, was die Handlungen der Verantwortlichen für *Folgen* gezeitigt haben. Dabei kann sich herausstellen, dass die Verantwortlichen bei ihrem Handeln entweder Nutzen, Einschränkungen von Nutzen oder aber Schaden bewirkt haben, Folgen, die sie dann verantworten sollen. Dass aus dem verantwortlichen Handeln die Abwendung von Schaden und/oder das Bewirken von Nutzen für kommende Generationen resultiert (dies werden in den ökologischen Überlegungen bei Hans Jonas die Kriterien sein), steht auf einem anderen Blatt, und läuft auf eine Erweiterung der utilitaristischen Zielsetzungen hinaus …

Die Pflichtenethik ist der unmittelbare (ethische) Gegner der Verantwortungsethik. Diese argumentiert: Nicht auf eine formale Übereinstimmung der Maxime des handelnden Willens mit der allgemeinen Gesetzgebung und auf die Gesinnung komme es an (Kant hatte in der Tat die gute Gesinnung über alles gerühmt), sondern auf die reale Auswirkung von Handlungen. Seien die Folgen einer Politik verantwortbar, könne man soz. auf die lautere Gesinnung der beteiligten Politiker verzichten. (Hieran, darauf sei jetzt schon hingewiesen, lässt sich Kritik anknüpfen und der gesinnungsethische Gesichtspunkt durch die Hintertür einbringen: Ist es denn nicht sehr unwahrscheinlich, dass ein unlauterer Politiker Akte mit guten Auswirkungen setzen wird?) Gleichwohl nimmt die Verantwortungsethik

---

324 Siehe den folgenden Abschnitt über Dietrich Bonhoeffer.

aber auch wesentliche Anliegen der Pflichtenethik auf: Die Verantwortlichen werden sowohl von ihren Zeitgenossen in die Pflicht genommen, sie müssen sich aber auch überlegen, ob sie ihre Entscheidungen vor der kommenden Generation vertreten können, und solche Überlegungen werden – mindestens zum Teil – „in foro interno" vor sich gehen, also im Gewissen. Bei vielen – vielleicht sogar bei allen – Handlungen kann man den Maßstab anlegen, ob man sie *vor sich selber* verantworten könne. So kann behauptet werden, dass die Verantwortungsethik auch die Pflichtenethik bedenkt und integriert.

Dietrich Bonhoeffer[325]

Der evangelische Theologe Dietrich Bonhoeffer (1906–1945) schrieb zwischen 1940 und 1943 an einer Ethik. Das Werk blieb unvollendet. (Bonhoeffer wurde 1943 von der Gestapo verhaftet und 1945 hingerichtet.) Das später von Eberhard Bethge unter dem Titel „Ethik" herausgegebene Buch (8. Aufl., München 1975) enthält auf den Seiten 238–278 grundlegende Ausführungen zum Thema Verantwortung, auf S. 278 aber auch einen ausführlichen Hinweis darauf, was Bonhoeffer zu diesem Thema noch alles hätte sagen wollen. Seine Ausführungen bilden also nur einen (unvollendeten) Beitrag zur Verantwortungsethik …

Bonhoeffers Zugang zur Verantwortungsethik ist im weiteren Sinne ein theologischer, im engeren jedoch ein christologischer: „Dieses Leben als

---

325 Dietrich BONHOEFFER: Ethik, ed. E. Bethge, 8. Aufl., München 1975. (Ich zitiere nach der 6. Aufl., München 1963; die Seitenzahlen sind dieselben.). Zu Bonhoeffers Ethik siehe: Alessandro ANDREINI: Bonhoeffer: l'etica come confessione, Mailand 2001 – Guy CARTER: Bonhoeffer's ethics, Kampen 1991 – Kenneth E. MORRIS: Bonhoeffer's ethic of discipleship, University Park u. a. 1986 – Thomas SCHIRRMACHER: Die vier Schöpfungsordnungen Gottes: Kirche, Staat, Wirtschaft und Familie bei Martin Luther und Dietrich Bonhoeffer, Nürnberg 2001 – Christoph STROHM: Theologische Ethik im Kampf gegen den Nationalsozialismus, München 1989 – Heinz E. TÖDT: Theologische Perspektiven nach Dietrich Bonhoeffer, Gütersloh 1993 – Jürgen WEISSBACH: Christologie und Ethik bei Dietrich Bonhoeffer, München 1966

Antwort auf das Leben Jesu Christi (als Ja und Nein über unser Leben) nennen wir ‚Verantwortung'."[326] Dass Bonhoeffer die ethische Verantwortung primär als „Antwort auf das Leben Jesu Christi" auffasst und nicht als Zur-Verantwortung-gezogen-Werden vor dem Gericht Gottes, hat nämlich einen christologischen Grund: Die primäre Verantwortung für uns hat bereits Christus übernommen: Er hat uns gerechtfertigt, indem er ein Nein zu unseren Sünden und ein Ja zu unserem Leben aus der Rechtfertigung gesprochen hat. Wir sind nun von Christus gefragt und müssen uns dadurch verantworten, dass wir auf das Leben Christi Antwort geben, man könnte formulieren: indem wir Christus entsprechen. Ein solches Entsprechen bedeutet bei Bonhoeffer die Nachfolge Jesu. Bonhoeffer hatte 1937 ein Buch mit dem Titel „Nachfolge" (eine Auslegung der Bergpredigt) verfasst und nahm diese Nachfolge selber in seinem kirchlichen und politischen Handeln sehr ernst: kirchlich, indem er das Predigerseminar der „Bekennenden Kirche" leitete, das von der Gestapo verboten wurde, politisch, indem er sich an der Vorbereitung zum Umsturz der Nazi-Herrschaft beteiligte. Freilich sind diese beiden Tätigkeiten ungewöhnliche Konsequenzen von Bonhoeffers Verantwortungsethik, die ansonsten mitten im gewöhnlichen Leben angesiedelt ist.

Zur „Struktur des verantwortlichen Lebens"[327] gehört nach Bonhoeffer zuallererst die „STELLVERTRETUNG": „Daß Verantwortung auf Stellvertretung beruht, geht am deutlichsten aus jenen Verhältnissen hervor, in denen der Mensch unmittelbar genötigt ist, an der Stelle anderer Menschen zu handeln, also etwa als Vater, als Staatsmann, als Lehrmeister."[328] – Der Torso-Charakter von Bonhoeffers Ethik bedingt, dass wir in der Folge einiges Grundsätzliches, aber nur Weniges über die praktische Rolle von Vater, Staatsmann und Lehrmeister hören.

Verantwortung als Stellvertretung leitet Bonhoeffer direkt aus der Nachfolge Jesu ab: „Weil Jesus – das Leben, unser Leben – als der menschgewor-

---

326 Bonhoeffer: a.a.O., S. 236
327 A.a.O., S. 238 (Überschrift)
328 Ebd.

dene Sohn Gottes stellvertretend für uns gelebt hat, darum ist alles menschliche Leben durch ihn wesentlich stellvertretendes Leben."[329]

Eine solche Stellvertretung in der Nachfolge Jesu ist der radikale Einsatz des Lebens: „Stellvertretung und Verantwortlichkeit gibt es nur in der vollkommenen Hingabe des eigenen Lebens an den anderen Menschen."[330] – Damit ist schon einigermaßen deutlich, dass es sich bei der Nachfolge Jesu nach Bonhoeffer nicht um eine Pilgerfahrt auf den Spuren Jesu in Palästina und nicht um einen Rückzug hinter Klostermauern handelt.

Dies soll nach Bonhoeffer in der Kategorie der „WIRKLICHKEITSGEMÄSSHEIT"[331] gesichert werden: „Der Verantwortliche hat der Wirklichkeit nicht ein fremdes Gesetz aufzuzwingen, vielmehr ist das Handeln des Verantwortlichen im echten Sinne ‚wirklichkeitsgemäß‘."[332] Mit dieser Kategorie verabschiedet sich Bonhoeffer gleichwohl nicht von seinem christologischen Bezugspunkt. Die Verantwortungsethik wendet sich nämlich nicht *gegen*, sondern *wegen* Christus an die Welt: „Wirklichkeitsgemäß ist das christusgemäße Handeln, weil es die Welt Welt sein läßt, weil es mit der Welt als Welt rechnet und doch niemals aus dem Auge läßt, daß die Welt in Jesus Christus von Gott geliebt, gerichtet und versöhnt ist."[333]

Als nächste Kategorie der „Struktur des verantwortlichen Lebens" nennt Bonhoeffer die „SACHGEMÄSSHEIT"[334]. Da Bonhoeffer unter diesem Titel, wenn auch nur kurz, auf „den Staatsmann" und somit auf die politische Verantwortung zu sprechen kommt, ist anzunehmen, dass er sich mit Max Webers politischer Ethik auseinander setzt (obwohl er dessen Namen nicht erwähnt).

In diesem Abschnitt schreibt Bonhoeffer folgenden Satz nieder: „Es bleibt eine theoretisch nie mehr zu entscheidende Frage, ob im geschichtlichen Handeln das Letzte das ewige Gesetz oder die freie Verantwortung gegen alles

---

329 A.a.O., S. 239
330 A.a.O., S. 240
331 A.a.O., S. 241–250
332 A.a.O., S. 242
333 A.a.O., S. 245
334 A.a.O., S. 250 ff.

Gesetz – aber vor Gott ist."[335] – Wir können hierin zum ersten Mal die Beschäftigung Bonhoeffers mit der Wahrnehmung seiner eigenen geschichtlichen Verantwortung angedeutet finden, die in der lebensgefährlichen und *ungesetzlichen* Entscheidung bestand, sich den Widerstandskreisen anzuschließen und sowohl den Umsturz in Deutschland als auch das Attentat auf Hitler vorzubereiten. – Bonhoeffer stößt in diesem Satz auf das Grundsatzproblem der Verantwortungsethik: Sie ist nicht Gesetzesethik, aber sie negiert das Gesetz auch nicht; das andere im Unterschied zur Gesetzesethik ist ja, dass der verantwortlich Handelnde vor derart neue Aufgaben gestellt ist, dass sich dafür im Gesetz noch keine Bestimmungen finden, oder aber Aufgaben, die das Gesetz notwendig hinter sich lassen müssen (Umsturz!).

Der gerade beschriebenen Ausnahmesituation des Verantwortlichen will Bonhoeffer mit einer weiteren Kategorie gerecht werden: der „SCHULD-ÜBERNAHME".[336] Diese Kategorie orientiert sich (wie auch der übergeordnete Begriff der Stellvertretung – wir haben es gesehen) am Beispiel Jesu: „Als im geschichtlichen Dasein der Menschen verantwortlich Handelnder wird Jesus schuldig."[337] Und: „In diesem sündlos-schuldigen Jesus Christus hat nun jedes stellvertretende verantwortliche Handeln seinen Ursprung."[338]

Der Verantwortliche in der Nachfolge Jesu lässt das Gesetz hinter sich und nimmt die Schuld der Übertretung auf sich. Wir begreifen, wie heikel eine solche Ethik ist. Dies kann von zwei Seiten her betrachtet werden: erstens vom Schuldig-Verantwortlichen her, der sich unter Umständen in Todesgefahr begibt (siehe Jesus, siehe Bonhoeffer), zweitens vom Unverantwortlichen her, der zwar vorgibt, das Gesetz aus höheren Zwecken missachten zu müssen, unter diesem Deckmantel aber in Wahrheit unlautere Zwecke verfolgt.

Es liegt nahe, dass Bonhoeffer in diesem Zusammenhang auf den ethischen Begriff des GEWISSENS stößt. Er schreibt: „Eine Verantwortung, die

---

335 A.a.O., S. 254 f.
336 A.a.O., S. 255 f.
337 A.a.O., S. 256
338 Ebd.

zu einem Handeln wider das Gewissen zwingt, würde sich selbst verurteilen."[339] – Freilich, dieses „Würde" wird zu einem „Wird", und das bedeutet nach Bonhoeffer: Übertretung des Gesetzes und Schuldübernahme in der Nachfolge Jesu. Ein zur Schuldübernahme bereiter Mensch besitzt „das in Jesus Christus befreite Gewissen"[340]. Er richtet sich an der Gesetzesübertretung und am Schuldigwerden Jesu aus, freilich nicht, um unlautere Ziele zu verwirklichen, sondern *letztlich* um das Gesetz zu erfüllen, das er übertritt, und d. h., um es in neuer Weise zur Geltung zu bringen: „Um Gottes und der Menschen willen wurde Jesus zum Durchbrecher des Gesetzes: Er brach das Sabbatgesetz, um es in der Liebe zu Gott und Menschen zu heiligen; er verließ seine Eltern, um im Hause seines Vaters zu sein und so den Gehorsam gegen die Eltern zu reinigen; er aß mit den Sündern und Verworfenen, er geriet aus Liebe zu den Menschen in die Gottverlassenheit der letzten Stunde."[341]

Man könnte sagen, für Bonhoeffer ist Jesus Christus nicht nur „Durchbrecher des Gesetzes", sondern auch *Durchbrecher des Gewissens*. Diese Tatsache versteckt sich hinter der Formel: „Jesus Christus ist mein Gewissen geworden."[342] – Dabei erscheint problematisch, dass er analog dazu „den Nationalsozialisten" sagen lässt: „Mein Gewissen ist Adolf Hitler."[343] Die Übertragung des Gewissens vom Ich auf eine fremde Person (dort auf Hitler/hier auf Jesus) hat Bonhoeffer selbstverständlich als äußersten Gegensatz aufgefasst, aber die Strukturgleichheit der Übertragung befremdet doch sehr ...

Wenn man „in Verantwortung" das Gesetz durchbricht und dabei gegen das eigene Gewissen handelt, wird die psychische Situation des Handelnden extrem schwierig. Dies hat Bonhoeffer selber gesehen, wenn er sagt: „Es gibt Verantwortung, die ich nicht zu tragen vermag, ohne daran zu zerbrechen ..."[344]

---

339 A.a.O., S. 257
340 A.a.O., S. 259
341 Ebd.
342 Ebd.
343 A.a.O., S. 258
344 A.a.O., S. 262

Im Laufe der Überlegungen drängt sich so gewissermaßen die Kategorie der Freiheit mit all ihrer Gefährlichkeit von selber auf, die Bonhoeffer als Nächstes diskutiert.[345] Auch wenn sie weder vom Gesetz noch vom Gewissen abhängt, ist Freiheit nicht ohne Bindungen: „Verantwortung ist die in der Bindung an Gott und den Nächsten allein gegebene Freiheit der Menschen."[346] Wir können mit diesem Satz das Doppelgebot der Liebe assoziieren, und wenn es überhaupt noch eines Beweises bedurft hätte, wird an dieser Stelle klar, wie sehr die theologische Verantwortungsethik mit der Auslegung der Bibel verknüpft ist; aber nicht nur das, sondern auch – wenigstens bei Bonhoeffer – mit Gebet und Frömmigkeit. Sonst wären Sätze wie die folgenden nicht verständlich: „Gerade der in der Freiheit eigenster Verantwortung Handelnde sieht sein Handeln einmünden in Gottes Führung. Freie Tat erkennt sich zuletzt als Gottes Tat, Entscheidung als Führung, Wagnis als göttliche Notwendigkeit."[347]

Den „Ort der Verantwortung" erkennt Bonhoeffer schließlich in der ethischen Kategorie des Berufs.[348] – Es ist beachtenswert, dass die Verantwortungsethik im Sinne Bonhoeffers sowohl der Basis der ersten Triade von ethischen Systemen, *Gesetzesethik* (Güterethik, Tugendethik), als auch der Basis der zweiten Triade, *Berufsethik* (utilitaristische Ethik, Pflichtenethik), korrespondiert. Verantwortungsethik *ist* gewissermaßen auch Gesetzesethik, weil sie sich am Gesetz und am Gewissen emporarbeitet und beide Begriffe in Freiheit neu bildet. Sie ist auch Berufsethik, weil der Verantwortliche im Handeln seinen Beruf in Gesellschaft und Geschichte findet. Bonhoeffers persönlicher Beruf war über seine Tätigkeit als Pfarrer und Dozent hinaus offensichtlich eine geschichtliche *Berufung:* Durch seinen geistigen, geistlichen, aber vor allem politischen Widerstand gegen das Nazi-Reich war er selber ein *Stellvertreter* für alle anderen Christen, die sich entweder anpassten, duckten oder das Unrechtsregime sogar bejahten. So avancierte der theologische Widerstandskämpfer, den sogar die Bekennende Kirche in lau-

---

345 A.a.O., S. 264–269
346 A.a.O., S. 264
347 a.a. O., S. 265
348 A.a.O., S. 270–278

4. „Alle Gebote und Maximen überlieferter Ethik, inhaltlich verschieden
   wie sie immer sein mögen, zeigen diese Beschränkung auf den unmittelbaren Umkreis der Handlung."[357]

In Überwindung der Beschränkungen der bisherigen Ethik geht Jonas nun
daran, jene Bereiche zu ermitteln, auf die hin sich die ethische Reflexion in
Zukunft erstrecken solle: Vor allem geht es um den Bereich der *Natur:* „Es
ist zumindest nicht mehr sinnlos, zu fragen, ob der Zustand der außermenschlichen Natur, die Biosphäre als Ganzes und in ihren Teilen, die jetzt
unserer Macht unterworfen ist ... so etwas wie einen moralischen Anspruch
an uns hat – nicht nur um unsretwillen, sondern auch um ihrer selbst willen und aus eigenem Recht."[358] – In diesem Satz ist bemerkenswert, dass
die angestrebte Überwindung des anthropozentrischen Standpunktes und
die Zuwendung zur außermenschlichen Natur aus anthropozentrischer
Sicht betrieben wird, nämlich um uns Menschen vor den befürchteten Reaktionen der außermenschlichen Natur zu schützen ... Beides sind Anliegen von Jonas: dass der außermenschlichen Natur ein eigenes Recht zukommen soll, und dass die Menschheit um ihrer selbst willen dieses Recht
anerkennen soll. Jonas schickt sich an, diese Menschheit – uns – bei ihrem
Egoismus zu packen und mit verantwortungsethischen Überlegungen zu
motivieren.

Da die Zentrierung der Ethik auf den Menschen eine klassische Formulierung im kategorischen Imperativ Kants gefunden hat, versucht Jonas eine
Umformulierung dieses Imperativs: „Handle so, daß die Wirkungen deiner
Handlungen verträglich sind mit der Permanenz echten menschlichen Lebens auf Erden."[359] – Wie wir sehen können, kreist dieser Imperativ ausdrücklich um den Menschen – eigentlich mit der Grundintention von Jonas' Ethik nicht ganz übereinstimmend.

Jonas bemüht sich, einen subtilen Unterschied zwischen Anthropozentrismus und „echtem menschlichen Leben" herauszustellen. Die Vernach-

357 A.a.O., S. 23
358 A.a.O., S. 29
359 A.a.O., S. 36

lässigung der außermenschlichen Welt und die Etablierung des Anthropozentrismus beginnen nach Jonas schon mit dem geschichtlichen Zurück-
treten des „homo sapiens" hinter den „homo faber": „Was immer sonst zur
Fülle des Menschen gehört, wird an Prestige überstrahlt durch die Ausdehnung seiner Macht, und so ist diese Ausdehnung, indem sie mehr und
mehr die Kräfte des Menschen an ihr Geschäft bindet, begleitet von einer
Schrumpfung seines Selbstbegriffs und Seins."[360]

Mit dem Begriff des Seins sind wir bei einem der entscheidenden Stich-
wörter der Ethik Hans Jonas'. An ihm tritt die Postmodernität von Jonas
hervor: Er behandelt das philosophische Thema der Ontologie (Lehre vom
Sein), greift damit also auf ein vormodernes Begriffsinstrumentarium
zurück, ohne jedoch auf das moderne Interesse am Menschen und das moderne praktisch-philosophische (von Kant geschaffene) Begriffsinstrumentarium zu verzichten. Beides kommt zusammen im Begriff vom *Sein des
Menschen*. Jonas spricht von dem „Imperativ: daß eine Menschheit sei"[361]
und der „ontologische[n] Verantwortung für die Idee des Menschen"[362]:
„So sind wir denn mit diesem ersten Imperativ gar nicht den künftigen
Menschen verantwortlich, sondern der *Idee* des Menschen, die eine solche
ist, daß sie die Anwesenheit ihrer Verkörperungen in der Welt fordert."[363]

Jonas bejaht zwar implizit, dass wir Heutigen für die nachfolgenden Generationen Verantwortung tragen; im Anschluss an seine schon zitierte Umformulierung des kategorischen Imperativs sagt er nämlich, „daß wir …
nicht das Recht haben, das Nichtsein künftiger Generationen wegen des
Seins der jetzigen zu wählen oder auch nur zu wagen"[364], genau an diesem
Punkt aber entsteht die Frage, warum wir dieses Recht nicht haben. Zwar
sträubt sich unser Gefühl spontan dagegen, künftige Generationen für unsere Lebensführung aufzuopfern – andererseits: Wenn sie doch noch gar
nicht existieren, wird ihnen durch unser ökologisches Fehlverhalten („Ist es

---

360 A.a.O., S. 32
361 Überschrift a.a.O., S. 90
362 Überschrift a.a.O., S. 91
363 Ebd.
364 A.a.O., S. 36

eines?", kann man unter diesem Gesichtpunkt sofort fragen) kein Leid angetan. Hier will uns Jonas vermitteln, dass das Lebensrecht einer zukünftigen Menschheit durch nichts anderes zu begründen ist als durch eine neue bzw. alte Ontologie.

Man kann sofort einwenden, dass sich Ontologie nicht allein mit der „Idee des Menschen" befassen darf; und Jonas greift auch ausdrücklich über die Ontologie des Menschseins hinaus, wenn er z. B. schreibt: „... so ergibt sich, daß das erste Prinzip einer ‚Zukünftigkeitsethik' nicht selber *in* der Ethik liegt als einer Lehre vom Tun (wohin im übrigen alle Pflichten gegen die Zukünftigen gehören), sondern in der *Metaphysik* als einer Lehre vom Sein, wovon die Idee des Menschen ein Teil ist."[365]

Wir werden somit am Ende der Moderne von der Verantwortungsethik ausdrücklich auf das vormoderne Denken zurückverwiesen. Es ist z. B. an die Güterethik im Allgemeinen und an die Ethik Augustinus' im Besonderen zu denken, der seine ethischen Reflexionen im Sinne einer christlichen Metaphysik an Gott orientierte. Jonas erwägt deshalb zwischendurch mehrmals eine Fundierung der Verantwortungsethik in der Religion,[366] entschließt sich jedoch mit folgendem Argument zu einer nichtreligiösen Fundierung der Verantwortungsethik: „Der Glaube kann also sehr wohl der Ethik die Grundlage liefern, ist aber selber nicht auf Bestellung da, und an den abwesenden oder diskreditierten läßt sich selbst mit dem stärksten Argument der Benötigung nicht appellieren. Die Metaphysik dagegen war von jeher ein Geschäft der Vernunft, und diese läßt sich auf Anforderung bemühen."[367]

Hierzu ist 1. zu bemerken, dass Jonas hier wohl ein zu „modernes" Glaubensverständnis voraussetzt, das den Glauben subjektivistisch ausschließlich im Entschluss des/der Glaubenden fundiert, unabhängig von den Glaubensinhalten, die geglaubt werden. Mit relativem Recht will sich

---

365 A.a.O., S. 92
366 Z. B. a.a.O., S. 36: „... warum wir im Gegenteil eine Verpflichtung gegenüber dem haben, was noch gar nicht ist und ‚an sich' auch nicht zu sein braucht, jedenfalls als nicht existent keinen *Anspruch* auf Existenz hat, ist theoretisch gar nicht leicht und vielleicht ohne Religion überhaupt nicht zu begründen."
367 A.a.O., S. 94

Jonas also nicht auf eine Begründung der Ethik im Glauben einlassen. Andererseits aber ist zu bedenken, dass sich die Menschen viel eher durch Glaubens- als durch metaphysische Argumente motivieren lassen, weil die metaphysischen Argumente zu viel Philosophiekenntnisse verlangen. 2. Es ist zu berücksichtigen, dass sich der christliche Glaube in Gestalt der Theologie vielfach auf Metaphysik eingelassen hat. Die Disjunktion Glaube/ Metaphysik, wie sie Jonas vornimmt, entspricht nicht der Theologiegeschichte.

Jonas stößt dann auf den von D. Hume bis G. E. Moore viel diskutierten Einwand, dass sich aus dem Sein kein Sollen ableiten und daher auch keine Ethik begründen lasse.[368] Den Graben zwischen Sein und Sollen scheint Jonas vor allem durch seinen eigenen Ansatz überwinden zu wollen, indem er formuliert: „Das ‚Gute‘ oder den ‚Wert‘ im Sein gründen heißt, die angebliche Kluft von Sein und Sollen überbrücken."[369] Dazu argumentiert Jonas, dass es in der Natur Zwecke gebe, oder dass, anders gesagt, eine Spannung zwischen seienden und noch nicht seienden Existenzen innerhalb der Natur bestünde. Insbesondere nennt Jonas die Hervorbringung des Lebens einen natürlichen Zweck: „Nach dem Zeugnis des Lebens (das zu verleugnen wir, seine selbstsichtig gewordenen Sprößlinge, die letzten sein sollten) sagen wir also, daß Zweck überhaupt in der Natur beheimatet ist. Und noch etwas mehr und Inhaltliches können wir sagen: daß mit der Hervorbringung des Lebens die Natur wenigstens *einen* bestimmten Zweck kundgibt, eben das Leben selbst …"[370] Diese Zwecke – und vor allem das Leben – sieht Jonas als Werte bzw. Güter an: „Indem die Natur Zwecke unterhält, oder Ziele hat, wie wir jetzt annehmen wollen, setzt sie auch Werte; denn bei wie immer gegebenem, de facto erstrebten Zweck wird die jeweilige Erreichung ein Gut und die Vereitelung ein Übel, und mit diesem Unterschied beginnt die Zusprechbarkeit von Wert."[371] – In Jonas' Ethik haben also sowohl die Argumente der Güter- als auch der

---

368 A.a.O., S. 92 ff. und 96 ff.
369 Ebd.
370 A.a.O., S. 142 f.
371 A.a.O., S. 153

Wertethik ihren Platz. Die Wertethik ist ein neben der Verantwortungsethik bestehendes System des 20. Jahrhunderts, das ich anschließend behandeln werde.

Das ontologische Interesse Jonas' ist, wie erwähnt, in erster Linie auf das Sein des Menschen konzentriert. Darüber sagt er im Anschluss an seine Kritik der marxistischen Utopie (im Verlaufe der er in erster Linie Ernst Blochs „Prinzip Hoffnung" und dessen Anvisieren einer neuen Gesellschaft und damit eines „neuen Menschen" kritisiert): „Die … Wahrheit ist, daß der ‚eigentliche Mensch' seit je da war – in seinen Höhen und Tiefen, in seiner Größe und seiner Erbärmlichkeit, seinem Glück und seiner Qual, seiner Rechtfertigung und seiner Schuld – kurz, in aller von ihm unzertrennlichen *Zweideutigkeit.*"[372]

Jonas hält also nichts von einer Ontologie des Noch-Nicht (Bloch) und von einem „neuen Menschen". Seine Ontologie des Menschseins zeigt uns vielmehr einen in der Natur verankerten Menschen, der selbst aber ein „Grenzphänomen der Natur" ist: „Eben diese Fragwürdigkeit, die keinem anderen Sein eignet, mit ihrer ständig innewohnenden Transzendenz, ihrem offenen Entweder-Oder, das doch nie dem Sowohl-Als-auch entrinnt … ist ein Grenzphänomen der Natur, das als solches – nach menschlichem Wissen – nicht zu überbieten ist."[373] – Wie auch an anderen Stellen seines Buches berührt Jonas hier die Sichtweise der Bibel: Der Mensch ist in unentwirrbarer Weise zwar gut, aber zugleich auch böse. Dass er dabei als Ebenbild Gottes immer auf Gott bezogen bleibt, lässt Jonas durchscheinen, wenn er zum Schluss seines „Prinzips Verantwortung" die „Hütung des ‚Ebenbildes'"[374] als letztes Ziel von Verantwortung vorstellt. Weil Jonas aber dort „Ebenbild" unter Anführungszeichen setzt, deute er an, dass er die biblische Redeweise nur übertragen und uneigentlich verwendet.

Was nun die *Dimensionen* der Verantwortung betrifft, so unterscheidet H. Jonas folgende Fälle:

---

372 A.a.O., S. 382
373 A.a.O., S. 383
374 A.a.O., S. 392

a) Die „Verantwortung als kausale Zurechnung begangener Taten".[375] Mit
   dieser Dimension der Verantwortung sind wir im Bereich des Rechts, des
   Rede-und-Antwort-Stehens vor Gericht. „Der Täter muß für seine Tat
   antworten: er wird für deren Folgen verantwortlich gehalten und gege-
   benenfalls haftbar gemacht."[376] Wahrscheinlich ist diese Art von Verantwortung überhaupt der Ursprung des gesamten Verantwortungsdiskur-
   ses. – Im Blick auf die ökologischen Probleme kann man aber sehen,
   dass diese Dimension der Verantwortung zu kurz greift: Zwar sind es
   Millionen und Milliarden einzelner Menschen, die die Umwelt schädigen, die Schädigung durch jede/n Einzelne/n ist jedoch zu vernachlässigen, und man kann niemanden wegen der „üblichen" Schädigungen der
   Natur vor Gericht ziehen; die Schädigungen insgesamt wiederum werden zwar immer bedrohlicher, dafür ist das Subjekt der Schädigung (so-
   undso viele Millionen Menschen) nicht greifbar.

b) Die „Verantwortung für Zu-Tuendes: Die Pflicht der Macht".[377] Dies ist
   die Verantwortungsdimension der Politik, auf die der Soziologe Max
   Weber als Erster aufmerksam geworden ist und damit – wie erwähnt –
   den aktuellen Diskurs der Verantwortungsethik eröffnet hat. Jonas: „Der
   paradigmatische Fall ist der Politiker, der nach der Macht strebt, um Verantwortung zu gewinnen, und nach der höchsten Macht zum Zweck
   höchster Verantwortung."[378] Und: „Gegenstand der Verantwortung ist
   die res publica, die öffentliche Sache, die in einer Republik latent die
   Sache aller ist, aber aktuell doch nur in den Grenzen der Erfüllung der
   allgemeinen Bürgerpflichten. Die Übernahme der Führung in den öffentlichen Angelegenheiten gehört hierzu nicht."[379] In Bezug auf die
   ökologische Problematik scheinen wir in der politischen Dimension
   mehr erreichen zu können als in der vorigen. Alle bisher getroffenen
   Maßnahmen zum Schutz der Natur sind tatsächlich auf politischer

---

375 A.a.O., S. 172 ff.
376 A.a.O., S. 172
377 A.a.O., S. 174 ff.
378 A.a.O., S. 180
379 A.a.O., S. 181

Ebene getroffen worden. Auch Einschränkungen sind aber evident: Einerseits vertreten Politiker (zumal demokratisch legitimierte) nur den Willen der sie Wählenden (vor *denen* sie sich eben zu *verantworten* haben), und somit werden sie auch den Willen derjenigen (Millionen Menschen) vertreten, die sich um die Schädigungen der Umwelt nicht sorgen. Außerdem sind Politiker nur der Bevölkerung ihrer eigenen Länder verantwortlich, weshalb die länderübergreifenden Umweltschädigungen nur mit großen Mühen angegangen werden können.

c) Zusätzlich zu diesen schon bisher anerkannten Dimensionen der Verantwortung nennt Jonas nun noch weitere. Die erste ist die „elterliche Verantwortung"[380]. Diese bezieht Jonas auf das Kind als den „Urgegenstand der Verantwortung"[381]. Die Bedeutung einer solchen Verantwortungsdimension liegt für Jonas darin, dass sie den Bereich der Natur mit dem Bereich der Ethik verknüpft, daher auch das *Sein* mit dem *Sollen*. Sowohl die rechtliche wie die politische Verantwortung seien von vornherein im Bereich des Sollens angesiedelt. „Die von der Natur instituierte, das heißt von Natur aus bestehende Verantwortung ist, in dem einzig bisher erbrachten (und allein vertrauten) Beispiel der elterlichen Verantwortung, von keiner vorigen Zustimmung abhängig."[382] – Probleme ergeben sich hierbei freilich daraus, dass die elterliche Verantwortung von den meisten Menschen zwar sofort eingesehen, von sehr vielen auch übernommen wird, jedoch nur für die *eigenen* Kinder. Denken wir an die ökologischen Lebensbedingungen der Zukunft, so sehen wir die Zukunft unserer Kinder entweder gerade noch gesichert, oder aber wir befinden uns gar nicht in der Lage, allgemein bedrohliche Tendenzen von unseren Kindern abzuhalten.

Jonas muss die elterliche Verantwortlichkeit daher auf die gesamte Menschheit ausdehnen: „Mit jedem Kinde, das geboren wird, fängt die Menschheit im Angesicht der Sterblichkeit neu an, und insofern ist hier auch Verant-

---

380 A.a.O., S. 178 ff., 182 ff., 184 ff. u. ö.
381 A.a.O., S. 234 ff.
382 A.a.O., S. 178

wortung für den Fortbestand der Menschheit im Spiel."[383] – Freilich ist
eine solche Ausdehnung der Verantwortung von meinem Kind auf die
Menschheit nicht leicht nachzuvollziehen: Verteidigen doch Eltern, wenn
es sein muss, ihre Kinder *gegen* die Kinder anderer, und führen doch ganze
Nationen Krieg, um sich und *ihren* Nachkommen größere Chancen zu verschaffen. Wir müssten eine Proportion aufstellen nach dem Muster „Ehe-
paar : Nation = Nation : Menschheit", um die Verantwortung für die ganze
Menschheit zu beschreiben. Bei der exorbitanten Vermehrung der Menschheit ist die Angst um den Bestand der Menschheit aber nicht nachvollzieh-
bar. Umgekehrt vernichtet und bedroht die Menschheit als Gesamtsubjekt
kontinuierlich unzählige Tier- und Pflanzenarten ... Da Jonas die Verantwortung des Menschen für die Biosphäre und die gesamte Natur nur erwähnt,[384] im Verlaufe seines Buches aber nicht weiter diskutiert, sieht man,
dass er demselben Anthropozentrismus, den er anprangert, nicht fern ist.
Bayertz (siehe unten) wird dies das „schwache Programm" einer ökologischen Ethik nennen.

Jonas zählt noch zwei weitere Dimensionen der Verantwortung auf:

d) Die „,Verantwortung' des Künstlers für sein Werk" („Verantwortung"
auch bei Jonas unter Anführungsstrichen).[385] „Es gibt so etwas wie die
schwer faßbare, in ihrer Art höchste ,Verantwortung' des Genius für sein
Werk, die den mit der Fähigkeit des Begnadeten oder Geschlagenen imperativ in Besitz nimmt."[386] – Mehr, als dass es dies gibt, sagt Jonas aber
selbst nicht. Wir könnten uns eines solchen Paradigmas unter der Annahme bedienen, dass Menschen (einzelne, Nationen, die Menschheit)
die Erde gleich einem Gartenarchitekten als Park gestalten. Dazu gibt es
Ansätze, aber leider nur Ansätze. Ähnliches gilt für den folgenden Punkt:

e) Die „Kollektiv-Verantwortung".[387] In ökologischer Hinsicht ist dies die
entscheidende Dimension. Aber Jonas ist an diesem Punkt leider fast so

---

383 A.a.O., S. 241
384 Vgl. das bereits Zitierte a.a.O., S. 205
385 A.a.O., S. 187 ff.
386 A.a.O., S. 187
387 A.a.O., S. 220 f.

hilflos wie viele andere: „Der Punkt, auf den es bei alledem ankommt, ist der, daß die Natur menschlichen Handelns sich derart verändert hat, daß damit erst *Verantwortung* in einem bisher unanwendbaren Sinn, mit ganz neuen Inhalten und nie gekannter Zukunftsweite, in den Umkreis politischen Tuns und damit politischer Moral eingetreten ist."[388] – Aus dem letzten Satz können wir bloß entnehmen, dass Jonas die „große" Verantwortung im Bereich der Politik ansiedelt, wo sie ja heute auch wahrgenommen wird. Daneben sollte aber die Verantwortung der Wirtschaft und der Religionen gestellt werden, die die Menschen in ähnlicher Weise beeinflussen und motivieren wie die Politik …

Kurt Bayertz

Ganz unähnlich dem leidenschaftlichen Plädoyer zur Annahme von Verantwortung und der Suche nach den Trägern der Verantwortung von Hans Jonas trägt Kurt Bayertz eine luzide, aber kühle Analyse des Verantwortungsbegriffes vor.

Zuerst behandelt er unter dem Titel „Kausalität, Intentionalität und Individualität" das klassische Modell der Verantwortung[389]. Dies hieß bei Jonas die „Verantwortung als kausale Zurechnung begangener Taten". Bayertz: „Diese ‚Sache' ist derart grundlegend für *jedes* moralische Denken, daß wir erwarten dürfen, sie auf allen Stufen der Geschichte der Moral vorzufinden."[390] Bayertz belegt anschließend das Vorkommen der Verantwortungsethik seit Platon.[391] Das bedeutet, dass der Verantwortungsbegriff weder durch die politische Verantwortung, wie die Untersuchung Max Webers nahe legt, noch durch die ökologische Problematik der Gegenwart virulent wird. Besteht aber das moralische Bewusstsein von Verantwortung schon längst, kann man sich fragen, warum es nicht auch schon längst im politischen und ökologischen Bereich zur Geltung gekommen ist.

---

388 A.a.O., S. 221
389 Kurt Bayertz, 1995 (siehe Anm. 321), a.a.O., S. 5
390 Ebd.
391 A.a.O., S. 6 ff.

Das „klassische Modell der Verantwortung" fasst Bayertz selber folgendermaßen zusammen: „In das klassische Modell der Verantwortung gehen somit drei wesentliche Elemente ein. Zunächst die *Kausalität* als – wenn man so will ‚ontologische' – Basis für die Zuschreibung einer Handlungsfolge. Doch die nackte Tatsache des Schadens erscheint nicht als ausreichend, um seinen Urheber verantwortlich zu machen. Es müssen bestimmte subjektive Faktoren hinzukommen: die *Intentionalität der Handlung, das Vorauswissen um die Folgen und die Freiheit*, auch anders entscheiden und handeln zu können … Als drittes Element kommt der Bezug auf ein jeweils bestimmtes System von *Normen und Werten* hinzu."[392]

Welche Rolle aber spielen Normen und Werte? – „Bewertungsmaßstäbe setzen stets eine Gemeinschaft voraus. Der Mensch lebt in der normativen Welt nicht als Einsiedler. Der Mensch lebt in ihr zusammen mit anderen Menschen, die ihn auf sein Handeln ansprechen und für dessen Folgen zur Rede stellen können. Er ist dann aufgefordert, Rechenschaft für sein Handeln abzulegen oder ‚sich zu verantworten' … Verantwortung erweist sich damit als ein Prozeß der Kommunikation; sie ist keine Naturtatsache, sondern ‚Verhandlungssache' … Der paradigmatische Ort solcher Verhandlungen ist zunächst das *Gericht*."[393]

Als „zweite paradigmatische Instanz" nennt Bayertz „die Verantwortung vor *Gott*"[394] und schließlich das *Gewissen*.[395]

Das „klassische Modell der Verantwortung" insgesamt versteht Bayertz nun als eine „Konstruktion":[396] „Verantwortlich ‚sind' wir nicht durch die Natur der Sache, sondern werden wir in bestimmten sozialen Kontexten ‚gemacht'. Angemessener als ein objektivierendes oder ontologisierendes Verständnis ist es daher, Verantwortung als Ergebnis einer *sozialen Konstruktion* zu deuten, d. h. als eine spezifische Deutung eines sozialen Pro-

---

392 A.a.O., S. 14 f. (Hervorhebungen von mir)
393 A.a.O., S. 16 (Hervorhebungen von mir)
394 A.a.O., S. 17 (Hervorhebungen von mir)
395 „Das Gewissen ist … der verinnerlichte Gott und die moralische Verantwortung eine säkularisierte religiöse Verantwortung." (a.a.O., S. 18)
396 „Verantwortung als Konstruktion", a.a.O., S. 20–24

blems und den Versuch seiner Lösung."[397] – Mit der Interpretation der Verantwortung als sozialer Konstruktion ist bereits die Entscheidung darüber gefallen, wie Bayertz mit der Verantwortungsethik von Jonas umgehen wird. Er wird sie als „Ontologisierung" der Verantwortung ablehnen.[398]

Bayertz hält sich in dem gerade referierten Abschnitt an das Kommunikations-, Prozess- und Gerichtsmodell von Verantwortung. Die von ihm selbst angeführten Instanzen Gott und Gewissen vernachlässigt er. Hier ist wohl Kritik angemessen: Die Verantwortung vor Gott ist nur unter atheistischen Prämissen als „Konstruktion" zu verstehen, da jedenfalls mit dem biblischen Gottesbegriff ein Befragtwerden des menschlichen Tuns einhergeht. Und die Verantwortung vor dem eigenen Gewissen kann man zwar eine Konstruktion nennen, jedoch eine solche, die jede(r) selbst in seinem Gewissen erlebt. Sich im Gewissen nicht mehr als verantwortlich zu erleben, bedeutete die Abschaffung des Gewissen.

Bayertz wendet sich dann jenen Veränderungen der späten Moderne zu, die das „klassische Modell der Verantwortung" obsolet gemacht haben. Denn, so Bayertz, es „treten jetzt Schäden in den Vordergrund, die eine *gesellschaftliche Dimension* haben"[399].

In zwei Hinsichten passt das klassische Modell nicht mehr: „Zum einen stellt sich bei technischen Unglücksfällen die Frage nach der kausalen Zurechnung auf Handlungen. Kesselexplosionen werden in der Regel nicht durch menschliche Handlungen gezielt herbeigeführt."[400] Und: „Damit ist sofort ein zweites Problem aufgeworfen. Die Zurechnung ist ja kein Selbstzweck; ein ‚Verantwortlicher' wird vielmehr gesucht, um ihn bestrafen oder zur Wiedergutmachung zwingen zu können. Wenn nun die kausale Zurechenbarkeit bestimmter Unglücksfälle auf menschliches Handeln nicht mehr gegeben ist, wer hat dann für die daraus entstehenden Schäden zu haften?"[401] Die oben genannten Elemente der Verantwortung: Kausalität, Intentionalität

397 A.a.O., S. 20 f.
398 A.a.O., S. 52 ff.
399 A.a.O., S. 26
400 A.a.O., S. 27
401 A.a.O., S. 28

und Wertsystem sind bei den Schäden in gesellschaftliche oder gar globaler
Dimension anscheinend nicht mehr zu finden. Da schon die gewöhnliche
Kesselexplosion vom klassischen Modell der Verantwortung nicht mehr zu
bewältigen ist, was soll die Ethik erst zur Explosion eines Atomreaktors oder
zur Klimaerwärmung durch den Ausstoß von Treibhausgasen in der ganzen
Welt sagen? Ein neues Modell von Verantwortung ist gesucht.

Bayertz nimmt die Auseinandersetzung mit Hans Jonas auf, der ein solches
neues Modell von Verantwortung vorgestellt hat: „Es geht offenbar auch hier
um das Problem der Zurechnung: zwar nicht um die Zurechnung von Hand-
lungsfolgen, wohl aber um die Zurechnung von Aufgaben und Verpflichtungen."[402] Jonas hat sich ja tatsächlich aus „Verantwortung" für die Zukunft der
Menschheit (in zweiter Linie für das Leben auf unserem Planeten) zu Wort
gemeldet und „Aufgaben und Verpflichtungen" für diese Zukunft festgehal-
ten. Aber Bayertz ist skeptisch gegenüber einem Verlassen des klassischen Mo-
dells: „Es geht nicht mehr darum, ob eine Handlungsfolge intendiert war, sondern ob sie tatsächlich eingetreten ist. In gewissem Sinne wird damit eine
archaische Praxis des Verantwortlichmachens rehabilitiert, die von aller subjektiven Schuld abstrahiert und sich mit der Tatsache einer Schädigung be-
gnügt."[403] Darin sieht Bayertz eine „Entmoralisierung des Verantwortungsbe-
griffs"[404]. – Von „Entmoralisierung" kann man freilich nur dann sprechen,
wenn Moral im Sinne der Moderne (klassisches Beispiel: der kantische Mo-
ralbegriff) ausschließlich an ein (individuelles) autonomes Subjekt gebunden
wird. Die Ethik der Gegenwart könnte gezwungen sein, dieses moderne Pa-
radigma zu verlassen. Vielleicht ist es dann auch keine Schande, wenn die ethischen Probleme der Gegenwart mit der „archaischen Praxis des Verantwortlichmachens" übereinstimmen. Hans Jonas hat deshalb, wie wir sahen, die
Aufgabe einer Neubestimmung des Verantwortungsmodells angegangen.

Bayertz geht dann auf das Modell Max Webers in dessen Schrift von
1919 „Politik als Beruf" ein[405] und bemängelt dort die „Unbestimmtheit

---

402 A.a.O., S. 32
403 A.a.O., S. 29
404 A.a.O., S. 35
405 A.a.O., S. 36 ff.

der politischen Verantwortung": „Definieren wir die Aufgabe der Politik ganz allgemein als Sicherung des Wohls der Bürger und der Interessen des jeweiligen Volkes, so wird unmittelbar deutlich, daß diese Aufgabe in zweifacher Hinsicht unbestimmt ist: Zum einen ist unbestimmt, worin das Wohl der Bürger und die Interessen des Volkes konkret bestehen, und zum zweiten sind die Mittel unbestimmt, die zur Erreichung dieser Ziele anzuwenden sind."[406]

Hier kommt das Interesse Bayertz' zum Vorschein, Verantwortung mehr als „Problem" zu sehen denn als „Prinzip".[407] Gleichwohl anerkennt er die folgenden „wesentlichen Charakteristika des neuen Verständnisses von Verantwortung" und hält sie fest:[408]

1. Es gibt neuartige Gegenstände der Verantwortung: die öffentlichen Güter.
2. Die Verantwortung richtet sich auf die Zukunft.
3. Verantwortung wird zur Vorsorge.
4. Verantwortung besteht nicht nur für Handlungen, sondern auch für Unterlassungen.
5. Nicht die guten oder schlechten Absichten der Akteure zählen, sondern die tatsächlichen Folgen ihrer Handlungen (bzw. Unterlassungen).

Es ist zuzugeben, dass in einem jeden dieser Punkte sogar mehr als jeweils nur *ein* Problem steckt. Die Probleme entstehen aber keineswegs durch ein „neues Verständnis von Verantwortung", sondern durch Handlungen von modernen kollektiven Subjekten (Industriellen und ganzen Industriezweigen, Bevölkerungsgruppen, Nationen, ja der Menschheit als ganzer), die bedrohliche und *unverantwortliche* Folgen erkennen lassen, und die die Erarbeitung einer Verantwortungsethik notwendig machen.

Im letzten Drittel seines Aufsatzes behandelt Bayertz die Themen „Globalisierung und Ontologisierung".[409] Vor allem unter dem Stichwort „On-

---

406 A.a.O., S. 41
407 Entsprechend dem Titel des von ihm herausgegebenen Buches. (Siehe Anm. 321)
408 A.a.O., S. 43–47
409 A.a.O., S. 48–68

tologisierung" trägt Bayertz eine Kritik der Verantwortungsethik von H. Jonas vor. Bereits das Wir als Subjekt der von Jonas gesehenen Verantwortung erregt Bayertz' Widerspruch: „Die Tatsache, daß alle diese individuellen Handlungen sich zu einem Gesamtresultat addieren oder multiplizieren, konstituiert noch kein distinktes Subjekt, dem dieses Resultat zugeschrieben werden könnte. ‚Die Menschheit' kann grammatisch als Subjekt fungieren, nicht aber praktisch."[410]

Sosehr ein Subjekt „Menschheit" die individualistische Moralität der Moderne in Frage stellt, „unpraktisch" (sowohl im weitesten als auch im ethischen Sinne) ist es keineswegs. Wenn der Mensch als Spezies die Ökologie der Erde stört, und diese Störung eben nicht auf Zufälle zurückgeführt werden kann, liefert er a) den Beweis für die Folgen seines kollektives Subjektseins. Ein weiterer Beweis liegt aber vielleicht doch b) in der „grammatischen" Möglichkeit, von „der Menschheit" und „dem Menschen" sprechen zu können. Dies wird c) dadurch gestützt, dass alle einzelnen Menschen „ich" sagen und dadurch auf ihre Einheit verweisen. Schlussendlich sind d) seit der Gründung des Völkerbundes und der Vereinten Nationen Gremien geschaffen, die durch Beschlüsse und Aktionen tatsächlich bereits im Namen der Menschheit auftreten.

Im Hinblick auf eine *ökologische Ethik* unterscheidet Bayertz zu Recht zwischen einem *schwachen* und einem *starken Programm*. Das „schwache Programm" gründet sich bloß auf das Gebot der Klugheit: „Es ist ohne weiteres vorstellbar, daß auch die Menschheit eine solche Selbstverpflichtung für die Erhaltung des ökologischen Gleichgewichts übernimmt und sich auf diese Weise moralisch bindet … Eine naheliegende Argumentation zugunsten einer solchen Selbstverpflichtung bezieht sich in irgendeiner Weise auf das Eigeninteresse der Menschheit an der Erhaltung ihrer eigenen Existenz und damit (indirekt) auch an der Erhaltung der Natur."[411] – „Schwach" ist ein solches Programm, weil es immer noch auf dem Boden der Anthropologisierung der modernen Ethik steht.

---

410 A.a.O., S. 55
411 A.a.O., S. 56. (Beachte, dass Bayertz die vorher abgelehnte Rede vom „Subjekt Menschheit" nun selber verwendet!)

Das „starke Programm" ist nach Bayertz jenes, dem es gelingt, „die Natur mit inhärentem Wert auszustatten"[412]. Dabei gilt: „Es sind vor allem zwei – man könnte sagen: *die* zwei – Grundüberzeugungen der Moderne, die preisgegeben werden sollen: a) die Idee der moralischen Neutralität der Natur und b) die Idee der moralischen Autonomie des Menschen."[413] Dies nennt Bayertz nun „Ontologisierung": „Die Quellen der Verantwortung werden ins Sein verlagert. Hatte Kant bestritten, daß die Ursprünge unseres sittlichen Handelns in seinen Gegenständen liegen können, und die Sittlichkeit daher auf die Ehrfurcht vor dem moralischen Gesetz zurückgeführt, so distanziert sich Jonas von dieser Konzeption."[414]

Ich habe oben aufgezeigt, dass sich Jonas zwar auf der Linie der „Ontologisierung" der Ethik bewegt, da er eine Fundierung von Ethik in Ontologie bzw. Metaphysik verlangt und sich (wenn auch vorsichtig) der Einsicht in den Eigenwert der Natur nähert, andererseits aber doch das „schwache Programm" der ökologischen Ethik vertritt, weil es ihm vorwiegend um den Fortbestand der Menschheit geht. Wenn freilich Bayertz moniert, dass hier „Grundüberzeugungen der Moderne … preisgegeben" würden, dann ist zurückzufragen, ob sich nicht an diesen „Grundüberzeugungen" schon längst Unethisches manifestiert habe – „unethisch" im doppelten Sinn: des falschen Verhaltens (ohne Ethos) und der falschen Ethik (ohne ausreichende ethische Reflexion).

Gegen die moderne „Idee der moralischen Neutralität der Natur" lässt sich *erstens* einwenden, dass wir Menschen außer denkenden Subjekten selbst „Natur" in dem Sinne sind, dass wir den Naturgesetzen unterliegen und als leibliche und (teils) unbewusste Lebewesen nicht Herren unserer selbst sind (nicht „Herren im eigenen Haus sind" mit einem Ausdruck S. Freuds). Weiters: Bewusstsein und Vernunft gehören zur Natur des Menschen. Unsere Natur kann uns also nicht „egal" sein (wenn das etwa „moralische Neutralität der Natur" heißen sollte). *Zweitens* ist die Vielfalt und Macht der Natur – bereits auf unserem Planeten, den wir Menschen zu un-

---

412 A.a.O., S. 58
413 Ebd.
414 A.a.O., S. 59

serem Schaden verändern, geschweige denn in den außerirdischen Regionen des Alls – so unfassbar groß, dass wir bei einiger Reflexion die Natur als uns weit überlegen, und nicht neutral, ansehen müssen. Last, but not least, sollte uns der in mehreren Religionen gelehrte Schöpfungsglaube zur Bewunderung und Achtung der Natur als Gut führen und nicht zur Auffassung, sie könne die „neutrale Materie" unserer Betätigung abgeben.

Was die „Idee der moralischen Autonomie des Menschen" angeht, so verweise ich auf den letzten Teil meines Pflicht-Kapitels, in dem ich die Aporien der Selbstgesetzgebung dargelegt habe. Ich wiederhole bloß einen Einwand gegen den modernen Pflichtbegriff: Warum gibt sich das (individuell oder kollektiv verstandene) „Subjekt Mensch" Gesetze, da es genau dieselben Gesetze, die es sich geben will, ja bereits besitzen muss, um sie sich geben zu können? Angesichts der Unmöglichkeit, den Autonomiegedanken *ethisch* durchzuführen, drängt sich die Notwendigkeit auf, Gesetze von Gott oder der Natur anzunehmen. Ich betonte eben die Unmöglichkeit einer *ethischen* Durchführung des Autonomiegedankens. Diese Autonomie hatte und hat nämlich durchaus ihre *unethische* Wirklichkeit: in der unethischen Gesetzgebung des Faschismus, der sich autonom über alles bis dahin als Recht Geltende hinwegsetzte (siehe die Nürnberger Rassengesetze), und in der unethischen Autonomie, die sich die Menschheit kollektiv gegenüber den Mitgeschöpfen herausnimmt.

Dies führt mich zur Frage, ob die Kritik einer „Ontologisierung der Ethik" (Bayertz) zu Recht besteht, oder ob der ethische Anthropozentrismus, wie er sich bei Jonas gezeigt hat, zu bejahen ist: Es ist unmöglich, das Rad der Geschichte (auch der Geschichte der Ethik) zurückdrehen und zu einer vormodernen Ethik zurückzukehren. Seit dem Moment, da die Menschheit eine so bedeutende technische, ökonomische und ökologische Macht erlangt hat, dass sie in ihrer Freiheit Dinge verändern kann, die sie früher nicht verändern konnte, ist sie in dieser Freiheit gefangen („zur Freiheit verurteilt", wie Jean-Paul Sartre sagte)[415] – Genaueres siehe weiter unten im Kapitel „Situationsethik".

---

415 «Ainsi, sur quelque plan que nous nous placions, les seules limites qu'une liberté rencontre, elle les trouve dans la liberté … la liberté ne peut être limitée que par la liberté et

Eine solche Gefangenschaft lässt sich aber mit dem in diesem Kapitel behandelten Verantwortungsbegriff ins Positiver wenden: Wir Menschen haben die Verantwortung für unser Tun zu übernehmen – vorerst ganz im Allgemeinen, im Besonderen aber für unsere Eingriffe in die Natur. Verantwortung im Sinne einer ökologischen Ethik bedeutet dann Kontrolle und Begrenzung unserer Eingriffe und die Abschätzung und Ausbesserung von schädlichen Folgen, die unsere Ökonomie verursacht.

Es wäre eine gute Maxime, die Folgen von schädlicher Technik wieder mit Technik, nämlich mit ökologischer Technik zu begrenzen. Ähnliches gilt vom Verhältnis von falscher zu richtiger Siedlungsplanung (bzw. vom planlosen zum geplanten Verbauen) und von unsozialer zu sozialer Ökonomie.

In der Verantwortungsethik könnte und müsste sich daher eine vormoderne mit einer modernen ethischen Haltung verbinden: Das „vormoderne" Achten auf das nichtsubjektive Sein der Natur könnte mit der „modernen" ethische Selbstreflexion so zusammenkommen, dass wir uns genau bewusst sind, welche Eingriffe wir vornehmen, welche Folgen dies haben kann, und welche unverantwortbaren Folgen wir erst gar nicht in Kauf nehmen dürfen. Autonomie in einem solchen (vielleicht „postmodernen") Sinn bedeutet dann Selbstgesetzgebung qua Selbstbeschränkung.

Theologisch hat eine solche Verantwortungsethik weniger mit der „Bewahrung der Schöpfung" zu tun (denn Gott bewahrt seine Schöpfung selber),[416] sondern damit, dass wir Menschen uns vor Übergriffen hüten (=

---

sa limitation vient, comme finitude interne, du *fait* qu'elle ne peut pas ne pas être liberté, c'est-à-dire qu'elle se condamne à être libre. » (Jean-Paul SARTRE: L'être et le néant, Paris 1943 [Nachdruck Paris 1987], S. 583 [„Auf welche Ebene wir uns auch stellen, die alleinigen Grenzen, die eine Freiheit findet, findet sie in der Freiheit … die Freiheit kann nur durch die Freiheit begrenzt werden und ihre Begrenzung kommt, als innere Endlichkeit, aus der Tatsache, dass sie nicht nicht frei sein kann, das heißt, dass sie sich dazu verurteilt, frei zu sein."])

416 „Der Begriff der Bewahrung der Schöpfung ist in der dogmatischen Tradition freilich gar kein anthropologischer oder ethischer, sondern ein Terminus der Gotteslehre." (Ulrich H. J. KÖRTNER: Bewahrung der Schöpfung, in: Variationen zur Schöpfung der Welt, FS f. R. Schulte, ed. E. Schmetterer/R. Faber/N. Mantler, Innsbruck/Wien 1995, S. 143–161, Zitat: S. 143)

bewahren), die uns nicht zustehen, und dass wir uns als jene Geschöpfe verstehen, die jetzt (und nicht erst eschatologisch) von Gott zur Verantwortung gezogen werden, d. h. die jetzt schon in einem Forum vor Gott stehen. Dies hat G. W. F. Hegel (in philosophischer Interpretation des
göttlichen Gerichts) mit der Formel ausgesprochen, die *Weltgeschichte* sei
das *Weltgericht* (Grundlinien der Philosophie des Rechts, § 340 ff.). Wie im
Kapitel „Berufsethik" gezeigt, haben wir aber die Chance, aus dem Gericht
Gottes gerechtfertigt und berufen zum Tun des Guten hervorzugehen.

Kapitel 8

Wertethik[417]

Wertethik steht hier an zweiter Stelle in einer dialektischen Trias, die die ethische Theoriebildung im 20. Jahrhundert zu erfassen trachtet. Dass dieser Ansatz noch genauso aktuell ist wie die Verantwortungsethik, bemerken wir daran, dass sich Teilnehmer in öffentlichen ethischen Diskussionen – seien sie wissenschaftlich, politisch oder journalistisch ausgerichtet – des Öfteren auf *Werte* berufen. Was sind solche Werte?

417 Alexander ALTMANN: Die Grundlagen der Wertethik, Berlin 1931 – Ernst von ASTER: Zur Kritik der materialen Wertethik, in: Kantstudien 33 (1928), S. 172–199 – Hans M. BAUMGARTNER: Die Unbedingtheit des Sittlichen. Eine Auseinandersetzung mit Nicolai Hartmann, München 1962 – Hans DREXLER: Begegnungen mit der Wertethik, Göttingen 1978 – Nikolaus FRANKENBERGER: Materiale Wertethik und theistische Ethik, Diss. München 1931 – Hans-Georg GADAMER: Das ontologische Problem des Werts, in: DERS.: Kleine Schriften, Bd. 4, Tübingen 1977, S. 214 ff. – GRUNDWERTE. Für ein neues Godesberger Programm, ed. E. Eppler, Hamburg 1984 – GRUNDWERTE und Gottes Gebot. Gemeinsame Erklärung des Rates der Evangelischen Kirche in Deutschland und der Deutschen Bischofskonferenz, Gütersloh 1979 – GRUNDWERTE in Staat und Gesellschaft, ed. G. Gorschenk, München 1977 – Nikolai HARTMANN: Ethik (1926), 3. Aufl., Berlin 1949 – Sven O. HANSSON: The structure of values and norms, Cambridge 2001 – Meta HÜBLER: Werthöhe und Wertstärke in der Ethik von Nicolai Hartmann, in: Philosophische Studien 2 (1950), S. 117–125 – Erich JAENSCH: Wirklichkeit und Wert in der Philosophie und Kultur der Neuzeit, Berlin 1929 – Hartmut KRESS: Ethische Werte und der Gottesgedanke. Probleme und Perspektiven des neuzeitlichen Wertbegriffs, Stuttgart/Berlin/Köln 1990 – Max MÜLLER: Über Grundbegriffe philosophischer Wertlehre, Freiburg i. Br. 1932 – Arno PLACK: Die Stellung der Liebe in der materialen Wertethik, Diss. München 1957/1962 – Heinrich RICKERT: Vom System der Werte, Tübingen 1913 – Manfred RIEDEL: Norm und Werturteil, Stuttgart 1979 – Manfred SPIEKER: Grundwerte und Menschenbild, Köln 1979 – Alexander TROST: Das Sein der Werte, Diss. Köln 1949 – Michael WITTMANN: Die moderne Wertethik historisch untersucht und kritisch geprüft, Münster in Westfalen 1940

Der Begriff „Wert" kann zunächst einen alltagssprachlich weiten Sinn haben; darüber hinaus sind heute auch folgende speziellere Bedeutungen geläufig: „ökonomischer Wert = Geldwert", „Grundwert" (manchmal mit den Grund- und Menschenrechten in Analogie gesetzt oder identifiziert), Lebens-Wert (Lebensqualität), kultureller Wert. Ein wieder anderer Begriff von Wert steckt hinter den „Aus*wertungen*" (evaluations), die sich auf Umfragen und Statistiken beziehen. Wenn aber der Begriff „Wert" im Rahmen von ethischen Überlegungen auftaucht, sind die Diskutanten implizit oder explizit einem seit Hermann Lotze, Friedrich Nietzsche, Franz Brentano, Max Scheler und Nikolai Hartmann aufgekommenen wertethischen Diskurs verpflichtet. Dieser Diskurs soll jetzt vor allem an Max Schelers Ethik grundrisshaft vorgestellt werden.

Max Scheler[418]

Max Scheler (1874–1928) nannte sein grundlegendes Buch „Der Formalismus in der Ethik und die materiale Wertethik. Neuer Versuch der Grundlegung eines ethischen Personalismus". Er charakterisiert es selbst im Vorwort zur 2. Auflage wie folgt: „Der Geist, der die hier vorgelegte Ethik bestimmt, ist der Geist eines strengen ethischen Absolutismus und Objektivismus."[419] – „Absolutismus" und „Objektivismus" weisen auf dieselbe

---

418 Max SCHELER: Der Formalismus in der Ethik und die materiale Wertethik. Neuer Versuch der Grundlegung eines ethischen Personalismus (1913/1916), 6. Aufl., Bonn 1980 (= DERS.: Ges. Werke, Bd. 2) – DERS.: Vom Umsturz der Werte. Abhandlungen und Aufsätze, 5. Aufl., Bonn 1972 (= DERS.: Ges. Werke, Bd. 3). Lit.: Philip BLOSSER: Scheler's Critique of Kant's Ethics, Athens, OH, 1995 – Richard CLOSS: Sittlicher Relativismus und Schelers Wertethik, St. Ottilien 1955 – Otto KÜHLER: Wert, Person, Gott. Zur Ethik Max Schelers, Nikolai Hartmanns etc., Berlin 1932 – Heinz LEONARDY: Liebe und Person, Den Haag 1976 – Peter H. SPADER: Max Scheler's Ethical Personalism, New York 2002

419 Scheler, a.a.O., S. 14. – Um Schelers Meinung nicht zu verkürzen, zitiere ich auch die zwei folgenden Sätze: „In anderer Richtung kann der Standort des Verfassers ‚emotionaler Intuitivismus' und ‚materialer Apriorismus' genannt werden. Endlich ist dem Verfasser der dargelegte Grundsatz, daß alle Werte den *Person*werten unterzuordnen sind, auch

Absicht hin wie das Eigenschaftswort „material" in „materiale Wertethik",
dass nämlich der (moderne) Standpunkt des Subjektivismus, Relativismus
und Formalismus überwunden werden soll. (Bei Kant gilt der kategorische
Imperativ nämlich rein formal, und d. h.: bei der Anwendung des kategorischen Imperativs soll die formale – nicht materiale – Übereinstimmung
meiner Maxime mit der allgemeinen Gesetzgebung geprüft werden!) „Material" heißt bei Scheler daher soviel wie „inhaltlich" und hat nichts mit
„Materialismus" zu tun. Wenn Scheler das Wort „Absolutismus" verwendet, dann ist das in Kontraposition zum Relativismus der Moderne zu verstehen. Relativismus ist ganz von selber mit der modernen Orientierung der
Ethik am Menschen gegeben: Sosehr sich die Ethik im Gefolge der Aufklärung auch bestrebte, in „der Menschlichkeit" einen unhinterfragbaren
Quellpunkt von Normen auszumachen, ist gleichwohl nicht zu leugnen,
dass wir Menschen von verschiedenen Kulturen, Religionen, Traditionen
und Interessen herkommen, und dass man diese Kulturen zueinander relativieren muss, dass es also viele „Menschlichkeiten" gibt, wenngleich die
eine oder andere Kultur bzw. Religion versucht hat, sich absolut zu setzen.
Dies hat aber nur erbitterten Streit von Menschen, Nationen und Kulturen
zur Folge. Die Orientierung der Ethik „am Menschen" droht also zu scheitern!

Hier setzt nun die Wertethik ein. Systematisch vergleichbar mit dem güterethischen und dem utilitaristischen Ansatz will sie sich an etwas objektiv
Gegebenem orientieren. Ebenso wie die Güterethik ihren Blick nicht auf
die gesetzlichen Anforderungen und Schranken des handelnden Menschen
und der Utilitarismus nicht auf die Anforderungen des religiösen oder sozialen Berufes richtet, sondern auf bestimmte Annehmlichkeiten (nämlich
die Güter bzw. den Nutzen), die diese Ansätze zu Zielen des Tuns erklären,
so richtet auch die Wertethik ihren Blick auf Angenehmes, nämlich jene
Werte, die unsere ethische Überlegung und daraufhin unser Tun leiten sollen.

---

alle möglichen Sachwerte, ferner alle Werte von unpersönlichen Gemeinschaften und
Organisationen, *so* wichtig, daß er im Titel des Buches seine Arbeit auch als ‚neuen *Personalismus*' bezeichnete." (ebd.)

Die Frage ist allerdings, ob sich dieser Ansatz damit dem Paradigmen-
wechsel der Moderne entziehen kann, der darin besteht, die menschliche
Subjektivität zur beurteilenden Instanz (nicht nur, aber vor allem) der Ethik
zu erheben. Dies werden wir an den Ausführungen Schelers zu beobachten
haben.

Max Scheler beabsichtigt nämlich keineswegs, die Gedanken der Moderne über Bord zu werfen. Zwei Argumentationslinien bestimmen das
ganze Unternehmen seiner Ethik:

a) die Wiedergewinnung der inhaltlichen Dimensionen der Ethik. Scheler:
„Alle Werte … sind *materiale Qualitäten.*"[420] Das Inhaltliche findet
Scheler aber nicht in den gewöhnlichen „Materien" unseres Handelns,
sondern in einem davon unabhängigen Sein der Werte: „Die damit sta-
tuierte letzte Unabhängigkeit des Seins der Werte von Dingen, Gütern,
Sachverhalten kommt in einer Reihe von Tatsachen scharf zur Erscheinung."[421]

b) Eine weitere Argumentationslinie ist die Auseinandersetzung mit Kant,
die sich durch das ganze Buch zieht. Hierbei bleibt die praktische Philosophie Kants so bestimmend, dass der verehrungsvolle Satz im Vorwort
zur ersten Auflage nicht als Floskel angesehen werden darf: „Auch in diesen kritischen Abschnitten ging der Verfasser allerorts von der Voraussetzung aus, es sei die Ethik Kants – und keines anderen neueren Philosophen –, die bis heute das *Vollkommenste* darstelle, was wir … in Form
strenger wissenschaftlicher Einsicht, an philosophischer Einsicht besitzen."[422]

Scheler will also einerseits die vorkantischen inhaltlichen Dimensionen der
Ethik zurückgewinnen, andererseits jedoch auch wieder Kant Recht geben.
Diese Gegensätzlichkeit zeigt sich bereits als Spannung zwischen den Begriffen „materiale Wertethik" und „Personalismus" im Ober- und Untertitel
seines Buches („Der Formalismus in der Ethik und die materiale Wertethik.

---

420 A.a.O., S. 39
421 A.a.O., S. 40
422 A.a.O, S. 9

Neuer Versuch der Grundlegung eines ethischen Personalismus"). Wir werden sehen, dass sich einerseits der „Personalismus" Schelers vom „Subjektivismus" eines Kant und anderer neuzeitlicher Ethiker nur wenig unterscheidet, dass Scheler aber andererseits sehr ambitioniert an der Überwindung der Spannung zwischen Objektivität und Subjektivität in der Ethik arbeitet.

Scheler beginnt seine eigene positive Argumentation folgendermaßen: „Güter sind ihrem Wesen nach Wert*dinge* ... Jede Güterwelt kann durch Kräfte der Natur oder der Geschichte partiell zerstört werden. Wäre unser Wille abhängig hinsichtlich seines sittlichen Wertes von ihr, so müßte damit auch dieser mit betroffen werden. Auch er wäre damit von den Zufällen abhängig, die in dem wirklichen Kausalverlauf der Dinge und der Ereignisse liegen. Dies ist aber, wie Kant mit Recht sah, evident *unsinnig*."[423] – Indem Scheler einräumt, dass Güter Dinge sind, gibt er zu, dass sie der (von Kant so genannten) *empirischen Kausalität* unterliegen. Weiters sagt er, dass der Wille nicht von den Gütern abhängt, dass er also frei ist, wieder mit Kant gesprochen: dass der Wille über eine eigene, *intelligible Kausalität* verfüge. Damit bezieht Scheler einerseits den von Kant vertretenen Standpunkt der neuzeitlichen Subjektivität, andererseits greift er den Diskurs der Güterethik auf (von dem wir wissen, dass ihn Kant unter dem Titel des „Eudämonismus" ablehnte.) Mit der Definition von Gütern als „Wertdingen" ist Scheler jedoch weit von der Güterethik eines Augustinus (Gott ist das höchste Gut), ja sogar eines Epikur und eines Marcuse entfernt, denn die Lust (das Gut des Hedonismus) kann schwerlich als „Ding" aufgefasst werden.

Scheler hält Güter und Werte folgendermaßen auseinander, wobei er Kant vorwirft, dies nicht getan zu haben: „Indem Kant von den wirklichen Güterdingen bei der Begründung der Ethik abzusehen versucht, und dies mit Recht, meint er ohne weiteres auch von den *Werten* absehen zu dürfen, die sich in den Gütern darstellen. Dies aber wäre nur dann richtig, wenn die Wertbegriffe, anstatt in *selbständigen* Phänomenen ihre Erfüllung zu finden, von den *Gütern* abstrahiert wären ..."[424] Werte sind nach Scheler je-

---

423 A.a.O., S. 32
424 A.a.O., S. 34

doch etwas an und für sich und nicht bloß Abstraktionen. Scheler eröffnet hier einen eigenen Diskurs, in dem er Güter als Werte interpretiert und die Selbständigkeit von Werten demonstriert.

Wie aber können Werte „selbständig" sein? Scheler vergleicht Werte mit Farben: „Wie ich mir ein Rot auch als bloßes extensives Quale z. B. in einer reinen Spektralfarbe zur Gegebenheit bringen kann, ohne es als Belag einer körperlichen Oberfläche, ja nur als Fläche oder ein Raumartiges überhaupt aufzufassen, so sind mir auch *Werte* wie angenehm, reizend, lieblich, aber auch freundlich, vornehm, edel, prinzipiell zugänglich, ohne daß ich sie mir hierbei als Eigenschaften von Dingen oder Menschen vorstelle."[425]

Scheler demonstriert seine Meinung zuerst an den einfachen Werten des Geschmacksempfindens: „Eine jede wohlschmeckende Frucht hat auch ihre besondere *Art* des Wohlgeschmackes. Es verhält sich also durchaus nicht so, daß ein und derselbe Wohlgeschmack nur mit den mannigfachen Empfindungen verschmölze, die z. B. die Kirsche, die Aprikose, der Pfirsich beim Schmecken oder beim Sehen oder beim Tasten bereitet. Der Wohlgeschmack ist in jedem dieser Fälle von dem andern *qualitativ* verschieden …"[426] – Wir sehen, der Punkt, auf den es Scheler ankommt, ist die Kategorie der *Qualität* in Werten, die sich von dem bloßen Dasein der Güter abheben lässt. So sagt er denn auch zusammenfassend: „Die Werte sind durchaus nicht erst als *Güter* verschieden von den Gefühlszuständen und Begehrungen, die wir angesichts ihrer erleben. Sie sind es bereits als einfachste *Qualitäten*."[427]

Das heißt nun freilich nicht, dass wir auf die Güter verzichten und uns bloß an die Werte halten müssten (um im vorigen Bild zu bleiben: auf den Pfirsich verzichten und uns bloß an seinen Geschmackswert halten), denn: „Erst in den Gütern werden Werte ‚wirklich' … Im Gute aber ist der Wert *objektiv* (was er immer ist) *und wirklich* zugleich."[428] – Hier wäre zu unter-

---

425 A.a.O., S. 35
426 Ebd.
427 A.a.O., S. 41
428 A.a.O., S. 43

suchen, inwieweit Scheler implizit auch eine Güterethik vertritt. Sein erstes
Anliegen ist aber zweifellos die Wertethik.

Sind somit sowohl Unterscheidung als auch Beziehung von Gut und
Wert besprochen, geht Scheler daran, für ein unabhängiges Bestehen der
ethischen Grundwerte Gut und Böse zu argumentieren und ihre Abhängigkeit vom Sollen bzw. vom Willen zu entkräften (diese Argumentation ist
wiederum gegen Kant gerichtet): „Das Gutsein oder Bösesein wäre völlig
unabhängig von aller materialen Wertrealisierung. Dies ist in der Tat die Behauptung Kants. Ob wir Edles oder Gemeines, ob Wohl oder Leid, ob
Nutzen oder Schaden zu realisieren suchen, dies sei für das Gut- oder Bösesein des Wollens *ganz* gleichgültig …"[429] – Das entscheidende Stichwort
ist hier „Wertrealisierung" (noch verdeutlicht durch „materiale"): Scheler
behauptet, es komme auf die Verwirklichung der Inhalte unseres Tuns an.

An dieser Stelle berühren sich die Kantkritik der Wertethik und der Verantwortungsethik: Beiden ist es zu wenig, dass das Gute bloß im Inneren
(in der Gesinnung, im Wollen) des handelnden Subjekts präsent sei. Es
müsse sich vielmehr in der Wirklichkeit äußern. – Ob man tatsächlich Kant
einen Satz wie den gerade zitierten („Ob wir Edles …") unterschieben darf
oder nicht: Indem Kant auf der bloß formalen Gültigkeit des kategorischen
Imperativs besteht, vergibt er die Möglichkeit eines Einwandes gegen die
inhaltliche Prüfung unseres Tuns.

Gut und Böse betreffend, möchte ich jetzt zwei Axiome der materialen
Ethik hervorheben, die Scheler (neben einigen anderen) aufstellt:

„1. Gut ist der Wert in der Sphäre des Wollens, der an der Realisierung
   eines positiven Wertes haftet.
2. Böse ist der Wert in der Sphäre des Wollens, der an der Realisierung
   eines negativen Wertes haftet."[430]

Mit dieser Festlegung hat Scheler nicht nur wieder Anschluss an die Güterethik im weitesten Sinne gefunden. Er nimmt auch Intentionen des Utilita-

---

429 A.a.O., S. 46
430 A.a.O., S. 48

rismus auf.[431] Dazu passt, dass Scheler – hier David Hume ganz ähnlich – den handelnden Menschen keinen intellektualistischen, sondern einen emotivistischen Zugang (Zugang über das Fühlen) zur Ethik bahnen will.[432]

Die Hochachtung Kants sowie Schelers Sympathie für den Utilitarismus zeigt deutlich seine gedankliche Verankerung in der Moderne; andererseits ist er auch Kritiker der Moderne, was wir an seiner Haltung gegenüber dem Anthropozentrismus – einem wesentlichen Kennzeichen der Moderne – bemerken können. Den Subjektivismus der modernen Ethik akzeptiert und *transformiert* Scheler in den *Personalismus*. Das Spezifikum dieses Personalismus können wir beobachten, wenn wir von Schelers Fundierung der Werte Gut und Böse in der menschlichen Person ausgehen: „Entschieden zurückzuweisen ist aber die Behauptung Kants, gut und böse hafte *ursprünglich* nur an Akten des *Willens*. Was vielmehr allein *ursprünglich* ‚gut‘ und ‚böse‘ heißen kann, d. h. dasjenige, was den materialen Wert ‚gut‘ und ‚böse‘ vor und unabhängig von allen einzelnen Akten trägt, das ist die ‚*Person*‘, das *Sein* der Person selbst, so daß wir vom Standpunkt der Träger aus geradezu definieren können: ‚*Gut* und *Böse* sind Personwerte*.*"[433] – Während sich der moderne Subjektivismus allein auf die intellektuellen Leistungen des Subjekts stützt (nach Descartes steht der Mensch als *res cogitans* [denkende Substanz] der Natur als *res extensa* [ausgedehnte Substanz] gegenüber), schließt der Personalismus das *Sein* des denkenden Wesens in seine Betrachtungen ein.

Die Wichtigkeit der (menschlichen) Person wird Scheler im letzten Teil seines Buches ausführlich würdigen.[434] Er sieht dabei den Menschen nicht als das Maß aller Dinge an: „Die ‚*Menschheit*' ist auch als reale Gattung nur *ein* Gegenstand unter anderen Gegenständen, an dem wir Werte erfassen und dessen Werte wir beurteilen. Durchaus ist sie *nicht* in irgendeiner Form

---

431 Neben mancher Kritik am Utilitarismus kann Scheler (a.a.O., S. 188) schreiben: „Die utilitaristische Theorie … ist die *einzig richtige* Theorie über die *soziale Bewertung des Guten und Bösen*."

432 A.a.O., S. 87. (Mehr über „Fühlen", „Vorziehen", „Lieben" und „Hassen" als Zugänge zur Ethik siehe weiter unten.)

433 A.a.O., S. 49

434 A.a.O., S. 370–580

das ‚notwendige Subjekt' dieses Werterfassens, so daß gut und schlecht eben dasjenige wäre, was im menschlichen ‚Gattungsbewußtsein' als Fühlensrichtung enthalten wäre."[435]

Scheler überlegt eine Fundierung der Werte im *Leben* (und setzt sich dabei mit der Zeitströmung des „Vitalismus" bzw. der Lebensphilosophie auseinander), reiht aber letztlich „das Leben" unter die Reihe seiner Werte ein.[436] Dabei stoßen wir auf die Über- und Unterordnung der Werte nach Scheler. Zwar überrage der Mensch alle anderen Lebewesen, aber: „… der ‚Mensch' ist insofern das ‚höchste Wesen', insofern er *Träger* von Akten ist, die von seiner biologischen Organisation *unabhängig* sind, und sofern er *Werte*, die diesen Akten entsprechen, *sieht* und *realisiert*. Nur unter der Voraussetzung des von biologischen Werten unabhängigen und ihm übergeordneten Wertes des Heiligen und der geistigen Werte ist also der Mensch auch das werthöchste Wesen."[437] – Scheler bringt sich an dieser Stelle als Religionsphilosoph ein und gibt seiner Wertethik eine religiöse Ausrichtung[438] (sehr im Gegensatz zur Wertethik seines Zeitgenossen Nikolai Hartmanns!): „Der ‚Mensch', als das ‚höchstwertige' irdische Wesen und als sittliches Wesen betrachtet, wird selbst faßbar und phänomenologisch erschaubar erst unter Voraussetzung und ‚unter dem Lichte' der Idee Gottes! So daß wir geradezu sagen können: Er *ist* richtig gesehen nur die Bewegung, die *Tendenz*, der *Übergang* zum *Göttlichen*."[439]

Am Beispiel der Verwendung des Terminus „Idee Gottes" sieht man zugleich die Abhängigkeit Schelers von Kant wie auch seinen Versuch, aus dem Schatten Kants herauszutreten. Die Behauptung, dass Gott eine Idee, und zwar eine Idee des Menschen sei, über deren Realität man weder Positives noch Negatives ausmachen könne, wurde von Kant in den philosophischen Diskurs eingebracht. (Bei Kant finden wir dann zusätzlich das be-

---

435 A.a.O., S. 275
436 A.a.O., S. 280 ff. Wichtige Vertreter der Lebensphilosophie sind Henri Bergson, Wilhelm Dilthey, Georg Simmel, Heinrich Rickert, Ernst Troeltsch und Otto F. Bollnow.
437 Scheler: a.a.O., S. 293
438 In einer späteren Phase seines Denkens (ca. 1922–1928) wird Scheler allerdings stärker der Religionskritik zuneigen.
439 Scheler ebd.

reits referierte Postulat, Gott müsse existieren, damit Pflicht und Glück[se-ligkeit] nicht auseinander fallen.)

Schelers Gottesidee ist derjenigen Kants vergleichbar, sie ist aber in dieser Phase seines Denkens nicht im Rahmen einer Religionskritik, sondern einer positiven Religionsphilosophie konzipiert. Dabei ist Schelers Gottesbegriff hier, wie derjenige Kants und übrigens auch Aristoteles', der eines „Deus otiosus", also der eines „müßigen Gottes". Gott wird von Scheler nicht als *handelnd*, sondern als an der Spitze einer Wertehierarchie *stehend* angenommen. Im oberen Teil der Wertehierarchie finden sich bei Scheler die Personwerte, und an der Spitze der Personwerte wieder die „*Idee Gottes* als der Idee der unendlichen Person"[440].

Der Ausdruck „Idee Gottes" weist nun freilich noch weit hinter Kant auf die Philosophie und Ideenlehre Platons zurück. Diese Ideenlehre mit ihrem Zentrum der „Idee des Guten" kann ja als eine Grundlegung der Ethik verstanden werden. Ich zitiere noch einmal einen schon oben im ersten Kapitel angeführten Spitzensatz Platons: „Denn daß die Idee des Guten *(agathou idea)* die größte Einsicht *(megiston mathema)* ist, hast du schon vielfältig gehört, als durch welche erst das Gerechte *(dikaia)* und alles, was sonst Gebrauch von ihr macht, nützlich und heilsam wird."[441]

Am Begriff „Idee" und ihrem Einsatz zur Lösung von ethischen Problemen wird sichtbar, dass die Wertphilosophie die Gedanken Platons im 20. Jahrhundert von neuem würdigt. Scheler verankert seinen Personbegriff in der Idee, denn nach Schelers Ethik „drückt die Wesensgüte Gottes eine Idee aus, in der die allgemeingültigen Wertperson*typen* selbst ... in unendlicher Vollkommenheit in ihrer Rangordnung je vollexemplarisch ‚mit' enthalten sind; nicht minder aber sind in der Gottheit enthalten zu denken die individual-gültigen Wertpersonenwesen"[442]. – Gott wird also hier von Scheler (wieder ähnlich dem Muster Kants) als Idee in der ethischen Reflexion eingesetzt; bei Scheler sind die Ideen aber nicht bloß „formell" oder „regulativ" (Kant), sondern inhaltlich bestimmt.

---

440 A.a.O., S. 573
441 PLATON: Politeia 505 a
442 Scheler: a.a.O., S. 573

Die Unterordnung der menschlichen Personen unter die „unendliche Person" Gottes ist nun das hervorragende Beispiel der in der Wertethik Schelers herrschenden Hierarchie und Rangordnung. Der *Begriff der Rangordnung* ist einer der wichtigsten in der Wertethik Max Schelers. Rangordnung kommt nämlich nach Scheler nicht erst zu den Werten hinzu, sondern ist mit den Werten selber gesetzt. Ich zitiere nun jenen zentralen Satz, in dem sich mehrere Motive der materialen Wertethik Schelers versammeln: „Der eigentliche Sitz alles Wertapriori (und auch des sittlichen) ist die im Fühlen, Vorziehen, in letzter Linie im Lieben und Hassen sich aufbauende *Werterkenntnis* resp. *Wert-Erschauung*, sowie die der Zusammenhänge der Werte, ihres ‚Höher-' und ‚Niedrigerseins', d. h. die ‚*sittliche Erkenntnis*'."[443] – Hier haben wir a) das Motiv des Apriorischen dieses Ethik-Ansatzes, d. h. der Ansicht Schelers, die Werte seien uns unabhängig von der *aposteriorischen* Erfahrung gegeben und zugänglich; b) beantwortet der Satz die Frage nach dem Wie des Gegebenseins der Werte bzw. nach dem Zugang zur Werterkenntnis: Eine solche Erkenntnis erreicht man nach Scheler nicht durch das Denken, sondern – und hier sind zwei Zugänge genannt, die Scheler nicht differenziert: das Fühlen (wozu dann Vorziehen, Lieben und Hassen gehören) und das Erschauen. Mit dem Begriff „Erschauen" werden wir wiederum auf den platonischen Hintergrund der Philosophie Schelers hingewiesen, die ja bereits im Begriff der Idee gegenwärtig ist, und die für Erkenntnismöglichkeiten unabhängig vom rationalen Diskurs stehen soll. Ähnlich wie Platon und den Platonikern dienen Scheler die Begriffe Idee und Erschauen vor allem zur Fundierung der menschlichen Praxis. c) Sowohl durch „Vorziehen" als auch durch „Höher- und Niedrigersein" bezeichnet Scheler im zitierten Satz die Wertethik als hierarchisch geordnet.

Die Rangordnung bzw. Hierarchie der Werte legt Scheler in den Abschnitten „Apriorische Rangbeziehung zwischen den Wertmodalitäten"[444] und „Zur Schichtung des emotionalen Lebens"[445] dar.

---

443 A.a.O., S. 87
444 A.a.O., S. 122–126
445 A.a.O., S. 331–345

Die ERSTE STUFE nehmen die Werte *Angenehm* und *Unangenehm* ein.[446] Für Scheler sind schon diese niedrigsten Werte von der Erfahrung unabhängig, also apriori: „Auch daß das Angenehme dem Unangenehmen vorgezogen wird (ceteris paribus), ist kein Satz, der auf Beobachtung und Induktion beruht; er liegt im Wesen dieser Werte und im Wesen des sinnlichen Fühlens."[447]

Auf der ZWEITEN STUFE stehen die „Werte des vitalen Fühlens".[448] Seltsamerweise nennt Scheler hier zuerst den Wert des „Edlen"[449], dann die Werte „Wohl", „Gesundheitsgefühl" (und als Gegenteil den Unwert „Krankheitsgefühl"), „Mut", „Angst", „Racheimpuls", „Zorn": „Die vitalen Werte sind eine völlig *selbständige* Wertmodalität, und können weder auf Werte des Angenehmen und Nützlichen, noch auf geistige Werte irgendwie ‚zurückgeführt' werden. Die Verkennung dieser Tatsache halten wir für ein *Grundgebrechen* der bisherigen ethischen Lehren."[450] Und: „Der letzte Grund für die Nichtbeachtung der Eigenart dieser Modalität ist aber die Verkennung der Tatsache, daß ‚Leben' eine *echte Wesenheit* ist, nicht ein ‚empirischer Gattungsbegriff', der nur ‚gemeinsame Merkmale' aller irdischen Organismen in eins faßte."[451] – In der Aufmerksamkeit auf das Leben in seiner Unterschiedenheit von der Rationalität trifft sich Scheler mit den Vertretern der „Lebensphilosophie", der er insofern auch zugehört.[452]

Die DRITTE STUFE bilden die „geistigen Werte".[453] Auf dieser Stufe finden sich nach Scheler wiederum verschiedene „Hauptarten: 1. die Werte

---

446 „Als eine scharf abgegrenzte Modalität hebt sich zunächst die Wertreihe des *Angenehmen* und *Unangenehmen* heraus … Ihr entspricht die Funktion des *sinnlichen Fühlens* (mit seinen Modi, dem Genießen und Erleiden); und andererseits entsprechen ihr die Gefühlszustände der ‚Empfindungsgefühle', sinnliche Lust und Schmerz." (a.a.O., S. 122)
447 Ebd.
448 A.a.O., S. 123 f.
449 A.a.O., S. 123
450 A.a.O., S. 124
451 Ebd.
452 Henri Bergson nahm einen „élan vital" an, der alle Lebensvorgänge hervorrufen solle.
453 A.a.O., S. 124 f. – „Von den Lebenswerten scheidet sich als eine neue modale Einheit ab der Wertbereich der ‚geistigen Werte'. Sie tragen schon in der Art ihrer *Gegebenheit* eine

von *,Schön'* und *,Häßlich'* und der gesamte Bereich der rein ästhetischen Werte; 2. die Werte des *,Rechten'* und *,Unrechten'* … welche die letzte phänomenale Grundlage für die Idee der objektiven *Rechtsordnung bilden* …; 3. die *Werte der ,reinen Wahrheitserkenntnis'*, wie sie … die *Philosophie* zu realisieren sucht."[454] – Es wird nicht ganz klar, ob unter diesen „Hauptarten" der geistigen Werte nochmals eine hierarchische Ordnung anzunehmen ist.

Sicherlich aber ist die VIERTE und letzte STUFE der Werte höher als alle anderen anzusetzen. Es sind dies das „Heilige" (im Gegensatz zum „Unheiligen"), wobei das Heilige „wiederum eine nicht weiter definierbare Einheit gewisser Wertqualitäten ausmacht"[455]. Über die Wertqualitäten des Heiligen sagt Scheler sodann: „Sie erscheinen nur an Gegenständen, die in der Intention als *,absolute Gegenstände'* gegeben sind … (von fetischistischen Vorstellungen bis zum reinsten Gottesbegriff)."[456]

Betrachtet man diese Beschreibung der Werte, dann könnte Scheler als Erneuerer der platonischen Ethik einer objektiven Gültigkeit von ethischen Ideen und damit einer Güterethik (unbeschadet der oben zitierten Differenzierung zwischen Gut und Wert) angesehen werden. (Und das ist kein Gegensatz, denn die platonischen Ideen bestehen objektiv, und das höchste Gut, summum bonum, ist nach Augustinus bekanntlich Gott.) Die von Scheler genannten Werte bestehen nämlich ganz offensichtlich unabhängig von menschlichen Subjekten. Scheler wendet sich auch bei Gelegenheit ausdrücklich gegen den ethischen Subjektivismus.[457] – Schelers „Personalis-

---

eigentümliche Abgelöstheit und Unabhängigkeit gegenüber der gesamten Leib- und Umweltsphäre in sich, und geben sich als Einheit auch darin kund, daß die klare Evidenz besteht, Lebenswerte für sie opfern zu ,sollen'" (a.a.O., S. 124). Dass man für sie Lebenswerte opfern soll, zeigt nach Scheler die Höherwertigkeit der geistigen Werte an.

454 A.a.O., S. 124 f.

455 A.a.O., S. 125

456 Ebd.

457 Siehe a.a.O., S. 95, oder die Formulierung: „… nicht aber *bestehen* die Werte in einem Gesolltsein, wie ein falscher Subjektivismus meint. Sie sind nicht ,Nötigungen', die ein sog. ,transzendentales Ich' oder ,Subjekt' auf das empirische Ich ausübt …" (a.a.O., S. 195)

mus", der bereits im Untertitel seines Buches genannt wird, ist freilich – bei allen Unterschieden – keineswegs ohne den modernen Subjektivismus konzipiert.

Unausgeglichen mit der gerade dargestellten Hierarchie der Werte finden wir bei Scheler Folgendes: Der Wert der Person (der in der eben referierten Rangliste überhaupt nicht vorkam und erst im zweiten Teil des Buches besprochen wird) ist für ihn der höchste: „Obzwar Sachwerte als solche höher sind als Zustandswerte (z. B. des Wohlgefühls), so sind doch Personwerte als solche höher als Sachwerte, also z. B. auch geistige Personwerte höher als geistige Sachwerte. Wie immer die Nichtintention des Wollens der Person auf ihren eigenen Wert erste Fundamentalbedingung ihres *faktischen* möglichen Wertes sei, bleibt doch *ihr* Wert der Wert der Werte; bleibt Verherrlichung der Person, in letzter Linie der Person der Personen, d. i. Gottes, der sittliche Sinn auch aller sittlicher ‚Ordnung'."458

Es scheint, dass es Scheler mit seinem Personbegriff gelingt, auf dem Boden modernen ethischen Denkens eine Verbindung zur vormodernen Ethik herzustellen. In diesem Zusammenhang kann Schelers Definition von Person angeführt werden: „*Person ist die konkrete, selbst wesenhafte Seinseinheit von Akten verschiedenartigen Wesens*, die an sich ... allen wesenhaften Aktdifferenzen vorhergeht."459 – Es ist festzuhalten, dass Scheler der „Person" und nicht dem „Subjekt" den höchsten Wert zumisst, jedoch beschreibt gerade die zuletzt zitierte Definition genau jenen Mittelpunkt von Handlungen, der in der Moderne als (individuelles oder kollektives) Subjekt vorgestellt worden ist. Dazu passt die eben gehörte Formulierung „Verherrlichung der Person". Daher ist zu urteilen, dass Scheler unter den Bedingungen des modernen Subjektivismus in der Ethik dem modernen Subjektivismus (wobei er sich vor allem gegen Kant wendet) eine Absage erteilt. Mit seiner Wertethik hält Scheler das schon früher von Platon und den Vertretern der Güterethik Gedachte in neuer Weise der modernen Ethik entgegen bzw. bringt es als moderner Ethiker wieder zur Geltung.

---

458 A.a.O., S. 495
459 A.a.O., S. 382 f.

Kritik

Max Scheler hat den Wertbegriff, der seit Hermann Lotze, Friedrich Nietzsche und Franz Brentano in Diskussion stand, zur Neubegründung der Ethik herangezogen. Dieser Ansatz wird bis heute nicht nur diskutiert, sondern bei praktischen Entscheidungen in die Waagschale geworfen.

Wie alle anderen Ethiker setzt sich Scheler mit der Theoriebildung vor ihm auseinander. Die etwa gleichzeitig mit seinem System entstehende Verantwortungsethik nimmt er zwar nicht in den Blick, jedoch das darin enthaltene Anliegen der Gesetzesethik. Weiters: Ebenso wie in der Antike den Forderungen der gesetzlichen Ethik die Gaben der Güterethik entgegenzuhalten sind, so stehen die Werte in Schelers System all den Verboten und Geboten der gesetzlichen Typen von Ethik gegenüber. Freilich führen auch die Werte indirekt eine Aufforderung mit sich, nämlich primär sie zu verwirklichen, aber sind die Werte Gaben, die in unserem Sein, Leben und Denken entdeckt werden wollen.

Nun ist die Intentionen der ethischen Philosophie Schelers, seine Kritik an der Moderne (vorwiegend an Kant) und seine gleichzeitige Bejahung und Fortführung der Moderne zu betrachten: Auf der einen Seite fundiert Scheler die Ethik nicht in der Willkür des handelnden und ethisch reflektierenden Subjekts, sondern in jenem vom Menschen unabhängigen Bereich, in dem Scheler die Werte ansiedelt, auf der anderen Seite werden diese Werte gerade durch Fühlen, Vorziehen, Lieben und Hassen in der Ethik zur Geltung gebracht. Aber was kann subjektiver sein als Fühlen, Vorziehen, Lieben und Hassen? Schelers Bemühen zur Überwindung des Anthropozentrismus ist festzuhalten, wenngleich an diesem Punkt manche seiner Äußerungen unausgeglichen nebeneinander stehen; so sagt er einmal, dass das Ich (als Person), „nur Träger" von Werten[460] sei, dann aber ist es wieder der „Wert der Werte"[461], wie bereits oben zitiert.

---

460 Scheler schreibt: „Auch hier ist das Ich (in jedem Sinne) nur *Träger* von Werten, *nicht* aber eine *Voraussetzung* der Werte, oder ein ‚wertendes' Subjekt, durch das es erst Werte gäbe, oder durch das Werte erst erfaßbar wären." (a.a.O., S. 95)
461 A.a.O., S. 495

Deshalb ist weiters Schelers *Personbegriff* zu berücksichtigen. – Die Person ist für Scheler nie bloß die „res cogitans" nach Descartes bzw. das „transzendentale Ich" nach Kant, sondern „konkrete, selbst wesenhafte Seinseinheit", wie zitiert wurde, und hieraus ergibt sich, dass Schelers Bemühung um Kritik und gleichzeitige Bejahung der Moderne, wie folgt, aufzufassen ist: Personalität ist in der Tat eine Konkretion (von *concrescere* = zusammenwachsen) von subjektiven und objektiven (wesen- und seinshaften) Motiven. Dadurch, dass das Personelle zu den höchsten Werten gehört, sind Freiheit, Denken und Wollen des Menschen gewürdigt, gleichwohl aber den anderen Werten („Sachwerten") nicht wie das Subjektive dem Objektiven entgegen-, sondern an die Seite (im Grunde jedoch über es) gestellt.

Auch dadurch, dass Scheler von Gott als „Person der Personen" spricht, ist das menschliche Subjekt *relativ*, i. e. „bezogen" (bezogen auf Gott), und nicht absolut gedacht; Schelers Ethik ist also nicht anthropozentrisch.

Gegen die in der Scheler'schen Ethik enthaltene Religionsphilosophie (der frühen Phase Schelers) sind allerdings bereits verschiedene Einwände vorzubringen:

a) Ich habe bereits oben darauf hingewiesen, dass – wie in anderen philosophischen Ethiken – Gott in der *Ethik* Schelers nur als Deus otiosus (müßiger Gott) vorkommt: als oberster Wert, der aber unbeweglich bloß an der Spitze der Wertehierarchie steht. Die Gottesidee soll die Orientierung am Absoluten, die Scheler mit seiner Ethik anstrebt, garantieren. Die ethisch reflektierende und aus ethischer Einsicht handelnde Person relativiert sich zwar auf Gott hin, wir lesen aber in der Ethik Schelers nirgends von einer Einwirkung bzw. Hilfe, die von dieser höchsten Person ausginge. Gott ist nach Scheler zwar Person, aber er handelt nicht als Person. – Sicher hätte Scheler – in dieser seiner philosophischen Phase – als katholischer Christ z. B. Formulierungen über das schaffende, erlösende und inspirierende Wirken Gottes nicht abgelehnt, aber sie spielen in seiner Ethik keine Rolle. Davon, dass Gott Menschen „beruft", wie bei Luther, ist bei Scheler nicht die Rede.

b) Aber auch an die Bezeichnung Gottes als „Person" bzw. „Person der Personen" ist eine kritische Anfrage zu richten: Sosehr die Rede vom „persönlichen Gott" dem Selbstverständnis der Gläubigen entspricht, und sosehr entsprechend den biblischen Vorbildern die Gebetsanrede „Du" an Gott üblich ist, sosehr würde man andererseits von einem christlichen Philosophen erwarten, dass er den trinitarischen Personbegriff diskutiert – ihn mindestens mit dem wertethischen Personbegriff in Beziehung setzt …

Zum Abschluss möchte ich einen Satz Schelers über den ethischen Wert von Liebe zitieren:[462] „Faktisch aber ist Fremdliebe durchaus *nicht* auf Selbstliebe (geschweige, wie bei Kant, auf Selbstachtung) fundiert, sondern mit dieser gleichursprünglich und gleichwertig, beide aber im letzten Grunde fundiert auf Gottesliebe, die immer zugleich ein Mitlieben aller endlichen Personen ‚mit' der Liebe Gottes als der Person der Personen ist."

Manfred Riedel

Manfred Riedel (* 1936) diskutiert die Wertethik in zwei Aufsätzen.[463] Er verwirft den absoluten Wertmaßstab, über den Scheler noch zu verfügen dachte.

Riedel stellt die Wertethik in einen größeren ethischen Rahmen. Über die Ethik im Allgemeinen heißt es: „Woran sie [scil. die Ethik, M. J. S.] anknüpft, sind *Grundverhältnisse interpersonaler Kommunikation* im Sinne eines *Inbegriffs von Moralnormen*, der sich sprachlich in den *Prädikaten des moralischen Werturteils*, der Unterscheidung zwischen ‚gut' und ‚böse', artikuliert."[464] Auf dieser Basis beantwortet Riedel die Entscheidungsfrage im Titel des ersten Aufsatzes („Normative oder kommunikative Ethik?") mit

---

462 A.a.O., S. 489

463 Manfred Riedel: „Normative oder kommunikative Ethik? Zur Begründbarkeit moralischer Werturteile und Überzeugungen", in: Ders.: Norm und Werturteil, Stuttgart 1979, S. 67–90; und: Ders.: Norm, Wert und Wertinterpretation, a.a.O., S. 91–114 – Ders. (ed.): Materialien zu Hegels Rechtsphilosophie, 2 Bde., Frankfurt 1975 ff. – Ders.: Für eine zweite Philosophie. Vorträge und Abhandlungen, Frankfurt a. M. 1988

464 A.a.O., S. 67

der Befürwortung einer „kommunikativen Ethik". Riedel schwenkt hiermit auf eine ähnliche Linie ein wie die als Nächstes zu besprechende Diskursethik. Was dort Intersubjektivität heißt, nennt Riedel Interpersonalität. Wie aber kommt es zu Werturteilen? Anders gefragt: Woher werden Werte genommen? Riedel: „Wertprädikate sind kontextabhängig; ihre Bedeutung ist nicht durch übergeschichtliche Wertordnungen festgelegt."[465] Riedel ist also, anders als Max Scheler, weit entfernt von einer platonischen Welt der Ideen und dem an sich seienden Guten. Mit welchen Gründen? – Riedel schreibt: „Die Berufung auf ‚an sich geltende' Werte und Wertintuitionen widerspricht … der Praxis, *wie* wir im Alltag urteilen und nach Gründen für solche Beurteilungen suchen."[466]

Es verdient unsere Aufmerksamkeit, dass Riedel hier einen doppelten Praxisbegriff verwendet; denn, was er zusammenspannt, sind eigentlich zwei Dinge: jene Praxis, die durch ethische Überlegungen bestimmt werden soll, und die „Praxis, wie wir im Alltag urteilen". Riedel lässt somit die ethische Praxis von der vorethischen Praxis *(ethos, mos)* bestimmt werden. Dabei scheint er aber anzunehmen, dass die Werte gerade aus der vor-ethischen Praxis – mittels der Kommunikation – entspringen, denn er spricht vom „moralischen Werturteil, wie es auf der Grundlage kommunikativer Erfahrung von jedermann erzeugt und gegenüber jedem zur Geltung gebracht wird."[467] – Ob und wie sich die Wertordnung zwischen erster und zweiter Praxis verändert, wird in diesem Aufsatz nicht klar …

Im zweiten der genannten Aufsätze schließt sich Riedel etwas enger an die von Max Scheler vorgetragenen Begründungen der Werte an: „Zwar ‚haben' wir Werte nicht so, wie wir Gegenstände wahrnehmen, da sie etwas spezifisch Ungegenständliches, eine neue, dem sinnlichen Anschauen unzugängliche Schicht *an* Gegenständen sind. Aber wir haben sie gleich-

---

465 A.a.O., S. 71
466 A.a.O., S. 70
467 A.a.O., S. 79. – Die Kommunikation ist erstlich und letztlich sprachlich gedacht: „Denn die Sprache, die alle wirklichen Lebensformen noch umfaßt, ist gleichwohl nichts ‚Mögliches'. Sie ist selbst eine wirkliche Lebensform, ja vielleicht sogar *die* Wirklichkeit des Menschen, der nur menschlich lebt, sofern er spricht." (a.a.O., S. 88)

wohl nach Analogie zur Wahrnehmung: in der Unmittelbarkeit des Fühlens.“[468]

Dass und wie Riedel das Fühlen von Werten aufgreift, zeigt, dass er das Subjektive in der Ethik betont. Er verlässt damit die Linie Schelers, das Über-Subjektive in den Werten zu suchen: Jeder und jede fühlt anders. Um nun aber das Ziel einer „interpersonalen Kommunikation" nicht aus den Augen zu verlieren, muss das verschiedene Wert-Fühlen koordiniert werden. Dies veranlasst Riedel zum Projekt einer *Hermeneutik* der Werte. In einer solchen Hermeneutik darf die Interpretation nun nicht willkürlich, sondern muss regelgeleitet vor sich gehen: „Werte sind nicht einfach ‚vorfindlich' wie Sachverhalte oder ‚gesetzt' wie Normen ... Die Weise ihrer Gegebenheit ist einerseits die Bedingtheit dessen, was jemand für ‚gut' hält oder als wertvoll ‚empfindet' und ‚einschätzt', andererseits die Unbedingtheit von Werthaltungen, die alle empirischen Empfindungen, Einschätzungen und Abstufungen überschreiten. Diese Differenz löst sich im Verfahren der hermeneutisch-reflektierenden Urteilskraft.“[469] Über dieses „Verfahren" und seine Regeln äußert sich Manfred Riedel im zitierten Zusammenhang leider nicht genauer.

Riedel neigt zur Zurücknahme des umfassenden Anspruches der Wertlehre, den Max Scheler vertreten hat, denn Riedel urteilt, dass „die traditionell-philosophische Suche nach einem einheitlichen Gegenstand aller Wertungen vergeblich gewesen ist“[470]. Er pflichtet jedoch der Ansicht bei, dass die Werte *dauerhaft,* wenn auch nur „relativ dauerhaft", bestehen bleiben: „‚Werte' sind nicht etwas a priori und an sich Vorhandenes, so daß sie auch zu Gesichtspunkten werden könnten, sondern umgekehrt Bedingungen der Möglichkeit dafür, im Fluß des Werdens überhaupt etwas relativ Dauerhaftes zu Gesicht, d. h. zu apriorischer Einsicht in seine ‚Bedeutung' zu bringen.“[471]

---

468 A.a.O., S. 95
469 A.a.O., S. 101
470 A.a.O., S. 110
471 A.a.O., S. 102

Kapitel 9

Diskursethik[472]

Die Diskursethik steht in der hier vertretenen Konzeption an neunter Stelle der vorgestellten Ansätze und Systeme. Sie ist der im 20. Jahrhundert zuletzt aufgetretene größere Entwurf zur Ethik. Auf sie werde ich anschließend noch den Ansatz der „Situationsethik" folgen lassen, der zwar schon

---

472 Gabriele de ANGELIS: Die Vernunft der Kommunikation und das Problem einer diskursiven Ethik, Diss. Heidelberg 1999 (elektronische Ressource 2002: http://archiv.ub.uniheidelberg.de/volltextserver/volltexte/2001/1813/pdf/tesiWR.PDF) – Karl-Otto APEL: Das Apriori der Kommunikationsgemeinschaft und die Grundlagen der Ethik, in: DERS.: Transformationen der Philosophie, Bd. 2, 2. Aufl., Frankfurt a. M. 1981, S. 358–435 – DERS.: Diskursethik und Diskursanthropologie. Aachener Vorlesungen, Freiburg 2002 – DERS.: Diskurs und Verantwortung, 2. Aufl., Frankfurt a. M. 1992 – Dietrich BÖHLER: Rekonstruktive Pragmatik. Von der Bewußtseinsphilosophie zur Kommunikationsreflexion: Neubegründung der praktischen Wissenschaft, Frankfurt a. M. 1986 – Holger BURCKHART: Diskursethik, Diskursanthropologie, Diskurspädagogik, Würzburg 1999 – Raúl FORNET-BETANCOURT: Die Diskursethik und ihre lateinamerikanische Kritik, Aachen 1993 – Niels GOTTSCHALK-MAZOUZ: Diskursethik, Diss. Stuttgart 1999 (elektronische Ressource 2002: http://elib.uni-stuttgart.de/opus/volltexte/2002/1076/pdf/de.pdf) – Jürgen HABERMAS: Erläuterungen zur Diskursethik, 2. Aufl., Frankfurt a. M. 1992 – DERS.: Moralbewußtsein und kommunikatives Handeln, Frankfurt a. M. 1983, 7. Aufl., Frankfurt a. M. 1999 – Jean-Paul HARPES: Zur Relevanz der Diskursethik, Münster 1997 – Thomas HOERSCHELMANN: Theologische Ethik. Zur Begründungsproblematik christlicher Ethik im Kontext der diskursiven Moraltheorie, Stuttgart [u. a.] 1996 – Christoph JERMANN: Zum transzendentalpragmatischen Normenbegründungsmodell, in: Hegel-Jahrbuch 1987, S. 357–365 – Wolfgang KUHLMANN: Zur Begründung der Diskursethik, in: Hegel-Jahrbuch 1987, S. 366–374 – DERS.: Reflexive Letztbegründung. Untersuchungen zur Transzendentalpragmatik, Freiburg/ München 1985 – Marcel NIQUET: Diskursethik, Würzburg 2001 – Transzendentalphilosophische Normenbegründung, ed. W. Oelmüller, Paderborn 1978 – Gerhard SCHÖNRICH: Bei Gelegenheit Diskurs, Frankfurt a. M. 1993 – Peter ULRICH: Diskursethik und politische Ökonomie, St. Gallen 1989 – Albrecht WELLMER: Ethik und Dialog, Frankfurt a. M. 1986

etwas früher aufgetreten ist, sich aber aus systematischen Gründen besser
zur Zusammenfassung alles ethischen Denkens eignet.

Man muss die Diskursethik mit den beiden vorangegangenen Entwürfen des 20. Jahrhunderts, nämlich Verantwortungs- und Wertethik, zusam-
menhalten. Sie nimmt die beiden vorangegangenen Ansätze (teilweise indirekt) auf, widerspricht aber auch beiden:

Die Verantwortungsethik kommt in der Diskursethik dadurch zur Geltung, dass einzelne Diskurse, letztlich aber der Diskurs aller kommunika-
tionsfähigen Menschen die ethischen Normen festlegen; dabei sollen die
Diskursteilnehmer entsprechend ihren eigenen Normen Verantwortung
übernehmen. Die Diskursethik bestreitet der Verantwortungsethik, dass
sich die Verantwortlichen, und damit auch die für ethische Überlegungen
Verantwortlichen, vor einer fremden Instanz zu verantworten hätten, sei es
vor Gott (wie in der theologischen Verantwortungsethik), sei es vor einer
politischen Instanz, sei es vor einer künftigen Generation. Wenn Verantwortung, dann innerhalb des ethischen Diskurses! Damit wird auch die
Tendenz unterlaufen, die sich im Rahmen der Verantwortungsethik (als deren Perversion) beobachten lässt: Verantwortung als Deckmantel für
Machtausübung zu benutzen. Der Satz „Ich will Verantwortung übernehmen" scheint vor allem bei Politikern zu einem Vorwand für den in Wahrheit gemeinten Satz „Ich will herrschen" geworden zu sein.

Die Wertethik kommt in der Diskursethik in doppeltem Sinne zur Geltung: *Zum einen* so, dass die Diskursethik das Denken in Werten einfor-
dert. Sie bestreitet nämlich der modernen (Natur-)Wissenschaft, die in der
öffentlichen Meinungsbildung eine überragende Rolle spielt, die Wertfrei-
heit (bzw. Neutralität gegenüber Werten). Demgegenüber fordert die Diskursethik sowohl die Verantwortung im technischen Handeln als auch
Wertsetzungen in diesem Handeln ein. Eine solche Wertsetzung kann aber
nach Meinung der Diskursethiker nur im kommunikativen Handeln zwischen Menschen gelingen. – *Zum anderen* bestreitet die Diskursethik der
Wertethik, dass es Inhalte, Güter oder eben die Werte, gebe, die wie die
Ideen Platons an „überhimmlischem Ort" oder auch nur als „relativ Dauerhaftes" (Manfred Riedel) außerhalb der menschlichen Kommunikation
aufgesucht werden müssten, also dass man diese Werte – abgesehen vom

Diskurs – „intuitiv" erfassen könne und/oder, dass die Werte von außerhalb in den ethischen Diskurs hineinwirkten.

Die Diskursethik stellt sich entschlossen auf den Boden der Moderne, auf dem zwar auch die Verantwortungs- und die Wertethik zu finden sind, jedoch bejaht die Diskursethik den von Verantwortungs- und Wertethik gleicherweise abgelehnten Ansatz Kants. Die Diskursethik bringt den Gedanken zur Ausweitung der Ethik Kants vor, dass das individuelle ethische Subjekt durch eine Gemeinschaft von Diskutierenden und Reflektierenden, i. e. die kantische Subjektivität durch *Intersubjektivität,* ersetzt werden soll. Damit trägt sie der Entwicklung der modernen Demokratie Rechnung, die sie jedoch in ethicis nicht mit dem Prinzip der Mehrheitsentscheidung zur Geltung kommen lässt, sondern mit den Prinzipien des Dialogs und der gegenseitigen Überzeugung; dabei besteht die Diskursethik auf dem Ziel der Einstimmigkeit.

Der Name *Kant* wurde eben erwähnt. Alle bisher vorgestellten ethischen Systeme aus dem 20. Jahrhundert setzten sich aufs intensivste mit Kant auseinander, während aber Verantwortungsethik und Wertethik Kant überwinden wollen: die Verantwortungsethik, indem sie die Reflexion Kants nach innen (Gesinnung, Gewissen) durch die Reflexion nach außen (Verantwortung) ersetzt, die Wertethik, indem sie die Werte als Inhalte an die Stelle der Formalität des kategorischen Imperativs rückt, will die Diskursethik Kant bejahend aufgreifen und die kantische Argumentationsbasis verbreitern. Beide Repräsentanten der Diskursethik, die hier ausführlicher zu Wort kommen sollen, Karl-Otto *Apel* und Jürgen *Habermas,* vertreten eine praktisch-philosophische Theorie, die an die Transzendentalphilosophie Kants, und insbesondere an seine Moralphilosophie, anknüpft.

Jürgen Habermas

Jürgen Habermas (* 1929) sieht sich auf dem Boden der Ethik durch das Buch von Alasdair *MacIntyre* „After Virtue" (London 1981)[473] herausge-

---

473 Alasdair MacIntyre: After Virtue, 2. Aufl. Notre Dame/Indiana 1984; deutsch: „Der Verlust der Tugend", Frankfurt/New York 1987 und Darmstadt 1988

fordert. Dort trägt nämlich MacIntyre die These vor, „daß das Projekt der
Aufklärung, eine säkularisierte, von Annahmen der Metaphysik und der
Religion unabhängige Moral zu begründen, gescheitert sei"[474], dass also
Moral nicht aus der autonomen Vernunft begründet werden könne.

Habermas: „Dem widersprechen seit Kant jene kognitivistischen Ethiken, die in dem einen oder anderen Sinne an der ‚Wahrheitsfähigkeit' praktischer Fragen festhalten."[475] Habermas selber reiht sich sodann mit seiner
ethischen Theorie unter diese „kognitivistischen Ethiken" (solche, die mit
Hilfe von *Erkenntnis* ausgearbeitet werden) ein.

Ein erstes Problem, das Habermas für eine kognitivistische Ethik sieht
und diskutiert, ist Folgendes: Während die empirischen theoretischen Wis-
senschaften auf Daten der *Wahrnehmung* aufbauen – muss eine vernünftige
Ethik auf einer Verankerung in der Empirie verzichten?

Zur Beantwortung dieser Frage zieht Habermas eine Arbeit von Peter F.
Strawson heran:[476] „Strawson geht von einer Gefühlsreaktion aus, die wegen ihrer Aufdringlichkeit geeignet ist, auch dem Hartgesottensten sozusagen den Realitätsgehalt moralischer Erfahrungen zu demonstrieren: von der
Entrüstung, mit der wir auf Kränkungen reagieren."[477] Im Anschluss an
diese und andere Gefühlsreaktionen und nach längerer Diskussion kommt
Habermas zum Ergebnis: „Offenbar haben Gefühle eine ähnliche Bedeutung für die moralische Rechtfertigung von Handlungsweisen wie Wahr-
nehmungen für die theoretische Erklärung von Tatsachen."[478] – Damit
zeigt sich für Habermas zwar eine empirische Verankerung von moralisch
begründetem Verhalten, er will seine Ethik aber deswegen nicht auf Gefühlen aufbauen (wie das vor ihm David Hume getan hat). Ganz im
Gegenteil! Habermas will ethische *Einsichten* gewinnen und verwirft ent-

---

474 Zitiert mit den Worten von Jürgen HABERMAS, in: DERS.: Moralbewußtsein und kom-
    munikatives Handeln (dort im Aufsatz: „Diskursethik – Notizen zu einem Begrün-
    dungsprogramm"); ich zitiere nach der 4. Aufl., Frankfurt 1991, S. 53.
475 Ebd.
476 Peter F. STRAWSON: Freedom and resentment, and other essays, London 1974
477 J. HABERMAS: Moralbewußtsein und kommunikatives Handeln, 4. Aufl., Frankfurt
    1991, S. 55
478 A.a.O., S. 60

sprechend dem von ihm vertretenen ethischen Kognitivismus die nicht kognitivistischen Ansätze: „Sie erklären, daß der Sinn unseres moralischen Vokabulars in Wahrheit darin bestehe, etwas zu sagen, wofür Erlebnissätze, Imperative oder Absichtssätze die angemesseneren linguistischen Formen wären."[479] Zwar: Der Diskurs der Ethik ist nach Habermas auf Erfahrungen bezogen, er soll aber nicht bloß Erfahrungen artikulieren, sondern sich auf dem Boden rationaler Argumentation bewegen, denn: „Im Alltag verbinden wir mit normativen Aussagen Geltungsansprüche, die wir gegen Kritik zu verteidigen bereit sind."[480]

Genauso wenig wie auf Gefühle und Erfahrungen darf sich die Ethik nach Habermas aber auf eine kulturspezifische oder ethnozentrische Basis gründen, denn in diesem Falle würden nur die Angehörigen der jeweils besonderen Kultur Zugang zu ihrer spezifischen Ethik haben. Daher ist das fundamentale Anliegen von Habermas die UNIVERSALISIERUNG (Verallgemeinerungsfähigkeit) der Ethik. An diesem Punkte orientiert er sich an Kant und nimmt die Diskussion um den *kategorischen Imperativ* Kants auf,[481] den er folgendermaßen würdigt: „Der Kategorische Imperativ läßt sich als ein Prinzip verstehen, welches die Verallgemeinerungsfähigkeit von *Handlungsweisen* und *Maximen* bzw. der von ihnen berücksichtigten (also in Handlungsnormen verkörperten) *Interessen* fordert."[482]

„Verallgemeinerungsfähigkeit" wird bei Habermas (und Kant) allerdings wie selbstverständlich auf den Menschen bezogen und nicht auf die außermenschliche Natur, woraufhin Hans Jonas die Ethik erweitern wollte. Freilich, wir haben es bereits gesehen: Jonas ist diese Erweiterung kaum gelungen; und an wen anderen als an Menschen könnte sich ein kategorischer Imperativ auch wenden?

Habermas stellt einen UNIVERSALISIERUNGSGRUNDSATZ (U) der Ethik auf: „So muß jede gültige Norm der Bedingung genügen, – daß die

---

479 A.a.O., S. 64
480 A.a.O., S. 66
481 *Alle* kognitivistischen Ethiken knüpfen nämlich an jene Intuition an, die Kant im Kategorischen Imperativ ausgesprochen hat." (a.a.O., S. 73)
482 A.a.O., S. 73

Folgen und Nebenwirkungen, die sich jeweils aus ihrer *allgemeinen* Befolgung für die Befriedigung der Interessen eines *jeden* einzelnen (voraussicht-
lich) ergeben, von *allen* Betroffenen akzeptiert (und den Auswirkungen der
bekannten alternativen Regelungsmöglichkeiten vorgezogen) werden können."[483]

Bei Kant richtet sich die ethische Forderung – obzwar verallgemeine-
rungsfähig – an den Einzelnen („Handle so, dass …"). Kant rückte niemals
von dem individuell-subjektivistischen Grundsatz seiner Moraltheorie ab,
dass bloß der Einzelne in Reflexion auf sich selbst in Freiheit seine Pflicht
zu bestimmen habe. Auf diesem Grundsatz beruhend verfasste er 1779 sein
umfangreichstes ethisches Werk „Metaphysik der Sitten". Das individuell-
subjektivistische Prinzip ersetzt Habermas durch ein *intersubjektivistisches;*
er greift zustimmend eine Umformulierung des kategorischen Imperativs
von Kant durch Thomas McCarthy auf: „Statt allen anderen eine Maxime,
von der ich will, daß sie ein allgemeines Gesetz sei, als gültig vorzuschrei-
ben, muß ich meine Maxime zum Zweck der diskursiven Prüfung ihres
Universalitätsanspruchs allen anderen vorlegen. Das Gewicht verschiebt
sich von dem, was jeder (einzelne) ohne Widerspruch als allgemeines Gesetz wollen kann, auf das, was alle in Übereinstimmung als universelle
Norm anerkennen wollen."[484]

Habermas entwirft also eine intersubjektivistische Ethik. So schreibt er:
„Allerdings habe ich (U) eine Fassung gegeben, die eine monologische Anwendung dieses Grundsatzes ausschließt; er regelt nur Argumentationen,
zu denen jeweils alle Betroffenen als Teilnehmer zugelassen sind."[485] Offensichtlich deshalb hat Habermas seinem Universalisierungsgrundsatz auch
nicht die Form eines Imperativs, sondern die einer *Bedingung* gegeben. Unter einer solchen Bedingung können *Argumentationen* zum Zweck von Nor-
mensetzungen stattfinden: „Moralische Argumentationen dienen also der
konsensuellen Beilegung von Handlungskonflikten … Diese Art von Ein-

---

483 A.a.O., S. 75 f.
484 Thomas McCarthy: Kritik der Verständigungsverhältnisse, Frankfurt a. M. 1980,
S. 371, zitiert in Habermas: a.a.O., S. 77
485 A.a.O., S. 76

verständnis bringt einen *gemeinsamen Willen* zum Ausdruck."[486] Um Konsense zu erreichen genügen nicht mehr die individuellen Reflexionen der Einzelnen in und bei sich selbst (wie bei Kant), sondern: „Erforderlich ist vielmehr eine ‚reale' Argumentation, an der die Betroffenen kooperativ teilnehmen. Nur ein intersubjektiver Verständigungsprozeß kann zu einem Einverständnis führen, das reflexiver Natur ist."[487]

Aufbauend auf seinem Universalisierungsgrundsatz und dem Ziel intersubjektiver Verständigung schreibt Habermas schließlich die Formulierung seines DISKURSETHISCHEN GRUNDSATZES (D) nieder: „… kann *die Diskursethik selbst* auf den sparsamen Grundsatz (D) gebracht werden, daß nur die Normen Geltung beanspruchen dürfen, die die Zustimmung aller Betroffenen als Teilnehmer eines praktischen Diskurses finden (oder finden könnten)."[488]

In Betrachtung dieses Grundsatzes möchte ich mehrere Einwände gegen die Diskursethik bei Habermas vorbringen:

1. Diese Ethik ist – wie die kantische – *bloß formal.* – Habermas selber nennt seinen diskursethischen Grundsatz eine „Argumentationsregel" und schreibt dazu: „… sie ist nicht mit allen inhaltlichen Moral- und Rechtsprinzipien vereinbar, aber als Argumentationsregel präjudiziert sie keine inhaltlichen Regelungen."[489] Und kurz nachher: „Der diskursive Grundsatz nimmt auf eine *Prozedur*, nämlich die diskursive Einlösung von normativen Geltungsansprüchen Bezug; insofern läßt sich die Diskursethik mit Recht als *formal* kennzeichnen. Sie gibt keine inhaltlichen Orientierungen an, sondern ein Verfahren: den praktischen Diskurs."[490] Weil aber in der ethischen Grundfrage „Was soll ich tun?" auch immer eine inhaltliche Orientierung gesucht wird, muss man (sowohl gegen die kantische als auch) gegen die Habermas'sche Formalität Einspruch erheben. – Diese Ethik muss daher mehr oder weniger ungeduldig auf das Beibringen von Inhal-

486 A.a.O., S. 77
487 Ebd.
488 A.a.O., S. 103
489 A.a.O., S. 104
490 A.a.O., S. 113

ten warten. Habermas: „In seiner Offenheit ist der Diskurs gerade darauf
angewiesen, daß die kontingenten Inhalte in ihn ‚eingegeben' werden."[491]
2. Werden wirklich alle Betroffenen im ethischen Diskurs Gehör finden?
– Ich denke etwa an zukünftige Generationen, die bei Entscheidungen be-
züglich der Ökologie eben gar nicht mitreden können und denen die Sorge
der Verantwortungsethik von Hans Jonas gilt. Habermas meint, er habe die
Verantwortungsethik bereits mitberücksichtigt. Dies ist ernst zu nehmen,
obwohl Habermas an der Ökologie des Planeten Erde nicht so stark interessiert ist wie Hans Jonas.[492] In „Erläuterungen zur Diskursethik" nimmt
Habermas das ökologische Problem ausdrücklich in den Blick. Er räumt
ein: „Der anthropozentrische Zuschnitt scheint Theorien des Kantischen
Typs im Ansatz blind zu machen für die Fragen, die sich aus der moralischen Verantwortung des Menschen für seine nicht-menschliche Umwelt
ergeben."[493] Habermas geht deshalb auf die menschlichen Verpflichtungen
gegenüber Tieren ein, insbesondere auf die Verpflichtung, ihnen möglichst
wenig Schmerz und Leid zuzufügen. Aus der Beobachtung, dass Tiere als
Haustiere innerhalb des sozialen Lebens von Menschen einen Platz einnehmen, leitet Habermas eine *moralanaloge* Verantwortung für sie ab. Ebenso
wie die Ethik auf die Gefährdung menschlichen Lebens, so müsse sie auch
auf die Gefährdung des Lebens der Tiere reagieren. Hier scheint die oben
erwähnte ethische Bedeutung des Gefühls als Mitgefühl mit allen lebenden
Wesen zum Zug zu kommen: „Wie moralische Verpflichtungen überhaupt,
so hat auch unsere *moralanaloge* Verantwortung gegenüber Tieren ihren Bezug und ihren Grund in jenem, allen sozialen Interaktionen innewohnenden Gefährdungspotential."[494] – Habermas berücksichtigt dabei aber weder Hans Jonas' Buch „Das Prinzip Verantwortung" (erschienen 1979)

---

491 Ebd.
492 „Das Problem einer Verantwortungsethik, die die zeitlichen Dimensionen berücksichtigt, ist im Grundsätzlichen trivial, da sich der Diskursethik selbst die verantwortungsethischen Gesichtspunkte für eine zukunftsorientierte Beurteilung der Nebenfolgen kollektiven Handelns entnehmen lassen." (a.a.O., S. 116)
493 Jürgen HABERMAS: Erläuterungen zur Diskursethik (1991), 2. Aufl., Frankfurt a. M.
   1992, S. 219
494 A.a.O., S. 224

noch die schon seit längerem andauernde Diskussion um die Störungen im Ökosystem des Planeten Erde.

3. Die Bindung der Diskursethik an sprachliche Auseinandersetzungen (in die sie alle Beteiligten virtuell einschließt) bildet zwar ihre Stärke im Gesamtrahmen der Ethik, hat aber folgende Schwäche: Man kann – ja *darf* – beim Ergebnis des Diskurses nie sicher sein, ob die richtigen Normen gesetzt wurden, damit ein noch mögliches – vielleicht das entscheidende – Argument nicht etwa ausgeschlossen wird.

4. Weiters ist ein Einwand gegen die Zusatzformulierung am Habermas'schen „Grundsatz (D)" anzubringen: „Zustimmung ... finden (oder finden könnten)." – Wie es schon selten ist, dass bei offener Diskussion den Teilnehmern die Argumente ausgehen, da sie bei entsprechender Möglichkeit immer wieder neue Argumente produzieren und sich durch Gegenargumente anregen lassen, so bringt die Auflage, dass alle zustimmen können müssten, die ethische Pflicht der einzelnen Teilnehmer mit sich, nicht nur für ihre Interessen, sondern auch für die ihrer Mitdiskutanten alle notwendigen Argumente ins Spiel zu bringen. Die Diskursethik will eben von Haus aus nicht zu jener Abstimmungsmaschinerie vieler demokratischer Gremien werden, in der auch bei wenigen Argumenten und fadenscheinigen oder vorgetäuschten Gründen eine Normsetzung zustande kommt. Aber werden die Entscheidungen gemäß den Habermas'schen Direktiven dieser Tendenz entgehen? Habermas hat völlig zu Recht Scheinargumente wie „Ich habe H schließlich durch eine Lüge davon überzeugt, daß p" als paradox abgewiesen,[495] und „Nachdem wir A, B, C ... von der Diskussion ausgeschlossen hatten, konnten wir uns endlich davon überzeugen, daß N zu Recht besteht" als PERFORMATIVEN WIDERSPRUCH erkannt.[496] Da die

---

495 J. HABERMAS: Moralbewußtsein und kommunikatives Handeln, 4. Aufl., Frankfurt a. M. 1991, S.100

496 A.a.O., S. 101. – Sprachanalytisch unterscheidet man „propositionale" und „performative" Redeteile. „Propositionale" Redeteile sind Aussagen. „Performative" Redeteile sind Sätze wie: „Ich verspreche dir, morgen zu kommen." „Ich taufe dich auf den Namen XX." Performative Sätze sind also solche, „deren primäre Funktion nicht in der Beschreibung eines äußerlichen und unabhängigen Ereignisses besteht, sondern die konstitutiver und wirksamer Teil der Handlung sind, in die sie eingebettet sind" (John

Phrase „sich überzeugen, dass N zu Recht besteht" performativ einschließt, dass alle vorkommenden Argumente geprüft werden, ist es ein Widerspruch, Diskutanten von der Diskussion auszuschließen.

Überwältigungsmechanismen sind der Diskursethik also fremd. Aber werden die Diskursteilnehmer alle Argumente bis zur wirklichen gegenseitigen Überzeugung und allseitigen Übereinstimmung zu Ende diskutieren? Führt nicht die Unabschließbarkeit eines solchen Diskurses in die Versuchung, Zustimmung durch der Einsatz von Macht zu bewirken? Mit anderen Worten: Wie lässt sich eine gedanklich erarbeitete von einer machtvoll erpressten Zustimmung unterscheiden? Der Diskursethik kommt es ja zuhöchst eben auf *Zustimmung*, und das heißt durchaus im Sinne Habermas' auf die Normensetzung *aus den Interessen der Betroffenen* an.

Karl-Otto Apel

Karl-Otto Apel (* 1922) definiert: „Die Diskursethik ist von vornherein keine *Spezialethik für argumentative Diskurse*, sondern eine *Ethik der solidarischen Verantwortung derer, die argumentieren können, für alle diskursfähigen Probleme der Lebenswelt.*"[497]

In seinem Aufsatz „Das Apriori der Kommunikationsgemeinschaft und die Grundlagen der Ethik" (erstmals veröffentlich 1967) unterscheidet Apel innerhalb der Ethik einen Mikrobereich (Familie, Ehe, Nachbarschaft), Mesobereich (Ebene der nationalen Politik) und Makrobereich (Schicksal der Menschheit)[498] und konstatiert: „Zum ersten Mal in der menschlichen Gattungsgeschichte sind die Menschen praktisch vor die Aufgabe gestellt, die solidarische Verantwortung für die Auswirkungen ihrer Handlungen im planetarischen Maßstab zu übernehmen."[499]

LYONS: Die Sprache, München 1983, S. 163). Performative Sätze sind daher Sprach-Handlungen!

497 Karl-O. APEL: Diskurs und Verantwortung, 2. Aufl., Frankfurt a. M. 1992, S. 116

498 Karl-O. APEL: Transformationen der Philosophie, Bd. 2, 2. Aufl., Frankfurt a. M. 1981, S. 360

499 A.a.O., S. 361

Das in diesen beiden Zitaten vorkommende Wort „Verantwortung"
zeigt, dass Apel die Aktualität der „planetarischen" Fragen anerkennt; wir
sollten uns deshalb jedoch nicht dazu verleiten lassen, Apel unter die Verantwortungsethiker einzureihen. Er tippt wohl die Probleme, die Hans Jonas aufgerollt hat, an, geht aber nicht auf sie ein bzw. trägt nichts zu ihrer
Lösung bei, sondern ist ganz Diskursethiker.

Der Ansatz Apels ist dem von Habermas ähnlich. An zwei Punkten sind
jedoch Unterschiede zu sehen:

a) Apel nimmt keinen Bezug auf das Gefühl, das laut Habermas die Ethik
   in der Empirie verankern soll, wie das durch die Wahrnehmung für die
   theoretische Philosophie geschieht.

b) Apel liefert eine „Letztbegründung" der Diskursethik, die Habermas
   zwar (in Diskussion mit Apel) ebenfalls bedenkt, aber schließlich dann
   doch nicht mitvollzieht.[500] Deshalb muss ich diesen Gedankenkomplex
   der Diskursethik Apels referieren.

Die Letztbegründung der (Diskurs-)Ethik

Der Hauptgedanke Apels zielt auf eine Letztbegründung nicht nur der Diskursethik, sondern der Ethik überhaupt, bewegt sich also um das Problem,
ob das Unternehmen der Ethik ein Fundament bloß in der Willkür von uns
Menschen oder aber auch außerhalb von uns habe. Damit wird die Frage
von neuem interessant, ob die Ethik vielleicht nicht nur eine subjektive,
sondern auch eine substantiell-objektive Sache sei.

Apel stößt sich daran, dass Praxis in unserem Kulturkreis kaum mehr
moralisch/ethisch begründet wird: „Im allgemeinen kann man feststellen,
daß auf allen Sektoren des öffentlichen Lebens in der westlichen Industriegesellschaft die *moralischen* Begründungen der Praxis durch pragmatische
Argumente ersetzt werden, wie sie von ‚Experten' auf Grund objektivierba-

---

500 Jürgen HABERMAS: Erläuterungen zur Diskursethik, 2. Aufl., Frankfurt a. M. 1992, S.
    185–199

rer szientifisch-technologischer Regeln geliefert werden können."[501] Die
Experten berufen sich nämlich zumeist auf eine *wertfreie* Wissenschaft, sodass auch die in neuerer Zeit entstandene *Wertethik* keinen Einfluss auf die
solcherart wertfrei gestaltete öffentliche Praxis erlangen kann.[502] Dem tritt
Apel entgegen; er verwendet aber nicht die Argumente der Wertethik im
Einzelnen, sondern ist der Auffassung, mit seiner Arbeit an einer Letztbegründung der Ethik die Werthaftigkeit der Wertethik noch zu unterfangen.

Aus einer eingehenden Diskussion der ethischen Situation gewinnt er
entgegen der vorgeblichen Wert- und Ethik-Freiheit der Gegenwart die
„*These* ... daß schon die, nicht nur in jeder Wissenschaft, sondern in jeder
Problemerörterung vorausgesetzte *rationale Argumentation* die Geltung universaler ethischer Normen voraussetzt"[503].

Apel statuiert einen unauflöslichen Zusammenhang von Rationalität
und Ethik, der darin gründet, dass Argumentation nur in einer *Argumentationsgemeinschaft* möglich ist und jede Gemeinschaft ein Ethos einschließt:
„Lügen z. B. würde offenbar den Dialog der Argumentierenden unmöglich
machen; aber dasselbe gilt auch schon von der Verweigerung des kritischen
Verständnisses bzw. der Explikation und Rechtfertigung von Argumenten.
Kurz: In der Argumentationsgemeinschaft ist die wechselseitige Anerkennung aller Mitglieder als gleichberechtigter Diskussionspartner vorausgesetzt."[504]

Nun unterscheidet Apel (ähnlich wie Habermas) gemäß der Sprechakt-
Theorie der Sprachanalyse zwischen dem performativen und dem propo-
sitionalen Teil der menschlichen Rede.[505] Für die Ethik gewinnen die
performativen Äußerungen deshalb ein entscheidendes Gewicht, weil die
Kommunikation zwischen Menschen das Eigentümliche an sich hat, „daß
im Dialog der Argumentierenden nicht nur wertneutrale Aussagen über

---

501 Karl-O. APEL: Transformationen der Philosophie, Bd. 2, 2. Aufl., Frankfurt a. M. 1981,
S. 371
502 Ihrer liberal-demokratischen Version zufolge sollte der öffentliche Teil der Lebenspraxis
idealiter von wertfreier Rationalität geregelt werden ..." (a.a.O., S. 373)
503 A.a.O., S. 397
504 A.a.O., S. 400
505 Siehe oben, Anm. 496

Sachverhalte gemacht werden, sondern diese Aussagen zumindest implizit mit *kommunikativen Handlungen* verknüpft sind, – mit Handlungen, welche moralische Ansprüche an alle Mitglieder der Kommunikationsgemeinschaft stellen"[506].

Apel will zeigen, dass eine Kommunikationsgemeinschaft von Menschen stets sowohl *Logik* als auch *Ethik* impliziert, mit anderen Worten: dass Logik und Ethik nicht aus dieser Kommunikationsgemeinschaft abgeleitet werden können, sondern ihr vorausgesetzt werden müssen. Für die Logik sagt Apel das in Form folgender Frage: „Ist aber nicht gerade der Hinweis darauf, daß man die Logik in diesem Sinne nicht begründen kann, *da sie für alle Begründung immer schon vorausgesetzt wird*, der typische Ansatz einer ‚philosophischen Begründung‘ im Sinne *transzendentaler Reflexion* auf *die Bedingungen der Möglichkeit und Gültigkeit aller Argumentation?*"[507] – Dieses Begründetsein der Logik in ihrer Verwendung ergibt in Verbindung mit der Nicht-Hintergehbarkeit der menschlichen Kommunikationsgemeinschaft die Letztbegründung der Ethik.

Die Ethik betreffend haben wir bereits oben den Hinweis Apels gelesen, dass Lügen und die Verweigerung der Rechtfertigung von Argumenten die Kommunikationsgemeinschaft verhindern würde. – Positiv formuliert: Das Bestehen der Kommunikationsgemeinschaft selber schließt bereits ein, dass ihre Mitglieder logisch miteinander sprechen und ihre jeweiligen Argumente gegenseitig in aufrichtiger Weise akzeptieren bzw. kritisch prüfen und/oder rechtfertigen. Würden sie dies nicht tun, entstünde ein „performativer Widerspruch".

Logik und Ethik bedingen nach Apel einander. Dabei beruft er sich auf Kants Ableitung des Sittengesetzes aus der Vernunft: „Die Akzeptierung der moralischen Grundnorm der kritischen Kommunikationsgemeinschaft hat, sofern sie notwendigerweise vorausgesetzt werden muß, nicht den Charakter eines Humeschen ‚Faktums‘, sondern den Charakter des Kantischen ‚Faktums der Vernunft‘."[508] – Nun kann zwar, stellt sich Apel vor, durch-

506 K.-O. APEL: Transformationen der Philosophie, Bd. 2, a.a.O., S. 401
507 A.a.O., S. 406
508 A.a.O., S. 416 f.

aus jemand die moralische Grundnorm widerlegen wollen. „Allein: wer die m. E. durchaus sinnvolle Frage nach der Rechtfertigung des Moralprinzips stellt, der *nimmt* ja schon an der Diskussion *teil,* und man kann ihm … ‚einsichtig machen‘, was er ‚immer schon‘ als Grundprinzip akzeptiert hat und daß er dieses Prinzip als *Bedingung der Möglichkeit und Gültigkeit der Argumentation* durch willentliche Bekräftigung akzeptieren soll."[509] – Wer an der Kommunikationsgemeinschaft teilnimmt, hat immer schon ihr Grundprinzip „Diskussion ohne Lüge und ohne Unterdrückung der Mitglieder" akzeptiert – sonst würde er sich in einen „performativen Widerspruch" verwickeln. Wer dabei logisch argumentiert, bewegt sich aber innerhalb der (in sich begründeten) Logik. Die so in der Kommunikationsgemeinschaft praktizierte Logik liefert der Ethik ihre Letztbegründung.

Dass niemand aus der Kommunikationsgemeinschaft herausfällt, der deren Prinzipien befragen, ändern oder widerlegen will, ist deshalb einsichtig, weil er sich ja mit seinen Einsichten dieser Kommunikationsgemeinschaft mitteilt. Die Kommunikationsgemeinschaft ist so eine Gemeinschaft von menschlichen Subjek*ten,* und die Ethik Apels ist keine Ethik des Einzelsubjekts wie diejenige Kants, sondern eine *Ethik der Intersubjektivität* wie diejenige von Habermas.

So einsichtig es nun zu sein scheint, dass wir alle „immer schon" innerhalb der Logik und auf dem Boden einer ethisch bestimmten Kommunikation stehen, so wenig sind diese Einsichten allgemein bekannt, und daher stellt Apel der Diskursethik ZWEI „LANGFRISTIGE AUFGABEN": „erstens, die *Methode der moralischen Diskussion* (der praktischen ‚Beratung‘ überhaupt) zu entwickeln, und zweitens, diese Methode unter endlichen, politisch-juristischen Bedingungen wirksam zu institutionalisieren."[510]

An diesem Punkt konstatieren wir folgende *Eigenart bzw. Modernität der Diskursethik:* Sie will den ethischen Diskurs nicht auf Spezialisten der Philosophie, Theologie oder Soziologie beschränken, sondern ihn möglichst weit in die Masse der Betroffenen hineintragen; für das Gesamtgebiet der Ethik sind das letztlich alle Menschen, für einzelne (nationale oder katego-

---

509 A.a.O., S. 420 f.
510 A.a.O., S. 426

riale [z. B. Wirtschaft, Sport]) Bereiche muss man aber auch an besonders betroffene Gruppen denken. Weiters will die Diskursethik die ethischen Überlegungen aus der individuellen in die kollektive Subjektivität (Intersubjektivität) verlagern. Schließlich sieht sie ihre Aufgabe darin, ethische Auseinandersetzungen in aller Öffentlichkeit zu führen. Dies alles kommt mit Tendenzen zur Demokratisierung, Entstehung von Bürgerinitiativen und Diskussionsforen – mindestens in der westlichen Welt – überein.

Nun möchte ich noch die bisher referierten Gedanken der Diskursethik durch jene eines weiteren Aufsatzes von Karl-Otto Apel, betitelt „Die Konflikte unserer Zeit und das Erfordernis einer ethisch-politischen Grundorientierung", ergänzen, der etwas später als der oben referierte Aufsatz veröffentlicht wurde (nämlich 1975).

Dort schreibt Apel: „Ich glaube erstens zeigen zu können, daß *philosophische Letztbegründung* nicht mit formallogischer Deduktion gleichzusetzen ist, sondern eher mit der Reflexion auf die subjektiv-intersubjektiven Bedingungen der Möglichkeit intersubjektiv gültiger Argumentation und damit des sprachvermittelten Denkens überhaupt, und ich glaube zweitens zeigen zu können, daß zu den subjektiv-intersubjektiven Bedingungen der Möglichkeit aller Argumentation die Grundnormen einer intersubjektiv gültigen Ethik gehören."[511]

Gegen die Beschränkung der ethischen Reflexion auf das Individuum verweist Apel darauf, dass wir als sprachliche Wesen von vornherein von einer Kommunikationsgemeinschaft umgriffen sind: „Niemand kann auch nur mit sich selbst sich aufrichtig im Denken verständigen, der nicht schon im Prinzip alle Normen einer aufrichtigen Kommunikation unter Bedingungen wechselseitiger Anerkennung der Kommunikationspartner anerkannt hat."[512]

Freilich, die Diskursethik steht in der Gefahr, eine ideale Kommunikationsgemeinschaft vorauszusetzen, die es in der Wirklichkeit nicht gibt; darum formuliert Apel auch hier (analog einer der oben genannten „Aufgaben") die „Forderung", eine solche ideale Kommunikationsgemeinschaft

---

511 Karl-Otto Apel: Diskurs und Verantwortung, 2. Aufl., Frankfurt a. M. 1992, S. 35
512 A.a.O., S. 36

in die Realität überzuführen: „Es ergibt sich demnach als Implikation einer Ethik der idealen Kommunikationsgemeinschaft die Forderung einer inhaltlichen Vermittlung aller menschlichen Interessen als möglicher *Ansprüche* in einer herzustellenden Institution universaler, repressionsfreier Beratung."[513] – Diese Forderung muss nach Apel Teil der politischen Ethik sein, sie greift daher weit aus, ja – im Sinne der Universalisierung – auf die ganze Welt und will anscheinend die Weltpolitik durch eine Ethik der Weltpolitik beeinflussen: „Diese Institution, die eigentlich im Apriori der Kommunikation schon impliziert ist, wäre zugleich als Meta-Institution aller kontingenten, geschichtlich entstandenen Sozialinstitutionen anzusehen, d. h. als Legitimationsinstanz für alle faktischen Institutionen."[514]

---

513 A.a.O., S. 37
514 Ebd.

Kapitel 10

Situationsethik[515]

Eigentlich ist der systematische Rahmen der hier beabsichtigten Darstellung ethischer Ansätze mit dem Kapitel „Diskursethik" ausgefüllt. Die Diskursethik kann als Synthese aller ethischen Überlegungen vor ihr gelten.

In diesem Kapitel versuche ich nun aber noch, die ethische Theoriebildung vieler Jahrhunderte mit Hilfe einiger Gedankengänge aus der Existenzphilosophie und -theologie zum Begriffe der „ethischen Situation" zusammenzufassen. Die Situationsethik ist zwar weder als zeitlich letzte der hier vorgestellten Ethiken aufgetreten, noch stellt sie eine Über-Theorie des Ethischen dar; vielmehr ist sie das gerade Gegenteil: die Aufhebung jeder ethischen Theorie – oder mindestens der Versuch dazu, und das ist das Interessante an ihr.

Der Versuch der Aufhebung jeder ethischen Theorie orientiert sich an zwei radikalen Denkern, die selber kaum „Situationsethiker" genannt wer-

---

515 Franz Böckle: Art. „Existentialethik", in: LThK (= Lexikon f. Theologie und Kirche), 2. Aufl., Bd. III, 1301–1304 – Wilhelm Dantine: Die theologische Situation der „Situation", in: Zeitschrift f. evag. Ethik 1959, S. 233–240 – Richard Egenter: Art. „Situationsethik", in: LThK, 2. Aufl., Bd. IX, 803–806 – Carl A. Emge: Über die Problematik im Begriff der Situation, 1944 – Existentialist Ethics, ed. W. L. McBride, New York/London 1997 – Josef Fuchs: Situation und Entscheidung, Frankfurt a. M. 1952 – Dietrich v. Hildebrand: Situationsethik und kleinere Schriften, Stuttgart 1973 – Paul Lehmann: Ethik als Antwort, München 1966 – Knud E. Løgstrup: Die ethische Forderung, Tübingen 1959 – Ders.: Norm und Spontaneität, Tübingen 1989 – Gene Outka: Art. Situationsethik, in Theologische Realenzyklopädie, Bd. 31, S. 337–342 – Karl Rahner: Über die Frage einer formalen Existentialethik, in: ders.: Schriften zur Theologie II, Einsiedeln 1955, S. 227–246 – Peter Reifenberg: Situationsethik aus dem Glauben, St. Ottilien 1992 – John A. T. Robinson: Christliche Moral heute, München 1966 – Werner Schöllgen: Konkrete Ethik, Düsseldorf 1961 – The Situation Ethics Debate, ed. H. Cox, Philadelphia 1968 – Theodor Steinbüchel: Existentialismus und christliches Ethos, Heidelberg 1948 – Paul Tillich: Kairos und Utopie, in: Zeitschrift f. evang. Ethik 3 (1959), H. 6 – Mary Warnock: Existentialists Ethics, London 1969

den können, die aber Anlass zur Situationsethik gewesen sind: Søren Kierkegaard, der von einer „teleologischen Suspension des Ethischen" sprach
und die Ethik vom Glauben her relativieren und nebensächlich machen
wollte, und Jean-Paul Sartre, der die Diskussion um den unabdingbaren
– wenn auch stets umstrittenen – ethischen Begriff der Freiheit in der Weise
an ein Ende brachte, dass er von der „Verurteilung zur Freiheit" sprach.
(Über beide Philosophen Genaueres weiter unten!)

Die Situationsethik könnte man eine *ethische Suspension des Ethischen* nennen: Alle allgemeinen Überlegungen zu Gesetzen, Normen, Tugenden,
Pflichten etc. verschwinden hinter der Aufgabe, in einer gegebenen Situation
richtig zu handeln. In der ethischen Situation wird alles Ethische suspendiert.
Wird in Aufhebung der Ethik oder im Sinne der Ethik suspendiert?

Die Situationsethik kann zeigen, dass eine Suspension des Ethischen als
Theoriebildung notwendig ist: Jede Ethik steht am Übergang von der
Theorie zur Praxis. Ethische Theorie ist nutzlos, wenn sie nicht in die Praxis
umgesetzt wird. Das meint auch das Sprichwort: „Es gibt nichts Gutes,
außer man tut es." Im Tun des Guten ist jede Theorie vom Guten überflüssig. Freilich: Vor, nach und beim Tun des Guten muss die Theorie (wenn
auch in einfachster Form) gegenwärtig sein, sonst wüsste man nicht, dass
das Tun des Guten eben das Tun des *Guten* ist. Die Situationsethik hat
ihren Platz im Punkt des Übergangs von der Theorie zur Praxis des Handelns. – Aber hat das nicht jede Ethik? Kann man irgendeiner ethischen
Theorie den Praxisbezug absprechen, für den sie doch ausgearbeitet wird?

Die Situationsethik kann also bestenfalls für sich in Anspruch nehmen,
lang ausholende Argumentationen auf das Notwendigste zu reduzieren. Damit läuft sie auf einen ethischen Minimalismus hinaus, sprich: sie verkürzt
unbestimmt viele theoretische Überlegungen auf die ganz einfache Argumentation: Was ist hier und jetzt zu tun notwendig? Dabei ist ihre Stärke: Sie
regt aufs intensivste zu Reflexion und Argumentation an und macht das Argumentieren leicht, indem sie die Handelnden auf die je andere und neue Situation hinweist, in der sie stehen und die ihr überlegtes Handeln erfordert.
Auf eine solche Situation des Handelns kann zwar mit den Mitteln aller bisher vorgestellten ethischen Ansätze reflektiert werden, aber *erstens* gleicht
keine Situation genau der anderen und *zweitens* müssen wir in allen Situatio-

nen notwendigerweise unser Tun selbständig bedenken und unser Handeln argumentativ verantworten. Wenn wir uns dabei auf ein ethisches System oder eine ethisch vorbildlich reflektierende Person berufen, kann dies akzeptiert werden, sofern wir selber wissen, was wir zu tun beabsichtigen. In diesem Fall müssten wir jedoch auf Befragen die Motive unseres Handelns darlegen können. Eine Berufung auf andere kann nämlich zu einem Faulbett der Nicht-Ethik werden, und insofern Ethik stets Reflexion auf Verhaltensweisen und Handlungen ist, muss sie zuallererst aus der Trägheit des bloßen Repetierens und Nachmachens herausreißen. Was ist dazu mehr geeignet als das Aufmerksamwerden auf das je Andere der Situation, in der wir handeln? Mit „Situation" muss nicht nur meine engste Umgebung gemeint sein. Große weltgeschichtliche Situationen wie der Wegfall der kommunistischen Ideologie in Russland und Osteuropa seit 1989 oder die Globalisierung der Wirtschaft sind zweifellos für unzählige Handlungen im politischen, ökonomischen und privaten Bereich genauestens zu bedenken.

Auch die ethische Theorie selber schafft neue Situationen, wie z. B. der Universalisierungsgrundsatz der Diskursethik von Habermas (ich wiederhole zur Erinnerung: „Jede gültige Norm ,muss' der Bedingung genügen, – daß die Folgen und Nebenwirkungen, die sich jeweils aus ihrer *allgemeinen* Befolgung für die Befriedigung der Interessen eines *jeden* einzelnen [voraussichtlich] ergeben, von *allen* Betroffenen akzeptiert [und den Auswirkungen der bekannten alternativen Regelungsmöglichkeiten vorgezogen] werden können"[516]), gemäß dem viel mehr Betroffene – und diese viel öfter – zu Entscheidungen herangezogen werden müssen/müssten als bisher. Die Entscheidungssituationen in einer aufgeklärten, informierten und demokratischen Gesellschaft sehen grundsätzlich anders aus als in unaufgeklärten, uninformierten und undemokratischen.

Die Situationsethik reduziert, wie gesagt, einerseits viele ethische Fragestellung, aber andererseits – nämlich gerade deshalb – und entgegen ihrer eigenen Intention greift sie ins Allgemeine aus: Eine bestimmte, zwar

---

516 Jürgen HABERMAS: Moralbewußtsein und kommunikatives Handeln (dort im Aufsatz: „Diskursethik – Notizen zu einem Begründungsprogramm"); ich zitiere nach der 4. Aufl., Frankfurt 1991, S. 75 f.

mit früheren Situationen vergleichbare, aber in ihrer Unmittelbarkeit neue, Situation fordert das handelnde Subjekt zur Lösung einer Aufgabe bzw. Übernahme einer Verantwortung heraus. Aber das ist auch abgesehen von der Situationsethik so.

Und – diese peinliche Frage kann man stellen: Ist die Situationsethik überhaupt eine Ethik? Verhindern nicht ihre Verweise auf das „Je und je" der Situation, auf die existentielle Erfahrung, kurz: auf die Unmittelbarkeit der ethischen Praxis, jede Art von Theorie oder System, ja von Reflexion, die die Ethik doch zu sein hat? Ich werde zu zeigen versuchen, dass die Situationsethik ohne ein Minimum an Theorie (manchmal gegen ihre eigene Intention) nicht auskommt, dass in dieser Minimalisierung aber ihre Bedeutung liegt. Wir werden soz. in unseren situationsgebundenen Überlegungen in jedem Moment des Reflektierens auf die Basis der Ethik zurückgeholt. Oder – so könnte man auch sagen: Wir steigen von der Diskursethik als „Meta-Institution aller kontingenten, geschichtlich entstandenen Sozialinstitutionen" (Karl-Otto Apel) herunter in die Niederungen zu den eingeschränkten existentiellen Anforderungen der Situationsethik.

Alle bisher vorgestellten ethischen Ansätze spiegeln sich in der Situationsethik: Die Positivität von Gesetzes-, Berufs- und Verantwortungsethik spiegelt sich in der Situationsethik darin, dass Subjekt und Situation gemeinsam einen festen Grund für das Reflektieren legen, auf dem die ethischen Probleme allererst entfaltet werden können. Allerdings muss der Situationsethiker das fordernde Gesetz, den ergehenden Be-Ruf, die zu übernehmende Verantwortung erst aus der Situation erkennen. Denken wir an das Beispiel des barmherzigen Samariters (den R. Bultmann in seinen ethischen Überlegungen heranzog): Er hat, im Gegensatz zu jenen, die den Ruf zur Nächstenliebe nicht hörten, die Notwendigkeiten erkannt … – Güter-, Nützlichkeits- und Wertethik spiegeln sich innerhalb des situationsethischen Denkens in der Weise, dass ein durch das Handeln angestrebtes Wohl dieses Handeln motiviert: Im Ruf zur Nächstenliebe orientiert sich der barmherzige Samariter an der Heilung dessen, der unter die Räuber gefallen ist, an der Nützlichkeit der Heilung des Verletzten und an dem vom Gewissen erkannten Wert dieser Heilung. – Motive der Tugend-, Pflichten- und Diskursethik, ethische Theorien, die Forderung und angestrebtes Gut vereinigen, können ebenfalls in der Situationsethik wiedererkannt werden. Allerdings: Wenn sich das situationsethische Überlegen und Handeln des barmherzigen Samariters etwa auch als tugendhaft und pflichtgemäß verstehen lässt – als öffentlichen Diskurs im Sinne von Apel und Habermas kann man es natürlich nicht ausgeben, bestenfalls als „Universalisierung", wenn wir nämlich berücksichtigen, dass Jesus das Gleichnis als Antwort auf die Frage „Wer ist denn mein Nächster?" (Luk. 10, 29) erzählt …

Der situationsethische Ansatz ist ebenso wie der verantwortungsethische, der wertethische und der diskursethische erst in der späten Moderne entstanden. Zwar lässt sich (wie auch bei anderen modernen Ansätzen) im Nachhinein sagen, dass es Situationsethik immer schon gegeben haben muss, da jede Ethik von Situationen ausgeht und auf Situationen bezogen ist, um daran zu reflektieren und Handlungsanweisungen zu finden. Gäbe es keine – vor allem *neue* – Situationen, würden Gesetze, Tugenden, Pflichten in ewig gleicher Weise gelten, was aber nicht der Fall ist.

Die „Suspension des Ethischen" (Søren Kierkegaard)[517]

Der dänische Theologe und Philosoph Søren Kierkegaard (1813–1855) gilt als Begründer der Existenzphilosophie[518], einer philosophischen Richtung, die im 20. Jahrhundert zu großer Wirkung gelangen sollte.

---

517 André CLAIR: Kierkegaard, existence et éthique, Paris 1997 – Ingolf U. DALFERTH: Ethik der Liebe. Studien zu Kierkegaards „Taten der Liebe", Tübingen 2002 – John J. DONNELLY: Soren Kierkegaard's „Teleological Suspension of the Ethical. A reinterpretation, Ann Arbor, Mich., 1970 – Helmut FAHRENBACH: Kierkegaards existenzdialektische Ethik, Frankfurt a. M. 1968 – Wilfried GREVE: Kierkegaard mäeutische Ethik, Frankfurt a. M. 1990 – Friedrich HAUSCHILDT: Die Ethik Søren Kierkegaards, Gütersloh 1982 – André LEVERKÜHN: Das Ethische und das Ästhetische als Kategorien des Handelns. Selbstwerdung bei Søren Aabye Kierkegaard, Frankfurt a. M. 2000 – Anthony RUDD: Kierkegaard and the limits of the ethical, Oxford 1997 – David M. WISDO: Inwardness and the moral liefe. An interpretation of Søren Kierkegaard, Ann Arbor, Mich., 1987

518 Sieht man von einer ersten Gestalt der Existenzphilosophie bei Friedrich W. J. Schelling ab, bei dem Kierkegaard Vorlesungen gehört hat.

Die Ethik betreffend stellt er in seinem Werk „Furcht und Zittern"[519]
ganz radikale Überlegungen an. Er geht aus von einer Untersuchung jener
Erzählung im Buche Genesis, Kap. 22, in der sich Abraham anschickt, auf
Befehl Gottes seinen Sohn Isaak zu opfern. Eine furchtbare, paradoxe und
absurde Situation! Sie spottet jeder ethischen Beurteilung, weil sie nicht ver-
allgemeinert werden kann, sondern einzigartig ist. (Das Wort „Situation"
verwendet Kierkegaard übrigens nicht. Die Einzigartigkeit des Geschehens
begreift er vielmehr unter dem Terminus „Augenblick".[520]) Kierkegaard:
„Das Ethische ist als solches das Allgemeine, und als das Allgemeine das,
was für jedermann gültig ist, und das läßt sich anderseits so ausdrücken:
daß es in jedem Augenblick gültig ist. Es ruht immanent in sich, hat nichts
außer sich, was sein Telos (Zweck, Ziel) wäre, sondern ist selbst Telos für alles, was es außer sich hat ..."[521] Gibt es nun aber nicht Handlungsziele, die
keineswegs allgemein vorgegeben, nicht „für jedermann gültig" sind?

Das Handlungsziel einer Opferung des eigenen Sohnes muss von jedwe-
dem ethischen Standpunkt her abgelehnt werden: „Abrahams Verhältnis zu
Isaak ist ethisch ausgedrückt ganz schlicht dies, daß ein Vater seinen Sohn
höher als sich selbst lieben soll."[522] Kierkegaard fragt sich nun, ob nicht zur
Verwirklichung bestimmter Handlungsziele das Ethische „suspendiert" werden müsse („Gibt es eine teleologische Suspension des Ethischen?")[523], und
erkennt einen solchen Fall im Vorhaben Abrahams: „Mit Abraham verhält
es sich anders. Er hat mit seiner Tat das gesamte Ethische überschritten, er
hatte ein höheres Verhältnis außerhalb, und im Verhältnis dazu suspendierte
er das Ethische."[524]

Kierkegaard vertritt die Meinung, dass die Absicht Abrahams, seinen
Sohn zu opfern (an der er schlussendlich von Gott gehindert wurde) inner-

---

519 Dänischer Titel: Frygt og Baeven (Kopenhagen 1843). – Ich zitiere nach Søren KIERKE-
    GAARD: Ges. Werke, 4. Abt.: Furcht und Zittern, übers. v. E. Hirsch, Düsseldorf/Köln
    1962
520 A.a.O., S. 57, 63, 136–137 u. ö.
521 A.a.O., S. 57
522 A.a.O., S. 61
523 A.a.O., S. 57–73
524 A.a.O., S. 63

halb der Ethik nicht zu vermitteln ist: „Doch ich kehre zu Abraham zurück. In der Zeit, ehe der Ausgang da war, ist entweder Abraham in jeder Minute ein Mörder gewesen, oder wir stehen vor einem Paradox, das höher ist denn alle Vermittlungen."[525] – Wir wissen, dass Abraham nicht zum Mörder wurde, also nicht unter die Kategorie der ethisch zu Verurteilenden fällt, aber auch nicht mehr unter die Kategorie der liebenden Väter. Kierkegaard nennt ihn einen „Einzelnen" und schreibt: „Er ist als einzelner höher geworden denn das Allgemeine."[526]

Freilich, „der Einzelne" ist nun wieder eine allgemeine Bestimmung; alle sind wir Einzelne. Kierkegaard selber führt über das Beispiel Abrahams hinaus: „Wenn aber nun das Ethische dergestalt suspendiert ist, auf welche Weise existiert dann der einzelne, in dem es suspendiert ist? Er existiert als der einzelne im Widerspruch zu dem Allgemeinen."[527]

An die Begriffe „Existenz" und „Einzelner" konnten die Situationsethiker anknüpfen, um entgegen Kierkegaards Intention nun doch wieder – wenn schon nicht ein „System", so doch – einen eigenen ethischen Ansatz zu formulieren. Sie gehen dabei mit der nach Kierkegaard entstandenen Existenzphilosophie konform, die genau das zum allgemeinen Thema erhebt: die Existenz des je in seiner unverwechselbaren Lebenssituation da seienden Einzelnen.

Was heißt „Situation"? (Jean-Paul Sartre)[528]

Der Philosoph und Schriftsteller Jean-Paul Sartre (1905–1980) hat das Wesen von Situation minutiös analysiert, und zwar in seinem ersten Haupt-

---

525 A.a.O., S. 72
526 Ebd.
527 A.a.O., S. 66
528 Jean-P. SARTRE: L'être et le néant, Paris 1943 – DERS.: L'existentialisme est un humanisme, Paris 1946 – Thomas C. ANDERSON: Sartre's two ethics, La Salle, Ill., 1993 – David DETMER: Freedom as a value. A critique of the ethical theory of Jean-Paul Sartre, La Salle, Ill., 1988 – Célestin GAHAMANYI: La conception de la liberté chez Jean-Paul Sartre et maurice Merleau-Ponty, Fribourg, Schweiz, 1967 – Ingtraud GÖRLAND: Die kon-

werk „L'être et le néant" („Das Sein und das Nichts"), 1943.[529] Dieses Buch
ist eines der Hauptwerke der Existenzphilosophie. Der zweite und dritte
Teil von „L'être et le néant"[530] können als Grundlegung der Ethik gelesen
werden, der vierte Teil als erster Schritt zur ihrer Konkretisierung. Hier
kommt es mir auf die Analyse von „Situation" im Kontext ethischer Überlegungen an, nicht darauf, ob Sartre „existentialistischer Ethiker" oder „Situationsethiker" war. Wenn überhaupt, so darf ich Sartre nur zur Zeit von
„L'être et le néant" für die existentialistische bzw. Situationsethik in Anspruch nehmen. Der spätere Sartre zeigte eine Präferenz für die marxistische
Gesellschaftstheorie.

Zur Analyse des Begriffes „Situation": Sartre definiert: «Nous appel-
lerons *situation* la contingence de la liberté dans le *plenum* d'être du monde
… »[531] Eines der Hauptthemen bzw. -probleme der neuzeitlichen Ethik, das

---

krete Freiheit des Individuums bei Hegel und Sartre, Frankfurt a.M. 1978 – Jürgen Hen-
gelbrock: Jean-Paul Sartre. Freiheit als Notwendigkeit, Freiburg i. Br. 1989 – Walter
Lesch: Imagination und Moral, Würzburg 1989 – Gabriel Marcel: L'existence et la liberté chez Jean-Paul Sartre, Paris 1981 – Roger Mehl: Das ethische Problem in der französischen Existenzphilosophie, in: Kerygma und Dogma 1 (1955), S. 142–160 – István
Mészáros: The work of Sartre. Search for freedom, Aldershot 1994 – Dieter Mettler:
Sartres Baudelaire. Zum Verhältnis von Kunst und existentialistischer Ethik, Tübingen
1990 – Dorando J. Michelini: Der Andere in der Dialektik der Freiheit, Frankfurt a.
M. 1981 – Tatjana Schönwälder-Kuntze: Authentische Freiheit. Zur Begründung ei-
ner Ethik nach Sartre, Frankfurt a. M. 2001 – Justus Streller: Zur Freiheit verurteilt.
Ein Grundriß der Philosophie Jean-Paul Sartres, Hamburg 1952 – Mohamed Turki:
Freiheit und Befreiung, Bochum 1986

529 Jean-P. Sartre: L'être et le néant, Paris 1943 (Ich zitiere den Nachdruck dieser Ausgabe,
Paris 1987) – Dieses Werk ist eine Ontologie aus phänomenologisch-existenzphiloso-
phischer Sicht. Es umfasst vier Teile: Der 1. Teil (le problème du néant) behandelt das
Problem des Nichts, der 2. Teil (l'être-pour soi = das Für-sich-Sein), unter welchem Begriff schon bald ausschließlich vom Sein des Menschen die Rede ist, der 3. Teil (le pour-
autrui = das Sein für andere), und der 4. Teil (avoir, faire et être) behandelt die Themen
des Habens, des Tuns und des Seins. Die zu referierende Analyse von „Situation" findet
sich in diesem 4. Teil.

530 Siehe die vorige Anmerkung.

531 A.a.O., S. 544 („Wir werden *Situation* die Kontingenz der Freiheit im *Plenum* des Seins
der Welt nennen …")

der Freiheit, ist hier angesichts der Existenz des Menschen (und Existieren heißt, in einer bestimmten „Situation" zu sein) zur Diskussion gestellt. Sartre formuliert dieses Problem als „Kontingenz[532] der Freiheit". Ist nämlich die Freiheit kontingent, also nicht notwendig, dann ist sie möglich und kann wirklich werden. Sartres Diskussion der Freiheit wird weiter unten eine neue und unerwartete Wendung nehmen.

Die Thematik der Freiheit hat uns direkt oder indirekt durch alle ethischen Systeme hindurch begleitet: Sosehr die Gesetzesethik von Imperativen, sprich: vom Zwang dieser Imperative beherrscht wird, unterscheidet sie sich vom Zwang der Naturnotwendigkeit dadurch, dass ihre Adressaten sich in Freiheit an ihre Vorschriften halten. Die Möglichkeit (und damit Freiheit!), nach Imperativen zu handeln, wird vorausgesetzt; die Freiheit ist in der Gesetzesethik versteckt. Gebote werden gegeben, weil das Gegenteil des Gebotenen praktiziert wird, die Adressaten der Gesetzesethik aber davon abgebracht werden sollen. Abwenden können sie sich nur freiwillig, indem sie die Lehre des Gesetzes annehmen. – Auch in der Berufsethik ist die Thematik der Freiheit versteckt: So überwältigend eine Berufung und so erfreulich ein Beruf sein mögen, sie sind, was sie sind, einerseits durch die (in Freiheit geschehende) Zustimmung zu Berufung und Beruf, andererseits aber durch die gerade im neuen Tätigkeitsfeld eröffnete Freiheit. Auch Luther, der 1525 bekanntlich „De servo arbitrio" („Vom versklavten Willen") schrieb, kennt keine Ethik ohne Freiheit; ja nach seiner Theologie wird durch Evangelium und Rechtfertigung gerade die große „Freiheit der Kinder Gottes" eröffnet, Mitarbeiter Gottes zu werden. – Was die Verantwortungsethik betrifft, so liegt die Freiheit dort in der *Übernahme* der Verantwortung bzw. steht dahinter. Die Motive können Machtgier, Suche nach Anerkennung, Eintreten für die Mitmenschen etc. sein. Welches Motiv auch jemand zu dieser Übernahme haben möge, die Übernahme ist freiwillig.

In Güter-, Nützlichkeits- und Wertethik ist Freiheit nicht verborgen, sondern offensichtlich, denn Güter, Nützlichkeit und Werte streben wir alle freiwillig und von selber an. Ja sogar die Vernichtung von Gütern ist auf

---

532 Der philosophische Begriff „Kontingenz" (von lat. „contingit": es trifft ein) bedeutet das Gegenteil von Notwendigkeit.

Freiheit und ein (pervertiertes) Gut bezogen: Der Vernichtende will jemanden anderen schädigen, sich an ihm rächen, an ihm „sein Mütchen kühlen"
und dadurch über ihn triumphieren.

In Tugend-, Pflichten- und Diskursethik geht die verborgene mit der of-
fensichtlichen Freiheit eine eigenartige Synthese ein. Dies wird besonders
an der Kantischen Pflichtenethik sichtbar: Hier ist die Freiheit gleichsam
jene Tugend, die sich um der Menschheit willen selbst beschränkt, sich Gesetze gibt, die aber für alle gelten, allen dient und unter Einbeziehung der
anderen das gemeinsame Gut herausarbeitet (an der letztgenannten Aufgabe arbeitet die Diskursethik weiter).

Zurück zu J.-P. Sartre und zu seiner Auffassung von Freiheit! Für Sartre
ist Freiheit zuerst einmal grenzenlos, denn sie ist „dans le *plenum* d'être du
monde"; sie wird aber begrenzt und konkret in der Situation.

Sartre diskutiert dies anhand eines Beispiels: «Me voilà au pied de ce rocher qui m'apparaît comme ‹ non escaladable ›. Cela signifie que le rocher
m'apparaît à la lumière d'une escalade projetée – projet secondaire qui
trouve son sens à partir d'un projet initial qui est mon être-dans-le-
monde.»[533] Die Freiheit, aber auch ihre Bestimmung und Beschränkung
manifestiert sich im Projektieren; am wenigsten beschränkt ist sie, wenn der
Mensch bereits sein Sein-in-der-Welt, seine Existenz, als Projekt auffasst …

Hiermit sind wir – wenn Sartre das hier auch nicht sagt – zugleich mit
der Thematik der Freiheit bei einem weiteren grundlegenden Thema der
Ethik: Ist Ethik nämlich (wie schon bisher zur Genüge betont) Reflexion
auf unser Verhalten, dann erkennen wir eine solche auf Verwirklichung bezogene Reflexion in Sartres Begriff *projet* (Projekt, Entwurf), sofern unser
Verhalten auf Handeln in Freiheit und nicht bloß auf Repetition üblicher
Tätigkeiten abzielt: Entwerfe ich nämlich eine Handlung (z. B. die Ersteigung des Felsens), dann bedenke ich, ob und wie ich sie ausführen kann.
Ja, sagt Sartre (wobei vorausgesetzt ist, dass wir Menschen Wesen mit Be-

---

533 A.a.O., S. 544 f. („Ich befinde mich am Fuße dieses Felsens da, der mir ‚nicht ersteig-
bar' erscheint. Das bedeutet, dass mir der Felsen im Lichte einer projektierten Ersteigung
erscheint – ein sekundäres Projekt, das seinen Sinn ausgehend von einem ursprünglichen
Projekt erhält, das mein Sein-in-der-Welt ist.")

wusstsein sind), unser ganzes Sein-in-der-Welt, unsere Existenz, ist bereits ein *projet initial:* Wir können gar nicht anders, als uns in freier Tätigkeit in die Welt hinein entwerfen, wobei im Wort „Pro-jekt" das Planen für eine (unmittelbare oder fernere) Zukunft besser zur Geltung kommt als im Wort „Entwurf".

„Die Situation" eines jeden Menschen, der seine Existenz lebt, hat im Vergleich mit anderen Seinsarten (z. B. der des Felsens) den Vorzug, dass der Mensch die anderen Seinsformen in seine „projektierende" Seinsform einbeziehen kann, was umgekehrt nicht möglich ist. Aber die anderen Seinsformen (z. B. die des Felsens) können dem menschlichen Projekt immerhin Widerstand leisten: «Toutefois le rocher ne peut manifester sa résistance à l'escalade que s'il est intégré par la liberté dans une ‹ situation › dont le thème général est l'escalade.»[534] – Die Begrenztheit der Situation durch Gegen-Stände hebt also die Freiheit nicht auf,[535] sondern bestimmt sie, macht sie wirklich. Zugleich beweist das Projektieren, dass nicht der Gegenstand, sondern nur der Mensch Freiheit besitzt.

Außer irgendeiner Situation (aber Menschen sind gar nicht vorstellbar außerhalb von Situationen!) wäre die Freiheit zwar unendlich, aber unbestimmt und daher nicht vorhanden. Die projektierende Freiheit hätte soz. nichts vor sich, um sich darin und daran zu betätigen. Also ist die Freiheit nur in Situationen und auf Grund von Situationen wirklich. Die situative Bestimmung der Freiheit führt Sartre in mehreren zusätzlichen Überlegungen weiter:

A) Ma place (mein Ort): Dies ist deshalb die als erste anzuführende Bedeutung von Situation, da schon das lateinische Grundwort von Situation „situs" (Lage, Stellung) auf etwas Örtliches verweist. Demgemäß spricht Sartre der Reihe nach vom Wohnort, Land, Boden und seinen Gegeben-

---

534 A.a.O., S. 545 („Gleichwohl kann der Felsen seinen Widerstand gegen die Ersteigung nicht manifestieren, es sei denn, er ist durch die Freiheit in eine ‚Situation' integriert, deren Thema ‚Ersteigung' lautet.")

535 Als allgemeiner Satz: «L'homme ne rencontre d'obstacle que dans le champs de sa liberté … » (a.a.O., S. 545) [„Einem Hindernis begegnet der Mensch nur auf dem Felde seiner Freiheit …"]

heiten sowie vom unmittelbaren Platz, an dem ich mich aufhalte (Tisch, Fenster, draußen die Straße …).[536]

Dass ich irgendwo meinen Platz gefunden habe, ist letztlich darauf zurückzuführen, dass ich geboren wurde: «Ainsi naître c'est, entre autres caractéristiques, *prendre sa place* ou plutôt, d'après ce que nous venons de dire, la *recevoir*.»[537] – Hier greift der Existenzphilosoph, wenn auch indirekt, die Güter- und Wertethik auf: Leben ist das erste Gut. Ohne geboren zu sein und seinen Platz in der Welt zu haben, kann man keine anderen Güter genießen. Auch für die Wertethik ist, wie dargestellt, das Leben der grundlegende Wert.

Wenn nun auch die Situation des Menschen durch die Gegebenheit seines Ortes in der Welt als bloß passiv erscheinen mag, an derselben Gegebenheit macht Sartre ein aktives Moment sichtbar: «En fait, si nous voulons poser la question comme il faut, il convient de partir de cette antinomie: la réalité humaine reçoit originellement sa place au milieu des choses – la réalité humaine est ce par quoi quelque chose comme une place vient aux choses. Sans réalité humaine, *il n'y aurait* ni espace ni place – et pourtant cette réalité humaine par qui l'emplacement vient aux choses vient recevoir sa place parmi les choses, sans en être aucunement maîtresse.»[538]

B) Mon passé (meine Vergangenheit): Vergleichbar mit der räumlichen Festlegung und zugleich Nichtfestlegung der Situation ist die Situation im Ablauf der Zeit determiniert und nichtdeterminiert. Ich bewege mich zwar von meiner Vergangenheit weg, aber: «Toute action destinée à m'arracher à mon passé doit d'abord être conçue à partir de *ce passé-là*, c'est-à-dire doit

---

536 A.a.O., S. 546

537 A.a.O., S. 547 („So bedeutet geboren werden, unter anderen Charakteristika, *seinen Platz einnehmen* oder eher, entsprechend unseren vorigen Ausführungen, ihn *erhalten.*“)

538 A.a.O., S. 547 („In der Tat, wollen wir die Frage adäquat stellen, muss man von folgender Antinomie ausgehen: Die menschliche Wirklichkeit empfängt anfänglich ihren Ort inmitten der Dinge – die menschliche Wirklichkeit ist dasjenige, wodurch den Dingen so etwas wie ein Ort zuteil wird. Ohne menschliche Wirklichkeit *würde es weder Raum noch Ort geben* – und trotzdem hat gerade diese menschliche Wirklichkeit, durch die den Dingen die Verortung zuteil wird, ihren Ort unter den Dingen erhalten, ohne im Geringsten sich ihrer zu bemächtigen.“)

avant tout reconnaître qu'elle naît à partir de ce passé singulier qu'elle veut détruire. »[539]

Von daher wird die Reflexion über die Vergangenheit für Sartre zum Entwurf der Zukunft. Denn in unseren Handlungen lassen wir nicht nur so im Allgemeinen unsere Vergangenheit hinter uns, sondern im Hinblick auf einen bestimmten in Zukunft zu erreichenden Zweck: « Mais si la liberté est choix d'une fin en fonction du passé, réciproquement le passé n'est ce qu'il est que par rapport à la fin choisie. »[540] Meine Vergangenheit kann dann so oder anders gelesen werden. Ein Beispiel: « Qui décidera si le séjour en prison que j'ai fait, après un vol, a été fructueux ou déplorable? Moi, selon que je renonce à voler ou que je m'endurcis. »[541] Allgemein formuliert: « Ainsi tout mon passé est là, pressant, urgent, imperieux, mais je choisis son sens et les ordres qu'il me donne par le projet même de ma fin. »[542]

Es gelingt Sartre, die Ausgangssituation des Bestimmtseins durch die eigene Vergangenheit geradezu umzudrehen: « C'est que la seule force du passé lui vient du futur: de quelque manière que je vive ou que j'apprécie mon passé, je ne puis le faire qu'à le lumière d'un pro-jet de moi sur le futur. »[543]

---

539 A.a.O., S. 553 („Jede Handlung, dazu bestimmt, mich meiner Vergangenheit zu entreißen, muss zuerst von dieser Vergangenheit ausgehend entworfen werden, d. h. sie muss vor allem anerkennen, dass sie ausgehend von dieser einzigartigen Vergangenheit entsteht, die sie zerstören will.")

540 A.a.O., S. 554 („Aber wenn die Freiheit Wahl eines Zieles ist, das von der Vergangenheit abhängt, so ist umgekehrt die Vergangenheit, was sie ist, nur durch die Beziehung zum gewählten Ziel.")

541 A.a.O., S. 555 („Wer wird entscheiden, ob der Aufenthalt im Gefängnis, der mir nach einem Diebstahl auferlegt wurde, nutzbringend oder bloß bedauerlich war? Ich selber, je nachdem, ob ich auf das Stehlen verzichte oder dabei beharre.")

542 Ebd. („Also ist meine gesamte Vergangenheit da, drückend, drängend, gebieterisch, aber ich wähle ihren Sinn und die Befehle, die sie mir gibt durch das Projekt meines Zweckes, selbst.")

543 A.a.O., S.556 („Das bedeutet, dass der Vergangenheit ihre Kraft einzig und allein von der Zukunft verliehen wird: In welcher Weise ich auch lebe, oder wie ich meine Vergangenheit einschätze, dies kann ich nur im Lichte eines Ent-Wurfs meiner selbst in die Zukunft tun.")

In den bisher vorgestellten ethischen Systemen wird Zukunft nirgends so intensiv reflektiert wie bei Sartre – außer etwa in der Verantwortungsethik von H. Jonas, dort aber mit Bezug auf die Zukunft der gesamten Menschheit –, man könnte jedoch argumentieren, die Zukunft sei in einigen Systemen nicht-reflex präsent: Die Gesetzesethik gibt ihre Gebote, damit *in Zukunft* das Zusammenleben besser funktioniere, die Berufsethik ruft den Menschen zu einer neuen *zukünftigen* Tätigkeit, und die Pflichtenethik (ähnlich die Diskursethik) operiert mit einem Sollen, das schon an sich auf kommende Handlungen verweist.

Sartres Umgang mit unserer Situation im Verhältnis zu Vergangenheit und Zukunft ist von seiner Auffassung von Freiheit geleitet. Sogar eine nahe liegende Determination durch meine problematische Vergangenheit (siehe: „der Aufenthalt im Gefängnis"!) kann ich nach Sartre im Sinne der Freiheit für meine Zukunft fruchtbar machen.

C) Mes entours (meine Umgebung)[544]: Sartre definiert: «Les entours sont les choses-ustensils qui m'entourent, avec leurs coefficients propres d'adversité et d'ustensilité.»[545]

Sartre hat hier auf existentialistischer Grundlage etwas entdeckt, was wir in der ethischen Diskussion heute in einen sehr weiten Horizont stellen und unter den Begriffen „Kontext" und „Kontextualität" abhandeln. Kontextualität ist für jeden ethischen Ansatz im Besonderen von Bedeutung: Die Gesetzesethik fällt im alten Israel anders aus als in einer modernen Gesellschaft, in einer westlichen Umgebung wieder anders als in einer islamischen; die Tugendethik erfuhr in der griechischen Polis eine Prägung, die sie in der Gegenwart nicht mehr behalten kann, das Christentum lehrt andere Tugenden als eine religiös neutrale Lebensauffassung usw. usw. Wir sehen: Der geographische und zeitliche Kontext spielt für die Ethik eine wesentliche Rolle, aber auch der zeitliche Kontext für sich: So sind z. B.

---

544 Sartre selber verweist zwar auf „Umwelt" (a.a.O., S. 562) als das deutsche Pendant zu „les entours", jedoch führt dieser Abschnitt nicht auf „Umweltfragen" in dem Sinn, der heute in der Ökologie-Debatte gebräuchlich ist.

545 A.a.O., S. 561 („Die Umgebung bilden jene Dinge bzw. Geräte, die um mich sind, mit den ihnen zugehörigen Koeffizienten von Widerständigkeit und Brauchbarkeit.")

Verantwortungs-, Wert- und Diskursethik vor dem 20. Jahrhundert kaum denkbar.

Sartre freilich geht von der unmittelbaren Umgebung des Individuums aus: «Ainsi suis-je jeté dès lors que j'existe au milieu d'existences différentes de moi, qui développent autour de moi, pour et contre moi, leur potentialités.»[546] Und entsprechend dem schon oben herausgestellten Freiheitsbegriff ist die Umgebung, sind die umgebenden Existenzen keineswegs nur Hindernisse, sondern erweisen sich für die Betätigung meiner Freiheit geradezu als Bedingung: «La liberté implique donc l'existence des entours à changer: obstacles à franchir, outils à utiliser.»[547]

D) Mon prochain (mein Nächster): Dieser Abschnitt in der Analyse „der Situation" durch Sartre ist länger und gewichtiger als die vorangehenden, und das mit Recht: Sind es doch vor allem anderen die Mitmenschen, in deren Gewohnheiten ich eingebunden bin und für die, gegen die und mit denen ich handle. Nur die Verantwortungsethik in der Lesart von H. Jonas bezieht „die Natur" etwas umfänglicher in die Ethik mit ein, reduziert sie letztlich aber doch wieder im Hinblick auf das Wohl der Nächsten (nämlich der nächsten Generationen).

Ebenso wie Sartre in den vorherigen Ausführungen für die Freiheit (meine Freiheit!) eingetreten ist, so tut er es auch jetzt, aber er geht in der Analyse der Freiheit soz. bis ans Ende: Alle sind wir frei. In einem solchen Miteinander, Nebeneinander und Gegeneinander ist die Situation und damit die Freiheit komplexer als am bloß für sich gedachten Ich. Auch „der Andere" ist ein Ich und ist frei: «Il ne s'agit pas ici d'une limite de la liberté, mais plutôt c'est *dans de monde-là* que le pour-soi doit être libre, … Mais, d'autre part, le pour-soi, en surgissant, ne *subit pas* l'existence de l'autre, il est contraint de se la manifester sous forme d'un choix. Car c'est par un choix qu'il saisira l'Autre comme Autre-sujet ou comme Autre-objet.»[548]

---

546 A.a.O., S. 562 („So bin ich, seitdem ich existiere, inmitten von Existenzen geworfen, die von mir verschieden sind, und die für und gegen mich ihre Möglichkeiten entwickeln.")
547 A.a.O., S. 563 („Die Freiheit impliziert also die Existenz einer zu verändernden Umwelt: Hindernisse, die zu überwinden, Werkzeuge, die zu gebrauchen sind.")
548 A.a.O., S. 578 („Es handelt sich hier nicht um eine Begrenzung der Freiheit, sondern

Ich bin frei, alle anderen sind frei; ich kann einen anderen, ein anderer kann mich entweder als freies Subjekt oder als unfreies Objekt behandeln. Hierdurch entstehen Grenzen der Freiheit, die aber die Freiheit keineswegs aufheben. Sartre spricht (ähnlich wie Hegel, Marx und andere) von *Entfremdung (aliénation)*. Werde ich als Objekt behandelt, erleide ich Entfremdung. Dafür liegt die Ursache in der Freiheit eines anderen, aber auch ich bin trotz meiner Entfremdung frei, den anderen als Subjekt oder Objekt zu behandeln, mir Ziele vorzunehmen etc. – «La véritable limite de ma liberté est purement et simplement dans le fait même qu'un autre me saisit comme autre-objet et dans cet autre fait corollaire que ma situation cesse pour l'autre d'être situation et devient forme objective dans laquelle j'existe à titre de structure objective.»[549] Und hier gilt dann: «Ainsi je rencontre ici tout à coup l'aliénation totale de ma personne: je suis quelque chose que je n'ai pas choisi d'être: qu'en va-t-il résulter pour la situation?»[550] Sartre sieht hier genauer als Kant, die Idealisten und die Marxisten: Nicht nur ist die Freiheit allen Subjekten, die „Ich" sagen können, gegeben; nicht nur findet meine Freiheit ihre Grenze an der Freiheit der anderen (Kant), oder wird sogar durch die Freiheit der anderen gesteigert (Hegel, Marx); sondern die Entfremdung bleibt neben der Freiheit weiterhin bestehen – aber nicht nur „neben", sondern auf Grund der Freiheit: Nach Sartre sind wir nur als *existierende* Subjekte frei, als solche aber sind wir auch notwendig Objekte füreinander und dadurch entfremdet und unfrei.

---

vielmehr darum, dass das Für-sich *in dieser Welt da* frei sein soll … Aber andererseits, indem das Für-sich zum Vorschein kommt, widerfährt ihm nicht einfach die Existenz des anderen, es sieht sich vielmehr gezwungen, sie sich in Form einer Wahl vor Augen zu führen. Durch eine Wahl wird es den Anderen entweder als anderes Subjekt oder als anderes Objekt erfassen.")

549 A.a.O., S. 582 („Die wirkliche Begrenzung meiner Freiheit ist schlicht und einfach die Tatsache, dass ein anderer mich als Objekt-Anderes auffasst, und die andere daraus folgende Tatsache, dass meine Situation für den anderen aufhört, Situation zu sein, und eine objektive Form wird, in welcher ich unter dem Titel einer objektiven Struktur existiere.")

550 Ebd. („So stoße ich hier plötzlich auf die völlige Entfremdung meiner Person: Ich bin eine Sache, die zu sein ich nicht gewählt habe: Was wird sich daraus für die Situation ergeben?")

An seiner Analyse des Freiheitsbegriffes lässt sich beobachten, dass Jean-Paul Sartre in der Ausreizung der Möglichkeiten der Moderne weiter vorgedrungen ist als frühere Autoren: Er hält durchgehend an der Freiheit fest, sieht ihre dunklen Seiten (die Entfremdung, die sie an anderen bewirkt) und bezeichnet ihre Grenzen. Sartre bejaht die Freiheit als eine der großen Errungenschaften der Moderne, aber er sieht auch ihre Tragik; er will (und kann) die Freiheit nicht zurücknehmen, aber er erkennt die Grenzen, die – nicht: der Freiheit gesetzt sind, sondern – die sich die Freiheit selber setzt. Wir sind frei, und wir können aus dieser Freiheit nicht mehr heraus. Dies ist – paradox bzw. dialektisch gesprochen – das Unfreie an der Freiheit. Die Freiheit ist die Grenze und das Ende ihrer selbst, und: WIR SIND ZUR FREIHEIT VERURTEILT:[551] « … nous voyon à présent, en faisant rentrer l'existence de l'autre dans nos considérations, que ma liberté sur ce nouveau plan trouve aussi ses limites dans l'existence de la liberté d'autrui. Ainsi, sur quelque plan que nous nous placions, les seules limites qu'une liberté rencontre, elle les trouve dans la liberté … la liberté ne peut être limitée que par la liberté et sa limitation vient, comme finitude interne, du *fait* qu'elle ne peut pas ne pas être liberté, c'est-à-dire qu'elle se condamne à être libre; et, comme finitude externe du *fait* qu'étant liberté, elle est pour d'autres libertés qui l'appréhendent librement, à la lumière de leurs propres fins. »[552]

Wohlgemerkt: Nicht nur die anderen sind schuld an meiner Entfremdung, ich bin es zuerst und zuletzt selber – aber wodurch? Dadurch, dass

---

551 Siehe auch die lapidare Formulierung in J.-P. SARTRE: Ist der Existentialismus ein Humanismus?, in: DERS.: Drei Essays, Zürich 1975, S. 16: „Der Mensch ist verurteilt, frei zu sein." Dazu: Justus STRELLER: Zur Freiheit verurteilt. Ein Grundriß der Philosophie Jean-Paul Sartres, Hamburg 1952

552 J.-P. SARTRE: L'être et le néant, a.a.O., S. 583 („… wir sehen jetzt, indem wir die Existenz des anderen in unsere Überlegungen einbeziehen, dass meine Freiheit auf dieser neuen Ebene auch ihre Grenzen in der Existenz der Freiheit des anderen findet. Daher, auf welche Ebene wir uns auch stellen, die einzigen Grenzen, auf die eine Freiheit stößt, findet sie in der Freiheit … die Freiheit kann nur durch die Freiheit begrenzt werden, und ihre Begrenzung kommt, als innere Endlichkeit, aus der *Tatsache*, dass sie nicht nicht Freiheit sein kann, d. h., dass sie sich selber dazu verurteilt, frei zu sein; und, als äußere Endlichkeit, aus der *Tatsache*, dass sie, indem sie Freiheit ist, dies für andere Freiheiten ist, die, im Lichte ihrer eigenen Zwecke, frei mit ihr umgehen.")

ich meine Freiheit bejahe! Andererseits wieder ist mir gar nichts anderes
möglich. Die Freiheit ist paradoxerweise eine Form von Unfreiheit.

Diese Dialektik, Tragik oder Paradoxie der Freiheit taucht nicht erst in
Sartres Analyse der Situation auf. Sie hält sich im ganzen übergeordneten
Kapitel „Être et faire: la liberté" (Sein und Tun: die Freiheit) durch. Freiheit
kann nach Sartre als Zukunftsstruktur beschrieben werden. Der Mensch in
seiner Freiheit ist offen für die Zukunft, in die er sein Tun (seine „Projekte"!) hineinprojiziert, weil er sich verwirklichen will und muss, was er
aber schon allein wegen der stets Zukunft bleibenden Zukunft nie erreicht:
« C'est parce que la réalité humaine *n'est pas assez* qu'elle est libre. »[553] Der
Mangel liegt dabei nicht in der Zukunft, sondern in der Zukunfts*struktur*
des Menschen: Seine Zukunft bleibt ihm immer Zukunft.

Freiheit wird von Sartre weiters als Identitätsstruktur in einer solch para-
doxen bzw. dialektischen Weise beschrieben, dass ich mir als Selbst stets ent-
gegengestellt bleibe, d. h. meine Identität nicht finde: Die Identitätsstruktur
des Menschen verhindert seine Identität: « L'homme est libre parce qu'il n'est
pas soi mais présence à soi. »[554] Dieses Sich-voraus-Sein und Sich-gegenüber-
Sein können wir aber gleichwohl nicht aufgeben: Wir sind das, was sich uns
entzieht: « Je suis condamné à exister toujours par delà mon mon essence, par
delà les mobiles et les motifs de mon acte: Je suis condamné à être libre. »[555]

Durch unser Menschsein sind wir in die Freiheit hineingekommen; insofern wir Menschen sind, können wir auch nicht aus ihr heraustreten: « …
nous ne sommes pas libres de cesser d'être libres. »[556]

Und weil ich meiner eigenen Freiheit ausgeliefert bin, bin ich es auch der
Freiheit anderer.

Wie niemand sonst hat Sartre die Unfreiheit der Freiheit erkannt, was
aber nicht bedeutet, dass er sie annullieren will. Die Unableitbarkeit und
Unaufhebbarkeit der Freiheit verweist die einzelnen Freien aufeinander. An-

---

553 A.a.O., S. 495 („Weil die menschliche Realität *nicht genügt*, ist sie frei.")
554 Ebd. („Der Mensch ist frei, weil er nicht er selber, sondern sich gegenüber ist.")
555 A.a.O., S. 494 („Ich bin verurteilt, für immer jenseits meines Wesens zu existieren, jenseits
    der Triebkräfte und Beweggründe meiner Handlung: Ich bin verurteilt, frei zu sein.")
556 Ebd. („… wir sind nicht frei aufzuhören, frei zu sein.")

ders formuliert: Die zugleich mit der Entfremdung an allen Menschen kon-
statierbare Freiheit bewirkt gegenseitiges Verständnis und die ethische Haltung des Seins für andere: «Par cette reconnaissance libre d'autrui à travers
l'épreuve que je fais de mon aliénation, *j'assume* mon être-pour-autrui, quel
qu'il puisse être, et je l'assume précisément parce qu'il est mon trait d'union
avec lui.»[557] – Zwar spricht Sartre an diesen und ähnlichen Stellen nicht
von der Nächstenliebe (möglicherweise weil er als Atheist diesen von der jü-
disch-christlichen Religion besetzten Begriff vermeiden will), wir sind aber
systematisch genau an dem Ort, wo christliche Autoren (wie etwa R. Bultmann oder J. Fletcher) den Terminus Nächstenliebe verwenden. Man wird
Sartre so verstehen müssen, dass es ihm um die *philosophische* Erkenntnis
des Seins für andere geht.

E) Ma mort (mein Tod): Dies ist der längste Abschnitt in Sartres Analyse
der „Situation", und er behandelt ein Thema, an dem die Existenzphilosophie und -theologie stets besonderes Interesse hatten. Sartre wendet sich allerdings von vornherein gegen jene Interpretation des Todes, die vom Haupt-
strom der Existenzphilosophie vertreten wird, dass nämlich der Tod die
Gestaltung des Lebens bestimme: Die Existenzphilosophie habe fälschlicherweise die Meinung früherer Epochen verworfen, der Tod sei die andere Seite
der „Mauer". Die Existenzphilosophen verstünden den Tod zu Unrecht als
Möglichkeit, sogar Sinn oder mindestens Ereignis des Lebens.[558]

Demgegenüber betont Sartre die Fremdheit und *Absurdität* des Todes[559]
und dass der Tod gänzlich außerhalb des Lebens anzusiedeln sei, und zwar

---

557 A.a.O., S. 584 („Durch diese freie Anerkennung des anderen durch die Erfahrung, die
   ich von meiner Entfremdung mache, *nehme ich* mein Sein für den anderen *an*, wer er
   auch immer sein mag, und ich nehme es genau deshalb an, weil es mein Verbindungs-
   zeichen mit ihm ist.")
558 A.a.O., S. 589 ff. – ablehnend über Heidegger: «Ainsi la mort est devenue la possibilité
   propre du *Dasein*, l'être de la réalité-humaine se définit comme ‚Sein zum Tode'.»
   (a.a.O., S. 590) [„So ist der Tod die eigentliche Möglichkeit des Daseins geworden; das
   Sein der menschlichen Wirklichkeit definiert sich als ‚Sein zum Tode'."]
559 «Ce qu'il faut noter tout d'abord c'est le caractère absurde de la mort.» (a.a.O., S. 591)
   [„Was man zuallererst festhalten muss, ist der absurde Charakter des Todes."] (ähnlich
   a.a.O., S. 593, 597, 605)

deshalb, weil man ihn nicht einmal erwarten könne: «S'il n'existait que des morts de vieillesse (ou par condamnation explicite), je pourrais *attendre* ma mort. Mais précisément le propre de la mort, c'est qu'elle peut toujours surprendre avant terme ceux qui l'attendent à telle ou telle date.»[560]

Für die Ethik kann das nur bedeuten, dass sie im Tod ihre Grenze, ja ihr Ende erreicht. – Eine solche Grenze bzw. Ende der Ethik ist *vor* der Existenzphilosophie kaum reflektiert worden; höchstens könnte man an die Lehre von der Tapferkeit *(arete, fortitudo)* der antiken Ethik denken, die immerhin die Möglichkeit des Todes im Kampf bedenkt, wenngleich diese Tugend nach Aristoteles ja gerade nicht zur Tollkühnheit ausarten darf, also die Bedachtnahme auf die Lebenserhaltung des Tapferen miteinschließt. In der christlichen (insbesondere paulinischen und lutherischen) Ethik wiederum wird auf den Tod Christi reflektiert, den er für uns gestorben und in den die Glaubenden hineingenommen sind, jedoch um durch seine Auferstehung in einem neuen Leben zu wandeln und aus Berufung zu handeln. Der Tugendethiker macht also tunlichst vor der Grenze des Todes Halt, der Berufsethiker nimmt das Leben aus der Auferstehung in Anspruch …

Bei den Ethikern des 20. Jahrhunderts habe ich einige Gedanken zu den Grenzen der Ethik nur bei Martin Honecker gefunden.[561]

Dass der Tod für die Ethik irrelevant ist, hängt bei Sartre damit zusammen, dass er jedes Projekt, jede Planung, alle Erwartung zerstört. Das Leben nämlich sei wesentlich durch Erwartung gekennzeichnet: «Aussi faut-il considérer notre vie comme étant faite non seulement d'attentes, mais d'attentes d'attentes qui attendent elles-mêmes des attentes. C'est là la structure même de l'ipséité: être soi, c'est venir à soi. Ces attentes évidemment comportent toutes une référence à un terme ultime qui serait *attendu* sans plus rien attendre. Un repos qui serait *être* et non plus attente d'être.»[562]

---

560 A.a.O., S. 594 („Gäbe es nur an Altersschwäche [oder durch ausdrückliches Todesurteil] Verstorbene, könnte ich meinen Tod *erwarten*. Aber das Eigentümliche des Todes ist es eben, dass er jene, die ihn zu diesem oder jenem Datum erwarten, stets vor der Zeit überraschen kann.")

561 Martin Honecker: Einführung in die Theologische Ethik, Berlin 1990, S. 357–375

562 J.-P. Sartre, L'être et le néant, a.a.O, S. 596 („Daher muss unser Leben nicht nur aus Erwartungen bestehend betrachtet werden, sondern aus Erwartungen von Erwartungen, die

Das Selbstsein bzw. das Für-sich-Sein, aus dem heraus ich mein Projekt
für die Zukunft entwerfe, nimmt Sartre überhaupt vom Tode aus: «... c'est
parce que le pour-soi est l'être qui réclame toujours un après, qu'il n'y a aucune place pour la mort dans l'être qu'il est pour-soi. »[563] Daher ist uns der
Tod völlig fremd. Das will natürlich nicht heißen, dass Sartre das Sterben
leugnet, er leugnet aber, dass der Tod zu uns gehört, vielmehr liefere er uns
„den anderen" und „dem Anderen" aus: «Il est absurde que nous soyons
nés, il est absurde que nous mourions; d'autre part, cette absurdité se pré-
sente comme l'aliénation permanente de mon être-possibilité qui n'est plus
ma possibilité, mais celle de l'autre. »[564] Diese Fremdheit des Ichs gegenüber
dem Tod nutzt Sartre, um meine Freiheit (nicht „angesichts" des Todes –
denn meines Todes kann ich gerade nicht ansichtig werden, sondern) fern
vom Tod zu behaupten: «La liberté qui est *ma liberté* demeure totale et in-
finie: non que la mort ne la limite pas, mais parce que la liberté ne rencontre
jamais cette limite, la mort n'est aucunement un obstacle à mes projets; elle
est seulement un destin *ailleurs* de *ces projets*. Je ne suis pas ‹libre pour
mourir›, mais je suis un libre mortel. »[565] – Damit ist verständlich und gewissermaßen gerechtfertigt, dass sich die meisten Ethiker nicht um den Tod
gekümmert haben: Niemandes Handeln kann den eigenen Tod „behandeln", sondern es endet dort. Das projektierende Sein der existierenden
Menschen wird im Tode zum projektlosen Sein.

---

selbst wieder Erwartungen erwarten. Genau das ist die Struktur der Selbstheit: Selbst zu
sein heißt, zu sich zu kommen. Diese Erwartungen beinhalten offensichtlich alle einen Hinweis auf ein letztes Ziel, das *erwartet* werden würde, ohne selbst etwas zu erwarten. Eine
Ruhe, die in Sein und nicht mehr in der Erwartung des Seins bestünde.")

563 A.a.O., S. 598 („... deshalb, weil das Für-sich ein Sein ist, das stets ein Nachher verlangt,
gibt es keinen Platz für den Tod in einem Sein, das es für sich ist.")

564 A.a.O., S. 605 („Es ist absurd, dass wir geboren wurden, es ist absurd, dass wir sterben;
andererseits stellt sich diese Absurdität als ständige Entfremdung meines Möglichkeits-
Seins dar, das nicht mehr *meine* Möglichkeit ist, sondern die eines anderen.")

565 A.a.O., S. 606 („Die Freiheit, die *meine Freiheit* ist, bleibt total und unendlich; nicht dass
der Tod sie nicht begrenzte, aber weil die Freiheit niemals auf diese Begrenzung stößt, ist
der Tod in keiner Weise ein Hindernis für meine Projekte; er ist nur ein Geschick *abgesehen* von *diesen Projekten*. Ich bin nicht ‚frei zu sterben', sondern ich bin ein freier Sterb-
licher.")

Situation und Nächstenliebe (Rudolf Bultmann)[566]

Der vielleicht bedeutendste protestantische Bibelexeget des 20. Jahrhunderts, Rudolf Bultmann (1884–1976), gilt als ein Vertreter der „Dialektischen Theologie"; da er sich aber intensiv mit der Existenzphilosophie auseinander gesetzt hat, könnte er auch als Vertreter einer Existenztheologie angesehen werden. Bultmann hat sich immer wieder mit den Fragen der Ethik befasst, darf aber dabei nicht ausschließlich auf den Ansatz der Situationsethik festgelegt werden. Des Öfteren hat er etwa aus dem Neuen Testament eine ethische Orientierung mit den Koordinaten „Indikativ – Imperativ" abgeleitet; dies ist wohl am ehesten als erneuerter gesetzesethischer Ansatz nach dem Muster des *tertius usus legis* anzusehen.[567] Eine Indikativ-Imperativ-Ethik setzt mit dem Evangelium an: Dem sündigen Menschen wird im Evangelium ein neues Sein zugesprochen; dies ist der Indikativ: die Aussage über die Wirklichkeit eines erneuerten Lebens. Daran schließt sich der Imperativ: „Gebt nicht der Sünde eure Glieder hin als Waffen der Ungerechtigkeit, sondern gebt euch selbst Gott hin, als solche, die tot waren und nun lebendig sind, und eure Glieder Gott als Waffen der Gerechtigkeit" (Röm. 6, 13).

In seinem Aufsatz „Das christliche Gebot der Nächstenliebe" tritt Bultmann jedoch ausdrücklich für die Situationsethik ein. Er bringt zuerst einige Überlegungen zur heidnischen griechischen und zur kantischen Ethik vor, um daraufhin nach dem Beitrag des Christentum zur Ethik zu

---

566 Rudolf BULTMANN: Das christliche Gebot der Nächstenliebe (1930), in: DERS.: Glauben und Verstehen, Bd. 1, 229–244 – Bernhard DIECKMANN: Welt und „Entweltlichung" in der Theologie Rudolf Bultmanns, München 1977 – Richard H. HIERS: Jesus and ethics. Four interpretations, Philadelphia 1968 – Thomas C. ODEN: Radical obedience. The ethics of Rudolf Bultmann, London 1965 – Huw P. OWEN: Revelation and Existence. A study in the theology of Rudolf Bultmann, Cardiff 1957 – Heinz E. TÖDT: Rudolf Bultmanns Ethik der Existenztheologie, Gütersloh 1978

567 Der Altprotestantismus kannte die drei *usus* des Gesetzes *usus politicus – usus theologicus – tertius usus* (politischer Gebrauch – theologischer Gebrauch – dritter Gebrauch), wobei dem *dritten Gebrauch* die Neu- und Wiedereinführung des Gesetzes nach der Rechtfertigung zukommt.

fragen. Er konzentriert sich dabei auf das Gebot der Nächstenliebe: „Bedeutet nun *das christliche Gebot der Nächstenliebe* eine Antwort auf die Frage: was soll ich tun? Ja und Nein! *Nein!* insofern mit der Liebe nicht ein Ergebnis des Handelns, nicht ein Zweck oder Ideal bezeichnet ist. Mit ihr ist nicht ein Was, sondern ein Wie des Handelns bezeichnet. Aber eben deshalb gilt auch: *Ja!* Denn das durch die Liebe bezeichnete Wie des Handelns geht darin über jene formalen Forderungen der Wahrhaftigkeit, Gerechtigkeit usw. hinaus, daß es jeweils das Was der Handlung entdeckt."[568]

Wenn das Was des Handelns durch das Wie entdeckt werden soll, scheint Bultmann bloß eine unbedeutende Verschiebung anzudeuten, bereitet damit aber die situative Entfaltung des Gebotes der Nächstenliebe vor. Um diesen neuen Standpunkt zu gewinnen, grenzt sich Bultmann von den ethischen Inhalten der griechischen Philosophie, des deutschen Idealismus und insbesondere vom Neuprotestantismus ab, der das Christentum mit den Errungenschaften der europäischen und deutschen Kultur resp. Ethik gleichgesetzt hatte, ja überhaupt von allen Inhalten, die nicht in der Unmittelbarkeit des Handelns, Lebens und Existierens präsent sind. Bultmann gibt selber den Einfluss der existentialistischen Theologie und Philosophie der Zwischenkriegszeit zu erkennen.[569]

In einem der nächsten Sätze kommt zum ersten Mal das Stichwort „Situation" vor: „Sie [scil. die Liebe, M. J. S.] versteht nämlich die Verbundenheit von Ich und Du *nicht im Allgemeinen* (so wie sie in den Forderungen der Gerechtigkeit und Wahrhaftigkeit auch verstanden werden), sondern *sie versteht je meine Verbundenheit mit meinem Nächsten* in der jeweiligen Situation. Sie entdeckt nicht den *Begriff* des Nächsten, sondern sie entdeckt *je den Nächsten*, und sie entdeckt damit, was ich je tun soll."[570] – Jetzt erfahren wir genauer, was Bultmann mit dem Vorzug des Wie vor dem Was und mit der Kritik an den Inhalten der traditionellen Ethiken meint:

---

568 Rudolf BULTMANN: Das christliche Gebot der Nächstenliebe (1930), in: DERS.: Glauben und Verstehen, Bd. 1, S. 235

569 A.a.O., S. 229, Anm. 1, beruft er sich auf Emil Brunner, S. 231, Anm. 2, auf Martin Heidegger.

570 A.a.O., S. 235

Er sagt hier dasselbe mit der Abwendung vom „Begriff" (des Nächsten) zugunsten einer Hinwendung zum wirklichen, jeweiligen Nächsten.[571] Dies bedeutet nicht mehr und nicht weniger als das Verlassen der ethischen Theorie (und Ethik ist Theorie!) zugunsten der ethischen Praxis. Da nun aber einerseits alle Ethiker auf die Praxis des Tuns hingewiesen haben, andererseits Bultmann mit seinen Ausführungen über das Gebot der Nächstenliebe selber erst bei der Theorie, und noch nicht bei der Praxis ist, ergibt sich daraus eine radikale Reduktion alles ethischen Denkens auf das Reflektieren der „jeweiligen Situation". Und Bultmann ist an der zitierten Stelle viel radikaler als J.-P. Sartre nach ihm,[572] der ausführlich über „die Situation" theoretisiert, wie wir gesehen haben.

Bultmann versteht dabei die Existenz des Nächsten (und damit die Objektivität seines Daseins) von vornherein ganz anders und viel positiver als Sartre: Nicht Entfremdung bewirkend, sondern als Begegnung, Hinwendung und Herausforderung zum Handeln am jeweils nächsten Menschen. Bultmann scheint hier das Gebot der Nächstenliebe in ähnlicher Weise aufzugreifen wie Luther mit dem Berufsgedanken (und nicht unbeeinflusst von der Weise, wie ihn der Neuprotestantismus auf unsere Stellung in der Welt bezogen hat). Man muss aber auch den Unterschied festhalten: Luther geht von der Berufung zur Gemeinschaft mit Gott aus, die ich im Glauben annehme und als Mitarbeit Gottes mit meinen Nächsten lebe; Bultmann geht von der Begegnung mit Menschen aus, die ich als mir von Gott gegebene Nächste erfahre.

Die Situationsethik Bultmanns macht auf unsere räumliche und zeitliche Situation und insbesondere auf unsere Situation unter Mitmenschen aufmerksam; und das soll mehr sein als bloße Konkretisierung ethischer Überlegungen im Nachhinein, sondern Anstoß zum ethischen Denken und Handeln. Bultmann polemisiert wieder und wieder gegen eine bloß begriff-

---

571 Eine Bemerkung zum Sprachgebrauch: Parallel zu dem auf den konkreten Ort des Handelns hinweisenden Wort „Situation" stoßen wir im deutschen Existentialismus häufig auf die Wörter „jeweils", „je", die die konkrete Zeit des Handelns bezeichnen: das Jetzt.
572 Bultmanns Aufsatz datiert von 1930, Sartres oben zitierte Gedanken sind 1943 geschrieben.

liche Berücksichtigung des Nächsten: „Was *Sittlichkeit* ist, kann entwickelt werden, wenn der *Begriff* des Nächsten geklärt wird. Aber was Liebe ist, kann nicht verstanden werden, indem der *Begriff* des Nächsten entwickelt wird, sondern nur, indem ich meinen Nächsten als Nächsten sehe."[573] – An diesem Satz ist bemerkenswert, dass Bultmann der Ethik doch einen breiteren Spielraum zumisst, nämlich Anstoß der Zuwendung zum Nächsten zu sein. Wäre Ethik bloß diese Besinnung zum Handeln aus und in der Situation, wäre sie eine Reduktion aller ethischen Reflexionen auf einen einzigen Grundsatz, etwa die „goldene Regel"[574]. Bultmann räumt jedoch ein, dass „der Begriff des Nächsten geklärt" und „entwickelt werden kann, was Sittlichkeit ist", d. h., er ist im Prinzip bereit, so weit auszuholen wie Sartre. Sittlich*keit* müsste sich dann zur Praxis (Sitte) wie Ethik zu Ethos verhalten, jedoch – darauf legt Bultmann Wert – muss ich „meinen Nächsten als Nächsten sehen", kann also die Liebe nicht im Allgemeinen beschreiben und daher auch nicht vorweg in einer Sitte einüben.

Hier taucht aber die der Situationsethik eigene Problematik auf, dergestalt, dass sie radikal auf die Praxis, auf die unableitbare individuelle und/oder geschichtliche Situation eingehen will, dass sie nicht abstrakt über Handlungen sprechen will, dies jedoch nie erreicht. Denn habe ich auch noch so sehr nur die „konkrete Situation" im Auge, dann muss ich in meinem Sprechen über sie doch wieder allgemeine Wendungen gebrauchen. Ich kann zwar sagen, dass es konkrete Situationen gibt (aber dann wiederum sind alle Situationen in ihrer Weise konkret), damit bin ich jedoch noch nicht bei *der konkreten* Situation; oder aber ich muss über das, „was ich je tun soll", schweigen, weil ich nur unableitbar spontan agieren und reagieren kann.

Bultmann wählt selbst die zweite Möglichkeit, wenn er sich weigert, die Liebe zu definieren: „Wie läßt sich also sagen, was Liebe ist? Überhaupt nicht … In der Tat kann dem Fragenden in Worten nur entweder geant-

---

573 Rudolf Bultmann: Das christliche Gebot der Nächstenliebe (1930), in: ders.: Glauben und Verstehen, Bd. 1, S. 236

574 „Alles nun, was ihr wollt, dass euch die Leute tun sollen, das tut ihnen auch!" (Matth. 7, 12)

wortet werden, daß er im Grunde schon weiß, wonach er fragt, da er ja liebt; oder daß er lieblos ist und es deshalb nicht wissen kann. Aber außerdem gibt es noch eine Antwort, nicht mit Worten, sondern mit der Tat, mit der Tat der Liebe."[575]

Freilich, so wichtig der Hinweis auf die „Tat der Liebe" ist, und so notwendig das ethische Reden auf Praxis bezogen sein muss, so sehr müsste das Desavouieren aller ethischen *Theorie* den Ansatz der Situationsethik selber zerstören. Auch Bultmann theoretisiert über die Liebe, auch und gerade dann, wenn er schreibt, dass sie nichts Theoretisches, sondern die „Tat der Liebe" ist, denn das Schreiben über die Tat der Liebe ist nicht die Tat der Liebe selber.

Wäre alle ethische Reflexion völlig unadäquat, beträfe diese Unadäquatheit auch die Situationsethik als Ansatz; ja sogar jederlei Kritik an irgendeinem Handeln müsste unterbleiben, da die Kritik auf einer anderen Ebene angesiedelt ist als die Praxis und das Wesen der Praxis per definitionem nicht erreichen könnte. Das kann aber auch die Situationsethik nicht wollen. Sie will uns sowohl davon überzeugen, dass ethische (nämlich die situationsethische) Reflexion notwendig, als auch, dass diese für die Praxis von Bedeutung ist.

Die Situationsethik will sich mit den angeführten Überlegungen als neuer und allen anderen überlegene Ansatz präsentieren. Trotzdem bleibt ihr nichts übrig, als sich in den allgemeinen ethischen Diskurs einzuordnen. Bultmann tut dies an zwei Punkten:

1. in Bezug auf vor- und außerchristliche Ethik: „Ist der Nächste der, der immer schon da ist, so hat es immer für alle Menschen je ihre Nächsten gegeben. Und sofern menschliches Miteinander sich selbst nie völlig mißverstanden hat, hat es immer auch in irgendeiner Weise die Forderung der Liebe gesehen."[576]

---

575 Rudolf Bᴜʟᴛᴍᴀɴɴ: Das christliche Gebot der Nächstenliebe (1930), in: ᴅᴇʀs.: Glauben und Verstehen, Bd. 1, S. 240

576 A.a.O, S. 236 – Diese Verallgemeinerung nimmt der Autor später jedoch zurück: „Die Liebe ist also nicht ein einsichtiges ethisches Prinzip, aus dem einzelne Forderungen für eine ideale persönliche Lebensführung oder einen idealen Zustand der Menschheit abgeleitet werden könnten, wie beim humanistischen Liebesgebot …" (a.a.O., S. 239)

2. Bultmann muss weiters eine Verkündigung der christlichen Botschaft durch die Jahrhunderte hindurch und ihren allgemein verstehbaren Sinn voraussetzen: „Das aber ist der Sinn der christlichen Botschaft, daß Gottes sündenvergebende Liebe schon da ist, gekommen durch *Christus*. ‚Nicht darin besteht die Liebe, daß wir Gott geliebt haben, sondern darin, daß er uns liebte und seinen Sohn sandte als Sühne für unsere Sünden' (1. Joh. 4, 10).'"[577] – Hier hebt Bultmann auf die Bekanntheit der christlichen Botschaft im geschichtlichen Wissen der Menschheit ab. Somit dürfen wir seine Situationsethik als jenen Beitrag zur Ethik ansehen, der auf die früheren Ansätze der Tugend-, Güter-, Pflichten- etc. -ethik reagiert, sie prüft und ihnen das Kriterium der Berücksichtigung der jeweiligen Situation des Handelns hinzufügt.

Wenn überhaupt ein Begriff in Bultmanns Situationsethik eine Rolle spielt, dann der des „Seins für den anderen". An diesem Punkt nähert sich Bultmann dem Sartre'schen Begriff „être-pour-autrui" (Sein für andere/den anderen) an, wenn er nämlich in seinem Kommentar des Johannesevangeliums die Liebe als „das schlechthinnige Sein für den Anderen" auslegt.[578]

In seiner „Theologie des Neuen Testaments" hingegen leitet Bultmann die Forderung des Handelns aus Nächstenliebe aus dem eschatologischen Bewusstsein der Verkündigung Jesu ab: „Die Liebesforderung überbietet jede Rechtsforderung; sie kennt nicht Grenze und Beschränkung; sie gilt auch gegenüber dem Feinde (Mt 5, 43–48) … Die Liebesforderung bedarf keiner formulierten Bestimmungen; das Beispiel des barmherzigen Samariters zeigt, daß der Mensch wissen kann und wissen muß, was er zu tun

---

577 A.a.O., S. 243
578 Rudolf BULTMANN: Das Evangelium des Johannes (1941), 19. Aufl., Göttingen 1968, S. 417 – Der ganze Satz lautet: „Der Radikalismus der Forderung der Liebe als des schlechthinnigen Seins für den Anderen wird [Joh. 15] V. 13 aufgezeigt, indem die höchste Möglichkeit der Liebe genannt wird: die Hingabe des Lebens für die Freunde." – Interessant ist auch die zeitliche Nähe von Bultmanns Johanneskommentar (1941) zu Sartres „L'être et le néant" (1943)!

hat, wenn er den Nächsten seiner Hilfe bedürftig sieht."[579] Dies nennt Bultmann „eschatologische Ethik";[580] sie stimmt mit der im oben zitierten Aufsatz vorgefundenen situativ-existentiellen Ethik überein.

Als sich Bultmann am Ende der „Theologie des Neuen Testaments" das
Thema „Das Problem der christlichen Lebensführung" vornimmt,[581] tritt
wiederum sein situationsethischer Ansatz zu Tage: „Die christliche Freiheit
hat sich auch gerade darin zu bewähren, daß der Christ ohne gesetzliche
Vorschrift beurteilen kann, was Gottes Wille jeweils von ihm verlangt."[582]
Das „Jeweils" verweist auf den Ort und die Zeit der erlebten Situation.

Rudolf Bultmanns Ethik kann als Reflexion und gedankliches Training
auf die „je" konkrete Situation hin verstanden werden, in der wir zum Handeln aufgefordert sind. Die neutestamentliche Ethik will Bultmann aus jeder Gesetzlichkeit heraushalten und bezieht sie auf Freiheit. Mit dem
Thema Freiheit greift Bultmann das wahrscheinlich wichtigste Stichwort
der modernen Ethik-Diskussion auf. Freiheit ist ihm ähnlich wie Sartre mit
dem Erfassen von „Situation" gegeben: „Das Liebesgebot traut dem Menschen zu und mutet ihm zu, daß er in der konkreten Situation des Lebens
seinen Nächsten sehe und wisse, was er zu tun hat."[583] – Anders aber als
Sartre stößt Bultmann jedoch nicht auf die dunkle Seite der Freiheit („Verurteilung zur Freiheit"). Dies ist auf sein gläubiges Verstehen unserer „Ge-
samtsituation" in der Welt zurückzuführen. Er versteht sie als Sein vor Gott
und im Zeichen der Erlösung.

---

579 Rudolf BULTMANN: Theologie des Neuen Testaments (1948–1953), 3. Aufl., Tübingen
       1958, S. 18
580 „Der Verzicht auf jegliche Konkretisierung des Liebesgebotes durch einzelne Vorschrif-
       ten zeigt, daß Jesu Verkündigung des Willens Gottes keine Ethik der Weltgestaltung ist.
       Vielmehr ist sie als *eschatologische Ethik* zu bezeichnen, insofern sie nicht auf eine inner-
       weltliche Zukunft, die nach Plänen und Entwürfen für eine Ordnung des menschlichen
       Lebens gestaltet werden sollte, blickt, sondern den Menschen nur in das Jetzt der Be-
       gegnung mit dem Nächsten weist." (a.a.O., S. 18 f.)
581 A.a.O., S. 552 ff.
582 A.a.O., S. 570 f.
583 Bultmann (1930), a.a.O., S. 239

Bultmann spricht vom Nächsten von vornherein in den Kategorien des Gleichnisses vom barmherzigen Samariter und nicht wie Sartre in der Spannung der Dialektik von Freiheit und Entfremdung. Freilich, im Gleichnis vom barmherzigen Samariter ist gewissermaßen auch von Entfremdung die Rede: beim Priester und beim Leviten, die denjenigen liegen lassen, der von den Räubern halbtot geschlagen wurde. Dies sind Beispiele der Entfremdung zwischen Mensch und Mensch. Eine solche Entfremdung ist nach Bultmann seit Christus grundsätzlich überwunden. Da Bultmann aber – wie Sartre – um die stets wiederkehrende Entfremdung zwischen uns Menschen weiß, sagt er, dass sie in jeder Situation aus Freiheit aufs Neue überwunden werden kann.

Joseph Fletcher[584]

Joseph Flechter (1905–1991) hat seine Überlegungen zur Ethik ausdrücklich unter den Titel „Situation Ethics" gestellt. Er positioniert den situationsethischen Ansatz/Zugang („approach") mit Hilfe einer Abgrenzung von ethischer Gesetzlichkeit („legalism")[585] und Anti-Gesetzlichkeit/Antinomismus („antinomianism")[586]. Diese Abgrenzung nach beiden Seiten beschreibt Fletcher aufs kürzeste in folgendem Satz: "The situationist follows a moral law or violates it according to love's need."[587] „Liebe" ist dabei aus dem Kontext des Christentums verstanden.

Es zeigt sich, dass Fletcher vorwiegend für eine *christliche* Situationsethik eintritt, die er so versteht: "Christian situation ethics is not a system or pro-

---

584 Joseph FLETCHER: Moral ohne Normen? (Original: Situation Ethics, Philadelphia o. J. [1966]), Gütersloh 1967 – DERS.: Leben ohne Moral?, Gütersloh 1969 – Todd F. EKLOF: The Christian ethics of Joseph Fletcher, http://www.cliftonunitarian.com/toddstalks/ christianethicsofjosephfletcher.htm – Horst G. PÖHLMANN: Ethik zwischen Tradition und Situation. Zum Problem der Situationsethik, unter besonderer Berücksichtigung von Joseph Fletcher, in: Neue Zeitschr. f. systematische Theologie 12 (1970), S. 125–135

585 A.a.O., S. 18–22

586 A.a.O., S. 22–25

587 A.a.O., S. 26

gram of living according to a code, but an effort to relate love to a world of
relativities through a casuistry obedient to love. It is strategy of love."[588] Daneben anerkennt er eine nichtchristliche Situationsethik.[589]

Dass Fletchers Ethik Reflexion ist, also nicht bloß zur Liebe auffordert
und/oder sie predigt, erkennt man daran, dass sein Liebesbegriff Kritik
einschließt: "Love is discerning and critical; it is not sentimental."[590] Eine
so beschriebene Situationsethik lässt sich von einer solchen Liebe leiten, die
die Umstände einer Handlung und die in sie involvierten Personen berücksichtigt. Daraus ist zu ersehen, dass nicht nur das Prinzip Liebe höchste Ansprüche an ein situationsethisches Handeln stellt, sondern auch die Aufgabe, alle Umstände und „facts" zu kennen.[591]

Damit nun niemand meint, Situationsethik sei der (ethischen) Weisheit
letzter Schluss, möchte ich ein historisches Beispiel für das Misslingen situationsethischer Überlegungen zitieren, das Fletcher selber anführt: Ka-
pitän Scott befand sich auf dem Rückweg von seiner Expedition zum Süd-
pol. Da veranlasste ein Verletzter seiner Mannschaft, der getragen werden
musste, eine gefährliche Verlangsamung des Marschtempos. Man wird annehmen dürfen, dass Scott alle ihm bekannten Fakten berücksichtigte. Er
entschloss sich, den Verletzten *nicht* zurückzulassen. Damit gefährdete er
die gesamte Mannschaft. Alle gingen zugrunde.[592] – Aus dem Prinzip Liebe

---

588 A.a.O., S. 30 f.
589 In der nichtchristlichen Situationsethik solle nach Fletcher ein anderes „Gut" anstatt der
    Liebe an oberster Stelle stehen: "In non-Christian situation ethics some other highest
    good or *summum bonum* will, of course, take love's place as the one and only standard –
    such as self-realization in the ethics of Aristotle" (a.a.O., S. 31). Daraus lässt sich ent-
    nehmen, dass Fletcher die christliche Situationsethik mit einer Güterethik vereinbar an-
    sieht. Er berücksichtigt dabei aber nicht, dass Augustinus (wie oben dargestellt) eine
    christliche Güterethik vertreten hat. Auf S. 79 seines Buches wird sich Fletcher auf Au-
    gustinus und dessen Satz berufen: „Dilige et quod vis, fac" (den er übersetzt: „Love with
    care and *then* what you will, do") und den er für die Situationsethik beansprucht.
590 A.a.O., S. 103
591 Fletcher: "A noteworthy complaint is that situation ethics presumes more ability to know
    the facts and weigh them than most people can muster." (a.a.O., S. 84)
592 A.a.O., S. 136

kann man in dieser Situation sowohl zugunsten des Verletzten als auch zugunsten der übrigen Mannschaft argumentieren …[593] Freilich: Nach irdischen Maßstäben mussten damals alle ethischen Ansätze scheitern.

Abschluss

In der Situationsethik sind wir beim Ich, bei der vereinzelten Individualität, aber da Milliarden von Menschen „Ich" sagen, sind wir auch bei der größtmöglichen Allgemeinheit. Nur das einzelne Ich kann auf seine Handlungen reflektieren, aber es benötigt dazu die Sprache, die vielen gemeinsam ist. Das Ich findet sich in Situationen vor, die sein ethisches Reflektieren beanspruchen, aber es gibt auch Situationen, die das Denken eines kollektiven Ichs, sprich: das Handeln von Familien, Gruppen, Gesellschaften, Staaten, ja der Weltgemeinschaft herausfordern. So steht z. B. die UNO vor den Gefahren des Krieges, vor Katastrophen, vor der Situation des Hungers in der Welt, der Ungerechtigkeit im Welthandel, der Bedrohung durch atomare Rüstung, des Terrorismus, der Gefährdung des Weltklimas etc. etc.

Die Reflexion auf das Gebot der Nächstenliebe beschreibt in jeder möglichen Situation die notwendige, not-wendende, gelingende Verbindung von Mensch zu Mensch, jedoch auf dem Hintergrund ihres geschehenen, geschehenden oder drohenden Misslingens. Das Individuelle und/oder kollektive Ich neigen immer wieder dazu, sich selber dem/der/den Nächsten vorzuziehen. Da muss es den Handelnden denn von Neuem gesagt werden: „Alles nun, was ihr wollt, dass euch die Leute tun sollen, das tut ihnen auch" (Matth. 7, 12).

Aber Nächstenliebe ist nicht nur ein Gebot, sondern auch das höchste menschliche Gut: Wir erfahren, Gott sei Dank, wie sie uns selbst bewegt und wie sie andere auf uns zu bewegt. So fallen in der Erfahrung der Nächstenliebe Gesetz und Gut, Beruf und Nützlichkeit, Verantwortung und Wert zusammen, wie uns die Situationsethik lehrt. Nächstenliebe ist aber auch

---

593 Auch Fletcher kann natürlich keine „Lösung" präsentieren. Er schreibt bloß: "We can't always guess the future, even though we are always being forced to try." (a.a.O., S. 136)

Tugend, Pflicht, ja sogar „Diskurs", genauer: Kommunikation mit den Nächsten. Alle genannten ethischen Theorien „fallen" auch insofern „zusammen", als sie im spontanen Handeln alle auf eine hinaus laufen, „gleich" „gültig" werden, da der spontan handelnde Mensch nicht überlegt: „Ich soll aus Nächstenliebe handeln", „jetzt handle ich aus Nächstenliebe", „gerade habe ich aus Nächstenliebe gehandelt", sondern „einfach" handelt, und zwar nicht unbewusst oder getrieben, sondern absichtsvoll und bewusst. Dabei handelt er nicht nur „einfach", sondern auch „allein": Jedes absichtsvolle Handeln, auch in großen Gruppen, kann nur von selbstbewussten Subjekten ausgehen. Das Subjekt ist all-ein, nämlich in der Nächstenliebe mit „allen" „eins".

UTB 2505

Peter Koller
Peter Strasser (Hg.)
Rechtsethik
und Rechtspolitik

Böhlau UTB

In Vorbereitung:

Peter Koller/
Peter Strasser (Hg.)
**Religionen und Kulturen
der Erde**
Rechtsethik und
Rechtspolitik

böhlau

Wien Köln Weimar

Das Buch verfolgt das Ziel, die Frage „Was ist richtiges Recht?"
in Form einer Einführung in die komplexen Zusammenhänge
zwischen Ethik, Recht und Politik abzuhandeln. Den
Studierenden soll es eine Vorstellung von den ethischen und
politischen Dimensionen des Rechts vermitteln und ihnen das
nötige theoretische Rüstzeug mitgeben, um aktuelle Fragen
der Rechtspolitik zu diskutieren. Behandelte Themen sind
Wertmaßstäbe wie Effizienz, Gemeinwohl und Gerechtigkeit,
ethische Strategien, die Frage, inwieweit Recht und Moral
einander bedingen, aber auch unterschiedliche Systeme des
sozialen Lebens bilden sowie schließlich Anwendungen, so
etwa Probleme des Wohlfahrtsstaates und Fragen der
Bioethik.

ca. 256 Seiten.
Broschur.
ISBN 3-8252-2505-4

www.boehlau.at   www.boehlau.de

UTB 8274

Anton Grabner-Haider/
Karl Prenner (Hg.)
**Religionen und Kulturen
der Erde**
Ein Handbuch

Wien Köln Weimar

Globalisierung weitet unseren Blick für fremde Religionen und Kulturen. Die vergleichende Religions- und Kulturwissenschaft liefert uns eine Fülle an Informationen über Lebensformen und Daseinsdeutungen fremder Völker.

Das vorliegende Handbuch gibt eine kompakte und präzise Darstellung der großen Weltkulturen und ihrer Religionen, aber auch der vielen kleinen Kulturen der Erde, von denen wir ein Wissen haben. Es folgt dem Ansatz, Mythen und Riten als Ausdruck und als Spiegelung kultureller und emotionaler Befindlichkeiten zu verstehen. Dadurch eröffnen sich neue Zugänge, diese Symbolsysteme als mentale Welten zu sehen und sie auf heutige Daseinsdeutungen zu beziehen.

2004. 324 Seiten.
Broschur.
ISBN 3-8252-8274-0

www.boehlau.at   www.boehlau.de

Anton Grabner-Haider/
Kurt Weinke
Meisterdenker der Welt
Philosophen, Werke, Ideen

Wien Köln Weimar

Alle Kulturen der Menschheit haben ihre Vordenker, die sie zu
permanenten Lernprozessen anregen. Viele nennen sie seit
einiger Zeit „Meisterdenker". Wer waren diese Menschen und
was haben sie bewirkt? Welche waren ihre zentralen Denk-
konzepte und Intentionen?

Dieses Buch stellt 100 Meisterdenker der Menschheit dar:
aus der europäischen Kultur, aus Indien, China, Japan, dem
Judentum und dem Islam. Es sind dies Philosophen, Religions-
gründer, Psychologen und Physiker. Sie haben ihre Kulturen
nachhaltig geprägt.

2004. 247 Seiten.
Gebunden.
ISBN 3-205-77209-1

www.boehlau.at   www.boehlau.de

Augustinus Karl Wucherer-Huldenfeld
Ursprüngliche Erfahrung und personales Sein
Ausgewählte philosophische Studien

Teilbände in diesem mehrbändigen Werk:

Band I:
Anthropologie – Freud – Religionskritik
2003. 2. verb. Aufl. 24 x 17 cm, 488 Seiten, Broschur
ISBN 3-205-77089-7

Dieser Band widmet sich folgenden Themenstellungen:
der philosophischen Anthropologie, dem Philosophischen im
Denken Freuds, der Religionskritik der Psychoanalyse und im
Marxismus.

Band II:
**Atheismusforschung, Ontologie und philosophische
Theologie, Religionsphilosophie**
1997. 24 x 17 cm, 476 Seiten, Broschur
ISBN 3-205-98277-0

Dieser Band widmet sich der Atheismusforschung, Metaphysik
und der Offenbarungstheologie.

Wien Köln Weimar

www.boehlau.at   www.boehlau.de

Kurt Lüthi
Chistliche Sexualethik
Traditionen, Optionen,
Alternativen

Die traditionelle Sexualmoral ist für modernes westliches
Denken an ihr Ende gelangt. Auf der Suche nach Werten wird
die heutige „Erlebnisgesellschaft" mit einem Pluralismus an
Meinungen konfrontiert. Was bedeutet das für die christliche
Moral?

Das Buch zeigt in ausführlichen Orientierungen, dass biblische
und christliche Traditionen einen sexualpessimistischen
Standpunkt vertraten, bei dem Sexualität mit dem „bösen
Trieb" gleichgesetzt wird und Ausdruck der Erbsünde ist.
Gegen diesen Sexualpessimismus recherchiert Kurt Lüthi
Gegenpositionen, die er z. B. im „Hohen Lied der Bibel", in
jesuanischen Spuren und in der Sprache der Mystikerinnen
findet.

Wien Köln Weimar

2001. 408 Seiten.
Gebunden.
ISBN 3-205-99322-5

www.boehlau.at   www.boehlau.de